Lausitz

Unterwegs zwischen Spreewald und Zittauer Gebirge

Kerstin und André Micklitza

Trescher Verlag

3., aktualisierte und erweiterte Auflage 2010

Trescher Verlag
Reinhardtstr. 9
10117 Berlin
www.trescher-verlag.de

ISBN 978-3-89794-169-4

Herausgegeben von Detlev von Oppeln und
Bernd Schwenkros

Reihenentwurf: Bernd Chill
Satz und Bildbearbeitung: Martina Sailer
Lektorat: Hinnerk Dreppenstedt
Stadtpläne und Karten: Martin Kapp,
Johann Maria Just

Alle Angaben in diesem Buch wurden sorgfältig recherchiert und überprüft, trotzdem kann für die Richtigkeit keine Gewähr übernommen werden. Hinweise und Informationen unserer Leserinnen und Leser nimmt der Verlag gerne entgegen. Bitte schreiben oder mailen Sie unter obiger Adresse.

Gedruckt auf chlorfrei gebleichtem Papier

Printed in Germany

Welche Stadt
hat in ihrem
Namen ein Tier,
wovor sich die
Menschen ~~vor~~
~~Fu~~ fürchten?

Wolfsburg

~~Wolf~~

Nennen einen Stadtnamen,
Wolf der aus einem Tier und
einem mittelalterlichen
Burg Bauwerk zusammengesetzt ist

30

Essays

Vorwort

Die Lausitz ist eine sehr vielfältige Landschaft zwischen Spreewald und Zittauer Gebirge im Osten Deutschlands. Sie ist die Heimat der Sorben und Wenden, des kleinsten slawischen Volkes, deren Volkskunst und Brauchtum noch vielerorts gepflegt werden.

»Für die Deutschen ist das eigene Land der letzte unentdeckte Kontinent«, sagt der Kulturkritiker Gottfried Knapp. Diese These trifft für die Lausitz im besonderen Maße zu: So rühmt sich die Oberlausitz mit Görlitz als der schönsten Stadt Deutschlands. In der Niederlausitz, in Burg/Spreewald, schwärmen die Besucher von einem der besten Wellnesshotels samt fantasievoller Gourmetküche. Lohnende Urlaubs- oder Ausflugsziele finden sich in großer Auswahl: Herrliche Wälder im Lausitzer Bergland, die Fließlandschaft des Spreewaldes, naturnahe Heide- und Teichgebiete, Pücklers Gartenkunstwerke – in Bad Muskau mit dem Titel UNESCO-Weltkulturerbe geadelt –, Seen aus einstigen Braunkohletagebauen, Kletterfelsen im Zittauer Gebirge, Schlösser, Kirchen, Freilichtmuseen, Schmalspurbahnen, das größte fahrbare Arbeitsgerät der Welt und sogar zwei Saurierzoos.

Prächtige Altstädte, wie neben Görlitz das tausendjährige Bautzen, lohnen ebenso einen Besuch wie die Altstädte von Cottbus und Zittau. Auch viele kleine Städte und Dörfer, Klöster und Schlösser haben bemerkenswerte Sehenswürdigkeiten aufzuweisen.

Diese Orte sind in reizvolle Landschaften gebettet, die zu großen Teilen zu Fuß, mit dem Fahrrad oder mit dem Paddelboot erkundet werden können. Den Besucher erwarten abwechslungsreiche Wander- und Radwege weitab von Lärm und der Hektik des Alltags, darunter Teilstücke des Spreeradweges und des Oder-Neiße-Radweges, die inzwischen zu den beliebtesten in Deutschland zählen.

Mit Ausnahme des Spreewalds ist die Lausitz kein Ziel des Massentourismus. Die Reiseziele eignen sich vor allem für Tages- und Wochenendausflüge oder für den Kurzurlaub. Angenehme Erlebnisse beim Entdecken und Erkunden wünschen

Kerstin und André Micklitza.

Die Lindenpforte in Cottbus

Hinweise zur Benutzung

Heute wird die Lausitz zumeist nicht mehr als einheitlicher Landschaftsraum betrachtet, da sich das historische Gebiet über zwei Bundesländer - Brandenburg und Sachsen - sowie zu kleineren Teilen in zwei Nachbarstaaten - Polen und Tschechien - erstreckt. Deshalb wurde dieser Reiseführer in Hauptkapitel eingeteilt: Niederlausitz (in Brandenburg), Oberlausitz (in Sachsen) - außer die Region Ruhland, die heute zu Brandenburg gehört -, Polnische Lausitz und historische Gebiete im heutigen Böhmen, die ehemals zur Oberlausitz gehörten. Die konkrete Abgrenzung der einzelnen Gebiete, die zur Lausitz gehören, gestaltet sich mitunter schwierig, da die Grenzen wegen der häufigen Besitzwechsel fließend waren. Insbesondere zur West- und Nordausdehnung gibt es unterschiedliche Auffassungen.

Portal in der Görlitzer Altstadt

Das Buch beschreibt die Region Lausitz von Nord nach Süd, vom Spreewald zum Zittauer Gebirge, und überschreitet nachfolgend die Lausitzer Neiße. Zuerst werden Orte und Landschaften südlich des Zittauer Gebirges in Tschechien betrachtet, die im Mittelalter zur Lausitz gehörten. Anschließend blicken wir nach Osten in heute polnische Gebiete der Lausitz.

Neben Stadtbeschreibungen, bei größeren Städten auch -rundgängen, sowie Ortsbeschreibungen sind auch viele Wanderrouten, Radtouren oder einige Wasserwanderstrecken aufgeführt, mit Kilometerangaben sowie Zeitbedarf. Herausragenden Sehenswürdigkeiten und Persönlichkeiten sowie regionalen Besonderheiten sind spezielle Essays gewidmet.

Die Lausitz ist die Heimat der Sorben, früher Wenden genannt. Im Reiseführer sind daher alle jene Orte zweisprachig erwähnt, die heute noch zu ihrer Heimat zählen. Allerdings hört man das Sorbisch-Wendische als Alltagssprache auch hier nur noch sehr selten.

Hinweise zu Touristeninformationen, Restaurants, Unterkünften sowie Veranstaltungstipps befinden sich in den Informationskästen am Ende der jeweiligen Abschnitte.

Die Unterkunftspreise ändern sich oft, außerdem steigen sie erfahrungsgemäß jedes Jahr mehr oder weniger, im Vergleich zur letzten Auflage dieses Reiseführers um bis zu 30 Prozent. Deshalb werden die Hotels und Pensionen jetzt, bezogen auf den Preis für das Doppelzimmer, in drei Kategorien eingeteilt: (€) bis 50 Euro, (€€) über 50 bis 100 Euro, (€€€) über 100 Euro.

Zeichenlegende

- Allgemeine Informationen, Touristenbüros
- Bahnverbindungen
- Busverbindungen
- Unterkünfte
- Campingplätze
- Restaurants
- Cafés
- Museen, Ausstellungen und weitere Sehenswürdigkeiten
- Kulturelle Veranstaltungen, Feste
- Sport und Erholung allgemein
- Bootsverleih, Kanufahrten
- Wandermöglichkeiten
- Reitmöglichkeiten
- Wassersportmöglichkeiten
- Spaß- und Freizeitbäder
- Zoo
- Botanischer Garten, Park
- Dampferfahrten
- Naturschutzeinrichtungen
- Einkaufsmöglichkeiten

Oberlausitzer Idylle

Das Wichtigste in Kürze

Informationen vor Reisebeginn

Über die Niederlausitz informiert der Tourismusverband Niederlausitz, Tel. 03563/602340, www.niederlausitz.de, über die Oberlausitz die Marketing-Gesellschaft Oberlausitz-Niederschlesien mbH, Tel. 03591/48770, www.oberlausitz.com.

Unterwegs mit öffentlichen Verkehrsmitteln

Die Lausitz ist immer noch relativ gut mit der Bahn oder dem Bus zu bereisen. Allerdings wurden hier in den letzten Jahren die Nord-Süd-Verbindungen auf der Schiene fast vollständig gekappt, so dass man längere Strecken als früher zurücklegen muss. Für Erkundungen in der Oberlausitz eignet sich eine ZVON-Tageskarte oder das Euro-Neiße-Ticket. Letzteres gilt nicht nur im deutschen Tarifgebiet, sondern auch in den benachbarten Grenzregionen von Polen und Tschechien.
Busse verkehren werktags noch häufig, aber am Wochenende eher spärlich.

Preisniveau

Die Lausitz ist noch ein preiswertes Reisegebiet. Vor allem in der Oberlausitz liegen die Preise oft deutlich unter dem Bundesdurchschnitt. Im Spreewald und mit schrumpfender Entfernung zu Berlin darf man kaum noch Schnäppchen erwarten.

Sicherheit

Die Lausitz ist ein sicheres Reiseterrain, auch in den Grenzregionen zu Polen und Tschechien sind keine erhöhten Kriminalitätsraten zu verzeichnen. Autos werden allerdings öfter gestohlen als andernorts.

Verständigung

Auch in den heute zu Polen und Tschechien gehörenden historischen Landschaften der Lausitz kommen Reisende mit Deutsch zumeist gut zurecht, ansonsten sprechen viele junge Leute Englisch. In der Region Spreewald und um Cottbus können Sie mitunter noch die niedersorbische Sprache, in der Oberlausitz zwischen Bautzen, Hoyerswerda und Kamenz auch das Obersorbische auf der Straße hören. Zumindest wird Ihnen hier aber die zweisprachige Beschilderung im öffentlichen Raum auffallen.
Im Oberlausitzer Bergland und Zittauer Gebirge wird deutlich hörbar das R gerollt.

Unterkünfte

Dank der Modernisierungen und vielen Neubauten befindet sich die touristische Infrastruktur in der gesamten Lausitz auf einem hohen Niveau. In Burg/Spreewald finden Sie sogar eines der besten Hotels in Deutschland. Wer mit dem Auto unterwegs ist, wird auch ohne lange Planung immer eine adäquate Bleibe finden, wer radelt, wandert oder paddelt, sollte, vor allem am Wochenende, vorher anrufen.
Camping- und Caravanstellplätze sind vielerorts vorhanden. In der Niederlausitz zwischen Spreewald und Schwielochsee finden sich auch mehrere Rastplätze nahe der Spree, wo Paddler und Radler mit eigenem Zelt für eine Nacht kostenlos (manchmal auch für den symbolischen Beitrag von einem Euro) übernachten dürfen.
Kindheitsträume der besonderen Art erfüllt die Kulturinsel Einsiedel: Übernachtungen im Baumhaus (S. 159).

Individuell oder organisiert?

Die Lausitz eignet sich sehr gut für individuelle Touren, es gibt aber auch mehrere Reiseveranstalter, die z.B. einen Gepäcktransfer organisieren (S. 311).

Bekannte Paddel- und Wandergebiete

Auf der Spree ab Burg/Spreewald sowie auf Neiße und Oder können individuelle und organisierte Touren unternommen werden. Zahlreiche Bootsvermieter bieten dafür ihre Dienste an.
Traditionelle Wandergebiete sind das Oberlausitzer Bergland und das Zittauer Gebirge. In letzterem kann man zwischen Dezember und März oft auch Skifahren oder auf Langlaufskiern wandern.

Bekannte Radwanderwege

Oder-Neiße-Radweg und Spreeradweg zählen für erfahrene Tourenradler schon zu den gesamtdeutschen Klassikern. Der zumeist im Südbrandenburgischen verlaufende Fürst-Pückler-Radweg wurde als erster in Deutschland vom Allgemeinen Deutschen Fahrradclub (ADFC) zertifiziert und erhielt auf Anhieb vier von fünf möglichen Sternen – er ist also ein beispielhafter Radwanderweg, allein die Beschilderung könnte noch etwas besser werden.
Darüber hinaus findet man Dutzende gut ausgebaute und markierte regionale Radstrecken wie den Gurkenradweg im Spreewald oder den Umgebindehausradweg in der Oberlausitz.

Historische Städte

Die Lausitz rühmt sich der schönsten Stadt Deutschlands. Das jedenfalls meinen Fachleute und auch immer mehr Gäste: Görlitz ist ein großartiges Architekturjuwel (S. 244). Aber auch das tausendjährige Bautzen (S.186) und die Altstadt von Zittau (S. 261) werden die Besucher entzücken. In der Niederlausitz sind Cottbus (S. 92) und Luckau (S. 35) besonders sehenswert.

Schlösser und Parks

Die Pücklerschen Parks mit Schlössern von Branitz bei Cottbus (S. 98) und von Bad Muskau (S. 144) gehören zu den schönsten Anlagen Deutschlands. Der Fürst-Pückler-Park Bad Muskau bereichert seit 2004 die Weltkulturerbeliste der Unesco. Unter den Gartenanlagen ragen daneben der Kromlauer Park (S. 151) mit seinen weitläufigen Rhododendronpflanzungen sowie der Ostdeutsche Rosengarten in Forst (S. 105) heraus. Schloss Rammenau ist ein barockes Schmuckstück (S. 205).

Interessanteste Kirchen

Stiftskirche Neuzelle (S. 76), Wendisch-Deutsche Doppelkirche in Vetschau (S. 65), Petridom in Bautzen (S. 189), St. Peter- und Paulkirche in Görlitz (S. 253), Wehrkirche in Horka bei Niesky (S. 160) Schrotholzkirche in Sprey bei Boxberg (S. 153).

Wellnessoasen

In der Niederlausitz: Tauchen mit Pinguinen in den Spreewelten von Lübbenau (S. 60), Entspannen im Solewasser der Spreewaldtherme Burg (S. 69), luxuriöse Bade- und Saunalandschaft im Resort & Spa Zur Bleiche in Burg (S. 66).
In der Oberlausitz: Körsetherme mit Solewasser in Kirschau (S. 216), der Trixi-Park mit herrlichem Freibad bei Großschönau ist ein Paradies für Familien mit Kindern (S. 277).

Ausführliche Hinweise bieten die Reisetipps von A bis Z ab Seite 309.

Lausitz, nach dem Himmel greifen möcht' ich mit der Liebe Hand, aus dem Sonnenlicht dir Schleifen weben und ein Pracht-gewand.

Jakub Bart-Ćišinski (sorbischer Schriftsteller)

Land und Leute

Landschaft

Ab dem 6. Jahrhundert kamen slawische Stämme in das Gebiet der heutigen Lausitz, ab dem 9. Jahrhundert wurden sie als Lu(n)sizi bekannt. Im Laufe der Zeit übertrug sich deren Name auch auf die Landschaft. Die war einst durch großflächige Feuchtgebiete geprägt. Das niedersorbische Wort Łužyca und das obersorbische Łužica bedeuten Sumpf oder Morast und verweisen somit auf diese Moore und Sümpfe. Aus heutiger Sicht erscheint der Name Lausitz kurios: Bis auf wenige Teile, wie den Spreewald und das Dubringer Moor südlich von Hoyerswerda, sind alle früheren großen Feuchtgebiete, vor allem durch den Braunkohlebergbau, verschwunden. Die Landschaft gilt als trocken und ist sehr waldbrandgefährdet.

Historisch gesehen bezeichnet der Name Lausitz nur die Niederlausitz. In der heutigen Oberlausitz lebten die Milzener, ihre Heimat wurde Milzenerland genannt. Beide Volksgruppen trennte ein etwa 50 Kilometer breiter siedlungsfreier Raum. Noch heute ist die Muskauer Heide südlich von Weißwasser nur sehr dünn besiedelt.

Die Städte Bautzen, Görlitz, Kamenz, Lauban (heute Lubań in Polen), Löbau und Zittau schlossen sich im Jahr 1356 zum Sechsstädtebund zusammen. Damals wurde auch für dieses Gebiet anfangs der Name Lausitz gebraucht. Zur genaueren Unterscheidung waren seit Mitte des 15. Jahrhunderts die Begriffe Ober- und Niederlausitz üblich.

Schwierig ist es, die territorialen Grenzen der Lausitz zu bestimmen, da sie sich ständig veränderten. Die historisch nördlichste Ausdehnung der Niederlausitz markiert in etwa eine gedachte Linie von der Oder entlang des Oder-Spree-Kanals zum Scharmützelsee bis Storkow. Die Ostgrenze bildet der Unterlauf des Bober (Bóbr) etwa ab Sorau (Żary), seit 1945 polnisches Territorium. Im Süden trennt die brandenburgisch-sächsische Landesgrenze Nieder- und Oberlausitz. Die Westausdehnung reicht bis zur Dahme und Kleinen Elster, etwa entlang der Städte Storkow, Golßen, Dahme, Sonnewalde, Doberlug-Kirchhain und Ortrand.

Die Oberlausitz grenzt im Norden an das Land Brandenburg. Die historische Ostgrenze bildet der Queis (Kwisa) bis zur Mündung in den Bober (Bóbr) bei Sagan (Żagań), seit 1945 polnisches Territorium. Den Süden markiert die sächsisch-böhmische Landesgrenze, etwa von Steinigtwolmsdorf bis nach Lückendorf. Das Bergland zwischen Zittau und Friedland (heute Frýdlant in Tschechien) gehörte im Mittelalter zur Oberlausitz. Die Grenzen der Oberlausitz, Böhmens und Schlesiens trafen sich damals auf dem Gipfel der Tafelfichte (Smrk) im Isergebirge (Jizerské hory). Die Westausdehnung reicht etwa von Ruhland über Königsbrück, Pulsnitz, Großröhrsdorf bis nach Bischofswerda.

Die historischen Grenzen der Lausitz werden heute oftmals hierzulande vernachlässigt und nur der in Deutschland liegende Landschaftsraum wird so benannt. Das ist nicht exakt. Auch in Polen existiert der Landschaftsname Lausitz. Die Stadt Żary kann als Hauptstadt der polnischen Niederlausitz angesehen werden, gleiches gilt für Lubań im polnischen Teil der Oberlausitz. Der böhmische Teil des Zittauer Gebirges heißt noch heute Lausitzer Gebirge (Lužické hory).

Der Landschaftsraum ist zu etwa drei Vierteln Flachland. Die pleistozänen Inlandvereisungen schufen die Grundlage für die Herausbildung sehr unterschiedlicher Landschaftsbilder. Ausgedehnte Heide- und Seengebiete sowie Flussauen wechseln mit Endmoränenhöhenzügen. Die südlichen Bergketten weisen Mittelgebirgscharakter auf und sind als eines der flächenmäßig größten Granitmassive Mitteleuropas bekannt. Der Vulkanismus im Oligozän und Miozän schuf hier Basaltgänge und -decken sowie Klingsteinkuppen.

Die verstärkte Besiedlung der Lausitz seit dem 6. Jahrhundert führte zu starken Eingriffen in die Landschaft. Ein tiefgreifender Wandel begann Ende des 18. Jahrhunderts mit dem Abbau der tertiären Braunkohlelagerstätten. Von 1924 bis 2003 mussten 85 Dörfer der Kohle weichen, etwa 15 000 Menschen verloren ihre angestammte Heimat, darunter besonders viele Sorben/Wenden. Die Existenz des kleinen slawischen Volkes ist bedroht.

Seit der Wende erhielt die Renaturierung ausgekohlter Tagebauflächen einen neuen Stellenwert. Es entstanden viele Landschaften aus der Retorte, die das abwechslungsreiche Bild der Lausitz bereichern, auch wenn zuvor wertvolle Areale verloren gingen. In einigen ehemaligen Tagebaugebieten siedeln sich heute sogar vom Aussterben bedrohte Pflanzen und Tiere an.

Seit 1998 gilt die Muskauer Heide als Wolfsland. Hier leben mehrere Rudel, über drei Dutzend Welpen wurden hier geboren. 2004 startete in der Schwarzen Elster und der Pulsnitz ein Wiederansiedlungsprojekt für Lachse. Die Junglachse wanderten über die Elbe in den Nordatlantik und kamen ab 2006 zum Laichen in ihre Heimat zurück.

Im Unterspreewald bei Lübben

Biosphärenreservate und Naturschutzgebiete

Die Lausitz blieb trotz schwerwiegender Eingriffe in den Naturhaushalt durch Braunkohletagebaue und Industrie ein Landstrich mit wertvollen Refugien für Fauna und Flora. Nach der Wende wurden zahlreiche Flächen in Brandenburg und Sachsen als Naturschutzgebiete ausgewiesen. Nach der Stilllegung oder der Rekultivierung der Braunkohletagebaue entstanden auch Landschaften, die sofort unter Naturschutz gestellt wurden, da Tiere und Pflanzen neue Lebensräume vorfinden, die es anderswo so nicht mehr gibt. So im ehemaligen Tagebau Kleinleipisch nördlich von Lauchhammer, wo der Naturschutzbund Deutschland (NABU) 2000 Hektar erwarb und zum Naturschutzgebiet erklärte. Als vorläufiger Höhepunkt der Naturschutzbestrebungen in der Lausitz gilt die Ausweisung des Spreewaldes sowie der Oberlausitzer Heide- und Teichlandschaft zu Biosphärenreservaten der UNESCO.

Biosphärenreservat Spreewald

Das Biosphärenreservat Spreewald besteht seit 1990 und umfasst eine Fläche von 479 Quadratkilometern, in der 37 Dörfer und zwei Städte liegen. Die Spreewaldniederung entstand im Ergebnis der letzten Eiszeit durch Schmelzwasser. Der Urstrom löste sich infolge geringen Gefälles in viele kleine Rinnsale auf, die an vielen Stellen von insel- und zungenförmigen Sanddünen durchsetzt waren. Periodische Überschwemmungen ließen die Entstehung eines völlig geschlossenen Waldes nicht zu, vielmehr wuchsen Auwälder heran, die von Wiesen und unzähligen Wasserläufen durchsetzt waren.

Verstärkte Eingriffe des Menschen begannen im 18. Jahrhundert. Durch die Rodung und die Anlage von Kanälen entwickelte sich eine artenreiche Kulturlandschaft. Erst ab 1960, mit der Intensivierung der Landwirtschaft, setzten bedrohliche Veränderungen im Naturhaushalt ein. Große Flächen außerhalb des Kerngebietes wurden melioriert und durch Flurbereinigung entblößt und eingedeicht. Mit dem Bau des Nordumfluters und dreier Talsperren im Oberlauf der Spree fielen die periodischen Überschwemmungen des Spreewaldes aus, der jahrtausendlange funktionierende Naturkreislauf wurde erheblich beeinträchtigt.

Um die in Europa einzigartige Auenlandschaft mit einem etwa 1300 Kilometer umfassenden feinmaschigen Gewässernetz zu erhalten, zu pflegen, in weiten Teilen zu renaturieren und dem Massentourismus in besonders wertvollen Arealen Einhalt zu gebieten, entstand das Biosphärenreservat. Etwa 1600 Pflanzenarten, davon 1200 Wildpflanzen, und 136 Brutvogelarten wurden registriert. Fischotter und Weißstorch leben beispielsweise noch in intakten Populationen, etwa 600 der hier noch vorkommenden Pflanzenarten stehen dagegen auf der Roten Liste bestandsbedrohter Pflanzen.

Große Aufmerksamkeit wird der Beibehaltung der traditionellen Bewirtschaftungsformen durch die Bewohner des Spreewaldes geschenkt. Aufklärung und Information sind ebenfalls Anliegen der Reservatsleitung; es werden Führungen durch Mitarbeiter der Naturwacht angeboten.

Der Teichlehrpfad bei Guttau im Biosphärenreservat Oberlausitzer Heide

Biosphärenreservat Oberlausitzer Heide- und Teichlandschaft

Das Biosphärenreservat Oberlausitzer Heide- und Teichlandschaft, südöstlich von Hoyerswerda und östlich von Niesky gelegen, erstreckt sich auf rund 30 000 Hektar. Das größte Teichgebiet Mitteleuropas zählt 1000 Teiche, davon 343 im Reservat, mit einer reichen Fauna und Flora, darunter viele Fischotter, einige Elche und 15 Seeadlerbrutpaare. Mehr Seeadler, im Sommer bis zu 100 Vögel, gibt es selbst im Müritz-Nationalpark nicht zu sehen. Viele Teiche werden noch immer extensiv zur Karpfenzucht genutzt.
Auffällig ist der vielfältige Wechsel unterschiedlicher Lebensräume wie Gewässerflächen, Moore, Binnendünen, Auwälder, Siedlungsgebiete, Felder und Wiesen. Intakte Zonen sollen erhalten, übernutzte Flächen renaturiert und Schäden durch Melioration, Gewässerausbau und Bergbau langfristig beseitigt werden.

Die Bewohner werden in die Schutz- und Pflegemaßnahmen durch Vertragsnaturschutz einbezogen. So bewahrt eine Moorschnuckenherde die hier heimischen sieben Orchideenarten, indem der Bewuchs kurz gehalten wird. Auf etwa 30 Hektar werden alte Ackerbaupflanzen wie Champagnerroggen und Buchweizen vor dem Aussterben bewahrt. Der ›sanfte‹ Tourist ist auf Wander- und Radwegen gern gesehen. Zu den schönsten Strecken zählen der Naturlehrpfad Guttauer Teiche und Olbasee zwischen Wartha und Guttau, Teile des ›Froschradweges‹ sowie der Seeadler-Radrundkurs.

Lausitzer Seenland

Immer größer wurden die Braunkohletagebaulöcher, die Bagger seit den 1920er Jahren in den Sandboden fraßen, um das ›schwarze Gold‹ zu heben: Wenn der Bergbau weiter zieht, verwandeln sich viele Gruben in Tagebauseen. So entsteht gegenwärtig zwischen Dresden und Berlin das größte künstliche Seenland Europas, verbunden mit schiffbaren Kanälen. Um 2020 soll es größer als die Mecklenburger Seenplatte sein. Weite und Ruhe erinnern schon heute an skandinavische Sehnsuchtsziele.

Auf dem Partwitzer See südwestlich von Spremberg sollen zukünftig etwa 80 schwimmende Häuser am Ufer festgezurrt werden. Das erste Musterhaus eröffnete 2006 seine Pforten. Es bietet mit zwei Stockwerken Platz für vier Personen und steht tage- oder wochenweise zum Mieten bereit. Doch noch herrscht ein Behördenchaos zwischen Brandenburg, Sachsen, Bergbau-Verwaltungsgesellschaft (LMBV) und Wasserbehörde: An vielen Ufern stehen Schilder: ›Betreten verboten, Lebensgefahr‹. Mal wird ein See zum Baden, Surfen und Segeln freigegeben, dann wieder alles als illegal erklärt. So geschehen auch am Gräbendorfer See, zwischen den Dörfern Laasow und Casel, wo die Besucher aber mit den Füßen abgestimmt haben und das komplette Nordufer in Besitz nahmen. Auch hier wartet ein schwimmendes Haus samt Tauchclub und Beachbar auf Besucher.

Das Lausitzer Seenland wird sich in den nächsten Jahren in atemberaubendem Tempo wandeln. Wo jetzt noch Tagebauführungen zu Fuß unter dem Motto ›Reise zum Mars‹ oder Offroad-Fahrten im Geländewagen für Nervenkitzel sorgen, werden schon in wenigen Jahren Wellen an den Strand klatschen. Am besten lässt sich die Retortenlandschaft vom Fahrradsattel aus beobachten. Markierte Rad-

Schwimmendes Haus auf dem Gräbendorfer See

wege wie der ›Fürst-Pückler-Radweg‹ und die ›Niederlausitzer Bergbautour‹ sorgen für eine problemlose Orientierung auf besten Asphaltwegen. Informationen aus erster Hand erhält man im Besucherzentrum der Internationalen Bauausstellung ›Fürst-Pückler-Land‹, auf den IBA-Terrassen in Großräschen. Am künftigen Ilsesee befindet sich bereits ein Seesteg, obwohl der endgültige Wasserstand erst 2018 erreicht sein wird. In den modernen Pavillons wird mit Wechselausstellungen der rasanten Entwicklung in diesem Teil der Lausitz Rechnung getragen.

Die meisten der einstigen Tagebaue östlich von Hoyerswerda sind schon jetzt zum Baden freigegeben. Am Knappensee, vor über 50 Jahren geflutet, hat sich die Natur die Ufer zurückerobert. Wer am Strand faulenzt oder im Wasser planscht, könnte meinen, dass der Knappensee ein natürliches Gewässer sei, das vielleicht während der letzten Eiszeit entstand. Benachbarte Kunstgewässer tragen so schöne Namen wie Bernstein-, Bärwalder-, Graureiher- oder Silbersee.

Informationen:
Tagestouren ins Seenland: Jeden 2. Sa im Monat Bustouren von Berlin aus, www.iba-see.de und www.bergbautourismus.de.
Unterkunft im schwimmenden Haus auf dem Partwitzer See: Aqua Terra Lausitz, Tel. 03 57 25/913 12, www.lausitzerseenland.de.
Tagebauwanderungen: Sa/So Führungen, Dauer 90 Minuten.
Start: IBA-Terrassen Großräschen, Besucherzentrum mit Terrassencafé, April–Okt. Mo–Do 10–18, Fr–So 10–19 Uhr, Tel. 03 57 53/26 14.
Offroad-Tagebaufahrten: Tel. 035 73/66 99 13, www.allradtouren.de.
Tauchmöglichkeiten: am Gräbendorfer See, Tel. 01 72/374 43 40, www.waldi-tauchen.de.

Auf den IBA-Terrassen in Großräschen

Geschichte

Das bisher älteste Werkzeug, das auf eine Besiedlung der Südlausitz schon in der Altsteinzeit deuten lässt, fand man auf dem Protschenberg in Bautzen. Hinweise auf dauerhafte Siedlungen stammen aus dem 4. Jahrhundert v. Chr., diese Wohnplätze waren zum Teil schon burgartig gesichert.

Im 19. Jahrhundert erforschte der bekannte Arzt Rudolf Virchow intensiv die Besiedlung während der Bronzezeit und prägte den Begriff der Lausitzer Kultur. Im Spreewald, so am Schlossberg von Burg, in Werben und Babow, fand er typische Keramik mit Buckel-, Riefen- und Rillenverzierungen sowie Bronzegegenstände.

Ab dem 2. Jahrhundert unserer Zeitrechnung ist der Aufenthalt germanischer Stämme nachweisbar, die aber den Landstrich nach und nach verließen. Ab dem 6. Jahrhundert nahmen slawische Stämme aus dem Gebiet östlich der Oder den weitgehend siedlungsfreien Lausitzer Raum in Besitz. Die Lusizer als Vorfahren der Niedersorben/Wenden bevölkerten die Niederlausitz, die Vorfahren der Obersorben, die Milzener, lebten in der Oberlausitz. Zwischen beiden Gruppen lagen unbewohnte breite Waldstreifen.

Mit dem Jahr 919 begann die deutsche Ostexpansion unter der Führung von König Heinrich I. Als Ausgangspunkt zahlreicher Feldzüge in die Lausitz diente dem König die im Jahr 929 erbaute Burg Meißen. Bis zu seinem Tod im Jahr 936 hatte Heinrich alle slawischen Bewohner unterworfen und zur Zahlung von Abgaben verpflichtet. Die Expansionspolitik gen Osten wurde von seinen Nachfolgern Otto I. (936–973) und Heinrich II. (973–1024) weiterverfolgt. Die deutsche Herrschaft beschränkte sich jedoch meist auf befestigte Plätze.

Der benachbarte polnische Staat unter Führung von Bolesław Chrobry (992–1025) sah seine Macht durch diese Entwicklungen gefährdet. Nach kriegerischen Auseinandersetzungen wurde die Lausitz 1018 mit dem Friedensschluss von Bautzen dem polnischen Königreich einverleibt, kam jedoch bereits 1032 wieder unter die Standesherrschaft des deutschen Feudaladels. Milzener und Lusizer erweiterten ihr Siedlungsland durch Kultivierung neuer Böden und schufen sich ein weitgehend zusammenhängendes Territorium. Gleichzeitig schritt der Landesausbau mit der Ansiedlung von Bauern, Kaufleuten und Handwerkern voran, die vor allem aus Franken, Thüringen und dem Rheinland kamen. Sie siedelten sich – weithin friedlich – vor allem in zuvor siedlungsfreien Zonen an. An den Kreuzungen wichtiger Handelsstraßen kam es zu Stadtgründungen: Guben, Kamenz, Lübben, Löbau und Zittau.

Zwar war die gesamte Lausitz von 1076 bis 1253 und von 1378 bis 1635 Lehnbesitz der böhmischen Krone, das sich in den Städten formierende Bürgertum wurde in der Folgezeit jedoch zu der bestimmenden politischen Kraft. Davon zeugt in besonderem Maße die Gründung des Oberlausitzer Sechsstädtebundes am 21. August 1346. Dieser Bund, der vor allem zur Sicherung der Handelswege vor Raubrittern und Gesindel ins Leben gerufen wurde, gewann schnell an Bedeutung, nachdem der böhmische König und spätere deutsche Kaiser Karl IV. dem Bündnis seinen Segen gegeben hatte. Die Städte Bautzen, Görlitz, Kamenz, Lauban (heute

Lubań in Polen), Löbau und Zittau kamen dank der Entwicklung von Tuchmachergewerbe und Handel und nicht zuletzt durch diesen Bund zu Wohlstand und Einfluss. Mit Beginn des 16. Jahrhunderts hatten sich die Bezeichnungen Niederlausitz für den nördlichen Bereich und Oberlausitz für den südlichen Raum der Lausitz durchgesetzt. Mitte des 15. Jahrhunderts zogen Hussitenheere durch die Lausitz und belagerten zahlreiche Städte, weitaus größere Verwüstungen hinterließ indes der Dreißigjährige Krieg. Mit dem Friedensschluss von 1648 endete die böhmische Herrschaft. Fortan teilten Brandenburgische Hohenzollern, Sachsen und später Preußen die Lausitz unter sich auf.

Ende des 17. Jahrhunderts erblühte in vielen Teilen der Lausitz das Tuchmacherhandwerk. Großen Einfluss darauf hatten die eingewanderten Glaubensflüchtlinge, böhmische Protestanten und französische Hugenotten sowie Holländer und Flamen, die ihre Kenntnisse und Erfahrungen auf diesem Gebiet in die Lausitz brachten. Zu großer Blüte gelangte auch das Töpferhandwerk; seine Zentren waren Muskau, Pulsnitz und Neukirch.

Diese Zeit war nicht nur von Aufschwung und Wohlstand gekennzeichnet. Die bedrückende Lage vieler Menschen auf dem Land kulminierte zwischen 1667 und 1717 in zahlreichen Bauernaufständen, die allesamt blutig niedergeschlagen wurden. Der Siebenjährige Krieg (1756–1763) beeinflusste die Lausitz, so schlugen am 14. Oktober 1758 österreichische Verbände preußische Truppen in der Schlacht bei Hochkirch vernichtend. Ermuntert durch das Vorbild der französischen Revolution, kam es ab 1790 zu zahlreichen Aufständen und Unruhen der Landbevölkerung, die gegen feudale Lasten aufbegehrten.

Am 17. Juli 1807 marschierte Napoleon in Bautzen ein, und bald darauf wurden Lausitzer Rekruten für Napoleons Ziele in den Krieg geschickt. Der Kampf gegen Napoleons Fremdherrschaft, die sich über weite Teile Europas erstreckte, erreichte im Frühjahr 1813 auf Lausitzer Territorium seinen Höhepunkt. Am 18. Mai kämpften 8000 preußisch-russische Verbündete unter General Yorck gegen 14 000 Mann der französischen Okkupantenarmee unter Lauriston. 30 000 Tote und Verwundete forderte die berühmte Schlacht bei Bautzen (20./21. Mai 1813), in der Napoleon kurz vor der Leipziger Völkerschlacht noch einmal als Sieger hervorging. Auf dem Wiener Kongress, als nach dem Sturz Napoleons über die Neugestaltung Europas debattiert und entschieden wurde, wurde die Lausitz neu aufgeteilt. Die Niederlausitz und der nördliche Bereich der Oberlausitz, die bis dahin zu Sachsen gehört hatten, fielen an Preußen.

Mitte des 19. Jahrhunderts erfasste die Industrialisierung auch die Lausitz. Der Anschluss an überregionale Bahnlinien förderte vor allem die Glas- und Keramikindustrie sowie den Bergbau (Braunkohleabbau). Nach 1871 kam es zu einem raschen Aufschwung der Textilindustrie mit den Zentren Cottbus, Spremberg, Forst und Guben sowie Zittau und Löbau.

Mit dem Anwachsen deutsch-nationalistischer Tendenzen wurde es für die wendisch-sorbische Volksgruppe immer schwieriger, ihre Identität zu wahren. Am 13. Oktober 1912 entstand mit der Domowina die erste politische Vereinigung der Sorben und Wenden; sie wurde unter der nationalsozialistischen Herrschaft 1937 verboten.

Die beiden Weltkriege (1914–1918 und 1939–1945) forderten auch in der Lausitz blutigen Tribut. Zahlreiche Städte versanken Anfang 1945 im Bombenhagel oder fielen bei den unmittelbaren Kämpfen in Schutt und Asche. Zehntausende deutsche und sowjetische sowie viele polnische Soldaten und unzählige Zivilisten fanden den Tod.

Das Territorium der Lausitz befand sich nach Kriegsende ausschließlich in sowjetischer Einflusssphäre. Der historisch gewachsene Teil östlich der Lausitzer Neiße bis zum Bober (Bóbr) und Kweis (Kwisa) fiel durch die Westverschiebung Polens – die Oder-Neiße-Linie bildete nun die Grenze zu Deutschland – an Polen.

Mit Gründung der DDR am 7. Oktober 1949 waren alle politischen Kräfte gleichgeschaltet. Den Sorben wurde Gleichberechtigung und Schutz ihrer nationalen Eigenheiten zugesichert, dennoch war eine beschleunigte Assimilierung mit der deutschen Bevölkerung auch aufgrund der Industrialisierung nicht aufzuhalten.

Mit dem Aufbau der Großkokerei in Lauchhammer (1951) und des Gaskombinats in Schwarze Pumpe (1959) begann die Entwicklung der Lausitz zum Kohle- und Energiezentrum der DDR. Mit dem Kraftwerk Boxberg entstand von 1968 bis 1971 das größte Wärmekraftwerk Europas auf Braunkohlebasis. Der Abbau der Braunkohle, in der DDR der wichtigste Energieträger, war zunehmend mit rücksichtslosem Raubbau an der Landschaft verbunden. Weder dutzende Dörfer noch wertvolle Landschafts- oder Naturschutzgebiete wurden verschont. Der Braunkohlebergbau konzentrierte sich zunehmend im historisch gewachsenen Siedlungsgebiet der Sorben und Wenden. Bis 1989 gehörten große Teile der Lausitz zu den am stärksten von Luftverschmutzung und Umweltschäden betroffenen Gebieten Europas.

Der ›Slawenwall‹ in Raddusch erinnert an die vorchristliche Zeit der Lausitz

Mit dem Beitritt zur Bundesrepublik Deutschland am 3. Oktober 1990 besserte sich die Situation im Umweltbereich erheblich. Die starke Abnahme der Braunkohlefördermenge, die Schließung von unrentablen Betrieben, der fast flächendeckende Zusammenbruch der Textilindustrie, Umrüstungen und Modernisierungen führten auf der anderen Seite in der einseitig entwickelten Region aber zur Massenarbeitslosigkeit, die neben der Überalterung der Bevölkerung zu den größten Problemen der Lausitz gehört.

Erfreulich ist die Revitalisierung historischer Zeugnisse. So wurden seit 1990 die Altstädte saniert, die zu DDR-Zeiten dem Verfall preisgegeben waren. 1995 war Cottbus Austragungsort der ersten Bundesgartenschau in Ostdeutschland, und die in der Lausitz ansässigen Sorben und Wenden wurden durch eine Erklärung der Bundesregierung als nationale Minderheit anerkannt.

Im Jahr 2004 fand der Muskauer Park Eingang in das Weltkulturerbe der UNESCO, ein Jahr später wurde die Wendische Volkspartei (Serbska Ludowa Strona) gegründet. 2006 schaffte der Fußballverein Energie Cottbus den Wiederaufstieg in die Erste Bundesliga. Die enttäuschende Saison 2008/2009 hatte aber den wiederholten Abstieg zur Folge.

Die Kultur der Sorben und Wenden

Die Slawen kamen im Verlauf der großen Völkerwanderung im 6. Jahrhundert in die Lausitz. In weiter westlich gelegenen Regionen wie im Wendland sowie an Saale und Mulde gingen mit der Assimilierung und den Sprachverboten die elbslawischen Sprachen sowie deren Sitten und Bräuche schon bis zum 16. Jahrhundert im Deutschtum unter. Die Mark Lausitz (Niederlausitz) und das Land Bautzen (Oberlausitz) waren davon weniger betroffen, da sie schon damals dichter von Sorben und Wenden besiedelt waren. Die relative Abgeschiedenheit der Lausitz bewahrte die slawische Bevölkerung zunächst vor dem gleichen Schicksal.

Im Zuge der Reformation entwickelten sich die ober- und niedersorbischen Schriftsprachen. Im 19. Jahrhundert entstand eine breite sorbisch-wendische Volksbewegung, eine bürgerliche Kultur begann sich zu entfalten, und es bildete sich ein eigenes Nationalbewusstsein heraus. Die Industrialisierung und der Schulunterricht, der fast ausschließlich in deutscher Sprache abgehalten wurde, führten jedoch zu einer verstärkten Assimilierung. Während des Nationalsozialismus wurden alle öffentlichen sorbisch-wendischen Aktivitäten verboten.

Die Slawen in der Niederlausitz bezeichnen sich selbst als Wenden, in der Oberlausitz als Sorben. Die Sprachen in beiden Teilen der Lausitz unterscheiden sich nur in geringem Maße. Heute befinden sich die Wenden und Sorben trotz staatlicher Förderung bis auf wenige Dörfer zwischen Kamenz, Hoyerswerda und Bautzen überall in der Minderheit; man schätzt sie auf etwa 60 000 Sorben und Wenden. Man bemüht sich aber, mit Unterstützung der Stiftung für das sorbische Volk, die sorbische Sprache sowie die vielen schönen überlieferten Sitten und Bräuche zu erhalten, wieder aufleben zu lassen und sie vor allem der jüngeren Generation nahe zu bringen.

Bräuche

Im Verlaufe des Jahres werden verschiedene Bräuche gepflegt, an vielen von ihnen nimmt auch die deutsche Bevölkerung teil. Die Vogelhochzeit (25. Januar) ist heute ein populäres Kinderfest, bei dem die Kleinen am Abend zuvor Teller ans Fenster stellen. Die Vögel, gerade auf Hochzeitsflug, bescheren den Kindern Süßigkeiten und Gebäck als Dank für die Winterfütterung. In Vogelgewänder gekleidet, feiern die Jüngsten ein lustiges Fest. Zum Zapust (Januar bis März), der niedersorbischen Fastnacht, finden Umzüge zum Austreiben des Winters statt. Drei Tage lang wird gefeiert. Beim Fastnachtstanz sollen die Mädchen besonders hoch springen, damit der Flachs auf den Feldern gut gedeiht. Zampern ist ein traditioneller Heischegang, wobei die Zamperer verkleidet von Haustür zu Haustür ziehen und um Gaben und Kleingeld bitten. Beim abschließenden Fastnachtstanz wird alles wieder aufgebraucht. Leider greift die Jugend hier oft allzu häufig auch auf der Straße zur Flasche, so dass Auswärtige dabei mitunter auch unschöne Szenen erleben.

Im Frühling werden die Ostereier als Symbol der Fruchtbarkeit in Ätz-, Kratz- und Wachstechnik kunstvoll verziert. In vielen Orten der Lausitz finden alljährlich vor Ostern Ostereiermärkte statt, bei denen man den Künstlern bei der Arbeit über die Schulter schauen kann. Beim Osterreiten am Ostersonntag ziehen in der katholischen Oberlausitz neun Reiterzüge in die Nachbargemeinden und überbringen die Osterbotschaft. In der Niederlausitz findet das Osterreiten nur von Zerkwitz bis Lübbenau statt. Das Ostersingen sowie das Anzünden eines Osterfeuers sind heute nur noch wenig verbreitet.

Zum Hexenbrennen (30. April) in der Walpurgisnacht werden riesige Feuer entzündet, auf denen eine Hexe – aus Lumpen zusammengenäht – verbrannt wird; ein Symbol dafür, dass der Winter nun endgültig dem Frühling die Vorherrschaft

Kahnfährfrau in Lübbener Tracht im Spreewald

überlassen muss. Bald darauf wird der sorbische Maibaum aufgestellt. Dieser Baumstamm ist etwa 30 Meter lang, mit Girlanden umwunden und einer kleinen Birke am oberen Ende geschmückt. Unterhalb des Wipfels hängt ein bunter Kranz. Das Maibaumwerfen ist zumeist mit einem Dorffest verbunden.

Das Johannisreiten ist ein Volksfest, das Ende Juni im Niederlausitzer Dorf Casel begangen wird. ›Johann‹ wird von den Mädchen völlig in Kornblumen gehüllt, auf dem Kopf trägt der Auserwählte eine Krone aus Blumen und Gräsern. Später wird ›Johann‹ wieder ›entblättert‹, sein Blumenschmuck wird als Trophäe angesehen. Wer Blüten abbekommt, bleibt angeblich gesund und glücklich.

Im August werden beim Hahnrupfen, Hahnschlagen, Stoppel- und Stollenreiten auf den abgeernteten Feldern die geschicktesten und schnellsten Reiter ermittelt und mit dem Siegerkranz geehrt. Erntedankfeste und Kirmes finden im Oktober statt.

Im Dezember sind Bescherkind, Heilige Barbara und Janšojski Bog unterwegs. In einigen Dörfern der Oberlausitz geht das in Tracht gekleidete Bescherkind von Haus zu Haus, in Sollschwitz ist es die Heilige Barbara und in der Niederlausitz der Janšojski Bog.

Sprachen

In der südöstlichen Oberlausitz spricht die deutsche Bevölkerung eine markante Mundart, das rollende ›R‹ ist überall zu hören. In der Lausitz wird neben Deutsch auch Sorbisch und Wendisch gesprochen. Für Auswärtige ist dies am ehesten an der zweisprachigen Ausschilderung vieler Ortschaften zu erkennen. Vor allem ältere Bewohner bedienen sich noch ihrer slawischen Muttersprache, im Norden Niedersorbisch (Wendisch), im Süden Obersorbisch. Im Raum Weißwasser vermischen sich beide Sprachen. Die sorbische Sprache gehört zur westslawischen Sprachgruppe. Das um Bautzen beheimatete Obersorbisch ähnelt dem Tschechischen, das im Spreewald verwendete Niedersorbisch zeigt Parallelen zur polnischen Sprache. In der Niederlausitz wird heute wieder stärker die Bezeichnung Wendisch für Sorbisch verwandt, auch um deutlich zu machen, dass es kleine, aber feine Unterschiede gibt. Gewisse Unterschiede der Sprache ergaben sich im Verlauf der zurückliegenden Jahrhunderte durch die siedlungsfreie Zone zwischen Nieder- und Oberlausitz, die heute etwa durch die Ruhland-Königsbrücker Heide und die Muskauer Heide markiert wird.

Mit dem Erstarken der Reformation bildete sich das sorbische Schrifttum heraus, aus der Mitte des 16. Jahrhunderts stammt die erste Übersetzung des Neuen Testaments. Einen enormen Entwicklungsschub brachte die Epoche der Aufklärung ab Mitte des 18. Jahrhunderts.

Mit Beginn des Industriezeitalters, dem verstärkten Zuzug deutschsprachiger Menschen und einsetzender Assimilierung, mit dem Erstarken nationalistischer Auswüchse vor und während der beiden Weltkriege sowie dem schleichenden Zerfall über Jahrhunderte gewachsener dörflicher Strukturen, und nicht zuletzt auch wegen der Zerstörungen durch den Braunkohlebergbau zu DDR-Zeiten gewann die deutsche Sprache fast überall die Oberhand. Im Dreieck Kamenz-

Hoyerswerda-Bautzen bildet die sorbische Bevölkerung in mehreren Dörfern die Mehrheit, und im privaten und öffentlichen Leben ist die sorbische Sprache hier noch oft zu hören.

Auch wenn die politische Wende neue Impulse für den Erhalt der sorbischen Sprache hervorbrachte, liegt dennoch die Zukunft dieses einmaligen Kulturgutes in der Verantwortung jedes einzelnen Angehörigen der sorbisch-wendischen Minderheit. In der Nieder- und Oberlausitz gibt es 13 Kindergärten mit über 200 Kindern, in denen die Kleinen mit der sorbischen Sprache aufwachsen. In der Niederlausitz wurde das Witaj-Sprachprojekt ins Leben gerufen, das die Kinder auf spielerische Weise mit der Sprache der Vorfahren vertraut machen soll. Das Niedersorbische Gymnasium in Cottbus sowie das Sorbische Gymnasium in Bautzen stehen für Kinder sorbischer und deutscher Abstammung gleichermaßen offen.

Durch die Herausgabe sorbischsprachiger Literatur hat sich der Domowina-Verlag um die Bewahrung der Sprache verdient gemacht, sorbische Sprachkurse werden in vielen Orten von den Volkshochschulen angeboten.

Wirtschaft

Die Lausitz war seit Anfang der 1960er Jahre das Kohle- und Energiezentrum der DDR. Aufbau und Entwicklung dieses Industriezweiges gründeten sich auf reiche Braunkohlevorkommen. 1951 entstand in Lauchhammer die weltweit erste Kokerei, die auf Braunkohlebasis arbeitete. Ab 1959 wurde im Gaskombinat ›Schwarze Pumpe‹ Stadtgas ebenfalls aus Braunkohle gewonnen. Mit dem Bau mehrerer Großkraftwerke – unter anderem Boxberg und Jänschwalde – entwickelte sich die Lausitz zum ›elektrischen Herzen‹ der DDR. Mit dem Ansteigen der Braunkohleförderung in den 1980er Jahren auf gut 200 Millionen Tonnen jährlich stieß man an Grenzen, die oft nicht mehr beherrschbar waren. Die Rekultivierung der ausgekohlten Tagebaue konnte mit dem sprunghaft angestiegenen Verbrauch nicht Schritt halten. Nach 1990 ist die Braunkohlegewinnung um etwa zwei Drittel zurückgegangen, die Rekultivierung hat einen wichtigen Stellenwert erhalten.

Mit der Modernisierung der Großkraftwerke Boxberg und Jänschwalde sowie dem Neubau bei Schwarze Pumpe soll dem Braunkohleabbau in der Lausitz weiterhin eine Zukunft eingeräumt werden, allerdings nur unter dem Vorbehalt, dass die geplante CO_2-Abspeicherung unter Tage technisch und wirtschaftlich funktioniert und von einer Mehrheit der Bevölkerung akzeptiert wird, wovon derzeit nicht die Rede sein kann, wie massive Proteste in Niedersachsen und Brandenburg zeigen. Braunkohletagebaue und Kraftwerke in der Lausitz sind im Besitz des schwedischen Staatskonzerns Vattenfall Europe, in Deutschland einer der drei größten Energieerzeuger. Die deutsche Konzernzentrale hat ihren Sitz in Cottbus. Der überwiegende Teil des Braunkohlestroms wird in Deutschland nicht benötigt: 60 Prozent werden exportiert, vor allem nach Polen und Tschechien.

Die traditionellen Zweige Textil- und Glasindustrie sind nach der Wende stark zurückgegangen, die Lausitz hat mit erheblichen wirtschaftlichen Problemen zu kämpfen. Es gibt aber positive Ausnahmen. Naturstoffe entstehen in der Spremberger Tuche GmbH, die Glasindustrie ist heute noch in Drebkau, Döbern und Weißwasser vertreten. Hochwertiges Flachglas für die Solarindustrie wird in der Glasmanufaktur Brandenburg GmbH in Tschernitz bei Döbern hergestellt. Moderne Reisewaggons für viele Bahnunternehmen in Europa montiert man in Görlitz. Ab 2011 sollen unter Regie der Konzerne Daimler und Evonik in Kamenz leistungsstarke Lithium-Ionen-Batterien für den Einbau in eine neue Generation von Elektroautos produziert werden.

Zu einem Desaster führte die von der brandenburgischen Landesregierung betriebene Förderung von Großprojekten in der Niederlausitz. Die Montagehalle für den Luftschiffbauer Cargolifter verschlang 40 Millionen Euro Steuergelder – mittlerweile ist das Unternehmen von der Bildfläche verschwunden. Der mit etwa 123 Millionen Euro Steuergeldern geförderte Bau der Rennstrecke Eurospeedway Lausitz bei Senftenberg zeigt bislang nicht den erwünschten wirtschaftlichen Aufschwung.

Durch den rasanten Abbau von Arbeitsplätzen in allen Branchen setzte eine hohe Abwanderung ein, außerdem ist die Geburtenrate stark zurückgegangen. Sinkende Bevölkerungszahlen werden auch für die nächsten Jahre vorausgesagt. Vor allem die Jugend, darunter sehr viele Frauen, verlässt ihre Heimat gen Westen. Auf 100 junge Männer kommen derzeit im Großraum Cottbus nur noch 80 junge Frauen.

Der Tourismus ist ein beachtlicher Wirtschaftsfaktor, so in der Niederlausitz im Spreewald und der Stadt Cottbus, in der Oberlausitz insbesondere im Zittauer Gebirge und dem Lausitzer Bergland. Dank der sehr guten Fahrradwege, darunter Klassikern wie dem Oder-Neiße-Radweg und dem Spreeradweg, kommen insbesondere Aktivurlauber in die Lausitz. Ebenfalls im Aufwind ist der Städtetourismus in Bautzen, Cottbus, Görlitz, Kamenz und Zittau.

Die Peitzer Teiche vor der Kulisse des Braunkohlekraftwerks Jänschwalde

Im Spreewald teilt sich die Spree in Hunderte Fließe, Gräben und Kanäle. Fast jeder Besucher will den Spreewald vom Wasser aus erleben. Fürst Pückler hinterließ in Branitz ein herausragendes Gartenkunstwerk. Die Internationale Bauausstellung ›Fürst-Pückler-Land‹ setzte seine Traditionen – mehrere Nummern größer – fort: Mit einer neuen Lausitzer Seenkette, die aus ehemaligen Braunkohletagebauen im Entstehen ist.

Die Niederlausitz

Die Niederlausitz umfasst heute den südöstlichen Teil des Landes Brandenburg. Die Grenze zur Oberlausitz entspricht in etwa der Landesgrenze zum Freistaat Sachsen. Man unterscheidet drei große Landschaftsräume: Ostbrandenburgisches Heide- und Seengebiet, Spreewald sowie Niederlausitzer Becken und Heideland.

Als erstrangige und überregional bedeutende Tourismusgebiete gelten Ober- und Unterspreewald, die Stadt Cottbus mit dem Branitzer Park, der Senftenberger See sowie der Schwielochsee am Nordrand der Lausitz. Neben den bekannten Fremdenverkehrszentren finden sich eine Vielzahl weiterer touristisch bemerkenswerter Städte, Dörfer und Landschaften.

Golßen

Das Städtchen Golßen geht auf eine typische Angersiedlung aus dem 12. Jahrhundert zurück. Sehenswert sind das **Rathaus** und mehrere stattliche **Bürgerhäuser** vom Anfang des 20. Jahrhunderts, die **Stadtkirche** aus der ersten Hälfte des 19. Jahrhunderts, eine **Distanzsäule** auf dem Lindenplatz mit der Aufschrift ›IX Meilen bis Berlin‹ (1843), die an den Straßenbau zwischen Berlin und Cottbus erinnert, sowie das Golßener **Schloss** (1721–1725). Sein Besitzer, Johann Just Vieth, wurde vom Kurfürsten August dem Starken zu Vieth von Golßenau geadelt.

Der Spreewaldhof Golßen ist der größte Verarbeitungsbetrieb von landwirtschaftlichen Spreewalderzeugnissen: Die berühmten Gurken kommen hier in 30 Geschmacksrichtungen ins Glas oder in die Konserve, Besucher sind willkommen.

In dem knapp drei Kilometer westlich gelegenen Stadtteil Altgolßen steht eine der ältesten Kirchen der Niederlausitz. Wer die Kirche besichtigen möchte, meldet sich beim Pfarramt Golßen oder geht zum Kirchenältesten im Ort, den jeder Einwohner in Altgolßen kennt.

Sagritz und Brand

In fünf Kilometern Entfernung befindet sich das Dörfchen Sagritz. Dort steht die **Kanow-Mühle** aus dem 16. Jahrhundert. Hier wird noch bis heute frisches Leinöl gepresst.

Gut zehn Kilometer nordöstlich von Golßen gibt es ein Unikum zu bestaunen: Die **Cargolifter-Halle** des verblichenen Luftschiffbauers in Briesen-Brand ist die größte freitagende Halle der Welt, 360 Meter lang, 210 Meter breit und 107 Meter hoch – der Berliner Reichstag würde zweimal hineinpassen. Heute ist darin eine Brandenburger Tropenwelt – ›Tropical Islands‹ – unter UV-durchlässiger Dachfolie eingerichtet, mit ›Südsee‹, ›Bali-Lagune‹, ›Boulevard‹, einem Regenwald aus 2000 Pflanzen in 500 Arten sowie Europas größter Wellness- und Saunalandschaft, Deutschlands höchstem Wasserrutschturm (27 Meter), zwei Regenwaldcamps mit Zelten und Lodges in der Halle oder Campingplatz draußen in einem Wäldchen. Der Bau von 200 Ferienhäusern ist geplant. Aus Berlin reist man in rund 50 Minuten bequem mit dem Regionalexpress R2 bis Brand an, ab hier verkehrt ein Zubringerbus zur Tropenhalle.

Golßen und Umgebung

Vorwahl: 03 54 52.
Pfarramt Golßen, Tel. 717.

Hotel und Restaurant Zur Spreewälderin (€€), Luckauer Str. 18, Tel. 38 70, www.hotel-zur-spreewaelderin.de.

▲ Karte vordere Umschlagklappe

Spreewaldhof Golßen mit Besucherinformationszentrum, Bahnhofstr. 1, Tel. 3890, www.spreewaldhof.de. Mo–Mi 14–17, Do/Fr 10–13 Uhr.

Tropical Islands, Brand/Niederlausitz, Tel. 035477/605050, www.tropical-islands.de. 24 Std. geöffnet, jetzt mit Camping, demnächst mit Ferienhäusern im skandinavischen Stil.

Kanow-Mühle in Sagritz, Tel. 507, www.kanow-muehle.de; Hofladen Di und Do 13–17 Uhr, Sa/So Führungen nach Anmeldung.

Luckau

Luckau ist ein Verwaltungszentrum der Niederlausitz mit ungefähr 6000 Einwohnern, ein beschauliches Städtchen zwar, aber mit einigen hochkarätigen Sehenswürdigkeiten. Nicht ohne Grund erhielt es 2002 eine Auszeichnung der Deutschen Stiftung Denkmalschutz im Wettbewerb ›Leben in historischen Innenstädten und Ortskernen‹.

Geschichte

Die Siedlung an der Berste, im Luckau-Calauer Becken am Rande des Niederlausitzer Landrückens gelegen, besaß schon um die letzte Jahrtausendwende eine slawische Burg, etwa 200 Jahre später bauten Deutsche während der Kriegszüge gen Osten eine weitere Feste hinzu. Am Kreuzungspunkt bedeutender mittelalterlicher Handelswege, Magdeburg–Glogau (heute Głogów/Polen) und Leipzig–Frankfurt (Oder), entstand später eine Kaufmannssiedlung, die sich bis zum 14. Jahrhundert in eine reiche Stadt wandelte. Im 15. Jahrhundert durfte sich Luckau sogar mit dem Titel ›Hauptstadt der Niederlausitz‹ schmücken. Vom Wohlstand der Städter kündet die Tatsache, dass sie des öfteren als Geldgeber der böhmischen Krone auftraten. Luckau gehörte über Jahrhunderte zur böhmischen Herrschaft, später zu Sachsen und fiel im Ergebnis des Wiener Kongresses 1815 an Preußen.

Ein wichtiges Datum in der Stadtgeschichte ist der 4. Juni 1813. An diesem Tag fand vor den Toren der Stadt eine Schlacht zwischen napoleonischen Truppenverbänden – Franzosen, Bayern und Sachsen – mit 24000 Soldaten und einem preußisch-russischen Heer mit 16000 Mann statt, aus der letzteres siegreich hervorging. Der Vormarsch auf Berlin war damit gestoppt.

Die industrielle Revolution machte anfangs einen Bogen um die Region, weil Luckau nicht sofort an das Eisenbahnnetz angeschlossen wurde. Bekannt waren in jener Zeit Luckauer Zigarren.

Sehenswürdigkeiten

Im Jahr 2000 richteten die Stadtväter die erste Landesgartenschau im Land Brandenburg aus. Die historische Altstadt wurde als integraler Bestandteil einbezogen und gärtnerisch gestaltet, so im Norden der Schloss- und im Süden der Stadtpark sowie Flächen zwischen Stadtmauer und Stadtgraben. Hier entstanden unter anderem fünf Themengärten.

Die **Stadtmauern** aus Feld- und Backsteinen aus dem 13. und 14. Jahrhundert blieben beinahe unversehrt erhalten und sind vom wassergefüllten Stadtgraben umgeben. Am Rand der östlichen Altstadt steht das **Calauer Tor**, an dem Napoleons Truppen 1813 erfolgreich abgewehrt wurden (Gedenktafel). Trotzdem existiert am westlichen Stadtrand das **Napoleonhäuschen**, in dem der Überlieferung nach der Feldherr einmal genächtigt haben soll. Heute ist hier eine Ausstellung über die Schlacht von 1813 untergebracht.

Auf dem Markt gefallen besonders die aus sächsischer Epoche stammenden **Barockgiebelhäuser**, von denen später einige auf der Ost- und Westseite des Platzes von italienischen Meistern noch mit reichen Renaissance-Stuckfassaden verschönert wurden. Die spätromanische **Georgenkapelle** am Platz stammt aus dem 13. Jahrhundert und wurde später im Barockstil verändert. In ihr finden Konzerte und Trauungen statt. Der neben der Kapelle befindliche **Hausmannsturm** von 1697 wurde bis zum Ende des 17. Jahrhunderts öfter umgebaut. Er diente der Stadtwache als Ausguck; die einstige Türmerwohnung ist noch gut erkennbar. Hausmannsturm und Georgenkapelle sind am Tag des offenen Denkmals im September zugänglich.

Vom einst mittelalterlichen Charakter des **Rathauses** künden heute nur noch die verschiedenen Gewölbeformen im Ratskeller, der noch immer als Gaststätte betrieben wird. Über dem Gewölbe erhebt sich ein Bau im klassizistischen Stil aus dem Jahr 1852.

Um 1529 verließen die letzten beiden Mönche das Luckauer **Dominikanerkloster** nordöstlich vom Markt. 1561 übergab Kaiser Maximilian II. den Besitz an die Stadt. Fortan diente es als Kranken-, Armen- und Irrenhaus, seit 1747 als Gefängnis. Prominentester Zelleninsasse war Karl Liebknecht, der hier von 1916 bis 1918 inhaftiert war. 1969 weihten

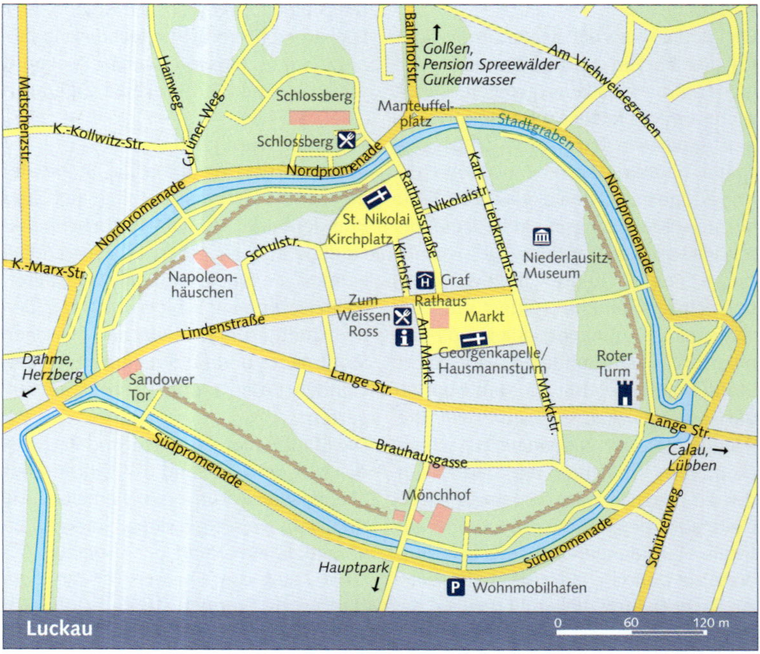

Barockschmuck am Markt

die Stadtväter zum Gedenken an den Arbeiterführer ein Denkmal mit seinem Abbild am Markt ein. Nach der Wende wurde das Denkmal umgesetzt; es befindet sich heute an der ehemaligen Gefängnismauer. Im Luckauer Knast wurde der erfolgreiche Kinostreifen ›Vier Minuten‹ gedreht, die Geschichte einer Pianistin, die Unterricht im Frauengefängnis gibt. Der Frauenvollzug blieb bis 2005, jetzt findet man hier das **Niederlausitzmuseum**.

Nördlich vom Markt thront die dreischiffige spätgotische **Pfarrkirche St. Nikolai**. Sie gehört zu den bedeutendsten mittelalterlichen Kirchen im Land Brandenburg und ist viel größer als ihre Berliner Namensschwester. Der doppeltürmige Feld- und Backsteinbau entstand bereits im 13. Jahrhundert. Der großzügige Ausbau begann 1375, nachdem der böhmische König und Kaiser des Heiligen Reiches Deutscher Nation, Karl IV., der Stadt das Haupt des Hl. Paulinus, eines heilig gesprochenen Minioriten, geschenkt hatte. Diese Reliquie wurde in der Kirche aufbewahrt, aber später gestohlen.

Die Innenausstattung ist barock, hier verdienen als Prunkstücke die Emporen mit Ratsherren-, Sänger- und Orgelemporen sowie Patrizier- und Handwerkerlogen besondere Aufmerksamkeit. Die große Barockorgel aus dem Jahr 1673 besitzt 44 klingende Register und 3500 Pfeifen; sie ist ein Werk des Leipziger Orgelbaumeisters Christoph Donat. Im Sommer finden hier Aufführungen des Brandenburger Chorkonzertes und Orgelkonzerte statt. Der schöne Hochaltar wurde 1670 von Abraham Jäger geschaffen. Die Doppelwendeltreppe zu den Logen und Emporen der Nordseite, neben der Sakristeitür, fertigte der Luckauer Joachim Bandigk im Jahr 1673. Der Taufstein wurde von Abraham Jäger und Christoph Krause in Kelchform mit farbigen Bildtafeln gefertigt. Weiterhin sieht man figurengeschmückte Grabmale reicher Luckauer Bürger, Epitaphien mit barocker Pfeilerbemalung und ein seltenes hölzernes Kriegerdenkmal

Georgenturm und Hausmannkapelle

aus dem Ersten Weltkrieg mit drei Gemälden.
Außen ist vor allem die Südseite interessant: Die Umrahmung des Sandsteinportals endet an Kragsteinen, die das Abbild Kaiser Karl IV. und seiner vierten Frau, Elisabeth von Pommern, verkörpern sollen. Darunter sind Kerben im Sandstein zu sehen. Hier weihten einst Luckauer Bürger ihre Schwerter, bevor sie in die Schlacht zogen. Die merkwürdigen kreisrunden Vertiefungen im unteren Bereich des Portals werden als Näpfchen bezeichnet. Sie fungierten einerseits als Medizinnäpfchen, aus denen man zu Pestzeiten Staub des Sandsteins zu Arznei bereitete, andererseits als Sühnenäpfchen (große und kleine, je nach der Schwere der Sünde). An den beiden Kirchtürmen erkennt man noch den spätromanischen Unterbau aus Feldsteinen. Der nördlich der Kirche stehende, langgezogene **Gebäudekomplex** diente einst als Kantorat, Alte Schule, Küster- und Pfarrhaus, Schule und Oberpfarrhaus.

■ Wanderung zum Naturschutzgebiet Borcheltsbusch

Das südöstlich von Luckau und westlich der Ortschaft Görlsdorf gelegene ausgedehnte Flachmoor ist der sechstgrößte Kranichrastplatz in Deutschland. Im Herbst sammeln sich hier die Vögel auf ihrem Weg von Skandinavien und Nordosteuropa in die Winterquartiere nach Spanien und Südfrankreich. Über 4000 Kraniche haben Vogelkundler in manchen Jahren schon gezählt.
Von der Straße Goßmar–Freesdorf kann man die 1,20 Meter großen Vögel von Anfang August bis September beobachten und oft auch hören. Die besten Chancen zur Beobachtung mit dem Fernglas bieten sich morgens von Sonnenaufgang bis etwa eine Stunde danach und abends eine Stunde vor Sonnenuntergang. Von Freesdorf in Richtung Goßmar befindet sich hinter der kleinen Straßenbrücke auf der linken Seite ein Abzweig, über den man einen Aussichtsturm erreicht.
Länge: etwa 3 Kilometer.

▲ Karte S. 36

i Luckau

Vorwahl: 035 44.
Tourismusverband Niederlausitzer Land e.V., Am Markt 34, Tel. 30 50, www.luckau.de und www.niederlausitz.com (Gastgeberverzeichnis).

Bahn bis Lübben, dann mit dem Bus nach Luckau.

Parkhotel, Luckau-Cahnsdorf (€€), Tel. 500 90, www.parkhotel-cahnsdorf.de.

Pension Spreewälder Gurkenwasser (€), Rietweg 14, Tel. 556859, www.spreewaelder-gurkenwasser.de. Große Grillecke, Fahrradausleihe.

Pension und Café Graf (€), Hauptstr. 3, Tel. 2471. Kaffeestube im Wiener Stil, Hausspezialität ist Rollkuchen (mit Schlagsahne gefüllte Waffelrollen), ruhige Zimmer mit Fenster zum grünen Hof; täglich außer Mi 10–23 Uhr.

Jahrescampingplatz Sonnenberg, im nördlich von Luckau gelegenen Dorf Kreblitz.

Restaurant Schlossberg, Nordpromenade 20, Tel. 6307; Di–So 11–14 und 17–22 Uhr. Wildgerichte und schöner Biergarten.

Ritterschenke Zum Weißen Ross, Am Markt 14, Tel. 555890, www.ritterschenke.de; Mi–Mo ab 17.30 Uhr (Jan.–April), sonst 11.30–14 und ab 17.30 Uhr, auch Sa/So. Kinderspielecke, behindertengerecht.

Niederlausitz-Museum Luckau, Nonnengasse 1, Tel. 2293; Di–Fr 10–17, Sa/So 13–17 Uhr. Stadtgeschichte und Sehenswürdigkeiten sowie Pflanzen und Tiere.

Ausstellung im Napoleonhäuschen; Anmeldung im Niederlausitz-Museum Luckau.

Pfarrkiche St. Nikolai, April–Okt. tgl. 13–16 Uhr, ansonsten ist der Schlüssel auch beim Pfarrer im gegenüberliegenden Kirchplatz 6 zu haben oder im Evangelischen Kirchenamt, Schulstr. 2. Führungen: Tel. 2339, www.kirche-luckau.de.

Bockwindmühle im Luckauer Stadtpark, Tel. 594166. Nach dem Original von 1850 erneuert, 2006 abgebrannt, jetzt wieder funktionsfähig.

Niederlausitzer Leistungsschau (Ende April). Heimat- und Schützenfest (Ende Juni). Christmette (1. Weihnachtsfeiertag, 6 Uhr in der St. Nikolaikirche).

Findlingsgarten Wanninchen und Naturlehrpfad Luttchensberg

Etwa vier Kilometer südöstlich von Görlsdorf, am Nordrand des stillgelegten Tagebaus Schlabendorf-Süd, befinden sich das Heinz Sielmann Naturparkzentrum und der Findlingsgarten Wanninchen, der gleichnamige Ort allerdings nicht mehr – er musste 1985 dem Tagebau weichen.

Neben Findlingen kann man hier auch einen Bauern- und Rosengarten besuchen oder die Urform unseres Haushuhns, die Bankivhühner, bestaunen. Das Naturparkzentrum Wanninchen bei Görlsdorf kann von April–Okt. tgl. 10–17, sonst Mo–Fr 10–15 Uhr besichtigt werden. Führungen So 14 Uhr, Tel. 03544/557755.

Der Schlabendorfer See mitsamt Umgebung, zusammen 2700 Hektar, wurde von der Heinz-Sielmann-Stiftung erworben, die Natur soll sich hier in Zukunft ungestört entwickeln können und Feldhase, Kranich, Wiedehopf und Fischotter geeignete Lebensräume bieten.

Im Altkippengebiet Schlabendorf-Nord, südwestlich von Groß Beuchow, zwischen Lichtenauer See (Kranichrastplatz) und Schlabendorf, befindet sich der Naturlehrpfad Luttchensberg mit geologischem und biologischem Abschnitt. Um die innere Struktur der im Findlingsgarten aufgestellten Exemplare sichtbar zu machen, wurde jeweils eine Stelle angeschliffen.

Zwischen Langengrassau und Walddrehna

Fünf Kilometer südwestlich von Luckau befindet sich der **Heidegarten Langengrassau**. Auf etwa 600 Quadratmetern fanden typische und bedrohte Arten des Niederlausitzer Landrückens ein Refugium. Es wurden ein Zwischenmoor- und Feuchtwiesenbiotop sowie ein Trockenrasen angelegt. Das Areal befindet sich am Ortsausgang Langengrassau, an der B 87 Richtung Herzberg, auf der linken Seite hinter dem Amt Heideblick. Auf frei zugänglichen Wegen können die Besucher die Flora studieren.

Das Schmuckstück von Langengrassau ist die **Feldsteinkirche** aus dem 13. Jahrhundert. Nach einem Brand wurde die Kirche von 1819 bis 1821 umgebaut. Die Innenausstattung entwarf Karl Friedrich Schinkel.

Mehrere Wanderwege und Naturlehrpfade führen in die reizvolle Umgebung der Höllenberge und zum 140 Meter hohen Struveberg. Etwa sieben Kilometer westlich von Luckau und nahe Langengrassau erstreckt sich das **Naturschutzgebiet Höllenberge** als besonders wertvoller Bestandteil des Niederlausitzer Landrückens. Von der kleinen Ortschaft Wüstermarke führen Feldwege ins Naturschutzgebiet.

Von der B 87 Luckau-Herzberg führt ein Fahrweg kurz hinter dem Ortsausgang

Der Höllberghof bei Langengrassau

Langengrassau (Richtung Herzberg) und einer Bahnbrücke zum **Höllberghof**. Er ist eine originalgetreue Rekonstruktion eines Dreiseitenhofs vom Anfang des 19. Jahrhunderts mit Wohnhaus, Kossätenhaus, Fachwerkscheune, Flachskammer, Backhaus und Taubenständer. Neben der Ausstellung ›Naturschutz durch historische Landnutzung‹ in der Fachwerkscheune wird vor allem der Praxis große Aufmerksamkeit geschenkt: So werden hier traditionelle Landbewirtschaftungsformen im Bauerngarten gepflegt und vom Aussterben bedrohte Haustierrassen wie Weideschweine, Koniks und Skudden, eine alte Schafsrasse, gehalten und gezüchtet.

Im Kossätenhaus befinden sich das Höllberghof-Informationsbüro und die Höllbergschänke, in der auch hofeigene Spezialitäten auf den Tisch kommen. Das Tiergehege ist einen Kilometer entfernt. Es ist auf einem Naturerlebnispfad zu erreichen, der als Rundweg gestaltet wurde.

Langengrassau bis Walddrehna

Höllberghof-Informationsbüro, Tel. 03 54 54/74 05.

Naturwacht des Naturparks Niederlausitzer Landrücken, Wanninchen bei Görlsdorf, Tel. 50 80 61. Führungen

▲ Karte vordere Umschlagklappe

durch den Naturpark nach Anmeldung.

Höllbergschänke, Tel. 035454/611; tgl. ab 11 Uhr, Dez.-März nur Do-So.

Höllberghof-Ausstellung mit Hofladen, April-Okt. tgl. 10-18 Uhr, sonst Do-So ab 11 Uhr.

Höllberghof-Fest (Wochenende um den 1. Mai).

Fürstlich Drehna

Im Jahr 1807 wurde der damalige Schlossherr Moritz Graf Lynar vom österreichischen Kaiser Franz I. in den Fürstenstand erhoben. Seitdem heißt der kleine Ort nicht einfach nur Drehna, sondern Fürstlich Drehna.

Als Vorgängerbau des heutigen Schlosses entstand 1480 ein Wasserschlösschen auf den Resten einer Burg. Der Wohnturm der ursprünglichen Feste blieb bis heute erhalten.

Seit Mitte der 1990er Jahre war die Anlage im Besitz der Brandenburgischen Schlösser GmbH. Das Gebäude wurde seitdem aufwendig saniert, jetzt ist es das **Hotel-Schloss Fürstlich Drehna** mit 43 stilvollen Zimmern und sechs Suiten mit eigenem Wellnessbereich.

Ab 1813 wurde der benachbarte Park von Peter Joseph Lenné als Lustgarten gestaltet. Gut die Hälfte des Areals ging in den 1980er Jahren durch den Braunkohletagebau verloren, die Gartenanlage wurde aber in den vergangenen Jahren ›zurückgegeben‹. Alter und neuer **Park** umfassen heute über 40 Hektar. Einen besonders schönen Blick darauf genießt man vom gusseisernen Pavillon am Schlossteich.

Am Schlossvorplatz befindet sich die Schlossbrauerei. Nach alten Rezepturen werden mehrere Sorten gebraut, darunter das Fürst Lynar Dunkel. Das ehema-

Das hübsche Hotel-Schloss Fürstlich Drehna

lige Gärtnereihaus ist jetzt Sitz der Naturparkverwaltung Niederlausitzer Landrücken.
Südlich des Ortes steht seit dem Jahr 2000 eine **Bockwindmühle** aus dem Jahr 1788, die ursprünglich in Schiebsdorf bei Golßen stand und hierher umgesetzt wurde.
Die **Kulturlandschaft** um Fürstlich Drehna ist ein Projekt der Internationalen Bauausstellung ›Fürst-Pückler-Land‹. Ziel dieses Projekts ist es, eine beispielhafte Verbindung zwischen gewachsener Kulturlandschaft und der neuen Bergbaufolgelandschaft zu schaffen. Unter anderem entstand so der etwa 250 Hektar große Drehna-See. Wenn der endgültige Wasserstand erreicht ist, wird es hier Badestrände geben. Schon jetzt führt ein Radwanderweg durch den einstigen Tagebau.

Fürstlich Drehna

Besucherzentrum des Naturparks Niederlausitzer Landrücken, Luckauer Str. 1, Tel. 03 53 24/30 50. Ausstellung im Gärtnereihaus, Sa/So 13–16 Uhr.

Hotel-Schloss Fürstlich Drehna (€€€), Tel. 03 53 24/30 30, www.schloss-f-drehna.de. 42 Zimmer und sechs Suiten, Wellnessangebote, Gourmetküche.
Gasthaus Zum Hirsch (€€), Crinitzer Straße 2, Tel. 03 53 24/70 30, www.fuerstlichdrehna.de. Am Marktplatz, barocker Gasthof mit historischem Flair, der 1920 gebaute Saal ist einem Schiffsrumpf mit Bullaugen nachempfunden. Schöner Biergarten, Mo Ruhetag.

▶ Karte vordere Umschlagklappe

Der Spreewald

Der Spreewald gehört zu den eigentümlichsten Landschaften in Deutschland. Wie kein anderer Fluss teilt sich die Spree mit einem Mal in hunderte Fließe, Gräben und Kanäle und bildet so ein für den Außenstehenden verwirrendes Wasserlabyrinth. Der Spreewald erstreckt sich auf einer Fläche von 500 Quadratkilometern zwischen Leibsch im Norden und Vetschau im Süden. Er wird unterteilt in den Ober- und den Unterspreewald. Die Grenze verläuft mitten durch die Stadt Lübben.
Mit den Schlangen, die hier früher massenhaft vorkamen, verbinden sich im Spreewald zahlreiche Sagen und Legenden. Zwei gekreuzte Schlangenköpfe an den Enden der Windlatte am Dachgiebel sollen den Hausbewohnern Glück bringen; daher sind sie überall zu finden. Bei den Slawen verkörperte die Ringelnatter den guten Geist des Anwesens. Sie sollte Feuersbrunst und Krankheiten von den Bewohnern fernhalten und bösen Hexen und Geistern den Zutritt verwehren. Ringelnattern und Blindschleichen haben die Spreewälder einst vor Hochwasser gewarnt. Denn sie spürten die Gefahr und sammelten sich auf den sogenannten Kaupen. Das sind die Flächen, die auch bei erhöhtem Wasserstand trocken blieben. So hatten die Bewohner oft noch genügend Zeit, sich und ihre Habe in Sicherheit zu bringen.
Auf seinen Wanderungen durch die Mark Brandenburg schwärmte der Schriftsteller Theodor Fontane: ›Und dass dem Netze dieser Spreekanäle nichts von dem Zauber von Venedig fehle, durchfurcht das endlos wirre Flußrevier in seinem Boot der Spreewalds-Gondolier!‹ Er bezeichnete den Spreewald auch als ein bäuerliches Venedig

Besonders beliebt bei den Touristen: Kahnfahrten auf den vielen Fließen

im Taschenformat und als ›Vaterland der sauren Gurke‹.

Bereits 1866 erschien der erste Spreewald-Reiseführer. Seitdem ist der Fremdenverkehr ständig gewachsen. Die Gäste – es sind jährlich rund zwei Millionen – erkunden den Spreewald wie jeher mit dem Kahn, zu Fuß oder mit dem Fahrrad. Trotz Massentourismus blieben viele Bereiche zum Schutz bedrohter Tier- und Pflanzenarten erhalten. Der Spreewald ist seit 1990 als Biosphärenreservat ausgewiesen und steht somit unter besonderem Schutz, die Erhaltung und Pflege wurde Ende 2003 von der UNESCO als beispielgebend für die ganze Welt gewürdigt.

Lübben/Spreewald (Lubin)

Erste Erwähnung fand das heutige Lübben um 1150 als ›urbs Lubin‹. Zu dieser Zeit war es eine slawische Siedlung. Die älteste Urkunde datiert aus dem Jahr 1208, in der ein Burggraf Johann von Lübben erwähnt wird. Die Lage der Stadt am Landweg durch den Spreewald machte sie für viele Herrschaften begehrlich, so auch für die deutschen Eroberer, die zwischen Lübben und Steinkirchen – heute ein Ortsteil Lübbens – eine Burg erbauten. Der Ort war im Mittelalter Spielball dynastischer Willkür, und so wechselten die Besitzer häufig. Ab 1562 residierte der Landvogt im Neuen Schloss. Der Dreißigjährige Krieg hinterließ Zerstörungen im Stadtgebiet. Herzog Christian I. von Sachsen-Merseburg erwarb sich nach Kriegsende große Verdienste in der weiteren Stadtentwickung: Er gründete die Neustadt, und Lübben wurde zur Hauptstadt des sächsischen Markgraftums Niederlausitz. Lübben fiel nach dem Wiener Kongress an Preußen und versank lange Jahre in Bedeutungslosigkeit. Im Frühjahr 1945 erklärten fanatische Nazis die Stadt zur ›Festung‹, und so wurde sie bei der Eroberung durch die Rote Armee zu 80 Prozent zerstört.

Diese Verluste sieht man dem Stadtbild heute noch an. Dennoch ist Lübben heute ein bedeutendes Touristenzentrum, von dem aus die Gäste zur Entdeckung des Spreewaldes starten, und auch das Verwaltungszentrum des Landkreises Dahme-Spreewald. Der Straßenverkehr im Stadtzentrum ist beträchtlich und oft störend: Mehrere Bundesstraßen treffen hier aufeinander, die Fahrzeuge quälen sich oft im Schritttempo durch Lübben.

Sehenswürdigkeiten

Im ansonsten recht nüchternen und lauten Städtchen gibt es einen geradezu mythischen Ort, den **Großen Hain.** Alte Bäume, darunter über 200 Eichen, dichtes Strauchwerk und umgestürzte Riesen zaubern hier eine geheimnisvolle Atmosphäre, der Park gleicht einem Urwald. Der Rest des einstigen Spreewaldes in Stadtnähe ist genau der richtige Ort für Sagen und Mythen: Die Slawen verehrten unter dem grünen Dach die wendische Göttin der Liebe, Ehe und Fruchtbarkeit – Liuba. Niemand weiß, wie die heidnische Venus aussah, ein Kupferstich und das hölzerne Abbild blieben spurlos verschwunden. An den Liuba-Kult vergangener Zeiten erinnert der gleichnamige **Gedenkstein** am Hauptweg. Bahnreisende schreiten auf dem Weg zum Stadtzentrum mitten durch den Großen Hain, denn der Bahnhof liegt abseits vom Zentrum.

Über den ehemaligen Stadtgraben (Spreearm) gelangt man in die Neustadt auf die Haupteinkaufsmeile, die Breite Straße. In der Fußgängerzone steht die **Postmeilensäule**, eine Kopie des Originals von 1736. Über Brückenplatz und Spreebrücke erreicht man vom Park die Reste der alten **Stadtmauer**, die Ende des 15. Jahrhunderts aus Raseneisenstein und Backsteinen erbaut wurde, und gelangt weiter zum Markt. Hier steht das Wahrzeichen der Stadt, die spätgotische **Paul-Gerhardt-Kirche**. Auffällig ist der 43 Meter hohe Turm, sehenswert vor allem die Innenausstattung: Altar, Kanzel, Taufbecken und Triumphkreuz stammen aus dem 16. und 17. Jahrhundert. Von 1669 bis zu seinem Tod 1676 wirkte hier der bekannte evangelische Kirchenlieddichter Paul Gerhardt als Diakon. Er wurde im Gotteshaus beigesetzt, ein bronzenes Standbild vor der Kirche erinnert an ihn.

Durch Haupt- und Gerichtsstraße führt die Besichtigungsroute weiter zum dreiflügeligen, 1717 fertiggestellten **Ständehaus**, bekannt aus Gotthold Ephraims Lessings ›Minna von Barnhelm‹. Der Kö-

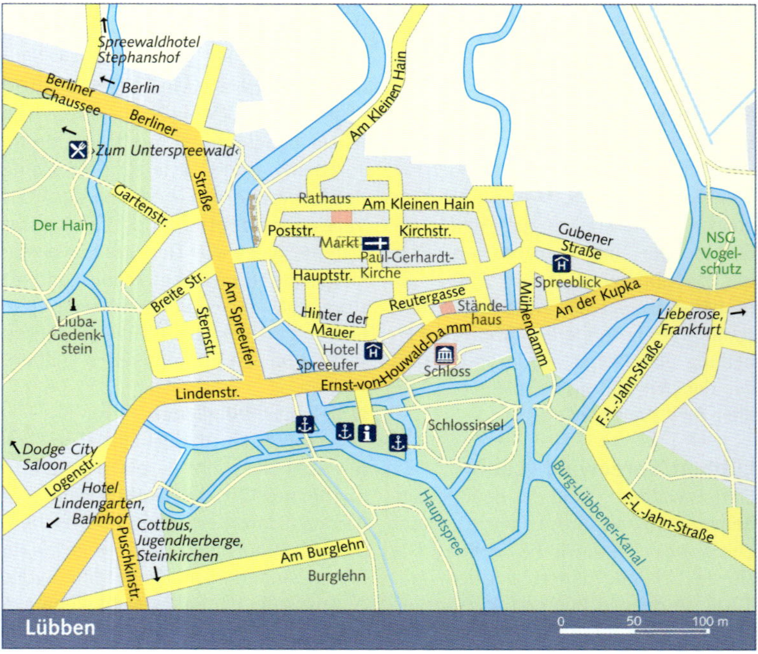

Renaissancegiebel am Schloss in Lübben

nig ließ Brandschatzungsgelder eintreiben, so auch in Lübben, und drohte bei Nichtzahlung mit dem Einäschern des damaligen Landhauses. Das Geld konnte nicht aufgebracht werden. Der vom König gesandte Geldeintreiber Major Marschall von Biberstein stellte daraufhin ungewöhnlicherweise einen Wechsel über 20000 Taler aus eigenem Vermögen aus, und die Stände erhielten eine Quittung über diese Summe. Damit war das repräsentative Gebäude gerettet. Lessing bekam über seinen Berliner Verleger Voß Wind von der Geschichte und macht sie zu einer Szene der ›Minna von Barnhelm‹. Im Lustspiel sagt der dem Offizier Biberstein nachempfundene Major Tellheim zum Fräulein Minna: »... dass ich Order hatte, in den Ämtern ihrer Gegend die Kontribution mit der äußersten Strenge bar einzutreiben. Ich wollte mir diese Strenge ersparen und schoss die fehlende Summe selbst vor... Die Stände gaben mir ihren Wechsel...«

Eine weitere Attraktion des Ortes ist das **Schloss**. Große Summen sind hier in den vergangenen Jahren für die Renovierung des Baus investiert worden, an dem der Zahn der Zeit bedrohlich genagt hatte. An dieser Stelle war im 14. Jahrhundert eine Wasserburg errichtet worden, 1561 dann ein Schloss. Es wurde im Dreißigjährigen Krieg erheblich beschädigt und danach im Stil der Spätrenaissance umgebaut. Aus jener Zeit blieben das herrliche Sandsteinportal mit sächsischem Wappen sowie der reichgeschmückte Renaissancegiebel erhalten. Der Wohn- und Wehrturm mit bis zu zwei Meter starken Wänden stammt aus dem 14. Jahrhundert und war einst Wohnung für die Gäste der Burggrafen und Landvögte.

Den Wappensaal schmücken Wandgemälde und 115 Wappen der Niederlausitzer Städte und Standesherrschaften. Einst huldigten an Ort und Stelle die Ständevertreter ihrem jeweiligen Herrn. Eindrucksvoll ist das riesige Ölgemälde, das das Treuegelöbnis der Lübbener für den Kurfürsten Friedrich II. Eisenzahn im Jahr 1448 festhält. Neben dem historischen Weinkeller im Wohn- und Wehrturm befinden sich hier ein Schlossrestaurant und das Stadt- und Regionalmuseum der Niederlausitz.

Der besondere Stolz der Stadt ist die neugestaltete **Schlossinsel**. Nach dem Zweiten Weltkrieg entstanden hier Trümmerberge mit dem Schutt der weitgehend zerstörten Altstadt. Jetzt lädt hier eine Grünanlage mit Klang- und Sinnesgarten sowie einem herrlichen Wasserspielplatz zum Besuch ein.

Im Lübbener Zentrum, genau auf der Spreebrücke der Bundesstraße am Ernst-von-Houwald-Damm, steht der Besucher auf der einen Seite im Oberspreewald, auf der anderen im Unterspreewald. Über die Spree, vorbei am Bootshafen und Richtung Campingplatz, gelangt man zum **Burglehn**, einem slawischen Rundwall aus dem 5. bis 6. Jahrhundert, heute eine bewaldete Anhöhe.

Im südlichen Stadtteil Steinkirchen befindet sich eine der ältesten Kirchen der Lausitz. Die evangelische **Sankt Pankratius-Kirche** stammt aus der Frühzeit der Christianisierung und wurde Anfang des 13. Jahrhunderts von Zisterziensermönchen als Wehrkirche erbaut. Der Sakralbau trägt den Namen des 304 verstorbenen Märtyrers Pankratius. Nahe dem Gotteshaus befindet sich das Grab des Dichters Ernst von Houwald.

Eine Radwanderung durch den Unterspreewald

Zwischen Lübben und Leibsch ist der Massentourismus noch nicht verbreitet, in den kleinen Dörfern nahe der Spree geht es noch immer beschaulich zu. Die mittelschwere Rundtour mit zum Teil holprigen Pfaden auf Hochwasserschutzdeichen und einem Waldweg mit lockerem Sand führt durch diese Beschaulichkeit, nimmt etwa fünf Stunden in Anspruch (50 Kilometer) und eignet sich für Radler, die gern mal abseits von makellosen Asphaltwegen und mit der Natur allein sein wollen.

▶ Karte S. 44

Am Spreeradweg zwischen Lübben und Schlepzig

Die Route: Bahnhof Lübben – Schlepzig – Neu Lübbenau – Leibsch – Groß Wasserburg – Krausnick – Lubolz – Bahnhof Lübben.

Die Tour beginnt in Lübben am Bahnhof. Nach der Überquerung der Bahnhofstraße folgen wir der roten Wegemarkierung und biegen an der Friedensstraße links ab. Am sowjetischen Ehrenmal halten wir uns rechts und gelangen in den Großen Hain. Am Liuba-Stein geht es nach links Richtung Schlepzig, ab jetzt ist die Strecke blau markiert. Nahe dem Paul-Gerhardt-Gymnasium überqueren wir die Hauptstraße und fahren den Lehnigksberger Weg entlang durch eine Kleingartenanlage. Über eine ehemalige Brücke der Spreewaldbahn radeln wir über zwei Spreearme und biegen am Hochwasserschutzdeich links ab. Bald darauf führt der Weg am Ufer mehrerer Fischteiche mit Sitzbänken entlang. Außer Schwänen tummeln sich hier auch viele Entenarten.

Am Wegweiser nahe dem Gasthaus Petkampsberg (täglich 10–19 Uhr, auch einfache Übernachtung) halten wir uns geradeaus und fahren nun am Ufer des

Großen Inselteiches entlang. Zwei Kilometer vor Schlepzig trifft der Sandweg auf die Asphaltstraße, wir biegen nach links ab. Kurz vor Schlepzig befindet sich ein Rastplatz mit Trinkwasserentnahmestelle. Am Ortseingangsschild biegen wir links ab, vor der historischen Mühle rechts. An der nächsten Straßengabelung nach links – ab hier ist der Weg grün markiert –, jetzt geht es Richtung Leibsch. Nahe der Gabelung steht eine hübsche Fachwerkkirche, ein Stück dahinter verbirgt sich das Agrarhistorische Museum in einem Spreewaldgehöft.

An der Stelle, wo die Hauptstraße einen Bogen nach links schlägt, halten wir uns geradeaus, die Kuschkower Straße entlang. Wir fahren durch die Agrargenossenschaft Unterspreewald hindurch und behalten an der Ausfahrt die Richtung bei. An der nächsten Gabelung links halten, an der Hauptstraße rechts. Am Ortseingangsschild Neu Lübbenau wechseln wir auf den Wiesenweg nach links, der gleich darauf weiter auf dem Hochwasserschutzdeich nach rechts führt. Dieser Abzweig ist nicht markiert! Auf dem grasigen Pfad geht es nur langsam voran. An der Bootsschleuse befindet sich eine Badestelle mit kleinem Sandstrand.

Wir fahren über die Schleuse weiter auf dem Deich bis zur Hauptstraße, biegen hier links ab und erreichen Leibsch. An der Gaststätte Spreeblick biegen wir links auf den Weg ›Am Transformator‹ ab, an der Hauptstraße wiederum nach links Richtung Groß Wasserburg. Gegenüber vom Kahnfährhafen in Groß Wasserburg führen hinter der Brücke einige Stufen zum blau markierten Pfad auf dem Hochwasserschutzdeich, weiter Richtung Schlepzig. Die Fahrt auf dem Deich ermöglicht den Blick in einen intakten Auwald mit knorrigen Erlen. An der Straße halten wir uns rechts, durchqueren Krausnick und biegen am Gasthaus Erbschänke links ab. Nach einem Kilometer hinter dem Ortsausgang nochmals links abbiegen, nun Richtung Lubolz. An der Försterei endet der Asphalt. Anfangs kommen wir auf dem Fahrweg noch gut voran, bis feinsandiger Untergrund das Fortkommen für etwa drei Kilometer sehr erschwert. In Lubolz rollen die Räder aber wieder auf Asphalt, vorbei an vielen schönen Fachwerkhäusern und einer Fachwerkkirche. Vor dem Gasthaus ›Zur gemütlichen Ecke‹ biegen wir links ab und radeln nun immer die Lubolzer Dorfstraße entlang. In Lübben überqueren wir die Hauptstraße, biegen in die Schillerstraße ab, halten uns geradeaus, dann die Parkstraße entlang und beenden die Runde am Bahnhof in Lübben, unserem Ausgangspunkt.

i Lübben

Vorwahl: 035 46.

Spreewald-Information Lübben, Ernst-von-Houwald-Damm 15, Tel. 3090 und 2433, www.spreewaldstadtluebben.de. Der Lübbener Nachtwächter Frank Selbitz ist einziges Mitglied des Landes Brandenburg in der europäischen Nachtwächter- und Türmerzunft. Er lädt seine Gäste im Laternenlicht zu nächtlichen Stadtführungen ein (April–Okt., Mo, Mi und Fr 21.30 Uhr, Tel. 3941, www.spreewaldnachtwaechter.de.).

Im Stundentakt nach Berlin und über Cottbus und Guben nach Frankfurt (Oder) sowie nach Zittau über Spremberg und Görlitz. 2010/11 Streckensperrung wegen Gleisbauarbeiten, in dieser Zeit Schienenersatzverkehr.

Spreewaldhotel Stephanshof (€€), Lehnigksberger Weg 1, Tel. 272 10, www.hotel-stephanshof.de; mit Fährhafen, Paddelbootverleih.
Hotel Spreeufer (€€), Hinter der Mauer 4, Tel. 272 60, www.hotelspreeufer.de.
Hotel und Restaurant Spreeblick (€€), Gubener Str. 53, Tel. 23 20, www.hotel-spreeblick.de. In der Stadtmitte.
Gasthof Lindengarten (€€), OT Treppendorf, Treppendorfer Dorfstr. 15, Tel. 41 72. Restaurant mit Wild- und Fischgerichten, Biergarten, ruhig gelegen.
Jugendherberge Lübben (€), Zum Wendenfürsten 8, Tel. 30 46, www.jh-luebben.de. Im Ortsteil Steinkirchen, 15 Min. vom Stadtzentrum, mit Zeltplatz.
Schlossrestaurant, Ernst-Houwald-Damm 14, Tel. 40 78, Di–So 11–23 Uhr.
Dodge City Saloon, Bergstr. 3a, Tel. 40 51, www.dodge-city-saloon.de; Mo–Fr ab 18, Sa/So ab 11.30 Uhr. Wild-West-Ambiente in der Nähe des Bahnhofs.
Gasthaus Zum Unterspreewald, in Groß Wasserburg, tgl. außer Mi ab 10 Uhr. Herrlicher Biergarten an der Wasserburger Spree, einfache Spreewälder Hausmannskost.

Spreewaldcamping Lübben, Am Burglehn, Tel. 70 53. Mitte März bis Ende Okt., ansonsten nach Anmeldung.

Hallenkirche St. Nikolai, So 10.30–12 Uhr, Mai–Sept. Mi 10–12 und 15–17 Uhr.
Museum Schloss Lübben, Di–So 10–17 Uhr (April–Okt.), Mi–Fr 10–16 Uhr und Sa/So 13–17 Uhr (Nov.–März).

Stadtfest (Juni), Spreewälder Gurkentag (2. Augustwochenende), Spreewaldfest (Sept.).

Bootsverleih Gebauer, Lindenstr. 18. Am Stadtcafé, Tel. 71 94 und 85 66.
Schwimmschuhverleih, Herr Thiele, Tel. 22 93 04, bbv@schwimmschuhe.de.
▸ Kahnfahrten:
Hafen 1, Fährmannsverein Lustige Gurke, Tel. 71 22 und 18 12 36, www.lustige-gurke.de.
Hafen 2, Fährmannsverein Flottes Rudel, Tel. 26 26, www.flottes-rudel.de.
Hafen 3, Kahnabfahrt Berste, Tel. 36 84.
Hafen 4, Kahnfährgemeinschaft Strandcafé, Tel. 72 03.

▲ Karte vordere Umschlagklappe

Schlepzig

Erstmals wurde Schlepzig urkundlich bereits 1004 erwähnt. Die niedersorbische Ortsbezeichnung Slopišća (słop) bedeutet Pfahl und weist auf den lehmigen Untergrund des Dorfes hin.
Im Dorf gibt es schöne Fachwerkhäuser zu entdecken, daneben künden noch einige Bauwerke von der ungewöhnlich interessanten Vergangenheit des Ortes. Schlepzig ist zudem hübsch gelegen, und 1999 wurde es als schönstes Dorf Brandenburgs ausgezeichnet.
Bis ins 17. Jahrhundert befand sich am jetzigen Standort der Hauptmühle ein Eisenhammer, daneben sieht man die noch erhaltene **Öl- und Schneidemühle** aus dem Jahr 1740. Sie dient jetzt als

Entspannen beim Landgasthof ›Zum Grünen Strand der Spree‹

Sitz der Naturschutzstation des Unterspreewaldes und als **Museum**. Die Ausstellung gewährt einen ungewöhnlichen Einblick in die Unterwelt des Spreewaldes, auf Hechte, Welse und Wasserflöhe, die 150fach vergrößert wie Monster erscheinen.

Außer dem Mühlenkomplex mussten 1769 nach einem verheerenden Brand alle Gebäude neu errichtet werden, so auch die hübsche **Fachwerkkirche**. Nur das Altarbild mit Abendmahl konnte aus der alten Kirche gerettet werden. Das Deckengemälde zeigt den Wolkenhimmel, die Sonne stellt das Auge Gottes dar, das schwarze Dreieck symbolisiert die Heilige Dreifaltigkeit. Die Orgel wurde 1812 erbaut, der schöne Deckenleuchter aus Messing in den 1930er Jahren angebracht.

Ein großer Anziehungspunkt ist das **Agrarhistorische Museum** an der Dorfstraße. Es wurde schon zu DDR-Zeiten im spreewaldtypischen Gehöft des Bauern und Dorfschulzen Richter begründet, der es 1818 erbauen ließ. Neben original eingerichtetem Wohnhaus und Scheune finden sich hier auch eine Landmaschinenausstellung sowie Kuhstall, Plumpsklo und ein Lehmbackofen. Letztgenannter ist nicht nur ein Exponat, er wird in der Saison des öfteren in Betrieb genommen. Auf den Tisch gelangt dann duftendes Landbrot und leckerer Hefekuchen. Das Museumsgehöft ist auch Sitz der Tourismusinformation Unterspreewald.

Neben der Mühle lädt der Gasthof ›Zum Grünen Strand der Spree‹ mit Restaurant und Minibrauerei ein, vom Kahnhafen dahinter starten Touren auf dem Wasser in den naturbelassenen Unterspreewald, so nach Leibsch, Groß Wasserburg oder zum Gasthaus Petkampsberg.

Schlepzig

Vorwahl: 03 54 72.

Tourist-Information Unterspreewald, Dorfstr. 26 (mit Infobüro in der Mühle), Tel. 640 25.

Landgasthof Zum Grünen Strand der Spree (€€–€€€), Dorfstr. 53/56, tgl. 11.30–23 Uhr, Tel. 66 20, www.spreewaldbrauerei.de. 26 Zimmer und Suiten in ruhiger Lage, doch ab und an brummen die Kühlaggregate oder die Frösche quaken. Gutbürgerliches Restaurant sowie nebenan Brauhaus mit Backofen und weiteren Sitzplätzen. Historische Emailschilder zieren die Wände des Brauhauses, die hauseigene Destillieranlage produziert Obstbrände, Spreewälder Whiskey und Rum. Idyllischer Biergarten, Ausschank des naturtrüben und unfiltrierten Zwickelbieres. Verkauf von Treberbrot und anderen Sorten. Feiner heller Sandstrand mit Liegestühlen, großer Weidendom; Kahnfahrten.

Hotel Haus Müggenburg (€€), Grüne Wiese 11, Tel. 66 00. Am westlichen

Dorfrand im Biosphärenreservat, 15 Autominuten bis Lübben, zweimal wöchentlich räuchert der Chef fangfrischen Fisch; Fahrradverleih und Kahnfahrten.

Kahnfährmann Böttcher, Bergstr. 27, Tel. 640 64, www.kahnfahrtenimspreewald.de. Abfahrten am Weidendom.
Bootsverleih Krüger, Tel. 01 51/ 17 37 70 72, www.paddeln-im-spreewald.de.

Bauernmuseum mit Agrartechnik, Dorfstr. 26, tgl. 10–16 Uhr (April–Okt.), Di–Fr 10–16 Uhr (Nov.–März), Anmeldung für das Backen im Lehmbackofen: Tel. 225, www.bauernmuseum-schlepzig.de.
Historische Getreidemühle, Dorfstr. 52, Tel. 58 88, tgl. 10–16 Uhr (April–Okt.).

Dorffest (Anfang Aug.). Fischzug und Schaufischen (Okt.).

Lübbenau/Spreewald (Lubnjow)

»Sobald man die Bahnsperre passiert hat, nehme man den Stadtplan zur Hand und lasse sich nicht durch die sogenannten Fährleute beeinflussen, die meistens nicht gerade einen vertrauenserweckenden Eindruck machen und dem Publikum in aufdringlicher Weise Kahnpartien anpreisen«.
Diese Bemerkungen eines Reiseführers aus dem Jahr 1910 verweisen in einem Punkt auf einen noch heute wahren Kern: Der seit 1998 staatlich anerkannte Erholungsort ist das bekannteste und am meisten frequentierte Touristenzentrum im Oberspreewald, die Stadt mit etwa 19 000 Einwohnern wird jährlich von rund einer Million Touristen besucht. Zur Hochsaison geht es an gleich mehreren Kahnfährhäfen überaus geschäftig zu.
Wo heute das Schloss steht, etwas außerhalb der Altstadt, nahm die frühe Besiedlung ab dem Jahr 800 ihren Anfang: Hier stand einst eine slawische Wallanlage der Lusici. Im 14. Jahrhundert wurden die Herren von Yleburg aus Meißen Eigentümer des schon vorhandenen massiven Burgareals. Im Jahr 1621 ging die Standesherrschaft in den Besitz der Grafen zu Lynar über, die sie bis 1945 behielten. Nach der Wende erfolgte die Rückübertragung an die Familie, die das Schloss zu einem Luxushotel mit feinem Restaurant aus- und umbauen ließ.
Ab dem 18. Jahrhundert hatten Bierproduktion, Leinenweberei und Leinwandhandel wirtschaftliche Bedeutung, einen guten Ruf weit über die Region hinaus genossen bald auch die Lübbenauer ›sauren‹ Gurken, die in alle Himmelsrichtungen verschickt wurden. Theodor Fontane bezeichnete in seinen ›Wanderungen durch die Mark Brandenburg‹ Lübbenau gar als ›eine Hauptstadt‹ und ›die unbestrittene Spreewaldresidenz‹. Seit Anfang des 20. Jahrhunderts entwickelte sich der Fremdenverkehr zum herausragenden Erwerbszweig. Das Braunkohlekraftwerk Lübbenau entstand zwischen 1957 und 1964, die Einwohnerzahl stieg in dieser Zeit explosionsartig an. 1996 wurde das technisch veraltete Kraftwerk stillgelegt und abgerissen. Weil seitdem kein erwärmtes Kühlwasser mehr in die Fließe strömt, ist der Spreewald in frostigen Wintern auch ein herrliches Schlittschuhrevier.

Sehenswürdigkeiten

Der Weg vom Bahnhof zum Fährhafen, den viele Besucher einschlagen, führt

▶ Karte S. 51

über die Dammstraße. Hier, in der Nr. 26, lebte von 1935 bis 1940 der Schriftsteller Ehm Welk – der Verfasser unter anderem von ›Die Heiden von Kummerow‹ –, nachdem er aus dem KZ Oranienburg entlassen und mit bedingtem Berufsverbot belegt worden war. Eine Gedenktafel erinnert daran.

Weithin sichtbar grüßt der schlanke spitze Turm der **Stadtkirche St. Nikolai**. Sie stammt aus dem 18. Jahrhundert und ist im für den Spreewald ungewöhnlichen Stil des Dresdner Barock errichtet. Zur Inneneinrichtung gehören unter anderem die Herrschaftsloge sowie zwei – leere – verzierte Sarkophage der Grafen Lynar. Jeden Dienstag wird eine Stadtführung mit Kirchenbesichtigung angeboten. Vor der Kirche steht eine originale sächsische **Postmeilensäule** von 1740; bis 1815 gehörte Lübbenau zu Sachsen. Neu ist hier der **Sagenhafte Brunnen** mit Gestalten des Spreewaldes: Lutken, Baum- und Schlagenkönig sowie dem Irrlicht, 2007/08 vom Bildhauer Volker Michael geschaffen.

Sehenswert ist das Ensemble der **Bürgerhäuser** aus dem 18. und 19. Jahrhundert, die dem Markt einen würdigen Rahmen verleihen. Das schmucklose Torhaus (vor 1784), nordwestlich vom Zentrum am Topfmarkt, war früher das Rathaus. Heute beheimatet es das **Spreewaldmuseum**. Im Torbogen hängt der linke Unterkieferknochen eines Grönlandwals, knapp sechs Meter lang und über 200 Kilo schwer. Der Knochen wurde der Stadt Lübbenau im 18. Jahrhundert vom Lübbenauer Bürger Morzan Schimkönig geschenkt, der sich damals als Kaufmann in Hamburg aufhielt.

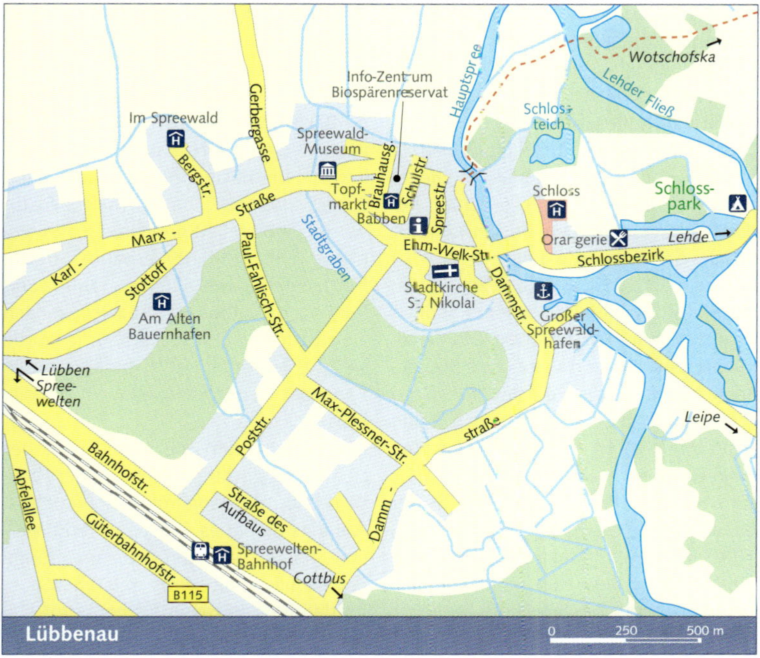

Hotel Schloss Lübbenau

Einen Anziehungspunkt stellt das klassizistische **Schloss** mitsamt Nebengebäuden und hübschem Park dar. Vor dem Haupteingang in das Areal steht ein Denkmal für Graf Rochus von Lynar, der im 17. Jahrhundert lebte.

Das Schloss wurde vom Leipziger Baumeister Karl August Benjamin Siegel zwischen 1817 und 1820 errichtet. Bei den Umbauarbeiten im 19. Jahrhundert wurde der bekannte Baumeister Karl Friedrich Schinkel zu Rate gezogen. Ein Nachfahr des Grafen, Wilhelm Friedrich Graf zu Lynar, war Adjutant des Generalfeldmarschall von Witzleben und gehörte zum Kreis der Verschwörer gegen Hitler. Deshalb wurde zu Lynar Ende September 1944 in Berlin-Plötzensee hingerichtet.

Bis Mitte der 1990er Jahre war in der benachbarten **Orangerie**, von 1820 bis 1830 mit einem Säulengang errichtet, die Niederlausitzer Kunstgalerie zu besichtigen. Jetzt verweilen die Besucher hier im gleichnamigen Restaurant und Café mit südländischem Flair. Besonders sehenswert sind die hübschen Mosaikarbeiten an den Wänden, darunter auch Orangenbäumchen.

Hinter der ehemaligen Kanzlei (1745–1748) stößt man auf eine **Bahnhalle** neueren Datums. Hier steht eine Dampflok mit Reisewaggons der ehemaligen Spreewaldbahn. Die Schmalspurbahn wurde liebevoll ›Spreewaldguste‹ genannt. Die 1898/99 erbaute Strecke führte von Lübbenau über Straupitz und Burg nach Cottbus, mit Abzweigen nach Goyatz und Lieberose. Letztmalig wurde sie am 3. Januar 1970 befahren. Die Bahnhalle ist derzeit leider nicht zugänglich.

Am Eingang zum Schlosspark befindet sich ein langgestreckter schlichter Fachwerkbau, das sogenannte Efeuhaus. Anfangs diente es als Remise und Marstall, später wohnten hier Angehörige der Familie Lynar. Jetzt entstehen dort barrierefreie Luxus-Apartments für Gäste des Schlosshotels.

▶ Karte S. 51

Die Spreewaldgurke

Die Gurke ist das berühmteste Gemüse des Spreewalds. Wohl nirgendwo schmecken sie so gut wie hier, gerade wenn sie frisch aus dem Fass kommen. Der Spreewald gilt als das ›Vaterland der sauren Gurke‹.

Im 16. Jahrhundert herrschten über Lübbenau die Grafen von der Schulenburg, die flämische Tuchmacher in die Niederlausitz lockten. Die Neusiedler vermissten ein Gemüse und bauten es an – die Gurke. Bald stellte sich heraus, dass Gurken im Spreewald besonders gut gedeihen. Das feucht-warme Mikroklima in den Sommermonaten, die Bodenstruktur und das hervorragende Wasser sind für Anbau und Qualität ideal.

In der Chronik der Stadt Lübbenau kann man über einen berühmten Lübbenauer, Albert Schulz, folgendes lesen: »Durch ihn gedieh der Gurkenversand zu einem höheren Aufschwunge. Er erfand 1874, dass das Hohlwerden der gesäuerten Gurken dadurch gesteuert werde, wenn sie vor dem Einlegen mit einem Messer angestochen werden. Dadurch entweichen die Gärungsgase, die Gurken bleiben fest...«

Das Herstellungsprinzip, das auf Schulz zurückgeht, klingt einfach: Der Fruchtzucker in der Gurke wird durch das Salz in der Lauge entzogen. Die Bakterien werden durch den Zucker regelrecht gemästet, nebenbei ›revanchieren‹ sich die kleinen Helfer mit der Milchsäuregärung und lassen die Gurken sauer werden. So werden im Spreewald saure Gurken, Gewürz-, Senf-, Knoblauch- und Pfeffergurken erzeugt. Früher dauerte dieser Prozess gut drei Wochen. Die gleiche Lauge, auf 70 Grad erhitzt, schafft das Sauerwerden heute auch in einer Nacht.

Für die vielen verschiedenen Sorten hat jeder Betrieb sein geheimes Rezept. Der würzige Ansatz wird unter anderem mit Nussbaum-, Kirsch- und Weinblättern, Basilikum, Dill, Liebstöckel, Estragon, Thymian und Zitronenmelisse gemischt. In Fass, Glas, Blechbüchse oder Plastikeimerchen, würzig gebrüht oder sauer, kommen die Gurken schließlich zum Verkauf.

Nach der Wende wollten viele Produzenten aus der ganzen Bundesrepublik ihre Erzeugnisse als ›Spreewälder Gurken‹ oder nach ›Spreewälder Art‹ vermarkten. Mittlerweile ist durch ein EU-Gesetz sichergestellt, dass Spreewaldgurken nur aus dem Spreewald kommen dürfen. Der Spreewald steht für natürliche Produkte. Ein Drittel der rund 800 Landwirte sind Biobauern, und im Jahr 2004 gab es Anregungen von verschiedener Seite, den Spreewald mit etwa 300 000 Hektar zur größten gentechnikfreien Zone in Deutschland zu erklären.

Die Gurke ist so populär, dass sie auch zur Namensgeberin für den ›Gurkenradweg‹ wurde.

Das Museum in Lehde widmet sich nicht allein der Spreewaldgurke

Wanderungen von Lübbenau/Spreewald

Lübbenau ist nicht nur wegen des Hafens einen Ausflug wert, von dem die Gäste von den Fährleuten durch die Fließe gestakt werden. Von hier bieten sich auch Fußwanderungen und individuelle Paddeltouren zu Sehenswürdigkeiten und Naturschönheiten an.

Wanderung zur Wotschofska

Ausgangspunkt ist der Lübbenauer Marktplatz. Von hier aus folgen wir der Spreestraße bis hin zum Gasthof ›Spreeschlösschen‹. Dort ist die erste von vielen noch folgenden Bänken, den typischen Spreewaldbrücken, zu überqueren, und der schmale idyllische Pfad zur Wotschofska nimmt seinen Lauf. Von Birken und Erlen begrenzt, gibt der Weg auch den Blick über die grünen Wiesen mit ihren charakteristischen Spreewald-Heuschobern frei.

Nach etwa einer Stunde erreichen wir Wotschofska, was ›die Insel im Sumpf‹ bedeutet. 1894 eröffnete die gleichnamige Gaststätte in nordischer Blockbauweise – schon damals war man im Spreewald auf die Förderung des Fremdenverkehrs bedacht. Und seitdem wurden dem lieblichen Spreewaldflecken wahre Heerscharen von Touristen beschert. Die meisten kamen im Kahn, so wie auch die Verpflegung noch bis in die 1980er Jahre hierher transportiert wurde. Heute können Gäste im rustikalen Restaurant, in der Selbstbedienungsgaststätte oder bei schönem Wetter unter freiem Himmel verweilen.

Die Wotschofska ist ein beliebtes Ausflugsziel

Länge: 7 Kilometer. Einfache Tour, für den Hin- und Rückweg steht nur der gleiche Weg zur Verfügung.

Wanderung zum Freilandmuseum Lehde und weiter nach Leipe

Vom Marktplatz führen mehrere Wanderwege nach Leipe, so auch der blau markierte Rad- und Wanderpfad, der ein Teilstück des Europawanderweges 10 (Kap Arkona–Mittelmeer) ist. Die Landverbindung nach Leipe wurde erst 1936 angelegt, zuvor war der kleine Ort nur auf dem Wasserweg erreichbar.

Nach etwa 20 Minuten Wegstrecke weist eine grüne Markierung nach links: nach Lehde. Hier sind mehrere ›Bänke‹ zu überqueren, und bald befindet man sich auf dem Gelände des Freilandmuseums Lehde. Am Eingang zum Museumsdörfchen präsentieren einheimische Handwerker, vor allem an Wochenenden, ihre Waren, und man hat Gelegenheit zuzuschauen, wie das eine oder andere kleine Kunstwerk entsteht, beispielsweise beim Korbflechten. Ebenso können drei komplette Spreewald-Bauernhäuser aus nächster Nähe betrachtet werden. Eine Führung, der man sich zwanglos anschließen kann, gibt Einblick in das frühere Leben der Bewohner. Heute kaum noch vorstellbar: Die Bauerngroßfamilie schlief in einem gemeinsamen Bett, dessen Matratzen und Decken mit Stroh gestopft waren, nur

▲ Karte vordere Umschlagklappe

Korbmacher vor dem Freilandmuseum in Lehde

jungvermählte Eheleute durften ihre Flitterwochen auf dem Heuboden verleben, dann ging es zurück ins Familienbett. Die Kinder ruhten in der Kiste am Bettrand. Selig schlief da wohl nur das Baby in der Wiege...

Auf dem Museumsgelände befindet sich auch die älteste Kahnbau-Tischlerei des Spreewaldes; sie wurde 1884 gegründet.

Gegenüber dem Museumsgelände lädt die Gaststätte ›Zum fröhlichen Hecht‹ zu einer Rast ein, hier herrscht jedoch zumeist Hochbetrieb. In den 1930er Jahren war sie einer der bekanntesten deutschen Künstlertreffpunkte. Familiärer geht es im Gasthaus ›Oppott‹ zu, das direkt an das Museum angrenzt. Fontane war bei seinen Wanderungen durch die Mark Brandenburg so fasziniert von diesem Fleckchen Erde, dass er es liebevoll ›bäuerliches Venedig, die Lagunenstadt im Taschenformat‹ nannte.

Nun geht es zurück in die Natur, wir folgen dem grün, später blau gekennzeichneten Weg nach Leipe. Noch 4,5 Kilometer sind es bis dahin. Der malerische Pfad wird beidseitig von Birken, Erlen und Eichen begrenzt. Wer mag, kann schließlich im traditionsreichen Leiper Gasthaus ›Froschkönig‹ einkehren. Das Dorf liegt auf einer Talsandinsel etwa zwei Meter über der sumpfigen Umgebung. Der Name wird von den hier wachsenden Linden abgeleitet, sorbisch lipa. In den Gasthäusern werden spreewaldtypische Gerichte serviert: Hecht in Spreewaldsoße, Pellkartoffeln mit Leinöl und Quark oder Spreewälder Hefeplinse. Als Mitbringsel für die Daheimgebliebenen gibt es saure Gurken oder Meerrettich, in hübschen Gläsern konserviert.

Wer nun zu behäbig geworden ist zum Rückmarsch, kann einen Kahn zurück nach Lübbenau nehmen, direkt vom Gasthaus ›Froschkönig‹ besteht die Möglichkeit dazu, wenn man sich vorher angemeldet hat.

Länge: Lübbenau – Lehde 2 Kilometer, bis Leipe 6,5 Kilometer. Einfache Tour, auch mit Kindern zu empfehlen.

Wanderung in das Herz des Spreewaldes

Die Tagestour führt aus dem Touristenzentrum Lübbenau zunächst lange Zeit am Rande des Spreewalds entlang, wo man von Ende August bis November Kraniche beobachten kann. Das Beste auf dieser Rundtour kommt zum Schluss: An Fließen entlang wandern wir durch das ›Herz des Spreewalds‹.

Die Wanderung beginnt auf dem Marktplatz in Lübbenau an der Tourist-Information. Wir gehen die Ehm-Welk-Straße entlang, vorbei am Rathaus und der Gaststätte ›Lübbenauer Hof‹ bis zum Topfmarkt. Anschließend geht es durch das Torhaus mit dem Spreewald-Museum. Weiter geht es die Karl-Marx-Straße

Die Niederlausitz

Der Barzlin am Rand des Spreewalds

entlang in Richtung Vorstadt, bis wir rechts in die kopfsteingepflasterte Langestraße abbiegen. Hier trifft man auf die Markierung mit dem grünen Punkt, der wir zunächst in Richtung Barzlin folgen. Hinter dem Bauernhafen Kampe führt der Weg durch eine Enge zwischen zwei Grundstücken. Dahinter liegt der Geruch von Gewürzgurken in der Luft: Hier befindet sich die Gurkenfabrik von Ernst Krügermann.

Die Stadt endet nun, es wird ruhig. Wir wandern entlang einer Kleingartenanlage hinüber in die offene Landschaft mit großflächigen Wiesen und Feldern. Hinter der Pappelreihe nach rechts über die Spreewaldbrücke (Bank) abbiegen. Wir gehen auf der Deichkrone am Rande des Spreewalds entlang, bis wir das Schöpfwerk Krimnitz (Fachwerkhäuschen) erreichen. Entsprechend der Markierung führt die Route nach rechts über die Brücke der Hauptspree. Vor der Brücke befindet sich ein hübscher Rastplatz.

Hinter der Brücke beginnt sich der Wanderweg durch eine malerische Wiesenlandschaft zu schlängeln, teilweise über Holzstege, vorbei am Barzlin, der auf einer Fläche von vier Hektar wie eine Insel etwa einen Meter aus der Niederung herausragt. Ausgrabungen ergaben, dass sich hier bereits vor 3000 Jahren eine Siedlung befand. Schließlich ist die Bank über den Burg-Lübbener-Kanal erreicht, rechts ist die Barzliner Schleuse zu sehen.

Am Hochwasserschutzdeich biegen wir rechts ab in Richtung Bukoitza. Nach etwa 500 Metern verlassen wir den Damm nach links. Auf der linken Seite befindet sich der Kranichrastplatz Kockrowsberg. Hier sammeln sich nach dem Ende der Brutzeit bis November bis zu hundert Kraniche. Es rasten Familien und Nichtbrüter, auch Durchziehende aus Skandinavien und Osteuropa. Am besten sind die Vögel bei Einbruch der Dämmerung zu beobachten.

Am Trafohäuschen halten wir uns rechts in Richtung Bukoitza, der grüne Punkt begleitet uns weiter. Nun führt der Weg auf einer Pappelallee immer geradeaus, bis er sich nach links wendet. Wiesen und Felder, die zu DDR-Zeiten bewirtschaftet wurden, renaturieren sich jetzt, manche sind mit Wasser überstaut. Am Hinweisschild zum Gasthaus ›Wotschofska‹ biegen wir rechts ab.

Nach eventueller Einkehr im Gasthaus beginnt nun der schönste Teil der Wanderung: Der drei Kilometer lange Fußweg nach Lübbenau wurde erst im Jahr 1911 angelegt, er führt an Fließen entlang über mehrere Brücken und Bänke, die typischen Stufenbrücken, und endet am Spreeschlösschen. Von hier sind es nur noch etwa 200 Meter auf der Spreestraße bis zum Markt, dem Ausgangspunkt unserer Wanderung.

Länge: 20 Kilometer. Wander- oder Fahrradtour auf markierten Wegen; leicht, auch mit Kindern möglich (Verpflegung und Getränke mitnehmen!).

▲ Karte vordere Umschlagklappe

Paddelboottour zur Insel im Sumpf

Die Tour beginnt im Kleinen Hafen ›Am Mühlenwehr‹ im Stadtzentrum von Lübbenau. Wir paddeln flussabwärts, vorbei am Kleinen Hafen mit dem Spreeschlösschen. An der Flußgabelung vor dem Bootsverleih Hannemann halten wir uns rechts. An der Kreuzung der Fließe – links Hauptspree, rechts Lehder Fließ – fahren wir geradeaus auf Kleiner Kossoa, immer Richtung Bürgerfließ. Wir kommen in die erste Schleuse.

An der Spreewaldbrücke (Bank) biegen wir rechts unter der Bank hindurch in das Bürgerfließ ab. Etwa 100 Meter vor der Kreuzung Wehrkanal-Bürgerfließ müssen wir eine zweite Schleuse passieren. Wir verbleiben auf dem Bürgerfließ, die Mehrzahl der Wasserwanderer zieht es allerdings auf dem kürzesten Weg über den Wehrkanal zum Gasthaus ›Wotschofska‹.

Erst jetzt wird es auf dem Wasser ruhig und idyllisch, der Spreewald zeigt sich von seiner schönsten Seite. Im Halbschatten finden sich mehrere Möglichkeiten zum Anlegen und Rasten. Wir kreuzen den Burg-Lübbener-Kanal und bleiben noch auf dem Bürgerfließ, bis es in das Große Fließ einmündet. An dieser Stelle biegen wir links ab und gleiten am Neuzaucher Hochwald vorbei. Wenn die oft angeheiterten Leute in den Kähnen nicht gerade laut schwatzen oder singen, sind aus der Ferne oft die unverwechselbaren Trompetentöne der Kraniche zu hören. Nach etwa einem Kilometer auf dem Großen Fließ biegen wir nach links in den Wehrkanal ab, paddeln unter zwei Straßenbrücken hindurch und knapp zwei Kilometer geradeaus, so auch an der Kreuzung mit dem Burg-Lübbener-Kanal. Kurz darauf können wir am Gasthaus ›Wotschofska‹ anlegen. Der slawische Name bedeutet ›Insel im Sumpf‹. Hier macht fast jeder Pause, obwohl die Besitzer ihr Monopol in der Abgeschiedenheit mit gepfefferten Preisen ausnutzen. Aber unter schattigen Laubbäumen sitzt es sich auf den Freiluftsitzen vor dem Blockhaus einfach himmlisch.

Wir verbleiben auf dem Wehrkanal, der kurze Zeit später in den Lehder Graben übergeht. Bald darauf erreichen wir das Ortseingangsschild Lehde direkt am Wasser, hier halten wir uns links. Jetzt stehen mehrere schöne Spreewaldblockhäuser am Ufer. Wir fahren vorbei am Gasthaus ›Oppot‹ und am Feuerwehrgerätehaus mit Reetdach (hier keinesfalls rechts in das Lehder Fließ abbiegen, da hier ein Wehr nach einem Kilometer die Weiterfahrt verhindert!).

Am Freilandmuseum Lehde fahren wir geradeaus durch die Spreewaldbrücke hindurch. Der Lehder Graben wird nun noch schmaler. Paddler und Kanuten müssen sich hier dem gemächlichen Tempo der Spreewaldkähne anpassen, denn ein Überholen ist kaum möglich. Es geht am Café ›Venedig‹ vorbei. Linkerhand liegen drei Gehöfte, die bis heute nur über das Wasser zu erreichen sind, am rechten Ufer steht das gemüt-

Unterwegs bei Lübbenau

liche Gasthaus ›Kaupen Nr. 6‹. Gleich darauf kommen wir in die Hauptspree und halten uns rechts. Vor dem nächsten Wehr benutzen wir am rechten Ufer die Rollschleuse. Nach wenigen Paddelschlägen auf dem Schneidemühlenfließ biegen wir am Lehder Fließ nach links ab. Vorbei am Caravan-Campingplatz fahren wir durch die Bank an der Kreuzung Lehder Fließ/Hauptspree/Kleine Kossoa und biegen gleich links ab, kommen am Kleinen Hafen mit Spreeschlößchen vorbei und sind gleich darauf wieder am Mühlenwehr.
Länge: 17 Kilometer (4 bis 5 Stunden); Kanu- oder Paddelboot-Runde auf durchweg gut befahrbaren Fließen; leicht, auch für Familien mit Kindern geeignet.

■ Eine Kanureise durch den Ober- und Unterspreewald: Von Lübbenau nach Lübben und Schlepzig zum Köthener See und zurück

Von Lübbenau geht es Richtung Lübben. Rund um Lübbenau hat der Massentourismus Einzug gehalten, besonders an Wochenenden herrscht auf dem Wasser Hochbetrieb. Dazwischen kann es für die kleinen bunten Sportboote und Kanus schon mal eng werden. Die Mehrzahl der gewerbsmäßigen Spreewaldkapitäne grüßt freundlich und weicht schon mal vorsichtshalber aus, wenn sich ein Paddelboot im Zickzackkurs nähert – nicht jeder, der in ein Mietboot steigt, beherrscht es auch sogleich.
Mit jedem Paddelschlag wird es ruhiger. Eine Stunde die Spree abwärts, und man begegnet nur noch vereinzelt Gleichgesinnten und wenigen Kähnen und kann sich ganz dem Naturgenuss hingeben. See- und Teichrosen, Wasserhahnenfuß und Gelbe Schwertlilie säumen die Uferzonen, aus denen manchmal ein Froschkonzert ertönt.

Winterquartier der Spreewaldkähne bei Lübbenau

Vor dem Lübbener Schloss biegen wir in den Schlangengraben ein. Nahe dem Kahnfährhafen stehen mehrere Holzfässer mit der wahrhaften Spreewaldspezialität: Eingelegte Gurken – saure, mit Knoblauch, Gewürz- und Senfgurken. Holzbänke laden zum Rasten ein.
Viele Schleusen an den Fließen müssen oft nicht selbst bedient werden. Große und kleine Leute verdienen sich etwas dazu. Es gilt als Sitte und freundliche Geste, einen kleinen Obolus auf die Mauer zu legen.
Am Gasthaus ›Petkampsberg‹ befindet sich ein kleiner Rastplatz für Wasserwanderer, wo man am ersten Abend das Zelt aufstellen kann. Kurz hinter Petkampsberg verästelt sich die Spree. Auf Puhlstrom und Quasspree dürfen nur nichtmotorisierte Wasserwanderer jeweils von Mitte Juni bis Ende Dezember paddeln, unübersehbare Schilder verbieten das Befahren mancher Fließe ganzjährig, denn hier blieb der urwüchsige Spreewald in seiner Schönheit erhalten und wird geschützt.
Im Schlepziger Fährhafen kann man anlegen, entweder Proviant ergänzen oder in einem Gasthaus einkehren. Natürlich

▲ Karte vordere Umschlagklappe

werden auch in Schlepzig die Spreewälder Gurken in verschiedenen Geschmacksrichtungen angeboten.
Bis Leibsch fährt man auf der Spree und biegt am neuen Wehr, der größten Anlage im Spreewald, in den Dahme-Umflutkanal ein. Nun geht es nicht einmal mehr halb so schnell vorwärts, selbst wenn die Paddel kräftig ausholen. Die Gegenströmung stemmt sich gegen das Boot. Das künstliche Fließgewässer wurde kurz vor dem Ersten Weltkrieg fertiggestellt und diente zur Hochwasserableitung der Spree. In jener Epoche existierten weder Talsperren im Oberlauf noch Umflutkanäle im Spreewald.
Auf dem Köthener See kann man die Jugendherberge am Westufer ansteuern. Wer am östlichen Ufersaum bleibt, der von mannshohem Schilfbeständen begrenzt wird, findet bald den Randkanal, den südöstlichen Abfluss des Sees. Dank der Strömung kommt man schnell nach Groß Wasserburg. Im 14. und 15. Jahrhundert gehörte das Dorf den Herren von Biberstein, die hier eine Wasserburg besaßen und den Spreeübergang nach Leibsch kontrollierten. Heute wirkt der Flecken idyllisch und beinahe weltentrückt. Die Fließe südlich des Ortes sind allesamt für Motorboote gesperrt. Auf der Wasserburger Spree fühlt man sich wie in einem Dschungel.
Auf dem Zerniasfließ kommt das Boot im Zeitlupentempo voran, die Strömung ist heftig. Von Schlepzig bis Lübben muss man wieder auf der Hauptspree fahren, erst kurz vor Lübbenau gibt es wieder eine Alternative.
Länge: 70 Kilometer; nur für geübte Wasserwanderer mit drei bis vier Tagen Zeit. Übernachtung in Lübben, Schlepzig (Wasserwanderrastplatz Petkampsberg) und am Köthener See möglich.

i Lübbenau

Vorwahl: 035 42.
Spreewald-Touristinformation e.V., Ehm-Welk-Straße 15, Tel. 36 68, www.spreewald-online.de.
Besucherinformationszentrum des Biosphärenreservats Spreewald, Schulstr. 9, Tel. 892 10.

Im Stundentakt nach Berlin und über Cottbus und Guben nach Frankfurt (Oder) sowie nach Zittau über Spremberg und Görlitz. 2010/11 Streckensperrung wegen Gleisbauarbeiten, in dieser Zeit Schienenersatzverkehr.

Hotel Schloss Lübbenau (€€–€€€), Schlossbezirk 6, Tel. 87 30, www.schloss-luebbenau.de. Turm-Suite auf drei Etagen und Auguste-Charlotte-Suite, Wellness im Schlosskellergewölbe, neue Zimmer im benachbarten Efeuhaus. Schlossrestaurant mit Gourmetküche tgl. ab 11 Uhr, Jagdstube, Sommerterrasse. Standesamt.
Pension Spreewelten-Bahnhof (€€€), Bahnhofstr. 3d, Tel. 88 99 77, www.pension.spreewelten.de. Schlafen im Kunstwerk: Jedes der elf Zimmer wurde von nur einem Künstler individuell gestaltet, so mit Sagengestalten oder auch einem Spreewaldkahn.
Brauhaus & Pension Babben (€), Brauhausgasse 2, Tel. 21 26, www.babben-bier.de. Saisonbeginn zu Ostern, tgl. ab 17 Uhr. Unfiltriertes und unpasteurisiertes Bier aus der kleinsten Brauerei Brandenburgs.

Campingplatz am Schlosspark (15.3.–31.10.), Tel. 35 33, geeignet für Wasserwanderer, da direkt an der Hauptspree gelegen.

Caravan-Camping (Ostern bis 31.10.), Dammstr. 62, Tel. 2921.

Am Bauernhof (1.4.–15.11.), Stennewitz 1, Tel. 3637.

Restaurant und Café Orangerie, Tel. 8730; Mai–Okt. tgl. 12–22 Uhr (jedes Wochenende ein neues 3-Gang-Menü für 14 Euro).

Gasthaus Kaupen No 6, Familie Koal, Tel. 47897. Im Sommer tgl. 11–22 Uhr, Bauernstube an der Hauptspree am Weg zum Freilandmuseum Lehde, Gerichte nach Großmutters Rezepten, spreewaldtypische Kochmaschine (Kachelofen mit Herd) steht im Gastraum, Sommergarten an der Spree, Ausschank des Lübbenauer Biers Babben.

Gasthaus Oppott, am Freilandmuseum Lehde, Tel. 2844.

Gasthaus Froschkönig, Dorfstr. 26, Leipe, Tel. 403940.

Gasthaus Wotschofska, Weg 1, Wotschofska, Tel. 03546/7601.

Alljährlich im November werden von Lübbenauer Gasthäusern Spreewälder Fischwochen angeboten: www.spreewaelder-fischwochen.de.

Spreewald-Museum im Torhaus, Am Topfmarkt 12, Tel. 2472, April–Okt. Di–So 10–18 Uhr.

Haus für Mensch und Natur, Schulstr. 9, Tel. 89210, tgl. 10–17 Uhr (April–Okt.), Mo–Fr 10–16 Uhr (Feb./März). Dauerausstellung Kulturlandschaft und Biosphärenreservat Spreewald.

Pfarrkirche St. Nikolai, Mo–Fr 14–16 Uhr.

Freilandmuseum Lehde, April–Okt. tgl. 10–18 Uhr, www.freilandmuseum-lehde.de.

Lehder Bauernhaus- und Gurkenmuseum, An der Dolzke 6, Tel. 899960, April–Okt. tgl. 9–18 Uhr.

Mit dem **Forscherkahn Nautilust** sind Einblicke, Beobachtungen und Untersuchungen in die Spreewälder Wasserwelt möglich. Infos: Tel. 403692, www.nautilust.net.

Bootsverleih Petrick, Am Campingplatz Schlosspark, Tel. 3620.

Paddelbootverleih Franke, Dammstr. 72, Tel. 2722.

Bootsverleih Hannemann, Am Wasser 1, Tel. 3647.

Bootshaus Ringl, Kaupen 1, Tel. 2750. Auch Ferienhausvermietung, acht Minuten Fußweg ins Stadtzentrum.

▸ Kahnfahrten:

Großer Spreewaldhafen Lübbenau, Dammstr. 77a, Tel. 2225, www.grosser-spreewaldhafen.de.

Kleiner Hafen am Gasthof Spreeschlösschen, Spreestr. 10a, Tel. 403710.

Kahnfährmannsverein der Spreewaldfreunde e.V., Tel. 403710, www.spreewald-web.de. Im Angebot: 3–4stündige Rundfahrt Lehde, 6–7stündige Rundfahrt Leipe, 5stündige Rundfahrt Wotschofska, 8–10stündige Rundfahrt Hochwald.

Spreewelten, Alte Huttung 13, Tel. 894160, www.spreewelten-bad.de; So–Do 9–22, Fr/Sa 9–23 Uhr, Fr 20–23 Uhr auch FKK-Baden. Wellenbad, römisches Thermalbad, 14 Themensaunen, u. a. in mehreren 300jährigen Holzhütten aus den Hochalpen,

▸ Karte S. 51

Natursole-Heilwasser-Außenbecken. Der Clou ist eine Pinguinanlage mit zwölf Humboldtpinguinen – nur von einer Scheibe getrennt, darf man mit ihnen um die Wette tauchen.

Osterreiten (zwischen Zerkwitz und Lübbenau, Ostersonntag ab 10 Uhr Kirche Zerkwitz, um 12 Uhr Freiluftgottesdienst in Ragow). Int. Folklorelawine (Juni). Spreewälder Lichtnächte; Lichtnachtkahnfahrten mit Konzerten (Juli, Aug., Sept.). Spreewald- und Schützenfest (1. Juliwochenende, mit Kahnkorso); Museumsfest im Freilandmuseum Lehde mit sorbischem Hochzeitszug (Aug.); Ritterfestspiele auf Schloss Lübbenau (Sept.).

Alt Zauche und Neu Zauche

Alt Zauche am Rand des Oberspreewaldes besitzt noch viele **Fachwerkhäuser**, ist von Erlenwald und Wiesen umgeben und liegt abseits vom Massentourismus. Früher war der Ort oft von Hochwassern bedroht; daher wurde in den 1950er Jahren der Nordumfluter gebaut.

Durch den Hochwasserschutz war das Dorf vom Spreewald abgeschnitten. Vom neuen Kahnfährhafen am Nordumfluter werden jetzt wieder Touren in den herrlichen Hochwald mit seinen bis zu 38 Meter hohen Erlen, zum Gasthaus ›Wotschofska‹, zur ›Pohlenz-Schänke‹ und ins Freilandmuseum Lehde angeboten (zwei bis sieben Stunden).

In Neu Zauche arbeitet die Modedesignerin Laila Bauer, die sich augenfällig vom Spreewald inspirieren lässt. So sind in ihrem Atelier auch ein Porzellan- und ein Königinnenkleid zu bestaunen.

Wanderung von Alt Zauche zur Pohlenz-Schänke und zurück mit dem Kahn

Vom Dorfplatz in Alt Zauche folgen wir zunächst der grünen Markierung in Richtung Wußwerk. Nach 400 Metern muss man rechts auf den asphaltierten Mühlweg abzweigen. Die Brücke über den Nordumfluter wird überquert, dann biegen wir 700 Meter weiter an der Kreuzung rechts ab. Der Weg führt jetzt einen Kilometer in Richtung Lübben, dann nach links auf die Pappelallee, nach 800 Metern biegen wir erneut links ab. 500 Meter weiter wechseln wir nach rechts auf den Plattenweg und gehen über die Brücke über das Große Fließ. Die letzten sechs Kilometer laufen wir nur noch geradeaus, bis die idyllisch gelegene ›Pohlenz-Schänke‹ erreicht ist. Mitte des 18. Jahrhunderts baute sich Christian Pohlenz hier ein Blockhaus, später wurde eine Schankstube errichtet und der Bau noch erweitert. Heute gilt

Ein häufig anzutreffender Gast im Spreewald

das Haus als ältestes Wirtshaus im Spreewald. Der Altwendische Saal, auch Schinkelsaal genannt, entstand nach Zeichnungen des berühmten Baumeisters und besitzt prächtige Wandmalereien. Weitere Plätze bieten das Jagdzimmer, die Fährmannstube und bei schönem Wetter der große Biergarten unter schattigen Bäumen.

Von hier kann man sich – nach Vorbestellung – im Kahn zurück nach Alt Zauche bringen lassen; wer noch gut zu Fuß ist, läuft den markierten Weg weiter nach Wotschofska und von dort zurück nach Alt Zauche.

Länge: 11 Kilometer (Alt Zauche–Pohlenz-Schänke), 12 Kilometer (Pohlenz-Schänke–Wotschofska–Alt Zauche); gesamt 23 Kilometer (5–6 Stunden).

Am Slawenwall bei Raddusch

Raddusch (Raduš)

Raddusch entstand um 1312. Der Ort liegt am Rande des Oberspreewaldes zwischen Lübbenau und Vetschau, seine günstige Lage in unmittelbarer Nähe der B 115 und zu den Autobahnauffahrten Boblitz und Vetschau führte zur touristischen Erschließung.

Die Gäste zieht es zum nordwestlich des Ortes befindlichen 65 Meter hohen **Schwarzen Berg** (wendisch: Carna gora), ein Relikt der letzten Eiszeit, oder zum 1999 angelegten **Naturhafen**. Hier beginnt das Fließ ›Radduscher Kahnfahrt‹, das den Ort mit dem gesamten Fließgewässernetz des Spreewaldes verbindet.

Neue Radduscher Hauptattraktion ist eine **Slawenburg**. Vor über 1000 Jahren bauten die slawischen Lusizi am Rande des Spreewaldes eine Ringburg, die ab 1984 ausgegraben und in den 1990er Jahren, im Rahmen der Internationalen Bauausstellung Fürst-Pückler-Land, rekonstruiert wurde. Die in der Burg untergebrachte Ausstellung ›Zeitsprung‹ veranschaulicht Niederlausitzer Geschichte von der Altsteinzeit bis zur Gegenwart. Vor der Burg befindet sich ein schöner Kinderspielplatz.

Beim alljährlichen Radduscher Reiterfest am letzten Augustwochenende werden alte Erntebräuche wieder lebendig. Dann tragen auch die Radduscher Mädchen ihre Festtagstracht.

■ Rundwanderung zur Dubkow-Mühle

Der markierte Weg beginnt am Spreewaldhotel und führt über Wiesen und Felder zunächst nach Stradow. Nachdem die Hauptstraße im Ort überquert wurde, biegen wir an der folgenden Kreuzung links ab und laufen noch einen Kilometer geradeaus, bis die Stradower Teiche erreicht sind. Nach der Überquerung von Vetschauer Mühlenfließ, Südumfluter und Hauptspree nähern wir

▲ Karte vordere Umschlagklappe

uns der Dubkow-Mühle, einst eine Mahl- und Ölmühle. Sie steht seit 1702 an der Hauptspree. Seit über 260 Jahren werden hier Gäste bewirtet, das Schankrecht erhielt der einstige Mühlenbesitzer im Jahr 1737 (schöner Biergarten, auch Pension, April–Okt. tgl. ab 11.30 Uhr, Tel. 035 42/22 97).

An der südlichen Hauswand unter dem Fachwerkgiebel ist ein großer grüner Ochsenfrosch angemalt. Ein lebendes Exemplar soll sich der Legende nach seit den 1920er Jahren im Mühlenkeller aufhalten. Verirrten Ausflüglern soll er oft den Heimweg gewiesen haben. Wer ihn aber neckte, den führte er in den Sumpf!

Für den Rückweg überqueren wir die Schleuse hinter der Mühle. Der anschließende Weg mündet in einen Wirtschaftsweg, auf dem bald die Buschmühle erreicht ist. Sie stammt aus dem Jahr 1777 und wurde mit einem unterschlächtigen Wasserrad angetrieben. Bis 1952 wurde hier Korn gemahlen.

Ein asphaltierter Weg leitet durch Wiesen zurück nach Raddusch.

Länge: 21 Kilometer.

Radwanderung von Raddusch nach Lübbenau und zurück

Dies ist ein Radrundkurs mit krassen Gegensätzen: Erwartet uns zu Beginn eine Landschaft aus der Retorte, so radeln wir später auf einem der schönsten Wege durch den Oberspreewald.

Die Tour beginnt am Bahnhaltepunkt Raddusch. Wir fahren am Haus des Tourismus vorüber, überqueren die B 115 und radeln unter der Autobahnbrücke hindurch. Hier lohnt ein Abstecher mit nur 500 Metern Umweg: Archäologen fanden bei Raddusch die Reste eines tausendjährigen Burgwalls der Slawen. Der Bau, eine Rekonstruktion, ist schon von weitem zu sehen: Stämme wurden gitterartig neben- und übereinandergelegt und die Zwischenräume mit Lehm und Sand verfüllt. Heute stützt ein unsichtbarer Betonkern den Kopiebau. Im Inneren sind in einem ›Zeittunnel‹ Einblicke in die Niederlausitzer Geschichte von der Altsteinzeit bis zur Gegenwart zu erleben. Nähert man sich dem neun Meter hohen Wall, wird man vielleicht verstehen, weshalb er von den Einheimischen liebevoll ›Elefantenklo‹ genannt wird.

Zurück auf der Hauptroute nach Lübbenau rollen die Räder auf der neuen Kippenstraße fast wie von selbst. In der offenen Landschaft wachsen Kiefern und Laubmischwälder heran. Der ehemalige Braunkohletagebau hat auch den Ortskern von Groß Lübbenau vernichtet, ein Rastplatz mit Ortsplan und alten Fotos erinnert an das einstige Ortszentrum.

Im geschrumpften Groß Lübbenau fahren wir am Feuerwehrturm mit einem Storchennest nach rechts bis zur Autobahnunterführung, dahinter links nach

Der Fährhafen in Raddusch

Boblitz. In Boblitz überqueren wir die B 115. Weiter geht es die Lindenstraße entlang, vorbei am Gasthaus Jakubasch. Am Ortsausgangsschild beginnt das Biosphärenreservat Spreewald, ab hier folgen wir dem Schotterweg. Nach einem Kilometer erreichen wir eine Radstraße, die parallel zur B 115 bis nach Lübbenau führt. Nachdem die Bahngleise überquert sind, biegen wir rechts in Richtung Kahnfährhafen ab. Lübbenau ist das größte Touristenzentrum im Spreewald, schon Theodor Fontane nannte das Städtchen liebevoll ›Spreewaldresidenz‹.

Etwa 100 Meter vor dem Hafen weist ein Hinweisschild nach rechts, Richtung Lehde/Leipe. Nach 1,5 Kilometern lohnt ein Spaziergang nach links zum Freilandmuseum Lehde. Weil bis dahin drei Bänke – die typischen Spreewaldbrücken mit Stufen – zu überqueren sind, sollte das Rad besser an der Schautafel geparkt werden (etwa 500 Meter Fußweg).

Zu beiden Seiten des schmalen Weges nach Leipe stehen Erlen, Birken und Eichen – ein romantischer Pfad, den viele Spaziergänger und Radfahrer nutzen. In Leipe fahren wir am Gasthaus ›Froschkönig‹ vorbei und folgen dem Hinweisschild zum Hafen.

Die Asphaltstraße führt dann durch eine offene Wiesenlandschaft mit parkartigen Baumgruppen. Eine Rast bietet sich in der Dubkow-Mühle an, auf der wenig befahrenen Straße geht es weiter in Richtung Burg-Dorf, so auch an der Gabelung.

An der Kreuzung Ringchaussee biegen wir rechts nach Naundorf ab und verbleiben etwa 1,5 Kilometer auf der Straße, bis rechts ein Schild in den Kurfürstendamm weist. An der Gabelung Erste Kolonie fahren wir weiter Richtung Raddusch, am Ortsausgangsschild Burg überqueren wir das Naundorfer Grenzfließ und biegen rechts ab. Am Abzweig Skadow halten wir uns geradeaus auf dem Weg, vorbei am Fahrverbotschild für Motorfahrzeuge. Hinter den Gehöften Radduscher Kaupen kommen wir an das Fließ Radduscher Kahnfahrt, biegen vor der Brücke links ab und radeln auf dem Deich weiter. Der Weg ist schmal und sandig, aber auch hier sehr romantisch. Auf einem Rastplatz können wir die Idylle genießen, ohne auf die Wegbeschaffenheit achten zu müssen. Am Hafen Raddusch halten wir uns links, überqueren die Straßenbrücke und halten uns an der Dorfstraße rechts. Nach ein paar hundert Metern ist der Bahnhaltepunkt von Raddusch wieder erreicht.

Länge: 35 Kilometer (4 bis 5 Stunden); Rundtour auf fast durchweg gut befahrbaren Wegen; leicht, auch für Familien mit Kindern geeignet.

▸ Karte vordere Umschlagklappe

i Alt Zauche, Neu Zauche, Raddusch

Vorwahl: 035433.

Tourismusverband Spreewald e. V. in Raddusch, Lindenstr. 1, Tel. 72299, www.spreewald.de. Moderner Komplex mit Wechselausstellungen, südlich des Ortes und der Bahnstrecke Berlin–Cottbus, an der Straße zur Slawenburg gelegen.

Nach Berlin und nach Cottbus tgl. einige Regionalbahnen.

Spreewaldhotel Raddusch (€€), Dorfstr. 24, Tel. 7810, www.spreewaldhotel-raddusch.de. Paddelboot- und Radverleih, Fastenwandern.

Dubkow-Mühle, Tel. 03542/2297.

Gaststätte Slawenburg in der Slawenburg Raddusch, Tel. 555 24.

Slawenburg Raddusch, www.slawenburg-raddusch.de, April–Okt. tgl. 10–18 Uhr, sonst 10–16 Uhr.

Kahnfährgemeinschaft, Bahnhofstr. 21, Tel. 3000 und 702 13 (Mai–Sept.).

Sommertheater in der Slawenburg (Aug.).

Vetschau/Spreewald (Wětošow)

Vetschau, einer der ältesten Orte der Region – gegründet spätestens im 10. Jahrhundert –, liegt am Südrand des Oberspreewaldes zwischen der A 15 und der Bahnstrecke Berlin–Cottbus–Görlitz. Bekannt ist vor allem die ungewöhnliche Kirche. An die wendische Dorfkirche aus dem 14. Jahrhundert wurde im 17. Jahrhundert eine Stadtkirche für evangelische Deutsche angebaut. So wurde die Kirche zum ›Zwilling‹. Die Sakristei sowie der 35 Meter hohe Glockenturm aus Feld-, Raseneisensteinen und Backsteinen werden seither gemeinsam genutzt. Die **wendisch-deutsche Doppelkirche** ist in Europa einmalig und zeugt vom jahrhundertelangen friedlichen Nebeneinander zweier Kulturen.

Im **Schloss** ist der Rittersaal sehenswert, hier finden auch Konzerte und Trauungen statt. Daneben lädt die Heimatstube zum Besuch ein. Im Schlosspark sind auch zwei alte Sumpfzypressen zu sehen; man findet sie nicht oft in dieser Gegend. Auf dem Markt haben einige **Barock- und Jugendstilhäuser** die Stürme der Zeit überdauert. In einem schönen Barockgebäude befindet sich der gemütliche Ratskeller. Nachtschwärmer werden von ›Lothar‹ und seinen Nachtwächtergehilfen durch die Altstadt geleitet.

Im **Weißstorchzentrum** erfährt man unter anderem, dass in der Niederlausitz jährlich etwa 350 Weißstorchpaare brüten: zehn Prozent des gesamten deutschen Bestandes dieser Vogelart.

Vetschau

Vorwahl: 03 54 33.

Touristinformation Vetschau, Drebkauer Str. 2a (im Weißstorch-Infozentrum), Tel. 41 00, www.vetschau-spreewald.de.

Im Zweistundentakt nach Berlin und über Cottbus und Guben nach Frankfurt (Oder) sowie nach Zittau über Spremberg und Görlitz.

Hotel-Pension Märkischheide (€€–€€€), Lindenstr. 2, Tel. 560, www.hotel-maerkischheide.de.

Ratshotel Vetschau (€€–€€€), Am Markt 5, Tel. 510, www.ratshotel-vetschau.de. Denkmalgeschütztes Haus, Restaurant, Café, Biergarten und Marktterrasse.

Wendisch-Deutsche Doppelkirche, Mo–Sa 10–12 und 13–17 Uhr, So und Feiertage 10–17 Uhr (April–Okt.).

Weißstorchzentrum, Drebkauer Str. 2a, Tel. 41 00, Di–So 10–17 Uhr (April–Sept.). Das Storchennest im Internet: www.storchennest.de.

Frühlingsfest (April).

Spreewaldzauber Zur Bleiche Resort & SPA

In Burg beginnt die Spree zu bummeln. Nirgendwo sonst zwischen den Oberlausitzer Quellen und der Berliner Mündung gönnt sie sich soviel Ruhe. Das ist auch die Philosophie des Resorts & SPA ›Zur Bleiche‹. »Hier ist das Wunderland... das, dem rasenden Tempo der heutigen Zeit entrückt, einer verwunschenen Insel im brandenden Meere gleicht, auf der die Zeiger der Uhr rückwärts gehen, zu glücklichen Tagen ...«. Diese Worte sind kein Zitat aus dem aktuellen Hausprospekt, sondern wurden schon im Jahr 1936 in einer Werbebroschüre für den Spreewald verfasst.

Im Jahr 1992 erwarben Christine und Heinrich Michael Clausing das einstige FDGB-Ferienheim. Heute ist ihr Resort & Spa deutschlandweit eines der besten Wellnesshotels mit außergewöhnlich-luxuriösen Annehmlichkeiten. Der ›Relax Guide 2009‹ verlieh vier Lilien und 20 Punkte von 20 erreichbaren zum achten Mal in Folge – als einzigem Haus in Deutschland. »Es gibt vermutlich keinen anderen Ort, an dem die Gäste so konzentriert und in so kurzer Zeit entspannen, entschleunigen können«, schreibt der Berliner Fachjournalist Bernd Matthies. Moderne Architektur vereint sich anheimelnd mit Historischem, vieles gewonnen aus abrissreifen Blockhäusern und Scheunen im Burger Umland. Und so dürfen Holz und Ziegel hier ›weiterleben‹ und in Würde altern.

Die ›Storchennester‹ sind mit knapp 20 Quadratmetern die kleinsten Zimmer: Liebevoll mit blumenbedrucktem Leinen ausgekleidet und ab 95 Euro pro Person mit Frühstück zu beziehen. Das geräumige Doppelzimmer kostet ab 175 Euro, die SPA-Suite mit eigener Sauna und Hamam 295 Euro, jeweils für einen Erholungssuchenden. Im Preis inbegriffen ist das Vergnügen der Landtherme: Ein herrliches

Das Resort und Spa Zur Bleiche

In der Blauen Küche

Badehaus mit mehreren Saunen, kuscheligen Ruheräumen und großem Innenbecken. Hier und im beheizten Außenpool gibt es keine Schließzeit, und so gestaltet sich das Baden unterm Sternenzelt zum besonderen Erlebnis. Vielerlei himmlische Anwendungen werden geboten, wenn man es sich leisten kann. Wie wäre es mit dem ›Großen Bleiche-Bademenü‹ mit Zucker-Honig-Efeu-Peeling, Honig-Molkebad mit Efeublättern, Ganzkörper-Efeumassage, Kräutergesichtsbehandlung, Aroma Hand- und Fußpflege sowie einem Besuch im west-östlichen Divan mit Kräutervital-Menü? Das Ganze währt sechseinhalb Stunden und kostet 300 Euro.

Die Spreewälder Gourmetküche hat Oliver Heilmeyer aus der Taufe gehoben. Seit nunmehr einem Jahrzehnt zeigen die vielen Preisverleihungen – darunter der erste Michelinstern (2007) und die Auszeichnung ›Brandenburger Meisterkoch‹ (2009) –, dass es sich lohnt, konseqent regionale Traditionen zu verfolgen und beständig zu verfeinern. Und so gilt das Restaurant ›17fuffzig‹ unter Kennern mittlerweile als bester ostdeutscher Gourmettempel. Eine kleine Steigerung findet sich von Zeit zu Zeit gegenüber in der Blauen Küche: Nach Voranmeldung dürfen maximal acht Gäste nahe des großen Molteni-Herds sitzen. Der Küchenchef experimentiert und lässt die Auserwählten verkosten, was in den nächsten Wochen die Speisekarte bereichern soll. Der Sommelier des Hauses empfiehlt dazu den passenden Wein – im Keller schlummern besonders viele köstliche Tropfen ostdeutscher Winzer.

Zwei á-la-carte-Restaurants und neun Hotelrestaurants unter einem Dach, von elegant-edel bis zum rustikalen Blockhausambiente, lassen keine Wünsche offen. Wohl auch einzigartig hierzulande: Frühstücken können Sie, wann immer es Ihnen beliebt. Wenn Sie erst nach 12 Uhr ausgeschlafen haben, wird es serviert, sonst lockt das leckere Buffet mit Spreewald-Bio-Produkten und den frischen Eiern, den Hühner vom hauseigenen Hof sozusagen warm aus dem Nest stibitzt.

Burg/Spreewald (Borkowy)

Burg im östlichen Teil des Oberspreewaldes ist ein staatlich anerkannter Kurort und mit 55 Quadratkilometern die flächenmäßig größte Landgemeinde Deutschlands. Dabei wohnen in diesem Gebiet nur wenig mehr als 4000 Menschen. Erdwälle am Schlossberg deuten auf eine frühe Besiedlung in der Stein- und Bronzezeit um 800 vor Christus hin.
Im 6. Jahrhundert wanderten slawische Stämme ein und erweiterten die Wehranlagen, die im 10. Jahrhundert der deutschen Ostexpansion zum Opfer fielen.
Im 18. Jahrhundert entstanden neben dem ursprünglichen Hauptort (Burg-Dorf) zwei weitere Siedlungen, Burg-Kauper und Burg-Kolonie. In Burg-Kauper liegen die Gehöfte oft mehrere hundert Meter auseinander.
Als nach der letzten Eiszeit die Gletscher schmolzen, entstanden durch den mitgebrachten Schwemmsand viele Kaupen (von kupa = Insel). Diese waren ideal für Siedler, die hierher kamen und sich eigenmächtig ein Haus bauten. Natürlich ärgerte das die königlichen Behörden und Rittergutsbesitzer der Umgebung, und sie wandten sich in ihrer Not an ihren Landesherrn. König Friedrich II. verfügte daraufhin: »Es ist weiterhin verboten, sich ohne Erlaubnis im Spreewald anzusiedeln, aber ein Haus, das steht, darf nicht abgerissen werden.« Die listigen Bewohner hielten zusammen, tagsüber wurde Holz herangeschafft und zugesägt, nachts im Mondlicht das Haus aufgebaut. Angeblich 37 Neusiedler haben so die Obrigkeit erfolgreich ausgetrickst und dennoch den königlichen Erlass befolgt. Der Preußenkönig förderte aber auch gezielt die Ansiedlung aus dem Dienst entlassener Soldaten. Alle erhielten Grundstücke in einer Größe von drei bis fünf Hektar.

Die Spreewaldtherme in Burg

▲ Karte vordere Umschlagklappe

■ Sehenswürdigkeiten

Der einstige **Schlossberg**, etwa anderthalb Kilometer nördlich vom Zentrum an der Straße nach Byhleguhre gelegen, gilt als größter Rundwall der Mark Brandenburg. Bei Ausgrabungen fand man hier einen bronzenen Sonnenwagen und aus der Lausitzer Kultur stammende Keramikgefäße.
Auf der Anhöhe steht der **Bismarckturm**, von 1913 bis 1917 aus roten Calauer Klinkersteinen erbaut. Zur Aussichtskanzel in 33 Meter Höhe führen 137 Stufen. Der Turm ist nicht nur das Wahrzeichen Burgs, sondern auch ein beliebter Aussichtspunkt, von dem man weit in die Umgebung schauen kann. In der Nähe vom Turm befinden sich die ›Bismarckschänke‹ mit Biergarten (Mo–Fr ab 11, Sa/So ab 10 Uhr), ein ›Großer Weidendom‹ sowie der Burger **Arznei- und Gewürzpflanzgarten** mit der neueröffneten Spreewälder Kräutermanufaktur des Werbener Kochs Peter Franke. Auf einem Hektar gedeihen etwa 400 Pflanzen, deren Verwendung im Spreewald überliefert ist.

Am 1970 stillgelegten Burger **Spreewaldbahnhof** erweckte Bäckermeister Werner Motzek das Flair der ›Spreewaldguste‹ zu neuem Leben. Neun Personen- und Güterwagen, ein Schneepflug und zwei Draisinen stehen auf den Gleisen, in einem der Wagen ist ein Schulklassenraum aus den 1930er Jahren, in einem anderen eine Modelleisenbahn zu bestaunen. Drinnen kommen typische Spreewaldgerichte auf den Tisch, die Getränke werden mit der Modellbahn geliefert.

Im **Kur- und Sagenpark** sind viele Skulpturen aus der sorbisch-wendischen Sagenwelt aufgestellt. Sie erinnern an die zahlreichen Legenden des Spreewalds, von denen einige in besonderer Weise mit dem Schlossberg in Burg verbunden sind.

Seit 2005 schwärmen die Besucher der Burger **Spreewaldtherme.** Sanfte Grüntöne dominieren die große Badehalle, deren schräge Stützpfeiler die Bäume im Spreewald und deren Mosaikgrünstreifen in den Betonwänden das allgegenwärtige Schilf verkörpern. Die Spreewälder Natursole besitzt eine heilsame Wirkung bei Atemwegserkrankungen, Hautproblemen und Erkrankungen des Stütz- und Bewegungsapparates. Im Intensivsolebecken – 36 Grad, 8 Prozent Salzgehalt – können sich die Entspannungssuchenden wie auf dem Toten Meer dahintreiben lassen. Ganzjährig lockt das Thermalsole-Außenbecken mit 35 Grad, knapp 3 Prozent Salzgehalt und vielen Sprudeldüsen: Bei niedrigen Temperaturen steigen Dampfschwaden auf, und bei Einbruch der Dunkelheit wähnt man sich gar in einem isländischen Thermalsee. Im Saunagarten steht eine Blockhaus-Spreewaldsauna mit Reetdach. Bei stündlichem Aufguss hat man von hier durch ein Panoramafenster einen schönen Ausblick, gegenüber flackert es hinter Glas in der rustikalen Feuersauna. Wer es weniger heiß mag, kommt auch im Sanarium bei 56 Grad garantiert ins Schwitzen. Anschließend kuscheln viele Paare vor prasselndem Kamin auf gemütlichen Ruheinseln.

Das Waldschlösschen, eines der vielen Ausflugslokale

Dissen

Das kleine Dorf Dissen (Dešno) ist zehn Kilometer östlich von Burg gelegen. **Dorfkirche** (1740, 1936/37) und **Dorfschule** (1899) bilden ein hübsches Bauensemble. Seit 1987 werden in der Kirche wieder Gottesdienste in wendischer Sprache abgehalten. Neben der Kirche befindet sich die **Sorbische Heimatstube**. Hier kann man alte Gerätschaften, so zum Flachsverarbeiten, sowie buntbestickte Trachten anschauen (Di–Do 9–16 Uhr, Mai–Sept. auch Sa 11–14 Uhr).

Als Ersatz für die abgebaggerte Teichlandschaft bei Lacoma hat das Bergbauunternehmen Vattenfall die Spreeaue bei Dissen renaturiert. Hier sind jetzt in neuen Feuchtgebieten mit acht Teichen

Aueroxen (Nachzüchtungen der ausgestorbenen Auerochsen), Moorbüffel und Tarpane heimisch geworden. Geführte Touren werden angeboten. Infos: www.agrar-cottbus.de.

Bootstour von Burg nach Burg-Kauper

Vom Spreehafen in Burg-Dorf paddeln wir die Hauptspree flussabwärts. Wir kommen am Sportplatz und der Jugendherberge vorbei, hinter der Straßenbrücke biegen wir links in das Scheidungsfließ ein. Schnurgerade zieht sich dieses schmale Fließ dahin, auf dem sich kaum zwei Boote begegnen können. Wir lassen das Kleine Scheidungsfließ links liegen und halten uns weiter geradeaus. Nun treffen wir auf traditionelle Blockhäuser, rechts befindet sich eine Spreewaldtischlerei. Die Schleuse muss man außerhalb der Hochsaison meist selbst betätigen. Am Wasserwege-T in den Ostgraben biegen wir rechts ab. Am nächsten Wasserwege-T biegen wir für kurze Zeit in die Hauptspree ab, wieder nach rechts. Am Schild mit der Aufschrift ›Landgasthof Zur Wildbahn, 1 km‹ paddeln wir links in den Ostgraben. Dort wo sich das Fließ gabelt, halten wir uns links, ab hier befinden wir uns auf dem Krummen Fließ. Am nächsten Abzweig biegen wir links ins Stauensfließ ab, gleich darauf passieren wir die Schleuse mit schönem Rastplatz. Beim Wasserwege-T geht es nach rechts in die Große Wildbahn. Wir können den Abzweig Neue Spree sowie die folgende Kreuzung außer acht lassen und halten uns geradeaus, bis wir auf das Stille Fließ treffen, wo wir links abbiegen. Am Bootshaus Rehnus folgen wir dem Rohrkanal nach rechts. An der nächsten Gabelung rechts abbiegen, kurz darauf passieren wir die Waldschlösschenschleuse. Danach ist auch schon das ›Waldschlösschen‹ mit Gasthaus und Freiluftterrasse erreicht.

Wir befinden uns jetzt im Ortsteil Burg-Kauper. Vom Waldschlösschen geht es weiter in den Burg-Lübbener-Kanal nach rechts, vorbei am Hafen Waldschlösschen. An der Gabelung hinter der Bank paddeln wir rechts in die Kleine Spree. Am Gasthof ›Ochseneck‹ geht es durch die Brücke hindurch, bei der Gabelung dahinter nach rechts in die Neue Spree abbiegen, an der nächsten Gabelung links. Wo die Neue Spree nach rechts und das Erlkönigfließ wenig später nach links abbiegt, halten wir uns geradeaus, nun im Ostgraben. Schließlich ist das Gasthaus ›Zum Erlkönig‹ erreicht, wo sich eine weitere Rast anbietet.

Am nächsten Wasserwege-T halten wir uns links und paddeln nun weiter im Ostgraben, wo sich auf der linken Seite der Zeltplatz Am Ostgraben befindet. Schließlich erreichen wir wieder die Hauptspree, wo wir links abbiegen. Vorbei am Bootshaus Conrad, an ›Bordmanns Scheune‹, dem ›Bio-Hotel Kolonieschänke‹ und dem Hotel ›Am Spreebogen‹. Dahinter geht es durch die gewölbte Liebesbrücke und durch die

Neugierige Begleiter auf der Bootstour

▲ Karte vordere Umschlagklappe

vierte Schleuse. Bald ist der Abzweig zum Scheidungsfließ erreicht, wo unsere Paddelrunde begonnen hat. Von hier ist es nicht mehr weit bis zum Spreehafen in Burg.

Länge: 17 Kilometer (ca. 5 Stunden); Paddelrunde durchgehend auf gut befahrbaren Fließen, vier Schleusen; leicht, auch für Familien mit Kindern sehr gut geeignet.

Burg/Spreewald

Vorwahl: 03 56 03.

Touristinformation, Haus des Gastes, Am Hafen 6, Tel. Tel. 75 01 60, www.burg-spreewald-tourismus.de.

Infozentrum Biosphärenreservat, Byhleguhrer Str. 17, Tel 69 10.

Das Thermenticket bietet die Hin- und Rückfahrt mit dem Linienbus ab Cottbus inklusive 2 Std. Badevergnügen für 12,50 Euro pro Person. Aus Berlin mit der Bahn kommend bis Vetschau, hier in den Bus nach Burg umsteigen (mit dem Brandenburg-Ticket gibt es in der Therme Rabatt).

SPA & Resort Zur Bleiche (€€€), Bleichestr. 16, Tel. 620, www.hotel-zurbleiche.com. Hausgäste können die Therme frei genießen; das Gourmetrestaurant ›17fuffzig‹ besitzt deutschlandweit einen exzellenten Ruf, Di–Sa ab 18 Uhr.

Fiedermannhof (€€), Erste Kolonie 13, Tel. 759 60, www.fiedermannhof.de. Sauna, behindertenfreundliche Ferienanlage im Ortsteil Burg-Kolonie.

Gasthaus und Pension Kräutermühle (€€), Kurparkstr. 7b, Tel. 614 42, www.krautermuehle-burg.de. Gemütlich im frischen Bauernhausstil.

Radlerscheune (€–€€), Ringchaussee 155, Tel. 133 60, www.radler-scheune.de.

Hotel Spreebalance (€€€), Ringchaussee 154, Tel. 75 94 90, www.spreebalance.de. Neueröffnetes Haus (2009) mit Restaurant, Terrasse und hauseigenem Wellness- und Therapiebereich nahe der Spreewaldtherme. Moderne Zimmer jeweils in verschiedenen Naturfarbtönen gestaltet, aber nicht klimatisiert und nahe der tagsüber vielbefahrenen Straße.

Zum Schlangenkönig (€€), Waldschlösschenstr. 14, Tel. 759 30, www.zum-schlangenkoenig.de. Neue Pension als Kopie eines ›echten‹ Spreewaldhauses mit typischer Galerie und Blockhausfront in herrlicher Natur von Burg-Kauper. Romantische DZ mit Fußbodenheizung, Ferienwohnungen mit Küche, auch Brötchen- oder Frühstücksservice (7,50 €/Pers.) möglich. Kahn- oder Paddelbootfahrten ab Haustür.

Landgasthof & Hotel Zum Stern (€€) im benachbarten Dorf Werben, Burger Str. 1 (an der Straße von Burg nach Cottbus), Tel. 660, www.hotel-stern-werben.de. Sehr gute und preiswerte Spreewaldküche, ganzjährig Koch- und Infokurse wie ›Spreewälder-Koch-Akademie für Hobbyköche‹ oder ›Spreewälder-Gurken-Akademie‹, hauseigene Kräutermanufaktur im Arznei- und Gewürzpflanzengarten in Burg. Moderne Standardzimmer, Bowlingbahn.

Jugendherberge (€), Jugendherbergsweg 8, Tel. 225, www.jh-burg.de.

Spreewaldbahnhof Burg, Am Bahnhof 1, Tel. 842, Mo–Fr ab 11.30, Sa/So ab 11 Uhr.

Zeltplatz am Ostgraben bei Fam. Seyberth, Tel. 18773.

Bismarckturm, April–Okt. tgl. 10–18 Uhr, Juli/Aug. bis 19 Uhr.
Burger Arznei- und Gewürzgarten, Byhleguhrer Str. 17, Tel. 69124, Mo–Fr 7–16, Sa/So 10–18 Uhr, Führungen sind 14 Tage vorher anzumelden.
Heimatstube, Am Spreehafen, Di–So 13–17 Uhr (Ostern–Okt.), Di–So 12–16 Uhr (Nov.–März).
DDR-Museum, Krabatweg 12, tgl. 10–16 Uhr, www.ddr-museum.de.

Kirchgang in Tracht (Ostersonntag), Spreewaldmarathon (April, Infos: www.spreewaldmarathon.de), Spreewälder Sagennacht (Ende Mai/Anfang Juni), Int. Folklorelawine (Juni), Handwerker- und Bauernmarkt (Juli), Heimat- und Trachtenfest (Aug.),

Spreehafen, Am Hafen 1 (an der Straße Ortsmitte Burg/Dorf – Bismarckturm), Tel. 75800, www.spreehafen-burg.de; Kahnfahrten tgl. ab 10 Uhr durch die Streusiedlung Burg-Kauper (3–5 Std.), Schleusenfahrt (2 Std.), Hochwaldtour (8 Std.). Romantische Mondscheinfahrten, kulinarische Kahnfahrten oder Partykahn mit Zapfanlage. Inhaber und Radweltmeister Dirk Meier lädt Di–Sa zu geführten Radtouren ein, auch individuell kombinierte Kahn-, Paddel- und Radtouren sind buchbar. Auch Radverleih.
Hafen Waldschlösschen, Burg-Kauper (auch Paddelbootverleih), Tel. 536 (2- und 3stündige Rundfahrten, Hochwaldtour 4–5 Std.), www.spreewaldhafen-online.de.
Kahnfährhafen Leipe, Hafenbüro, Tel. 035 42/87 18 08, www.spreewaldhafen-leipe.de.
▸ Bootsverleih:
Bootsverleih Lukas (Burg-Kauper), Willischzaweg 43, Tel. 867. Mit kleinem Irrgarten auf dem Grundstück.
Bootshaus Conrad, Schwarze Ecke 1, Tel. 341.
Bootshaus Rehnus, Waldschlösschenstr. 39 (OT Kauper), Tel. 366.

Spreewaldtherme Burg, Ringchaussee 152, Tel. 18850, www.spreewaldtherme.de; tgl. 9–22 Uhr außer Karfreitag, 25. und 26. Dez., jeden 1. Fr im Monat bis 24 Uhr.
Barfusspark Burg, Kurfürstendamm 9, Tel. 593 98, tgl. ab 10 Uhr, mit zwölf Stationen, auch Bootsverleih, Kahnfahrten und Imbiss.
Sana per salis (Salzgrotte), Lindenstr. 9, Tel. 750647, www.salzgrotte-spreewald.de. Ausgekleidet mit Salz aus dem Himalaya und aus dem Toten Meer.

Straupitz (Tšupc)

Viele Besucher staunen, dass in dem kleinen Ort eine so große **Kirche** steht. Das klassizistische Bauwerk wurde von 1827 bis 1832 nach Plänen des berühmten Baumeisters Karl Friedrich Schinkel erbaut. Seine Handschrift drückt sich in der klaren Formensprache unverkennbar aus. Baron von Houwald hatte sich an den ›Königlichen Geheimen Oberbaurath‹ Schinkel gewandt, der die Baupläne innerhalb von 14 Tagen lieferte. Zwei Drittel der Baukosten steuerte der Adlige bei, 2000 Taler gab

▲ Karte vordere Umschlagklappe

der König, und den Rest spendeten die Gläubigen. Vollständig rekonstruiert, ist sie heute das Schmuckstück des Dorfes. Die zwei 40 Meter hohen Türme wurden im Stil italienischer Campanile erbaut, imposant wirken die doppelreihigen Rundbogenfenster.

Anfang des 19. Jahrhunderts gehörten sieben Dörfer zur Herrschaft derer von Houwald. Planungsgrundlage für Schinkel waren 1700 Gläubige, für die in der Kirche Platz zum Gottesdienst geschaffen wurde. Die Kirche ist also kein Ausdruck von Größenwahn, sondern wurde so groß dimensioniert, um allen Gläubigen der umliegenden Dörfer Platz bieten zu können. Das nahegelegene ehemalige **Schloss** der Grafen von Houwald wird heute als Schule genutzt.

In der Lassower Straße steht eine Holländerwindmühle von 1810, seit 2002 besitzt sie wieder ihre Flügel und eine komplett neue Turmhaube aus Holland. Beim Bau einer **Holländerwindmühle** sind etwa die dreifachen Kosten im Vergleich zu einer Bockwindmühle aufzubringen. Das Schlepziger Exemplar ist als Korn-, Öl- und Sägemühle nutzbar und heute die einzige funktionstüchtige Dreifachmühle Europas. Hier wird auch das leicht nussig schmeckende Spreewald-Leinöl gepresst; die bewährte Technik dafür stammt aus dem Jahr 1910. Eine Ausstellung zeigt den Weg vom Flachs (lateinisch linum = Lein) zu Leinwand und -öl. Auch der Fahrstuhl für den Müller, ein Seilzug, funktioniert perfekt. Heute ist die Straupitzer Windmühle eine der am häufigsten besuchten in Deutschland, davon künden auch die 100 Fahrradständer! Im Café ›Müllerhaus‹ wird das frische Leinöl verkauft.

Knapp einen Kilometer westlich vom Ortszentrum erhebt sich der einstige **Weinberg**, mit knapp 80 Metern die höchste Erhebung im Spreewald. Am Südhang gedeihen seltene wärmeliebende Pflanzen, bis Anfang des 19. Jahrhunderts reiften hier auch Weintrauben.

Die klassizistische Kirche, ein Werk Schinkels

Wanderung zur Byttna und weiter nach Byhleguhre

Von der Kirche in Straupitz führt eine kaum befahrene Straße zur Byttna mit den legendären Rieseneichen. Etwa drei Kilometer sind vom südlichen Ortsrand zu laufen. Das Schloss war einst der Herrschaftssitz der Grafschaft Straupitz, 1655 erwarb der schwedische General Christoph von Houwald die Besitzung. Am Schloss wurde bis 1798 gebaut. Dahinter schließt sich ein kleiner Park an. Hier wurde Mitte der 1990er Jahre ein Hafenbecken für die Kleine Kahnfahrt eröffnet. Die großflächige Komplexmelioration sowie der Bau des Nordumfluters zu DDR-Zeiten trennten den Ort von den Wasserläufen des Spreewaldes. Einst konnte man sich von hier Richtung Erlenhochwald/Straupitzer Buschmühle staken lassen.

Der Weg schwenkt nach links und kurze Zeit später sind die Eichen von Byttna (zu deutsch: Heiliger Gang) erreicht. Die stattlichen Eichen trugen einst Schilder mit Namen von Familienmitgliedern des Houwald-Geschlechts. Zur Zeit der slawischen Besiedlung befand sich an Ort und Stelle eine Wallanlage. Ungefähr 300 Meter weiter, etwas abseits am Waldrand, taucht der stärkste Baum-Methusalem auf, die Florentineneiche. Leider schon Jahrzehnte ohne Leben, erweckt dieser Riese dennoch Ehrfurcht vor der Natur. Er ist etwa 1000 Jahre alt und misst dicht über der Erde einen Stammumfang von zwölf Metern.

Nun folgen wir dem Wegweiser, der uns zum Byhleguhrer See lenkt. Anfangs durch Mischwald, folgt der schmale Pfad erst parallel der Straße, dann biegen wir zum See ab. Das Gewässer ist knapp zwei Kilometer lang und 500 Meter breit und wird nur von Quellen gespeist. Am Südufer steht das Haus ›Am See‹ mit Restaurant. Von hier führt ein Weg – anfangs durch Kiefernwald, später auf der Chaussee – in das Dorf Byhleguhre.

Straupitz

Vorwahl: 035475.

Touristeninformation Oberspreewald, Kirchstr. 11, Tel. 80977, www.oberspreewald.eu.

Haus Am See (€), am Byhleguhrer See, Tel. 804811, http://das-haus-am-see.de. Bungalowvermietung und Zeltplatz, Restaurant während der Saison ab März tgl. ab 11 Uhr. Spezialitäten: regionale Fischgerichte und zur Kaffeezeit die Spreewälder Hefeplinze.

Pension Fünf Linden (€), Lutherweg 1, Tel. 15488, www.pensionfuenflinden.de.

Restaurant Zur Byttna, Cottbuser Str. 28, Tel. 80838; Mo–Sa 11–24, So ab 10 Uhr, Biergarten.

Fischrestaurant Zum Wassermann, Cottbuser Str. 1, Tel. 16779; tgl. außer Mo 11–22 Uhr.

Holländerwindmühle, Lassower Str. 11a, Tel. 16997, www.windmuehle-straupitz.de, Di–Fr 9–18, Sa/So 10–17 Uhr (April–Okt.), Juli/Aug. auch am Mo 10–17 Uhr. Sonst Mo–Do 9–17, Fr 9–14 Uhr. Im Müllerhaus befindet sich ein Café.

Kahnfährhafen Straupitz, Tel. 0157/74280844.

Straupitzer Freitag, Infos: www.straupitzerf-freitag.de.

▶ Karte vordere Umschlagklappe

Goyatz und Trebatsch

Goyatz ist ein beliebter Ferienort am Südzipfel des etwa zwölf Quadratkilometer großen Schwielochsees und staatlich anerkannter Erholungsort. Badelustige, Angler, Paddler, Segler und Surfer bevölkern im Sommer den See. Bis Mitte der 1950er Jahre war Goyatz auch ein wichtiger Hafen. Die Güter kamen auf der Oder und Spree hierher und wurden an Ort und Stelle mit der Spreewaldbahn vor allem Richtung Cottbus weitertransportiert.

Der Schwielochsee ist ein typisch märkischer See mit zum Teil schilfbestandenen Uferabschnitten, Halbinseln sowie einigen Buchten. Die Spree ist der Hauptzulauf, an der Mündung bildet sie ein kleines Delta, das als Naturschutzgebiet Eichwerder bekannt ist.

Von der Bootsanlegestelle Goyatz führt ein markierter Weg zum einen Kilometer entfernten Werdel, einem slawischen **Rundwall**. Noch etwas weiter nördlich liegt Zaue. Man kann dorthin laufen oder schippern – in der Saison verkehren Fahrgastschiffe auf dem See zwischen Goyatz, Zaue und Jessern. In Zaue steht eine **Wehrkirche** aus dem 13. Jahrhundert, die aus Findlingen, Feld- und Ziegelsteinen erbaut ist. Von Goyatz lohnt auch ein Spaziergang in das Dorf Jessern und weiter auf den gut 50 Meter hohen **Babenberg**. Von hier bietet sich ein Panoramablick über den See.

Nahe dem Schwielochsee, nördlich von Goyatz, liegt das Dorf Trebatsch. Im Ortsteil Sabrodt wurde 1813 Ludwig Leichhardt geboren. In Australien kennt ihn jedes Kind, hierzulande nur wenige: Ein Stadtteil von Sydney, Flüsse, Berge, drei Dutzend Pflanzen und ein Känguruh tragen seinen Namen. Leichhardt war Wegbereiter einer wirtschaftlichen Eroberung des fünften Kontinents. Die

Am Nordufer des Schwielochsees

erste Forschungsreise führte ihn 1841 ›down under‹. Hier wurde die Durchquerung von der Ost- zur Nordküste vorbereitet. Die erste Expedition (1844/45) verlief erfolgreich. Der Versuch, die Westküste zu erreichen, scheiterte jedoch. 1848 startete der Lausitzer erneut, mit fatalen Folgen: Ein Brief vom 3. April 1848 ist ein letztes Lebenszeichen, seither blieb Leichhardt verschollen. Auch zahlreiche Suchexpeditionen in der jüngeren Zeit blieben erfolglos. In Trebatsch wird sein Andenken in dem kleinen **Heimatmuseum** in der Sawaller Str. 2 bewahrt (Besichtigung nach Anmeldung, Tel. 03 36 74/51 35). Das Leichhardt-Archiv befindet sich in der nahegelegenen Burg Beeskow.

Lieberose

Die Kleinstadt Lieberose mit 1500 Einwohnern, auf halber Strecke zwischen Beeskow und Cottbus, ist ein eher unscheinbarer Ort. In der Nähe des Ortes, inmitten ausgedehnter Kiefernwälder, legte die Waffen-SS einen Truppenübungsplatz an, der nach dem Zweiten Weltkrieg von der Roten Armee übernommen, auf eine Fläche von 27 000 Hektar erweitert und bis Anfang der

1990er Jahre betrieben wurde. 2009 entstand hier das größte Solarkraftwerk Europas mit 700 000 Modulen auf etwa 150 Hektar: Damit werden pro Jahr bis zu 52 Millionen Kilowattstunden Strom produziert, das reicht für etwa 15 000 Haushalte. Seit August 2009 eine beschlossene Sache: Die Lieberoser Heide soll in den nächsten Jahren als Nationalpark unter Schutz gestellt werden.

Auffälligstes Gebäude in Lieberose ist das **Schloss**. Das aus dem 16. Jahrhundert stammende Schloss der Grafen von der Schulenburg wurde im 18. Jahrhundert barock umgebaut. Offenbar war das Ergebnis so überzeugend, dass sich der sächsische Kurfürst auf dem Weg von Dresden nach Polen hier oft aufhielt. Berühmt waren vor allem die reichverzierten Stuckdecken. Bislang fanden lediglich Sicherungsarbeiten statt; das Schloss steht leer und ist nicht zugänglich.

Gegenüber der Post, in der Cottbuser Straße, hat eine kursächsische **Postmeilensäule** die Zeiten überdauert. In der **Landkirche** befindet sich ein wendischer Predigtsaal ohne Altar. Das schöne Epitaph wurde Ende des 16. Jahrhunderts für den verstorbenen Standesherrn, Joachim von Schulenberg, gefertigt. Ursprünglich befand es sich in der Stadtkirche, die wie Teile des Schlosses im Zweiten Weltkrieg zerstört wurde. Die vorhandenen Mauern wurden jedoch gesichert.

Neuzelle und Umgebung

Neuzelle ist ein kleiner Erholungsort zwischen den Ausläufern des Schlaubetals und den Diehloer Höhen am Rande der Oderwiesen. Gäbe es nicht das Kloster – Neuzelle wäre weltentrückt.

Hierher können Sie bequem auch ohne Auto anreisen: Jede Stunde besteht Regionalbahnanschluss in Richtung Berlin über Frankfurt (Oder) und nach Cottbus über Guben. Vom arg vernachlässigten Bahnhof läuft man etwa 20 Minuten bis zum Kloster.

■ Geschichte

Einst Bestandteil der wettinischen Niederlausitz, gehörte Neuzelle bis 1815 zum Königreich Sachsen. Markgraf Heinrich der Erlauchte von Meißen stiftete im Jahr 1268 das Kloster ›Nova Cella‹ zum Gedenken an seine verstorbene Frau. Während der Gegenreformation im 17. und 18. Jahrhundert wurde das Bauwerk nach böhmischem Vorbild prachtvoll ausgestattet. Das Barockwunder der Mark war für nur zwei Jahre eine päpstliche Enklave im protestantischen Brandenburg: 1817 löste der preußische Staat das letzte deutsche Zisterzienserkloster auf. Heute ist es mit seinen weitläufigen Außenanlagen das einzige vollständig erhaltene in Deutschland und eines der wenigen in Europa. Die 1996 gegründete Landesstiftung Stift Neuzelle müht sich um den Erhalt der einmaligen Kulturgüter.

■ Das Kloster

Stiftskirche samt Turm erstrahlen heute wieder im kräftigen gelb-weißen Farbton. Barocke Üppigkeit herrscht überall in der **Klosterkirche St. Maria**, die Fresken mit einem Zyklus biblischer Malereien an der Decke und den Seitenwänden werden von strahlendweißem Stuck und kunstvollen Altären umrahmt. Während die Deckengemälde der Seitenschiffe Motive aus dem Alten Testament darstellen, ›erzählen‹ die des Mittelschiffs den Lebensweg Jesu. Perfekt und dennoch sparsam: Die Fußbodenplatten sind aus Marmor, ansonsten aber bleibt das edle Baumaterial die Ausnahme.

▶ Karte vordere Umschlagklappe

Die Klosterkirche, ein barockes Schmuckstück

Das allgegenwärtige Imitat besteht nur aus Wasser, Gips und Farbe.

Im **Kreuzgang**, zwischen 1380 und 1450 erbaut, wurde bei der Rekonstruktion eine Jesus-Darstellung (um 1380) freigelegt. Wertvollstes Ausstellungsstück im Klostermuseum ist das 300jährige Ornat – ein aufwendig besticktes Prunkgewand. Im Keller können die Gründungsmauern des Klosters von 1330 besichtigt werden.

Auf dem gepflasterten Stiftsplatz mit einer kleinen Lindenallee wird demnächst das Museum zum Neuzeller Heiligen Grab eingerichtet. Hier findet dann die einmalige **Sammlung der Bühnendekoration für Passionsspiele** ihren dauerhaften Verbleib, die jahrzehntelang im Kirchturm eingemauert war. Der Prospekt vom Heiligen Grabe umfasst etwa 100 überlebensgroße bemalte Holzfiguren, bunte Holztafeln sowie 56 Leinwände. Damit konnte die Passionsgeschichte in 15 Szenen auf einer Bühne nachgestellt werden. Selbst katholische Hochburgen wie Bayern oder Tirol besitzen keine so umfangreiche Sammlung.

Im Schatten der großen Stiftskirche steht ganz am Rande die kleine evangelische **Kreuzkirche** – noch nicht restauriert, aber gleichfalls ausgeschmückt mit barocker Pracht bayerischer, böhmischer und schlesischer Künstler. Das Kuppelfresko stellt die nach Kampf und Leiden triumphierende Kirche dar. Die Krypta in der Kirche war in sächsischer Epoche eine begehrte Grabstätte vornehmer Katholiken.

Der **Klostergarten** ist nach alten Vorlagen im Barockstil sorgsam erneuert worden und frei zugänglich. Die Anlage gliedert sich in den herrschaftlichen Lust-, Obst- und Küchengarten des Abtes und den Konventsgarten, getrennt durch eine Mauer und die Orangerie. Stufen führen vom Stiftsplatz hinunter zum Café ›Orangerie‹, zur Wasserfontäne, einem Teich, grünen Arkadengängen, lauschigen Sitzbänken und moderner Steinmetzkunst.

Klosterbrauerei und Klosterbrennerei

Seit fast 700 Jahren wird in der benachbarten Klosterbrauerei Bier gebraut – damit ist sie die dienstälteste Braustätte in Brandenburg. Die offizielle Geburtsstunde schlug 1589. Doch die Mönche haben sich wohl schon eher betätigt, denn schon 1416 ist urkundlich erwähnt, dass die Bauern des Bistums Hopfen abliefern mussten. Das Neuzeller Schwarzbier verbindet wie die Mönchsarchitektur böhmische Süße mit norddeutscher Herbheit. Nach alter Rezeptur wird dem Schwarzen Abt nach dem Brauen Invertzuckersirup beigemischt: Das Bier durfte bis Anfang 2003 deshalb kein Bier sein. 13 Jahre tobte der Bierstreit zwischen Erzeugern und Brandenburger Behörden, bis das Bundesverwaltungsgericht den Brauern Recht gab. Das Klosterbräu wurde durch die Brandenburger Amtsposse weltweit

Himmlisch gut: das Klosterbier

bekannt. Im Jahr 1998 stellte die Brauerei erstmals ›Badebier‹ vor. Als Markenprodukt mit medizinischem Hintergrund wurde das Gebräu beim Patentamt in München geschützt.
Neueste Produkte sind das ›Marathonbier‹, das Eiweiße enthält, die bei Bewegung die Fettverbrennung im Körper fördern, sowie ein glutenfreies Bier. Nach Anmeldung kann man an einer 45–120minütigen Führung und anschließenden Verkostung teilnehmen. Der heutige Backsteinbau stammt aus dem Jahr 1902. Die Jahresproduktion beträgt 40 000 Hektoliter. Im Unterschied zu den Großbrauereien, in denen Bier heute in acht bis zehn Tagen produziert wird, ist das Neuzeller Gebräu noch ein echtes Lagerbier, das acht bis zehn Wochen reift, bevor es zum Verkauf kommt. Auf den Schrot- und Malzboden werden die angelieferten Säcke noch mit einer traditionellen Seilwinde nach oben gehievt, die hiesige Mühle mit Riemenantrieb mahlt zuverlässig seit dem Jahr 1924.
Während einer Betriebsführung erfährt man auch, dass jeder Mitarbeiter täglich fünf Flaschen Deputat erhält, die aber nicht weiterverkauft werden dürfen. Neuzeller Bier ist weltweit begehrt, die Brauerei liefert unter anderem nach China, Russland und Japan.

▲ Karte vordere Umschlagklappe

Etwas versteckt, nahe am Landhaushotel Prinz Albrecht, steht die kleine Neuzeller Klosterbrennerei, seit 400 Jahren in Betrieb. 30 Liköre, Brände und drei Essigsorten sind im Angebot. Kurios: Die Brennanlage ist mit 200 Plomben gesichert, eine Entnahme der edlen Destillate ist dem Brennmeister nur bei Anwesenheit des Zolls erlaubt!

Weitere Sehenswürdigkeiten

Das **Strohhaus Neuzelle** ist ein Museumshof ländlicher Alltagskultur in einem ehemaligen Tuchmacherhaus von 1780 mit Schilfrohrdach. Aus der Bauzeit blieben die Schwarze Küche, Balkendecken und die Türen original erhalten.
Kummrow, zu Neuzelle eingemeindet, liegt reizvoll im Tal der Dorche. Die mittelalterliche Klosterstraße verbindet den Ort mit Treppeln. Die Einheimischen kennen diesen Weg nur unter dem Namen ›Treppelpflaster‹. Radfahrer werden hier mächtig durchgeschüttelt, und so kommt auf halber Strecke der Hinweis zum Abzweigen nach Kobbeln gerade recht. Am nördlichen Dorfrand liegt der größte Findling des Landes, der **Kobbelner Stein**. Der Riese aus Skandinavien wiegt 300 Tonnen, ist sieben Meter lang, fünf Meter breit und über vier Meter hoch. Der Granitstein wurde 1923 entdeckt und drei Jahre später vollständig ausgegraben.
Nur einige Kilometer weiter südlich, bei Henzendorf, liegen noch viel mehr Findlinge. Allerdings hat sie nicht das Inlandseis hierher transportiert. Diese Steine stammen aus Lausitzer Tagebauen und wurden seit Anfang der 1990er Jahre in Gosda bei Döbern kunstvoll verziert. Der Berliner Ulrich Thiel gestaltete dort einen **Runen- und Bildsteinpark** nach Jahrtausende alten Vorlagen. Streit um Grund und Boden verhinderte

bald den großzügig geplanten Ausbau: Die Steine wanderten wiederholt, diesmal in den Naturpark Schlaubetal. Bei Henzendorf fand man einen idealen Platz, der auffallend an weitläufige skandinavische Landschaften erinnert. Im frei zugänglichen Findlingsgarten entdeckt der Besucher sogar eine Schiffssetzung. Diese nachgestaltete Grabanlage aus der Bronzezeit war bei den Wikingern einst sehr verbreitet, genau wie zwei geheimnisumwitterte Trojaburgen, mythologische Steinsetzungen in Labyrinthform.

Durch die **Reicherskreuzer Heide** rollten anfangs deutsche, später sowjetische Panzer. Die Kettenfahrzeuge, Detonationen und Brände ließen vom Märkischen Wald wenig übrig. Auf dem trockenen und nährstoffarmen Sandboden entstand eine weite offene Landschaft mit Birken, Besenginster und Heidekraut. Das Militär ist längst abgezogen, und Naturschützer kämpfen um den Erhalt dieses für Flora und Fauna wertvollen Geländes. Ihre wichtigsten Verbündeten sind 400 Heidschnucken vom Heidehof Henzendorf. Deren immerwährender Hunger garantiert, dass die Besucher zur Erikablüte im Spätsommer fast meinen, sie wären in der Lüneburger Heide. Der heutige Naturpark umfasst 30 Quadratkilometer.

Im Runen- und Bildsteinpark bei Henzendorf

Das Schlaubetal

Das Flusstal der Schlaube ist eine der schönsten Landschaften Brandenburgs und zählt zu den wenigen wirklich naturbelassenen Deutschlands. Wander- und Naturfreunde suchen das Schlaubetal auf, um die Vielzahl an Landschaftsformen und Lebensräumen auf engstem Raum kennenzulernen. ›Siehdichum‹ ist nicht nur ein hiesiger abgelegener Waldgasthof, früher Jagdschloss des Abtes Gabriel von Neuzelle, sondern auch eine Aufforderung, der man während einer Wanderung gern nachkommt.

Das Städtchen Müllrose, gut zehn Kilometer südöstlich von Frankfurt (Oder) gelegen, ist das nördliche Tor zum Schlaubetal. An der Ostseite des Großen Müllroser Sees beginnt die Wanderroute zur Bremsdorfer Mühle. Mit 17 Kilometer ein Tagesprogramm, der Weg ist mit einem blauen Querstrich markiert.

Nach der Überquerung des Bahnübergangs auf der ehemaligen Strecke Frankfurt (Oder)–Grunow–Cottbus erreicht man schon bald den **Belenzsee**. Wegen seines breiten Schilfgürtels und dem ausgedehnten Rohrkolbenbestand ist er ein Brutparadies für Wasservögel. Weiter durch Kiefernwald am Ostufer des Sees, vorbei an den sumpfigen Wiesen des Teufels auches, wo im Frühling über-

Die Niederlausitz

Am Großen Treppelsee

all das Gelb der Sumpfdotterblumen leuchtet, ist die **Ragower Mühle** nah. Bis 1951 lieferte die Anlage Mehl, und Getreide wurde noch 1968 geschrotet. Als technisches Denkmal wurde die Mühle mittlerweile wieder instandgesetzt und ist heute die einzige im Schlaubetal mit funktionierender Mühlentechnik. Interessierte können alles in Augenschein nehmen und hier auch übernachten.

Am **Kupferhammer**, heute ein Gasthof, ist die halbe Wegstrecke des Tages zurückgelegt. An Ort und Stelle gründete ein Beeskower Kupferschmied 1553 ein Hüttenwerk. Raseneisenstein aus der Umgebung wurde verarbeitet, und man produzierte Kupfergerätschaften für das Kloster Neuzelle.

Der Weg führt ans Ostufer der Schlaube, die Sonne blinzelt durch das hellgrüne Blätterdach der Buchen. Nicht weit entfernt liegt das Schulzenwasser mit seinen zwei Inseln, hier brüten mehrere Wasservogelarten. Durch Mischwald mit Traubeneichen und Buchen gelangen wir zum **Langen See**. An seiner Uferzone stehen seltene Lebensbäume und knorrige alte Kiefern. Etwa 90 seltene Pflanzenarten, allesamt auf der Roten Liste vom Aussterben bedrohter Spezies, haben im Naturschutzgebiet Schlaubetal ihr Refugium. Die Tierwelt ist mit 200 seltenen Gattungen vertreten, unter ihnen Eisvogel, Fischotter, Graureiher, Ringelnatter, viele Schmetterlings-, Käfer- sowie Libellenarten und nicht zuletzt der Wappenvogel des Schlaubetals, der Kranich.

Nahe des Treppelsees wird das Tagesziel erreicht, die **Bremsdorfer Mühle**. Im heutigen gleichnamigen Gasthaus, an dem noch ein Wasserad munter klappert, kommt eine Schlaubetaler Spezialität auf den Tisch: gebratene und gedünstete Lachsforellen aus einer nahegelegenen Fischzuchtanlage. Viele Ausflügler kommen hierher und rasten bei einem Bierchen unterm Sonnenschirm. Die stark frequentierte B 246 quert wenige hundert Meter weiter nördlich das Bachtal.

Der Pfad wird schmaler und führt durch eine wildromantische Bachlandschaft. Fast wähnen wir uns im Mittelgebirge, denn der folgende Wegabschnitt mit steilen Hängen und üppig grüner Vegetation ist für die Mark Brandenburg völlig untypisch. Dank des Naturschutz-Status dürfen die umgestürzten Bäume hier so liegen, wie sie fallen. Später öffnet sich das Engtal zusehends, die Schlaube schlängelt sich durch ausgedehnte Bruch-, Moor- und Wiesenlandschaften. Vorbei an der ehemaligen **Schlaubetalmühle**, die zum Informationszentrum des örtlichen Naturschutzbundes ausgebaut wurde, erreicht man nach Überquerung der Landstraße Eisenhüttenstadt – Friedland das Nordufer des Wirchensees. Ein Rundweg führt um den See, an dessen Südbereich in den Wirchenwiesen die Schlaube entspringt.

▲ Karte vordere Umschlagklappe

Neuzelle und Schlaubetal

Tourismus-Information Neuzelle, Stiftsplatz 7, Tel. 03 36 52/61 02, www.neuzelle.de.

Schlaubetal-Information im Haus des Gastes, in Müllrose, Kietz 5, Tel. 03 36 06/772 90, www.schlaubetal-tourismus.de.

Katholische Stiftskirche St. Marien Neuzelle, Mo–Fr 10–12 und 13–17, Sa/So 11–16 Uhr. (Mai–Okt.), Mo–Fr 11–12 und 14–15.30, Sa 11–12 und 14–15.30 Uhr, So 11–12 und 13–15.30 Uhr (Nov.–April).

Evangelische Kirche zum Hl. Kreuz, Mo–Fr 10–12 und 13–17, Sa 11–16, So 12–16 Uhr.

Klostermuseum Neuzelle im Kreuzgang, tgl. 10–17 Uhr, im Winter bis 16 Uhr. Klostergarten und Café Orangerie tgl. 10–18 Uhr (Mai–Okt.), 11–16 Uhr (Nov.–März).

Neuzeller Klosterbrennerei mit Brennereiladen, am Hotel Prinz Albrecht, Mi–So 10–18, Fr–So 10–18 Uhr (Nov.-April), Führungen nach Voranmeldung, Tel. 01 72/312 34 83.

Strohhaus Neuzelle, Slawengrund 11, Di–So 11–17 Uhr, Winter bis 16 Uhr.

Klosterbrauerei Neuzelle, Brauhausplatz 1, Tel. 03 36 52/810 21, www.klosterbrauerei.com.

Landhaus-Hotel Prinz Albrecht (€€), Frankfurter Str. 34, Tel. 03 36 52/813 22, www.hotel-prinz-albrecht.de. An der Zufahrt zum Kloster am Teichufer mit schöner Terrasse und Restaurant mit guter Küche.

Landhotel Kummerower Hof (€€), Kummroer Str. 41, Tel. 03 36 52/811 13, www.bierbad.de. Weltweit erstes Bierbad – Das Original mit Bierhefe und Kräutersudzugabe aus der Neuzeller Klosterbrauerei im historischen Gewölbe des Landhotels, auch Blockhausvermietung nebenan.

Pension Am See (€), Am Ostufer 1, 15299 Müllrose, Tel. 03 36 06/304.

Waldsee Hotel am Wirchensee (€€), Tel. 03 35 73/660, www.wirchensee.de. Herrliche Naturlage am Wasser, umgeben von Wald. Gute Küche.

In Neuzelle ist das **Restaurant im Hotel Prinz Albrecht** eine Empfehlung. Die meisten Besucher steuern die Klosterklause direkt am Klostereingang an, mit nur mittelmäßiger Küche zu gehobenen Preisen. Der Schwarze Abt aus der Flasche kostet hier stolze 4,30 Euro.

Bibulibusfest (Mai/Himmelfahrt), Neuzeller Erntefest (Sept.).

Eisenhüttenstadt

Südöstlich von Frankfurt (Oder) wurde neben dem neu errichteten Hüttenwerk ab 1950 die erste sozialistische ›Wohnstadt‹ der DDR für etwa 30 000 Einwohner aus dem Boden gestampft und nach dem allmächtigen Sowjetführer Stalin benannt. 1961, nach Aufdeckung der Verbrechen des Diktators, wurde Stalinstadt zu Eisenhüttenstadt.

Das Hüttenwerk, 1951 gegründet, wurde 1963 in Eisenhüttenkombinat Ost (EKO) umbenannt und war mit über 10 000 Mitarbeitern das größte Metallurgiezentrum der DDR. Es wurde ab 1990 mit öffentlichen Finanzhilfen modernisiert und 1994 verkauft; heute gehört EKO-Stahl zur Arcelor-Gruppe, einem der weltweit größten Stahlkonzerne. Eine Betriebsbesichtigung führt zu Hochöfen, Stahl- und Walzwerken und wird vom Verein ›TOR Eisenhüttenstadt‹ organisiert.

Den städtebaulichen Glanzpunkt Eisenhüttenstadts bildet die **Lindenallee**, einst Leninallee, die als großartige Magistrale den Zentralen Platz mit dem Haupteingang des Eisenhüttenwerks verbindet. Die ersten **Wohnkomplexe** – I. bis IV. – wurden mit viel Liebe fürs Detail im Stil des Neoklassizismus erbaut. Dem Betrachter gefallen viele hübsche Erker und Wandmalereien sowie Säulen und Pfeiler an Durchgängen. Die Innenhöfe entwickelten sich zu kleinen grünen Oasen. Heute stehen diese Bauten als Zeugnis der schöpferischen DDR-Architektur unter Denkmalschutz, die Innenstadt ist das größte Flächendenkmal Europas.

Ab den 1970er Jahren war es mit der Bauästhetik vorbei, fortan wurden nur noch genormte Plattenbauten hochgezogen, die viele Neubaugebiete der ehemaligen DDR prägen. Aber auch hier ist inzwischen viel Grün gewachsen. Mittendrin entdeckt man immer wieder Kunstplastiken an insgesamt 90 Standorten.

In einer ehemaligen Kinderkrippe (Kita) wird die aus heutiger Sicht zum Teil kuriose DDR-Alltagskultur im gleichnamigen **Dokumentationszentrum** zur Schau gestellt. Die Dauerausstellung ›Leben in der DDR‹ ermöglicht ungewöhnliche Einblicke in die Geschichte und Alltagskultur des untergegangenen Staates. Darüber hinaus werden auch politische, wirtschaftliche und soziale Fragen angesprochen. Die Sammlungen umfassen heute etwa 50 000 Objekte aus allen Bereichen des Alltags. Moderne Kunst bietet ein Bummel durch den **Freizeitpark Insel**, in dem viele Skulpturen stehen.

Im eingemeindeten alten Fischerstädtchen **Fürstenberg** (Oder), auf einem erhöhten Westufer an der Oder, sind das **Rathaus** mit hübschem Ziergiebel, die spätgotische **Backsteinkirche St. Nikolai** und der **Fischerkiez** mit engen Gassen sehenswert.

Der Oder-Spree-Kanal verbindet beide Flüsse. Wasserwanderer gelangen so vom Berliner Seengebiet nach Eisenhüttenstadt und weiter zur Oder. Hier befindet sich auch der Kai für die Fahrgastschiffahrt. Nach dem Passieren eines Höhenunterschiedes von 15 Meter zur Oder in einer Zwillingsschachtschleuse aus dem Jahr 1929 werden Frankfurt (Oder), Kietz-Küstrin und das benachbarte polnische Crossen angesteuert.

Im Winter sind die **Sprungschanze** sowie ein **Skigelände** mit Skilift, Schneekanone und Flutlicht in den Diehloer Bergen am Stadtrand ein Besuchermagnet.

▲ Karte vordere Umschlagklappe

i Eisenhüttenstadt

Vorwahl: 033 64.

Tourismusbüro Eisenhüttenstadt, Lindenallee 25, Tel. 41 36 90, www.tor-eisenhuettenstadt.de.

Hotel Fürstenberg (€), Gubener Str. 12, Tel. 754 40, www.hotel-fuerstenberg-oder.de. Kleines Hotel nahe der Altstadt, Restaurant tgl. 7–24 Uhr.

Dokumentationszentrum Alltagskultur der DDR, Erich-Weinert-Allee 3, Tel. 417 355, www.alltagskultur-ddr.de; Di–Fr 13–18, Sa/So 10–18 Uhr.

Feuerwehrmuseum, Heinrich-Pritzsche-Straße 4, Di–Fr 10–16, Sa/So 13–16 Uhr.

Besichtigung des **Eisenhüttenwerks** über ›TOR Eisenhüttenstadt‹, Tel. 033 64/41 36 90.

Guben (Gubin)

Guba (altsorbisch) bedeutet Mündung, und vermutlich bezieht sich der Stadtname auf die Mündung des Flüßchens Lubst in die Lausitzer Neiße, die sich im Stadtgebiet befindet. Guben erhielt 1235 vom Markgrafen Heinrich dem Erleuchteten von Meißen Stadtrechte nach Magdeburger Vorbild und wuchs zu einem wichtigen Salzhandelsplatz heran.

Bis in die Mitte des 19. Jahrhunderts hatte der Gubener Weinbau überregionale Bedeutung, die Erzeugnisse wurden deutschlandweit verkauft. Später wurden auf ehemaligen Weinanbauflächen Obstbaumplantagen angelegt. Noch heute gedeiht der rotbackige Winterapfel in den Gubener Kleingartenanlagen besonders gut.

Der Ansiedlung der Firma C.G. Wilke im Jahr 1822 begründete die Gubener Hutherstellung. Wilke war der Erfinder des witterungsbeständigen Wollfilzhutes. Um die vorletzte Jahrhundertwende war Guben größter deutscher Hutproduzent, 1927 betrug die Jahresproduktion zehn Millionen Hüte und Stumpen. Die hervorragende Qualität brachte der Stadt Weltruhm ein, denn lange Zeit blieb das Verfahren ein Betriebsgeheimnis. Daneben war auch die Tuchindustrie strukturbestimmend, zu DDR-Zeiten kam noch ein großes Chemiefaserwerk dazu.

Von Mitte Februar bis April 1945 war die Neiße Frontlinie und die Stadt beiderseits des Flusses umkämpft. Nach Ende des Krieges wurde das stark zerstörte Guben geteilt, und der Altstadtkern fiel an Polen, wo die Stadt heute Gubin heißt. Bei Deutschland verblieb die ehemalige Klostervorstadt. Von

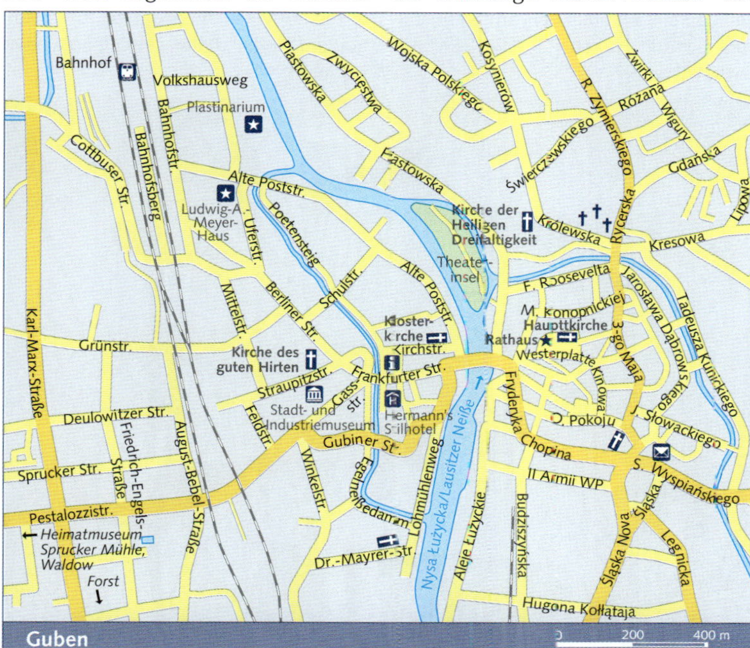

Guben

1961 bis 1989 trug die Stadt den Namen Wilhelm-Pieck-Stadt Guben, benannt nach dem ersten Präsidenten der DDR, der 1894 am rechten Neißeufer geboren wurde.

Sehenswürdigkeiten

Auf polnischer Seite befinden sich das alte **Rathaus**, die Ruine der **Hauptkirche** und Reste der alten **Stadtmauer**. Drumherum und dazwischen lag das historische Zentrum. Es wurde nach dem Krieg nicht wieder aufgebaut, und so sind die wenigen Überreste der Vergangenheit auf dieser Neißeseite heute in eine Art Parklandschaft gebettet.

Im Zentrum auf deutscher Seite stehen **Klosterkirche** und **evangelisch-lutherische Kirche**. In der Bahnhofstraße 1 steht eine von Karl Friedrich Schinkel entworfene **Villa** mit einem Abbild des Baumeisters und des berühmten Ingenieurs Gotthilf Hagen (1797–1884) auf der Westseite.

In den Mauern der ehemaligen Carl-Gottlob-Wilke-Hutfabrik wurde das **Stadt- und Industriemuseum** eingerichtet. Man sieht alte und neue Hüte, die Technik der Hutherstellung mit einer 80jährigen dampfbetriebenen Hutpresse, hölzerne Hutformen, den Arbeitsplatz eines Hutmachers aus den 1950er Jahren und wertvolle Exponate aus dem Nachlass des Gubener Hutsalons Wollermann. Eine auf den Weltmarkt orientierte Produktpalette hatte die Gubener Hutindustrie einst an die Weltspitze gebracht. Ab 1966 produzierte man in Guben etwa 500000 Hüte aus PVC, eine Gubener Erfindung, aus Materialknappheit ersonnen. Auf einem Monitor können Besucher einen von vielen Hüten mit ihrem Foto auswählen. Weitsichtige Firmeninhaber wie Wilke und Lewin fanden sich nach der Wende nicht mehr. 1999 scheiterten die Versuche endgültig, die Tradition der Hutherstellung in Guben weiterzuführen.

Im Heimatmuseum Sprucker Mühle

▲ Karte S. 83

Das **Ludwig-A.-Meyer-Haus** in der Uferstraße ist eine schöne Neorenaissancevilla von 1898. Sie gehörte einst dem jüdischen Fabrikanten Ludwig A. Meyer.

Seit 2005 sorgt Gunther von Hagens, der Begründer der Wanderausstellung ›Körperwelten‹, für Aufsehen, bei manchen Zeitgenossen auch für blankes Entsetzen: Eine der alten Tuchfabriken wurde zur **Plastinationswerkstatt** für Leichenteile mit einer öffentlichen Ausstellung umgebaut. In Polen war Hagens zuvor mit seinen Ansiedlungsplänen und Arbeitsplatzversprechungen abgeblitzt, auf deutscher Seite gab es hingegen weniger moralische Bedenken.

Das **Heimatmuseum Sprucker Mühle** befindet sich am Stadtrand in der Mühlenstraße. 1363 wurde an dieser Stelle die erste Getreidemühle errichtet, seit 1970 stehen die Mühlräder am Schwarzen Fließ still. Heute sieht man eine komplette originale Mühlentechnik des 19. Jahrhunderts, einen Handwebstuhl für die Leinenweberei, Flachsbreche und Spinnrad auf dem Mühlenboden und im Erdgeschoss eine Mahlbühne. In den anderen Räumen erfährt man stadt- und regionalgeschichtliche Details. In der gegenüberliegenden Scheune werden Sonderausstellungen gezeigt, hier befindet sich auch ein kleines Café.

Die Umgebung

Die Gubener Umgebung ist reich an reizvollen **Badeseen**: Deulowitzer See (3 Kilometer südwestlich bei Kerkwitz), Groß- und Kleinsee (15 bzw. 12 Kilometer westlich zwischen Bärenklau und Schönhöhe, Pinnower See (10 Kilometer westlich bei Pinnow), Pastlingsee (10 Kilometer südwestlich zwischen Grabko und Drewitz), Göhlensee (10 Kilometer nordwestlich bei Göhlen) und Kiesgrube

Der Deulowitzer See ist einer der vielen Badeseen rund um Guben

Bresinchen (5 Kilometer nördlich an der B112).

Beliebt ist auch die **Ausflugsgaststätte Wagenburg** in Göhlen-Vorwerk, zwei Kilometer nördlich von Groß Drewitz, inmitten ›Märkischer Prärie‹. 30 nachgestaltete Planwagen dienen hier in der warmen Jahreszeit als außergewöhnliches Nachtquartier.

Wanderung von Guben zum Deulowitzer See

Vom Bahnhof Guben bis in die Mühlenstraße läuft man etwa 30 Minuten. Hinter der Mühle überqueren wir auf der Holzbrücke das Schwarze Fließ, dann geht es auf der schmalen Mühlenstraße (nur für Fußgänger und Radfahrer) entlang der Lauchwiesen zum Sportstadion weiter. Wir halten uns an der Kreuzung rechts und folgen auf dem Fußgängerweg der Kaltenborner Straße in den Ortsteil Kaltenborn. Auf der Straße Richtung Altsprucke nutzen wir den ersten Abzweig nach links, der uns vorbei an den letzten Wohnhäusern auf den Wanderweg zum Deulowitzer See bringt. Auf die Höhen der Kaltenborner Berge führt ein sandiger Weg.

Die Hochflächen und Endmoränen sind Ergebnis des Brandenburger Stadiums der Weichseleiszeit. Die höchste Erhebung heißt ›Kahle Glatze‹ mit 116 Metern. Talwärts liegt der Deulowitzer See, Einkehrmöglichkeit bietet die kleine Gaststätte ›Harmonie‹ von Mai bis September. Hier am Südufer befinden sich auch mehrere kleine Badestellen.
Bis zur Bahnstation Kerkwitz, zwei Kilometer südwestlich, läuft man auf einer schmalen kopfsteingepflasterten Straße durch stillen Wald. Am Bahnhof lädt das Gasthaus ›Jägerhof‹ zur Rast ein. Nahverkehrszüge fahren zurück nach Guben oder in Richtung Cottbus.
Länge: 8 Kilometer.

Weitere Möglichkeiten: Guben–Göhlensee (16 Kilometer) über Wilschwitz-Grano (Naturschutzgebiet Lutzketal, ein naturbelassenes Flußtal nördlich von Grano) - Groß Drewitz - Göhlensee (separater Rundwanderweg um den See 4,5 Kilometer). Der Großsee bietet einen feinsandigen Strand und kristallklares Wasser.
Guben - Pinnower See (18 Kilometer) über Stadtteil Kaltenborn - Deulowitzer See - Pastlingsee - Bärenklau mit sehenswertem Schloss im englischen Landhausstil, Schlosspark mit einer tausendjährigen Eiche sowie das Naturschutzgebiet Tauersche Eichen nordwestlich der Gemeinde Pinnower See.

Guben

Vorwahl: 03561.

Tourist-Information Guben, Frankfurter Str. 21, Tel. 3867, www.touristinformation-guben.de.

Hermann's Stilhotel (€€–€€€), Frankfurter Str. 34, Tel. 5472790, www.hermanns-stilhotel.de. Zentrale Lage in einem denkmalgeschützten Haus von 1907 mit schicker Cocktailbar.

Landgasthof und Hotel Waldow (€€), Sembtener Str. 20, Tel. 4060, www.hotel-waldow.de. Mit hauseigenem Wellnesszentrum.

Landgasthof Wagenburg, Groß Drewitz, Göhlenvorwerk 1–4, Tel. 035693/347, www.wagenburg.com. Fr–Di ab 11.30 Uhr, Übernachtung in 30 Planwagen, Mai–Sept.

Hotel und Restaurant Karpfenschänke (€€), Tel. 035691/6100, www.karpfenschaenke.de. Am Pinnower See, große DZ mit Balkon und Seeblick.

Hut-Café, im Stadt- und Industriemuseum; Mo–Fr 11–21, Sa/So 14–21 Uhr; tgl. kleiner Mittagstisch sowie verschiedene Kuchen im Angebot.

Campingplätze:

Deulowitzer See bei Atterwasch, Tel. 035692/284.

Pinnower See bei Pinnow, Tel. 035691/238.

Am Großsee bei Tauer, Tel. 035601/22164.

Stadt- und Industriemuseum, Gasstr. 5; Di–So 10–18 Uhr, Tel. 68712101.

Heimatmuseum Sprucker Mühle, Mühlenstr. 5, derzeit nur auf Anfrage beim Stadtmuseum.

Plastinarium, Alte Poststr. 26, www.plastinarium.de. Tgl. 8–20 Uhr.

Freizeitbad Guben, Kaltenborner Str. 161, www.guben.de/freizeitbad.

Gubener Appelfest (Sept.).

▶ Karte S. 83

Peitz (Picnjo)

Die Kleinstadt Peitz liegt inmitten der Spree-Malxe-Niederung, etwa zehn Kilometer nordöstlich von Cottbus. Im Jahr 1301 wurde erstmals eine Burg Pitzne urkundlich erwähnt, in deren Schutz eine kleine Ansiedlung entstand. Lange Jahre war Peitz nur ein unbedeutendes Ackerbürgerstädtchen. Das änderte sich durch den Gubener Frieden im Jahr 1462. Peitz kam unter die Obhut des Kurfürsten Friedrich II. von Brandenburg und wurde zusammen mit Cottbus zur Exklave mitten in der böhmisch-sächsischen Mark Lausitz. Die strategisch günstige Lage veranlasste Markgraf Johann V. zum Ausbau der Befestigungsanlagen. So entstand von 1559 bis 1595 die erste neuzeitliche Festungsstadt in Brandenburg, in deren Bau anfangs die damaligen Schlossbereiche sowie zwischen 1590 und 1595 die gesamte Stadt (Unterfestung) einbezogen wurden. Als zusätzlichen Schutz grub man zahlreiche Teiche. Den Hammergraben, der von der Spree gespeist wird, legte man in der Mitte des 16. Jahrhunderts zur Flutung der Festungsgräben und der Wasserversorgung des Hammerwerkes Peitz an. Einige Abschnitte der Gewässersohle befinden sich über dem umliegenden Gelände, die Abdichtung funktioniert noch heute.

Peitz galt als ein Meisterwerk italienischer Festungsbaukunst, an der namhafte Architekten jener Epoche wie Francesco Chiramella da Gandino, Jeronimus Arkanat und Rochus Guerrini Graf zu Lynar beteiligt waren. Auf Brandenburger Territorium wurden in der Folgezeit nur zwei weitere ähnliche Anlagen errichtet, in Spandau und in Küstrin, dem heute polnischen Kostrzyn.

In der Festung Peitz sammelten sich erstmals in Brandenburg Soldaten in

Peitzer Marktfrau

Uniform. 1620 veranlasste der Festungskommandant Konrad von Burgstorff, dass sich seine 200 Untergebenen in blaue Röcke mit je 72 weißen Schleifen zu kleiden hatten. Eben diese kostümierte Garde begleitete den Landesvater Georg Wilhelm bei einem Besuch im polnischen Reichstag in Warschau 1621 – und machte großen Eindruck.

Im Dreißigjährigen Krieg war Peitz der sicherste Ort im Land überhaupt. Als einzige Stadt Brandenburgs konnte sie trotz einer halbjährigen Belagerung nicht von schwedischen Heerscharen eingenommen werden. Das wussten nicht nur viele Begüterte und kirchliche Würdenträger zu schätzen, auch Kurfürst Georg Wilhelm residierte mit seinem Hofstaat im Winter 1636/37 in der Festung und erhob Peitz für diese Zeit zur brandenburgischen Hauptstadt.

In den Jahren 1758 und 1759 gelang österreichischen Truppen die Erstür-

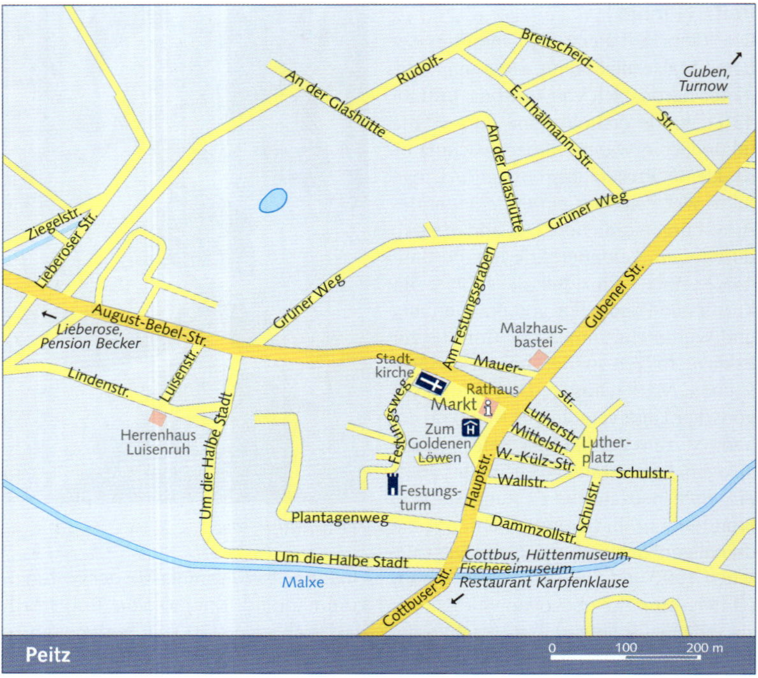

mung. Doch die geplante Zerstörung der Feste brachten sie nicht zuwege: Ein Gewitterregen löschte die schon brennenden Lunten, und der befehlshabende Offizier soll vom Blitz getroffen worden sein. Was wie ein Wunder klingt, hat ein Stadtchronist der Nachwelt dokumentarisch überliefert.

Für den Abriss der nun unmodernen Befestigung sorgte König Friedrich der Große mit einem Befehl im Jahr 1767. Die Bürger gingen sogleich überschwenglich ans Werk, denn ein verheerender Stadtbrand hatte zuvor nur wenige Häuser verschont. Jetzt gab es genügend Baumaterial für massive Wohnhäuser. Vor allem in der Luther- und Mittelstraße sind viele Barockhäuser aus dieser Aufbauzeit erhalten geblieben. Das Areal der einstigen Feste wurde verpachtet und zu Gartenland. Noch bis zum Jahr 1903 behielt sich der preußische Staat das Recht vor, jederzeit wieder eine Befestigung aufzubauen. Wohl nur deshalb blieb der einstige Graben- und Wallbereich von späterer Bebauung frei und damit die früheren Festungsstrukturen bewahrt. Diese städtebauliche Besonderheit soll auch in Zukunft erhalten bleiben.

Sehenswürdigkeiten

Der wuchtige **Turm**, einst Teil der Festung, entging der Schleifung – heute ist er das Wahrzeichen der Fischerstadt. Die Mauern sind bis zu sieben Meter stark, dendrologische Untersuchungen am Gebälk datieren den Kernbau auf das Jahr 1300. Nach umfangreichen Rekonstruktionen – unter anderem wurden Dachflächen und die Wehrganggalerie erneuert – darf der fast 40 Meter hohe Festungsturm bestiegen werden. Im Inneren finden Konzerte, Buchlesungen, Kabarettabende und andere Kulturereignisse statt.

Die ›gute Stube‹ rund um den **Marktplatz** wurde in den letzten Jahren herausgeputzt. Das Rathaus mit einem stattlichen Tudorgiebel erstrahlt in Weiß und beherbergt den für viele Touristen ersten Anlaufpunkt, das Haus des Gastes. Hier steht auch die klassizistische **Stadtkirche**, die von 1854 bis 1860 nach Plänen von Friedrich August Stüler, einem Schüler von Karl Friedrich Schinkel, erbaut wurde.

Sehenswert sind auch die erhaltene **Malzbastei**, eine Geschützplattform mit Kasematten in der Nähe des Marktes, und das **Herrenhaus Luisenruh**. Es wurde 1777 im Stil des preußischen Barock errichtet. Einst war das prächtige Haus in der Lindenstraße Sitz des Peitzer Amtmannes und Kriegsrates Elias Balthasar Giesel.

Ist die Rede von Peitz, denkt man sofort an den Weihnachtskarpfen. Die ansässige Edelfisch GmbH bewirtschaftet etwa 2000 Hektar Teichfläche und blickt auf eine lange Tradition zurück. Sie begann bereits im Mittelalter. Die ersten Karpfenzüchter waren Mönche, die auch Raseneisenerzgruben rekultivierten sowie Deiche und Kanäle anlegten. Die Fische waren während der langen Fastenzeiten erlaubte Nahrung. Selbst der preußische König wollte nicht auf die leckeren Karpfen verzichten; bis 1918 gehörte Peitz zu den Hoflieferanten. 1897 erhielt die neu gezüchtete Fischsorte ›Peitzer Karpfen‹ auf der Deutschen Fischereiausstellung in Kiel gleich mehrere Auszeichnungen. Heute sind Peitzer Fische deutschlandweit wieder eine begehrte Spezialität. Neben den berühmten Karpfen züchtet man Forellen, Schleie, Hechte, Aale, Zander, Barsche und Plötzen. Unter dem Motto ›Direkt vom Teich auf den Teller‹ lädt die Gaststätte ›Karpfenklause‹ zu Fischspezialitäten ein.

Das **Peitzer Hüttenmuseum** am Hälterteich ist die älteste funktionstüchtige Hochofenanlage Deutschlands. 1524 entstand hier das erste Eisenhüttenwerk des Kurfürstentums Brandenburg, der erste Hochofen wurde 1660 angeblasen, 1810 entstand die noch heute erhaltene Hochofen- und Gießereihalle, der Rest der Werksanlage bis 1839. Im Jahr 1813 kam Artilleriemunition aus Peitzer Produktion in der Völkerschlacht bei Leipzig gegen Kaiser Napoleons Truppen zum Einsatz. Peitz lieferte auch Eisen für den Bau des Berliner Stadtschlosses und für das Zeughaus, der Zentner Schmiedeeisen für zwei Taler, 22 Groschen und 4 Pfennige. Grundlage für die Wahl des hiesigen Standortes

Schaugießen im Peitzer Hüttenwerk

waren die reichen Raseneisenerzvorkommen. 1860 größtenteils stillgelegt, wurden bis 1898 nur zwei Kupolöfen weiter genutzt. Danach geriet die Technik in Vergessenheit und überdauerte unbeschadet die Zeit.
Während des Schaugießens werden auch heute wieder Kanonenkugeln gegossen, die man als Souvenir kaufen kann. Zum Hochofen gehören wasserkraftbetriebene Blasebälge. Ohne Stützen überspannt ein hölzerner Bohlenbinder eindrucksvoll den großen Innenraum des Hüttenwerks. Vom zugänglichen Turm bietet sich ein weiter Blick auf die wald- und wasserreiche Umgebung. Nebenan wurde 2006 das **Fischereimuseum** eröffnet. Hier befindet sich auch ein etwa 300 Millionen Jahre alter versteinerter Abdruck eines Karpfens.
Hälter-, Teufels- und Neuendorfer Teich sind nicht nur Aufzucht- und Mastgewässer, hier fühlen sich auch Fischreiher, Kormorane, Höckerschwäne und viele Greifvögel wohl. Auf den Teichflächen spiegelt sich die Silhouette des Braunkohlekraftwerkes Jänschwalde. Seit 1981 am Netz, wird in einem Jahr soviel Strom erzeugt, dass die Stadt Cottbus mit ihren rund 100 000 Einwohnern 30 Jahre lang versorgt werden könnte. Allerdings wird der Strom heute vorwiegend ins Ausland exportiert. Gleichzeitig ist das Kraftwerk ein ›Klimakiller‹, denn der in die Atmosphäre entweichende CO_2-Ausstoß ist beträchtlich. Mit einer Kapazität von 3000 Megawatt besitzt es die größte Rauchgasentschweflungsanlage der Welt. Täglich fallen in der Anlage 3000 Tonnen Gips an, der ein begehrtes Nebenprodukt für die Bauindustrie ist.

Das Peitzer Hüttenwerk

Am südwestlichen Rand von Peitz lädt das von Wald und Wiesen umgebene **Naherholungsgebiet Garkoschke** zum Baden und Angeln ein. Der sieben Hektar große See – mit Beachbar und Strand auch für FKK-Anhänger – entstand in den 1970er Jahren als Kiestagebau beim Bau des Kraftwerkes Jänschwalde und des Peitzer Neubaugebietes.
Von Peitz führt ein schöner Radweg über Tauer zum Großsee. Acht Kilometer südöstlich von Peitz, am Rande des Tagebaus Jänschwalde gelegen, gibt es in Heinersbrück die **Sorbische Bauernstube** mit Trachten, Möbeln und Hausgeräten im Gebäude der alten Grundschule zu besichtigen.

Wanderung durch die Peitzer Teiche zur Maustmühle und weiter nach Neuendorf

Wir gehen, an Hüttenmuseum und ›Karpfenklause‹ vorbei, einige Zeit am Südufer des Hälterteiches entlang und anschließend weiter am Neuendorfer Teich, dem größten Karpfenteich Ostdeutschlands. Mit oder ohne Fernglas sind unzählige Wasservögel zu beobachten.
Nach etwa vier Kilometern erreichen wir das beliebte Ausflugslokal ›Maustmühle‹, das nach langer Schließzeit wieder eröffnet wurde. Nun folgen wir dem rot markierten Pfad, der rechts vom Hammergraben und links von Fischteichen begrenzt wird. Auf der Straßenbrücke, die die Ortschaften Willmersdorf und Neuendorf miteinander verbindet, wechseln wir das Flussufer. Auf dem Damm des Alten Hammergrabens setzen wir den Weg fort. Später nutzen wir einen der Feldwege, die nach Neuendorf führen. Am östlichen Dorfrand

befindet sich das Gasthaus ›Zur Eisenbahn‹. Nach der erfolgten Verlegung der Bahnstrecke wegen des Kohleabbaus befindet sich der nächste Bahnhaltepunkt im benachbarten Ort Teichland (Strecke Guben–Cottbus).

Auf der Bärenbrücker Höhe, nordöstlich des Dorfes gelegen und aus den Aufschlussmassen des Tagebaus Cottbus-Nord aufgeschüttet, drehen sich viele Windräder. Dahinter sieht man das Kraftwerk Jänschwalde mit seinen riesigen Kühltürmen.

Wer noch Energie besitzt, kann auf einem Rundwanderweg die neu entstandene Landschaft erkunden oder in das nördlich benachbarte Dorf Preilack (Pśiłuk) wandern. Es ist für seine Fastnachtsumzüge bekannt, die Tradition wird seit 1885 gepflegt.

Länge: 8 Kilometer (Peitz/Zentrum–Neuendorf).

Peitz

Vorwahl: 03 56 01.

Kultur- und Tourismusamt, Markt 1, Tel. 81 50, www.peitz.de.

Hotel Zum Goldenen Löwen (€€), Markt 10, Tel. 884 99, www.hotel-peitz.de.

Landhotel Turnow, im Ortsteil Turnow, Frankfurter Str. 22, Tel. 37 00, www.landhotel-turnow.de.

Christinenhof & Spa, Hauptstr. 39, 031 85 Tauer, Tel. 897 20, www.christinenhof.net.

Pension Becker, Martinstr. 2, Tel. 314 21.

Restaurant Karpfenklause, Hüttenwerk 1, Tel. 892 84, Di–So ab 11.30 Uhr. Ruderbootverleih, Kahnfahrten auf dem Hälterteich.

Gasthaus Maustmühle, am Neuendorfer Teich, Tel. 802970, Mi–So ab 11.30 Uhr; Kaffegarten, Spielplatz.

Hütten- und Fischereimuseum Peitz, Tel. 220 80, Mo–Fr 10–16, Sa/So 13–18 Uhr, Nov.–März tgl. 10–16 Uhr.

Festungsturm, Tel. 319 62, Mo–Fr 10–16, Sa/So 13–18 Uhr (April–Okt) und nach Vereinbarung.

Sorbische Bauernstube, Heinersbrück, Tel. 03 56 01/826 63, April–Okt. Di–Fr und So 11–16 Uhr.

Erlebnispark Teichland, OT Neuendorf/Bärenbrücker Höhe; Sommerrodelbahn. Mo–Fr 11–19, Sa/So bis 20 Uhr, Nov.–März Mi–So 11–17 Uhr, www.sommerrodelbahn-teichland.de.

Fischerfest (Aug.).

Cottbus (Chośebuz)

Cottbus ist mit etwas unter 100 000 Einwohnern die größte Stadt Südbrandenburgs. Zwar hat Cottbus wie andere ostdeutsche Städte mit erheblichen Strukturproblemen zu kämpfen, doch die Altstadt, viele Parks, ein erstklassiges Kulturangebot sowie Hotels und Restaurants machen Cottbus zu einem attraktiven Reiseziel. Cottbus gehört zu den grünen Städten Deutschlands: Die Spree windet sich durch das Stadtgebiet.

▲ Karte S. 94

Geschichte

Im Jahr 1156 erstmals urkundlich erwähnt, wurde der Ortsname vom Altsorbischen abgeleitet: Siedlung des Mannes Chotbud. Damals war Cottbus der Sitz eines Kastellans des Markgrafen von Meißen. Von 1199 bis 1455 residierten die Herrn von Cottbus, ein fränkisches Geschlecht, in der Stadt. Aus jener Zeit stammt auch das Stadtwappen mit dem Krebs. 1445 erwarb Kurfürst Friedrich II. den ersten Teil der Stadt, 1455 erhielt er den Rest. Es entstand eine brandenburgische Exklave innerhalb der von Sachsen beherrschten Niederlausitz. Seitdem gehört Cottbus zu Brandenburg, lediglich zwischen 1807 und 1813 lag es auf sächsischem Territorium.

Mit dem Zuzug von 14 Hugenottenfamilien im Oktober 1701 entstand eine französische Kolonie. Die neuen Einwohner brachten Gerberei, Strumpfwirkerei und Seidenraupenzucht mit. Im 19. Jahrhundert entwickelte sich die Tuchmacherei zum bestimmenden Wirtschaftszweig, aber auch Cottbuser Bier war weithin begehrt. Hier wurde um 1650 erstmals in Deutschland Weißbier gebraut – es ist also keine bayerische Erfindung, wie oft behauptet wird.

Von 1846 bis 1871 legte Hermann Fürst von Pückler-Muskau im nahen Dorf Branitz den gleichnamigen Landschaftspark an. Um 1900 zählte die Stadt 2000 Wohnhäuser mit etwa 40 000 Einwohnern. Angloamerikanische Bomberverbände legten am Ende des Zweiten Weltkrieges die Hälfte der Bausubstanz in Schutt und Asche, ungefähr 3000 Menschen fanden den Tod. Im Jahr 1952 wurde Cottbus eine Bezirksstadt und wegen der reichen Braunkohlevorkommen in der Umgebung zum Wirtschafts- und Verwaltungszentrum der Kohle- und Energiegewinnung der DDR ausgebaut. 1976 übersprang die Einwohnerzahl die 100 000 und Cottbus wurde Großstadt.

Heute wirbt die Stadt als Universitäts- und Parkstadt um ein neues Image, und es kommen junge Leute aus aller Welt zum Studium an die Spree. Überregional bekannt ist das Festival des Osteuropäischen Films, das seit 1991 einen jährlichen Querschnitt aktueller Spielfilmproduktionen präsentiert. Mit über

Der Altmarkt, beliebter Treffpunkt der Cottbuser

hundert Filmen, darunter zahlreichen internationalen und deutschen Premieren, bietet es hierzulande - neben dem Festival ›go east‹ in Wiesbaden - seltene Einblicke in die stilistische und inhaltliche Vielfalt des osteuropäischen Films. Diese Bandbreite hat dem fünftägigen Festival einen besonderen Platz im internationalen Festivalkalender eingeräumt.

Die erste Bundesgartenschau in den neuen Ländern fand 1995 hier statt. Im Jahr 2000 stieg der Fußballverein Energie Cottbus für zwei Jahre in die Erste Bundesliga auf. Nach dem Abstieg gelang im Sommer 2006 der Wiederaufstieg, in der Saison 2008/2009 konnte der Klassenerhalt nicht gesichert werden. All das hat Cottbus überregional bekannt gemacht.

Ein Stadtrundgang

Mittelpunkt der Altstadt ist der Altmarkt. Herausgeputzte barocke **Giebelhäuser** säumen, ein Brunnen schmückt ihn. Bei schönem Wetter sind die vielen Freiluftplätze auf dem Altmarkt schnell besetzt. Seit der Wende profitiert das historische Zentrum vom Förderprogramm für Modellstädte.

Die Apotheke wurde nach dem Stadtbrand 1671 errichtet. Sie ist seit 1989 ein **Apothekenmuseum** und vermittelt über 425 Jahre Pharmaziegeschichte. Seit 1800 steht auf dem Staffelgiebel eine Figur der Hygieia, Tochter des Äskulap und Schutzgöttin der Apotheker. Erhalten blieben eine mittelalterliche Feuerungsanlage im galenischen Labor, ein vierfach gesicherter Giftschrank und ein noch intakter Brunnen aus dem

16. Jahrhundert im Hof. Dazu gehört die homöopathische Apotheke mit Verkauf im Erdgeschoss.

Nahe dem Markt ragt die gotische Hallenkirche **St. Nikolai** empor, die dem Schutzheiligen aller Reisenden und Seefahrer geweiht ist. Die Cottbuser nennen das Gotteshaus kurz Oberkirche. Die lichte Höhe des Kirchenschiffes beträgt 22 Meter. Der Renaissancealtar besteht aus Sandstein und Alabaster und wurde 1611 vom Torgauer Bildhauer Andreas Schulze geschaffen. Trotz erheblicher Kriegszerstörungen blieb der elf Meter hohe Altar im Original erhalten: Er wurde im Zweiten Weltkrieg zum Schutz vor der nahenden Front eingemauert. Heute gilt der Altar als das bedeutendste Kunstwerk der Stadt. Man erkennt Reste der mittelalterlichen Wandbemalung, die hölzerne Kanzel aus dem 18. Jahrhundert stammt ursprünglich aus der Franziskanerkirche in Frankfurt (Oder). Erst 1988 wurde die 1945 zerstörte barocke Turmhaube wieder aufgesetzt. Vom Turmumgang, auf den 146 Stufen führen, genießt man einen Panoramablick über Cottbus und seine grüne Umgebung.

Gegenüber der Kirche ragt der Schlossturm empor. Das Schloss wurde auf den Resten der mittelalterlichen Burg erbaut, fiel aber im Jahr 1857 einem Brand zum Opfer, einzig der Turm blieb erhalten. Jetzt befindet sich auf dem ehemaligen **Schlossareal** das Landgericht, unterhalb das Amtsgericht. An dessen Südseite lag zu DDR-Zeiten ein berüchtigtes Stasi-Untersuchungsgefängnis, woran eine Gedenktafel erinnert.

Geht man hundert Meter südlich (Uferstraße) am Mühlengraben entlang, entdeckt man die ältesten Häuser der Stadt, zwei **Gerberhäuschen** von 1726 und 1760, die inzwischen saniert sind. Erhalten blieben die Klappenreihen, die einst dem Trocknen der Felle dienten und die vom früheren Gerberhandwerk künden.

Gegenüber wurde das Dieselkraftwerk aus den 1920er Jahren zum **Kunstmuseum Dieselkraftwerk** Cottbus (dkw) umgebaut. Die Pläne für das Klinkergebäude im spätexpressionistischen bis neusachlichen Stil lieferte der bekannte Berliner Architekt Werner Issel, der sich auf ästhetischen Industriebau spezialisiert hatte. Die klare Formensprache harmoniert mit dem angrenzenden Goethepark auf der Mühleninsel. Große Bäume rahmen das Museum, im Amtsteich ist bei ruhiger Wassserfläche dessen Spiegelbild zu erblicken. Prägend für die Außenfassade sind die Eisenklinker der früheren Ilse-Bergbau AG, deren be-

Der Spremberger Turm, das Cottbuser Wahrzeichen

ständige Baumaterialien vielerorts in der Lausitz überdauerten. Drei größere Räume im einstigen Maschinenhaus und drei kleinere im ehemaligen Schalthaus werden für temporäre Ausstellungen genutzt. Neben hochkarätigen Wechselausstellungen können die Museumsmacher auf 23 000 eigene Kunstwerke zurückgreifen, darunter vorwiegend Malerei, Autorenfotografie der neuen Bundesländer sowie Plakatkunst.

Die benachbarte Mühlenstraße führt rasch zum **Wendischen Museum** im Liersch-Haus. Die Ausstellung bietet einen repräsentativen Querschnitt des reichen Kulturgutes. Originale niedersorbische Trachten, bunt bemalte Bauernmöbel, Ostereier-, Blaudruck- und Stickereikollektion, Bilder sorbischer Künstler und Musikinstrumente sind neben wechselnden Ausstellungen im Erdgeschoss zu besichtigen. Kinder erfreuen sich am historischen Spielzeug. Im hübschen Innenhof wächst eine Linde aus Zielona Góra (Grünberg), der westpolnischen Partnerstadt.

Nur ein paar Schritte in westlicher Richtung, und man steht auf der **Spremberger Straße**, der Einkaufs- und Promeniermeile der Cottbuser, die sie kurz ›Sprem‹ nennen. Cafés, Restaurants und kleine Kneipen bestimmen hier und in der näheren Umgebung, so am Schlosskirchplatz, das Bild. Die **Schlosskirche** wurde von 1705 bis 1714 für die französische Hugenottenkolonie erbaut, französischsprachige Gottesdienste fanden bis 1757 statt. Am Schlosskirchplatz, Hausnummer 4/5, steht der 1926 im Bauhausstil errichtete Anbau des ehemaligen Kaufhauses Schocken mit raffinierter Nachtbeleuchtung. Er wurde kürzlich rekonstruiert; im Erdgeschoss befindet sich ein Fast-Food-Restaurant. An der Einmündung des Katharinengässchens stößt man auf das schmalste Haus von Cottbus, das Wohnhaus des ehemaligen Hofphotographen seiner Königlichen Hoheit Carl Metzner.

Das Wahrzeichen der Stadt ist der **Spremberger Turm** am südlichen Ende der ›Sprem‹ (Mi–Mo 10–18 Uhr). Der Baumeister Friedrich Kahle gab ihm das charakteristische Aussehen mit Zinnenkranz und Spitzbogenportal im quadratischen Unterteil; zuvor waren die Pläne von Baumeister Karl Friedrich Schinkel abgesegnet worden. Bei einer Stadtführung kann man dem ›Dicken‹ aufs Haupt steigen. An der hier vorbeiführenden Karl-Liebknecht-Straße geht man nach rechts und bis zur nächsten Kreuzung, an der das ›Hotel am Theater‹ liegt. Gegenüber dem Hotel mündet die Schwanstraße ein. Sie wird von immergrünen Eichen beschattet, die Ende der 1920er Jahre gepflanzt wurden.

Weiter die Liebknechtstraße entlang, kommt man zum **Staatstheater** auf dem Schillerplatz. Viele Kunstinteressierte kommen nicht nur wegen der Veranstaltungen, sondern wegen dem Bau selbst. Architekt Bernhard Sehring hat hier

Blumenpracht auf dem Schillerplatz

▲ Karte S. 94

Spätjugendstil gekonnt mit barocken, antiken und maurischen Elementen vereint. Es ist ein anregendes Gemisch verschiedener Baustile, vollendet wurde der Bau 1908. Eklektizismus sagen die einen, sezessionistischer Jugendstil die anderen. Doch alle sind begeistert vom harmonischen Gesamteindruck.

Die August-Bebel-Straße führt zurück ins Zentrum, zur Stadtpromenade. Das an ihr gelegene DDR-Bauensemble aus den 1960er Jahren mit Kaufhaus, Wohnhäusern, Geschäften und Pavillons sowie einer Schule im klassizistischen Stil stand in seiner Gesamtheit unter Denkmalschutz. Der Status wurde gekippt und stattdessen das Blechencarré, eine Shopping-Mall, hochgezogen. Dank der Bürgerproteste wurde zumindet die alte Schule gekonnt in den ansonsten gesichtslosen Neubau integriert.

Auf der östlichen Seite der Straße blieb die **Stadtmauer** mit Lindenpforte und Wiekhaus erhalten. An der Südwestecke des **Rathauses**, nahe der Lindenpforte, ist das kleine Denkmal des ›Cottbuser Postkutschers› zu entdecken. Utensilien des Postillions zieren auch die Rathauswand gegenüber. Vor dem Arkadeneingang des Rathauses laufen Besucher auf dem Bürgersteig über die ›Straße der Olympioniken‹, hier sind Kopien aller Medaillen ins Pflaster eingelassen, die Cottbuser gewonnen haben. An der Nordwestecke des Rathauses ist eine Gedenkplatte zu sehen. Hier, in einem nicht mehr erhaltenen Gebäude, wurde 1798 der Maler Carl Blechen geboren.

Gegenüber der Stadthalle führt die Klosterstraße zur **Klosterkirche** aus dem 13. Jahrhundert. Nach der Auflösung des Franziskanerklosters im Zuge der Reformation wurde der Bau auch als ›Wendische Kirche‹ bekannt. Außergewöhnlich ist die Lage des Turms. Er be-

Das Kunstmuseum Dieselkraftwerk Cottbus am Amtsteich

findet sich nicht, wie üblich, auf der West-, sondern an der Ostseite. Als Ursache wird heute Platzmangel vermutet. Das seltene Lebensbaumkreuz in der Kirche stammt aus der Zeit zwischen 1320 und 1330 und ist das älteste Kulturdenkmal der Stadt. Auf der Verzweigung eines Baumes ist Jesus mit einem goldenen Siegeskranz abgebildet. Das Grabmal des Klosterstifters Fredehelm von Cottbus und seiner Frau Adelheid vom Anfang des 14. Jahrhunderts zeigt, wie der Mann seine Frau liebevoll umarmt und ist damit eine für die damalige Zeit sehr seltene Darstellung. Das spätere Stadtwappen der Stadt, der Krebs, ist auf diesem Grabmal erstmals dargestellt. Im einstigen Hauptportal sieht man eine Grabtafel des Stadthauptmanns Mandesloh (1580), auf der Südostseite der Kirchenaußenwand Blitz und Würfel: 1303 wurden hier während eines Gottesdienstes mehrere Würfelspieler vom Blitz erschlagen. Nördlich der Kirche steht das Gästehaus der Jugendherberge am romantischen Klosterplatz unter alten Linden. Das Fachwerk-

Die neue Universitätsbibliothek

gebäude mit überhängendem Dach und dem hölzernen Erker diente einst als Tuchwalke.

Der ›Weltspiegel‹, 1912 eröffnet, ist das zweitälteste noch bespielte Kino Deutschlands. Im Restaurant ›Zur Bäckerbörse‹, in der Sandower Straße hinter der Oberkirche, scheint die Zeit ebenso stehengeblieben zu sein.

Nahe der Spree, am kleinen Spreewald und am Fußweg zum Stadion der Freundschaft, steht das **Raumflugplanetarium Juri Gagarin**. Der Kuppelraum hat einen Durchmesser von knapp 13 Metern, und seine halbkreisförmige Projektionsfläche schafft ideale Bedingungen, um das Geschehen im Weltall zu verfolgen (Programme: ›Zwischen Unterricht und Show›, Populärwissenschaftliches und Veranstaltungen für kleine Kinder).

Im Jahr 2005 eröffnete das **Informations-, Kommunikations- und Medienzentrum** (IKMZ) der Brandenburgischen Technischen Universität (BTU). Es entstand nach Plänen der Baseler Stararchitekten Jacques Herzog und Pierre de Meuron; die mit sich überlagernden Buchstaben bedruckte Glasfassade wurde rasch zur neuen Cottbuser Sehenswürdigkeit. ›Eine mit Jogurt übergossene Amöbe‹ sagen die einen, ›Farbknall im Glaskostüm‹ die anderen. Innen gibt es keine Ecken und Kanten, durch die sieben Etagen schraubt sich eine pinkgrün getünchte Wendeltreppe. Jede Etage gliedert sich in sechs Farbzonen. 2006 wurde der Bau als bundesweite ›Bibliothek des Jahres‹ ausgezeichnet.

Spreeauenpark

Zwischen 1992 und 1994 entstand für die Bundesgartenschau (BUGA) zwischen Stadt und Branitzer Park eine Parklandschaft – heute der Spreeauenpark – mit Messehallen, Veranstaltungspavillon, Umweltzentrum, Parkweiher, Bauern- und Apothekengarten, Kinderspielplätzen und Findlingsallee mit 77 Exemplaren aus Skandinavien. Es gibt sogar einen lebenden Tertiärwald

▲ Karte S. 94

Fürst Pückler-Muskau und der Branitzer Park

Hermann Ludwig Heinrich Fürst von Pückler-Muskau gilt heute als die schillerndste Persönlichkeit des 19. Jahrhunderts. Deutschlandweit lebt sein Name vor allem als raffinierte Eiscremekreation fort – zu Unrecht, denn ihr Erfinder war ein geschäftstüchtiger Cottbuser Konditormeister.

Der verwegene Draufgänger Pückler liebte – so sagt man – mehr Frauen als Casanova, war ein begnadeter Landschaftsgestalter, ruheloser Weltenbummler und populärer Schriftsteller. Er putzte sich heraus wie ein Pfau, verkehrte mit den Großen aus Politik und Kultur, hatte aber zumeist kein Geld in der Tasche. Er war adelig, aber von republikanischem Gedankengut beseelt.

Pücklers Geburt im Oktober 1785 in Muskau stand unter keinem guten Stern. Seine Mutter war gerade 16 Jahre alt, der Vater ein Tyrann. Mit Witz, Geschick und Exzentrik behauptete sich der Knabe und verstand seinen Willen durchzusetzen: So hielt es Pückler auch im späteren Leben. Der junge Mann begann 1815 in Muskau den größten und schönsten Landschaftspark im englischen Stil in deutschen Landen zu schaffen. Der Park auf Sand und Lehm verschlang ein Vermögen. Pücklers Gattin Lucie, Tochter des preußischen Staatskanzlers Hardenberg, beglich viele Rechnungen. Doch ein gewaltiger Schuldenberg zwang den Fürsten, die Standesherrschaft Muskau 1845 zu verkaufen.

Wenig später verlegte das Paar seinen Wohnsitz ins knapp 40 Kilometer nordwestlich gelegene Erbgut Branitz bei Cottbus. Die Ankömmlinge wurden von einem baufälligen Schloss und einer kahlen Einöde begrüßt. Lucie ermunterte den mittlerweile 60-jährigen zu neuem Tatendrang. Der Branitzer Park sollte des Fürsten Meisterwerk werden: Kleiner als Muskau, aber vollendet und anmutig, der letzte große deutsche Landschaftsgarten. Aus einer baumlosen flachen Wüste entstand ein grünes Paradies aus Baumgruppen, Wasserläufen, Seen und Hügeln mit reizvollen Sichtbeziehungen.

Am Schloss ließ Pückler Umbauten vornehmen; so entstanden Terrasse, Freitreppe und Pergola unter Leitung des Dresdner Baumeisters Gottfried Semper. Benachbarte Wirtschaftsgebäude verwandelten sich im englischen Stil zu Cavalierhaus (heute Restaurant), Marstall (Museum) und Parkinspektorenhaus. Inspiriert von einer Ägyptenreise, ließ Pückler – einzigartig in Europa – im Branitzer Park zwei Pyramiden aufschütten. Die Pyramide im See wurde zugleich Tumulus. Hier ruhen die sterblichen Überreste seiner Frau Lucie und Pücklers Herz in einer Schatulle.

In der Seepyramide ruhen Pücklers Herz und seine Frau Lucie

Jeden Samstag von Mai bis September startet um 14 Uhr am Branitzer Schloss eine zweistündige Parkführung.

Unterwegs mit der Parkeisenbahn

zu bestaunen, eine Flusslandschaft der Urelbe, wie sie vor zehn bis zwölf Millionen Jahren aussah. Die urtümlich anmutenden Bäume und Gewächse sind jenen ähnlich, aus denen vor Jahrmillionen die Lausitzer Braunkohle entstand. Ein fossiler Mammutbaumstubben im Original, den man im Braunkohletagebau Klettwitz fand, verdeutlicht die Größe der einstigen Baumriesen.

Branitzer Park

In den Branitzer Park am östlichen Stadtrand, ein Werk des Fürsten Pückler-Muskau, führen viele Wege. Die kleine Parkeisenbahn fährt vom Parkplatz Sandower Dreieck durch den Elias- und Spreeauenpark zum Tierpark und an den Branitzer Park.

In der Branitzer Gutsökonomie befindet sich das neue **Besucherzentrum**. Die multimediale Ausstellung ›Fürst Pücklers Welt: Lebenskunst und Landschaftskunst‹ gewährt interessante Einblicke in das Pücklersche Schaffen. Thematisiert werden seine Streiche, Reisen, Frauen und die berühmten Zeitgenossen, mit denen er Kontakt pflegte. Pückler wird als Gärtner, Genießer und Sportsmann vorgestellt. Um 1830 kannte man im Deutschen das Wort ›Sport‹ noch nicht; die Einführung in die deutsche Sprache wird Pückler zugeschrieben. Er war zwar ein sehr guter Reiter, konnte aber nicht schwimmen! In einer Kabine kann man ganz ungeniert dem Vorleser lauschen und Details des einfühlsam-zärtlichen Briefwechsels zwischen Pückler und seiner Verehrerin Bettina von Arnim erfahren. Im Kellergewölbe befindet sich eine Ausstellung zur Geschichte der Gutsökonomie. Auf der Wiese vor dem Eingang stehen sogenannte Feimen: überdimensionale Holzpilze, unter denen einst das Heu fürs Vieh trocknete und lagerte. Bei schönem Wetter sitzen hier Gäste bei Kaffee und Kuchen, ein kleiner Imbiss ist geöffnet.

▲ Karte S. 94

Im **Branitzer Schloss**, heute Fürst-Pückler-Museum, sind die Wohnräume erhalten, die von Pückler im Stil des Historizismus eingerichtet wurden. Im Vestibül mit Ahnengalerie steht ein herrlicher Tisch, der von verschiedenen Marmorarten und Halbedelsteinen aus Böhmen geschmückt ist. Im Musikzimmer gefällt ein prächtiger Porzellanofen, linker Hand gelangt man zur Pückler-Callenberg-Bibliothek. Über allem schwebt ein riesiger Messingleuchter mit stilgerechtem Blattwerk. Auf dem Tisch verstreut liegen zahlreiche Zeitdokumente, darunter auch ein Einnahme-Ausgaben-Buch. Auch eine der Pücklerschen Kopiermaschinen ist zu sehen, mit denen der Fürst seine Korrespondenz vervielfältigte. Dank dieser Technik blieben beinahe alle seine Briefe, darunter die vielen Liebesschwüre, erhalten. Daneben steht das Modell der Landpyramide im Branitzer Park. Das bekannteste Werk des Reiseschriftstellers Pückler, ›Briefe eines Verstorbenen‹, erschien zwischen 1830 und 1832 und erlebt bis heute Neuauflagen.

Im Schlaf- und Schreibzimmer steht das Bett des Fürsten aus geschnitzter Eiche (um 1850), das Stehschreibpult aus Mahagoni (um 1820) trägt auf der Rückseite den Brandstempel der Fürstin Lucie. Die Kleine Saalstube im ersten Stock, auch als Rote Stube bekannt, bewohnte Lucie von 1852 bis zur ihrem Tod im Jahr 1854. Die Wand schmückt eine aufregende Nixe, das Gemälde ›Die schöne Sine‹ (1846). Aus dem Fenster zeigt sich der schönste Blick auf den Park. In weiteren drei Räumen sieht man zahlreiche Andenken, die Pückler von seinen Reisen aus Afrika und dem Orient mitbrachte. Das Tapetenzimmer schmücken farbenfrohe orientalische Ornamente.

Eine Dauerausstellung präsentiert Gemälde des bekannten Landschaftsmalers Carl Blechen, der 1798 in Cottbus geboren wurde und den Kenner heute ähnlich hoch schätzen wie Caspar David Friedrich. Viele seiner Zeitgenossen sahen in seinen italienischen Bildern nur wilde Kleckserei. Malerkollege Max Liebermann dagegen bezeichnete Blechens Arbeiten als das »Höchste, was ein Maler zu geben hat.« Blechen trug entscheidend dazu bei, dass deutsche Künstler den Studienort Italien noch immer als unentbehrlich empfinden. Im Museum sind gegenwärtig mehr als 30 Gemälde zu sehen, darunter die berühmten Ansichten ›Blick auf den Golf von Neapel‹ und ›Kloster von Assisi‹ sowie 14 Grafiken.

Sommerkonzert im Branitzer Park

Im benachbarten **Marstall** finden regelmäßig Sonderausstellungen statt. Am nördlichen Parkrand sind die **Orangerie** und das **Ananashaus** mit einer vergoldeten Frucht auf dem Dach hübsch rekonstruiert.

Tierpark

Der Cottbuser Tierpark versteckt sich unter alten Laubbäumen in der Spreeaue nahe dem Pücklerpark. Hier leben mehr als 1000 Tiere in über 170 Arten aus aller Welt. Die größte Anlage Brandenburgs wurde wegen ihrer erfolgreichen Zucht von Wasservögeln bekannt.

Wanderung von Cottbus nach Branitz und Parkrundgang

Vom Parkplatz Südfriedhof am Sportzentrum Cottbus gehen wir über die Gleise der Strecke Cottbus–Görlitz und folgen dem ausgeschilderten Fußweg nach links, überqueren auf dem Löns-Steg die Spree und biegen am anderen Ufer nach rechts ab. Der schmale Pfad auf der Deichkrone führt in naturnahe Spreeauen. Hinter dem Tierpark biegen wir links auf eine Asphaltstraße ab und überqueren am anderen Ende die Straße. Auf der anderen Seite beginnt der Branitzer Park, die beiden Pyramiden sind ganz in der Nähe. Zum Schloss Branitz gelangt man auf vielen Wegen. Zurück kann man mit dem Stadtbus (Haltestelle gegenüber Kindergarten Branitz) fahren oder zu Fuß vorbei am Bahnhof Friedenseiche (fährt über Tier-

park zum Parkplatz Sandower Dreieck), Markgrafenmühlenweg, Spreewehr und Markgrafenmühle zum Parkplatz Südfriedhof gehen.
Länge der Gesamtstrecke: 7 Kilometer.

Radtour zum Aussichtsturm Cottbuser Ostsee

Vom Stadtring fahren wir Richtung Peitz, an der Tankstelle biegen wir rechts in den Merzdorfer Weg ab. Nun geht es immer geradeaus, kurz vor dem Ziel nach rechts (Hinweisschild). Der 34 Meter hohe Stahlbetonturm ist als Seemarke des künftigen Cottbuser Ostsees gestaltet. 173 Stufen führen hinauf, und oben bietet sich ein weiter Rundblick auf die künftige Wasserfläche, die im Jahr 2030 rund 1900 Hektar umfassen soll.

Radtour zum Raubrittertor von Klinge

Vom Branitzer Park an der Parkschmiede radeln wir durch die Englische Allee, heute ein Waldweg. Viele Eichen sind Teil des von Pückler gestalteten Vorparks. Durch Kiefernwald erreichen wir nach einem Kilometer die B 115, gegenüber mündet eine Radstraße aus Haasow ein, der wir durch Haasow immer geradeaus folgen. Vorbei an der einstigen Kathlower Mühle kommen wir bald nach Klinge. 1976 musste das Dorf größtenteils dem Bergbau weichen. 2001 wurde auf historischem Grund das Raubrittertor rekonstruiert, der ehemalige Zugang zum Gutshof. Die barocken Sandsteinplastiken sind etwa 500 Jahre alt. Denkwürdig ist der kieferlose Ritter: Raubritter erpressten einst Geld; wer es nicht herausrückte, dem wurde der Unterkiefer ausgeschlagen. Die Dörfler wandten später gegen ihre Peiniger die gleiche Strafe an. Wenige Meter vom Tor stehen wir an der Kante des Tagebaus Jänschwalde und schauen vom hölzernen Turm auf die riesige Bergbaufolgelandschaft mit dem Klinger See.
Zurück geht es auf gleichem Weg (Gesamtstrecke: 20 Kilometer) oder über die Dörfer Sergen, Roggosen, Koppatz, Frauendorf und Kiekebusch (Gesamtstrecke: 30 Kilometer).

Das Raubrittertor in Klinge

▲ Karte S. 94

Cottbus

Vorwahl: 0355.

Cottbus Service, Berliner Platz 6 (Stadthalle), Tel. 75420, www.cottbus.de. Hier auch Verkauf der Cottbus-card (2 Tage freier Eintritt in die meisten Museen sowie freie Fahrt im Stadtverkehr). Mai–Sept. Di 10 Uhr Stadtführung mit Aufstieg auf den Spremberger Turm, Treff Cottbus Service.

Sorbische Kulturinformation Lodka, August-Bebel-Str. 82, Tel. 48576468, www.sorben.com.

Sorat Hotel (€€–€€€), Schlosskirchplatz 2, Tel. 78440, www.sorat-hotels.com. Ruhig in der Altstadt in der Fußgängerzone in einem Gründerzeitgebäude, viel Reisegruppenbetrieb.

Parkhotel Branitz & Spa (€€–€€€), Heinrich-Zille-Str. 120, Tel. 75100, www.branitz.bestwestern.de. Komforthotel am östlichen Stadtrand in ruhiger Lage. Wellnesszentrum mit mehreren Saunen und großem Innenpool.

Hotel Ahorn (€€), Bautzener Str. 134–135, Tel. 478000, www.ahorn-hotel.com. Ruhig gelegen, 15 Fußminuten südlich des Stadtzentrums, idyllischer Garten, regionale Küche.

Waldhotel Cottbus (€€), Drachhausener Str. 70, Tel. 87640, www.waldhotel-cottbus.de. Ruhig, obwohl nahe an der Straße von Cottbus nach Burg gelegen.

Böhmischer Rasthof & Pension (€), Hänchener Hauptstr. 28, 03099 Hänchen, Tel. 522122, www.boehmischer-rasthof.de. 3 Kilometer westlich von Cottbus, original böhmische Küche und Fassbiere, Spezialität: Bohemia-Schmaus mit mehreren Fleischsorten, einmal im Monat Sa böhmische Blaskapelle, tgl. 11–22, Mo 11–20 Uhr.

Haus Brunschwig (€), Lieberoser Str. 12, Tel. 23509, www.hausbrunschwig.de; Pension und Wellnessbehandlungen in einer Villa am Stadtzentrum.

Jugendherberge (€), Klosterplatz 2–3, Tel. 22558, www.jh-cottbus.de. Romantische Lage in der Altstadt, ruhig an der Stadtmauer.

Mosquito, Am Altmarkt, Tel. 28890444; tgl. 10–1 Uhr, Fr/Sa bis 3 Uhr. Treffpunkt der Cottbuser, Freiluftplätze

Brau & Bistro, Altmarkt 18, Tel. 4946023, tgl. ab 9 Uhr, Fr/Sa Küche bis 01 Uhr, So–Do bis 23.30 Uhr. Auch Freiluftplätze, Spezialität: naturtrübes Zwickelbier, saftige Steaks vom Lavagrill.

Kartoffelkiste, Spremberger Str. 37, Tel. 22838; tgl. ab 11 Uhr. Auch Freiluftplätze, regional brandenburgische Küche.

Restaurant Meldekeller, Altmarkt 10, Tel. 31036; tgl. ab 11 Uhr. Historisches Kellergewölbe.

Stadtwächter, Mauerstr. 1, Tel. 23618, tgl. 18–04 Uhr. In einem mittelalterlichen Wiekhaus nahe der Lincenpforte im Stadtzentrum, Freiluftplätze.

Freizeitoase am Amtsteich, Wachsbleiche 2, Tel. 3817077, Mo–Sa ab 14, So ab 10 Uhr. Der älteste und wohl schönste Cottbuser Biergarten unter schattigen alten Bäumen mit Blick auf die Wasserspiele im Amtsteich, mit Buddelkiste für die Kleinen, Schachfeld für die Großen, Bowling- und Kegelhalle.

Cavalierhaus Branitz, Am Branitzer Schloss, Tel. 71 50 00, www.cavalierhaus.de; April–Okt. tgl. 11.30–21 Uhr, Nov.–März bis 19 Uhr und Mo Ruhetag, Freiluftplätze. Mai–Sept. bei schönem Wetter auch Freiluftplätze an den Feimen nahe Gutshof.

Restaurant und Café Spreewehrmühle, Am Großen Spreewehr 3, Tel. 494 59 50, www.spreewehrmuehle.de, tgl. 11.30–20 Uhr, auch Freiluftterrasse und Biergarten um die Ecke. Das benachbarte technische Denkmal Spreewehrmühle ist wieder zugänglich, 1797 als Gräupchenmühle mit unterschlächtig angetriebenem Wasserrad erbaut.

Restaurant Zur Bäckerbörse, Sandower Str. 48, Tel. 241 98, Mo–Fr 10–14.30 und 17.30–24, Sa 10–14 Uhr.

Coffeelatte, Altmarkt 13, Tel. 35 554 43, Mo–Fr 8.30–19.30, Sa 9–19, So 10–19 Uhr. Kaffeespezialitäten (ausgesuchte Fairtrade-Qualität, Kaffee des Tages zum Sonderpreis), auch leckere Kuchen, Torten und Muffins, schöner Ausblick auf den Altmarkt, Selbstbedienung.

Da Capo, Altmarkt/Ecke Marktstraße, Mo–Do 10–22, Fr–So 10–24 Uhr. Schickes italienisches Eiscafé mit Freiluftplätzen auf dem Altmarkt.

Café Ölschalter, am Kunstmuseum Dieselkraftwerk, Am Amtsteich, Sa/So und Feiertage 11–18 Uhr. Auch Freiluftplätze mit Blick aufs Wasser.

Kunstmuseum Dieselkraftwerk, im historischen Dieselkraftwerk am Amtsteich, Tel. 49 49 40 40; www.museum-dkw.de, Di–So 10–18, Mi 10–20 Uhr, jeden 1. Do im Monat freier Eintritt.

Fürst-Pückler-Museum im Schloss Branitz, Besucherzentrum Gutshof und Marstall, Tel. 751 50, www.pueckler-museum.de; tgl. 10–18 Uhr, Nov.–März 11–17 Uhr.

Brandenburgisches Apothekenmuseum, Altmarkt 24; Di–Fr 11 u. 14, Sa/So 14 und 15 Uhr. Verkauf in der Kräuterapotheke Di–Fr 10–17 Uhr.

Wendisches Museum, Mühlenstr. 12; Di–Fr 8.30–18, Sa/So 14–18 Uhr.

Technisches Museum Spreewehrmühle, Am Großen Spreewehr 3, unsichere Öffnungszeiten, vorher beim Cottbus Service (s.o.) nachfragen.

Stadtmuseum Cottbus, Bahnhofstr. 52, Tel. 38 07 70; Di–Fr 10–17, Sa/So und Feiertage 13–17 Uhr.

Flugplatzmuseum, Fichtestr. 1, Tel. 320 04, www.flugplatzmuseumcottbus.de; März–Okt. Di–So 10–16, sonst Di–Sa 10–16 Uhr.

Raumflugplanetarium, Lindenplatz 1, Tel. 713 109, www.planetarium-cottbus.de.

Naturkundemuseum, Spreeauenpark (neben Parkcafé), Di–So 10–17 Uhr, Okt.–März Sa/So 10–16 Uhr.

Wasserwerkmuseum, Saarbrücker Straße, Tel. 350 11 06; Führungen jeden letzten Di im Monat nach Anmeldung.

Oberkirche St. Nikolai, Oberkirchplatz 1, Mo–Sa 9–17, So 11–17 Uhr, Gottesdienste So und Feiertage 10 Uhr.

Klosterkirche, Klosterplatz 1, Mo–Fr 10–15, Sa 10–17 Uhr, Gottesdienste So und Feiertage 9.30 Uhr.

Staatstheater am Schillerplatz, Besucherservice im Erdgeschoss der Galeria Kaufhof Cottbus, Tel. 018 03/44 03 44, www.staatstheater-cottbus.de. Spielstätten sind Großes Haus am Schiller-

▶ Karte S. 94

platz, Kammerbühne, Ströbitzer Theaterscheune, Schloss Branitz.
piccolo (Kinder- und Jugendtheater), Klosterstr. 20 (ab 2011 Erich-Kästner-Platz), Tel. 23687, www.piccolo-cottbus.de.
Brandenburgische Technische Universität (BTU), IKMZ-Universitätsbibliothek, Tel. 692373; Mo–Fr 9–22, Sa 9–13, So 17–22 Uhr. Schöner Rundblick aus der 5. Etage.

Karnevalsumzug (Feb.), German Meeting der Leichtathletik (Mai), Stadtfest (Juni), Lausitzer Opernsommer im Branitzer Park (Ende Juli/Anfang Aug.), Töpfermarkt (Sept.), Lausitzer Bauernmarkt (Ende Sept./Anfang Okt.), Festival des Osteuropäischen Films (Nov. www.filmfestivalcottbus.de).

Lausitzer Ballonfahrten GmbH, Limberger Hauptstr. 5, Kolkwitz-Limberg, Tel. 035604/41144, www.lausitzer-ballonfahrten.de.

Kahnfahrten ab Sandower Brücke zur Spreewehrmühle, Tel. 035603/75800, www.spreehafen-cottbus.de.

Mühlenhof Gallinchen, Kutzeburger Mühle 1, Tel. 5901413. Auch Restaurant und Pension.

Sport- und Freizeitbad Lagune, Sielower Landstr. 50-m-Bahnen, großer Saunabereich, Mo geschl.

Forst (Baršć)

Zehntausende Besucher kommen jährlich in die kleine Stadt Forst, die meisten der berühmten Rosen wegen. Viele Gäste radeln auch auf dem Oder-Neiße-Radweg, der unmittelbar am Ostdeutschen Rosengarten entlang führt.

Geschichte

Forst wurde im 12. Jahrhundert gegründet und im Jahr 1346 erstmalig urkundlich erwähnt. Seit dem 15. Jahrhundert bildete das Tuchmachergewerbe die Haupterwerbsquelle, aber erst mit dem stetigen Wachstum der Textilindustrie ab Mitte des 19. Jahrhunderts errang die Stadt überregionalen Ruf als ›deutsches Manchester‹. Die Forster Buckskins, gemusterte Stoffe, genossen Weltruf. In den 1930er Jahren ratterten in Forst in 288 Tuchfabriken (!) etwa 4500 mechanische Webstühle, auf denen jährlich rund 35 Millionen Meter Tuch entstanden. Nach 1989 war die Textilindustrie nicht mehr konkurrenzfähig, heute produzieren nur noch eine kleine Spinnerei mit zwanzig Mitarbeitern sowie eine Posamenten-Manufaktur, wo Borten, Fransen, Quasten und andere Schmucktextilien etwa für Schlösser und Theater entstehen.
Bei den Kämpfen Anfang 1945 wurden etwa 85 Prozent aller Gebäude in Forst zerstört. Das östliche Stadtrandgebiet fiel im Ergebnis des Zweiten Weltkrieges an Polen. Zwei zerstörte Neißebrücken, eine in der Verlängerung der Sorauer Straße, erscheinen heute wie Mahnmale und zeigen, dass trotz des EU-Beitritts des Nachbarlandes noch lange keine Normalität herrscht: Die Forster Bürger sprachen sich mehrheitlich gegen den zentrumsnahen Wiederaufbau aus, und daher wurde der neue Grenzübergang stattdessen in den nördlichen Stadtteil Sacro verlegt. Kurios: Auch in manchen

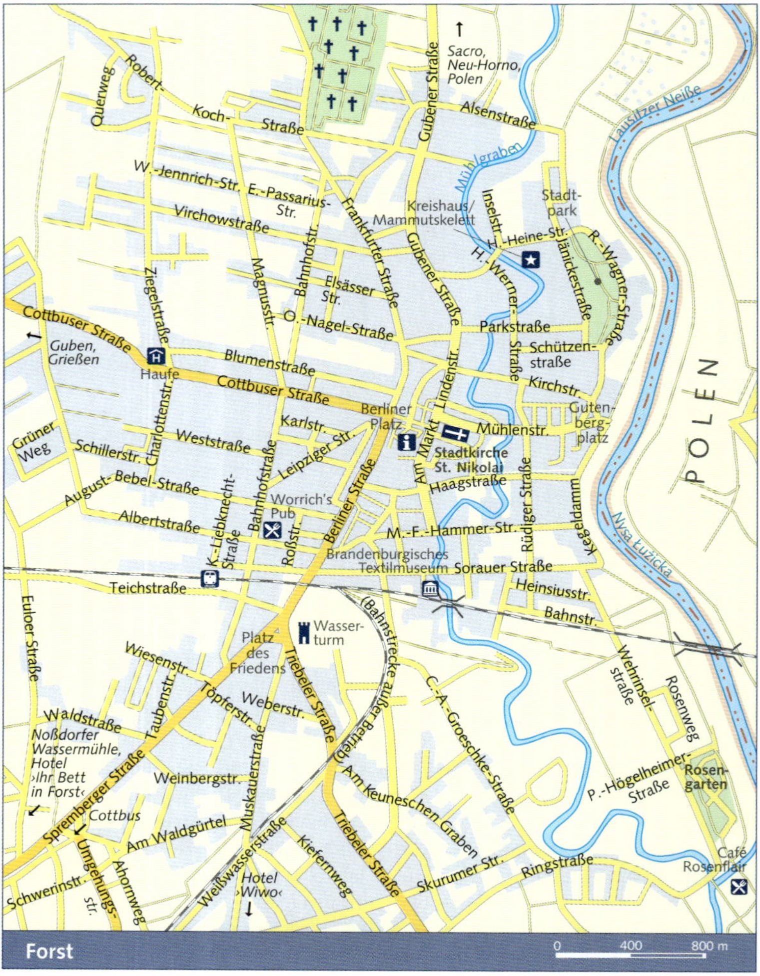

aktuellen Straßenkarten ist der Grenzübergang in der Forster Stadtmitte eingetragen, obwohl Autofahrer hier in der Sackgasse landen. Auch die Brücke am Neißewehr, 2007 auf der Reisigwehrinsel am Rosengarten errichtet, steht nicht im Zeichen der Völkerverständigung. Sie führt zwar ans östliche Neißeufer, endet aber mit einem Gitter auf einem zwei Meter hohen Betonsockel.

Sehenswürdigkeiten

Der **Rosengarten** entstand von 1910 bis 1913 anlässlich einer Rosen- und Gartenbauausstellung am südöstlichen Stadtrand. Durch Flussbettregulierungen der Neiße und den Bau von Wehranlagen hatte die Stadt zuvor künstliche Inselchen dazu gewonnen. Auf 16 Hektar sind etwa 40 000 Rosenstöcke in 700 Sorten zu sehen, darunter Kuriositäten wie die Polareisrose sowie grüne und schwarze Rosen. Die Stacheldrahtrose, die kleinste Rose der Welt, erblüht schon im Mai als eine der ersten Sorten. Etwa 100 verschiedene Gartenrosen sind Neuzüchtungen, sie stammen aus vielen Rosenschulen Deutschlands. Auch Frühlings-, Heide-, Dahlien- und Hochstammgarten können neben Rhododendren und alten Bäumen bewundert werden. Besucher, die durch den Haupteingang kommen, werden von der Göttin Flora am Rosenbrunnen begrüßt. Zu den beliebten Verweilplätzen gehören die Wasserspiele mit einem Selbstbedienungscafé. Auf der Wehrinsel eröffnete jüngst das Restaurant Rosenflair. Dahinter betört der Duftgarten am kleinen Schlangenbrunnen, und im benachbarten Pergolenhof ranken sich etwa 2000 Rosen.

Das **Brandenburgische Textilmuseum** befindet sich in der ehemaligen Noackschen Tuchfabrik in der Sorauer Straße und zeigt ein halbes Jahrtausend Tuchmachertradition. Die Webstühle und Textilmaschinen sind funktionsfähig und werden vom Personal auch gern in Betrieb gesetzt. Der Arbeitsplatz des Manipulators ist nachgestellt – dieser hatte die verantwortungsvolle Aufgabe, die Zusammensetzung des Garns aus verschienen Rohstoffen – so auch Kamel- und Rosshaar – genau festzulegen. In der ersten Etage werden regionale Wechselausstellungen angeboten.

Im Jahr 1903 wurde der neugotische **Wasserturm** erbaut, Wahrzeichen der Stadt und noch immer in Betrieb. Nach Anmeldung kann man hinaufsteigen.

Die Grundsteinlegung der gotischen **Stadtkirche St. Nikolai** fand um 1265 statt. Heute wird das Gotteshaus von Neubaublöcken aus DDR-Zeiten umzingelt. Das Innere zeigt sich bis auf die drei modernen Ostfenster des Berliner Künstlers Helge Warme schmucklos. Der Kruzifix am Haupteingang stammt aus der einstigen Wendischen Landkirche in Forst, die im Zweiten Weltkrieg zerstört wurde. Die meisten Besucher kommen wegen eines Toten: In der vorderen Gruft der Bonhoefferkapelle, in einem schon arg lädierten Zinnsarg, ruhen die Gebeine des Grafen Heinrich von Brühl (1700–1763). Er war der skandalträchtige Premierminister von König August dem Starken, Forster Standesherr und auch Besitzer des Städtchens Pförten (heute Brody in Polen). Weltberühmt sind die Brühlschen Terrassen am Dresdner Elbufer – sie sind nach dem Grafen Brühl benannt.

Im Foyer des Kreistagssaales ist das **Skelett des Mammuts von Klinge** – ein kleiner Ort an der Bahnlinie Cottbus–Forst – ausgestellt. 1903 wurde hier in

Spaziergang durch den Rosengarten

Die Niederlausitz

Im Textilmuseum

einer Tongrube das erste vollständig erhaltene Skelett eines Mammuts in Deutschland geborgen. Die Mammutkuh weist eine seltene Zahnwechselanomalie auf. Normal bildeten diese Tiere drei Mahlzähne aus, das Klinger Mammut besitzt nur zwei.

Die **Noßdorfer Wassermühle** steht südlich der Hauptstraße Richtung Cottbus nahe der Malxebrücke in der Noßdorfer Straße unter alten Linden. Das Fachwerkgebäude wurde 1846 erbaut, die Wassermühle war bis 1968 in Betrieb. Heute zeigt die Enkelin des letzten Müllers, Frau Sabine Losehand, interessierten Besuchern gern die original erhaltene Technik, um deren Erhalt sie sich bemüht.

Neu-Horno wuchs am nördlichen Stadtrand. Jahrelang wehrten sich die Hornoer gegen die Abbaggerung durch den Braunkohlekonzern. Ein Drittel der Dörfler bekannte sich zum Sorbentum, die Landesverfassung schützt deren Siedlungsgebiet - allerdings nur auf dem Papier. Auf dem Neu-Hornoer Anger befinden sich die umgesetzte spätgotische Feldsteinkirche und das **Archiv der verschwundenen Orte**, das die Zerstörung von 136 Lausitzer Dörfern durch den Bergbau seit 1922 dokumentiert.

▲ Karte S. 106

■ Wanderung/Radtour zum Jamnoer Teich und in das Naturschutzgebiet Euloer Teiche

Westlich der Stadt Forst befinden sich zahlreiche Fischteiche, die heute auch wertvolle Biotope sind. Das Euloer Bruch ist als vorgeschobener natürlicher Standort der Fichte in der Ebene, Bruchwald und Hochmoorbildung besonders interessant und steht schon seit 1936 unter Schutz. Ein Rundwanderweg erschließt Naturfreunden diese schöne Landschaft.

Wer die Stille sucht, ist auf dem markierten Wanderweg Forst–Jamnoer Teich–Groß Jamno (Badesee mit Campingplatz unweit der Autobahn)–Gosda (mit Aussichtspunkt auf die Tagebaulandschaft Jänschwalde-Süd) und Bahnhofssiedlung Klinge genau richtig. Vom Bahnhaltepunkt fahren Nahverkehrszüge zurück nach Forst oder in Richtung Cottbus.

Länge: 10 Kilometer.

■ Grießen

Das Dorf im Neißetal, zwischen Guben und Forst gelegen, weist zwei Sehenswürdigkeiten auf: eine **Wehrkirche** aus Feldsteinen mit hölzernem Turmaufsatz aus dem 15. Jahrhundert und ein **Wasserkraftwerk**.

Das Kraftwerk steht direkt an der deutsch-polnischen Grenze, wurde von 1926 bis 1929 erbaut und 1967 stillgelegt. Elektroinstallateurmeister Siegfried Weber erwarb 1992 die Anlage und erweckte sie zu neuem Leben. Jetzt erzeugt die 500-Kilowatt-Turbine wieder Strom, der ins öffentliche Netz eingespeist wird. Die umliegenden Dörfer Grießen und Groß Gastrose werden damit versorgt. Die Turbine spart so täglich die Verbrennung von etwa 40 Tonnen Braunkohle.

Im Turm des Turbinenhauses befindet sich ein kleines empfehlenswertes Café (So 15–17 Uhr), davor kann man im Sommer in einem Biergarten pausieren oder auf dem Zulaufkanal Richtung Neiße mit dem Kahn fahren (Kontakt: Tel. 03 56 96/213).

Forst

Vorwahl: 035 62.

Touristinformation, Cottbuser Str. 10, Tel. 66 90 66, www.forst-information.de.

Tgl. eine EC-Direktverbindung (Strecke Hamburg–Berlin–Cottbus–Krakau), ansonsten stündl. Regionalzüge zwischen Forst und Cottbus mit Anschlüssen nach Berlin und Richtung Zittau. Auch Regionalzüge Richtung Żary/Polen.

Hotel und Restaurant Wiwo (€€), Domsdorfer Kirchweg 14, Tel. 95 10, www.hotel-wiwo.de. Restaurant mit gehobener Küche, täglich 7–24 Uhr.

Hotel Haufe (€€), Cottbuser Str. 123, Tel. 28 44, www.hotel-haufe.com. Ruhige zentrale Lage.

Pension Ihr Bett in Forst (€), Spremberger Str. 67, Tel. 75 82. Nahe der Radrennbahn, Bed-and-Bike-Service.

Am Waldgürtel, Am Waldgürtel 25, Tel. 973 33, www.am-waldguertel.de. Pension, Restaurant und Saunawelt.

Restaurant Café Rosenflair, Wehrinselstr. 46 (am Rosengarten), Tel. 69 77 24, www.rosenflair-forst.de; tgl. 10–22 Uhr. Auch luftige Plätze unterm Vordach.

Worrich's Pub – 1. Forster Brauhaus, Albertstr. 20, Tel. 98 41 22; Di–So ab 18 Uhr. Schwarzbier, Forster Zwiebelkuchen, hausgemachte Säfte und Weine.

Rosengarten, Wehrinselstr. 43, Tel. 75 48; Mai–Okt. 8–20 Uhr, Nov.–April 9–17 Uhr, www.rosengarten-forst.de.

Brandenburgisches Textilmuseum, Sorauer Str. 37, Tel. 973 56, www.textilmuseum-forst.de; Di–Do 10–17, Fr–So 14–17 Uhr.

Turm und Gruft der evangelischen Stadtkirche Forst, Tel. 72 55, Di–So 10–16 Uhr.

Noßdorfer Wassermühle, Noßdorfer Str. 14, Tel. 901 68. Keine festen Öffnungszeiten; im weißen Wohnhaus klingeln.

Posamenten-Manufaktur Forst, Keunescher Kirchweg 3 (nahe dem Textilmuseum), Tel. 69 47 42, www.posamente-forst.de. Schauraum mit Werksverkauf, Führungen nur nach Anmeldung.

Archiv der verschwundenen Orte, in Horno/Rogow, An der Dorfaue 9, Tel. 69 48 36, www.verschwundene-orte.de. Di–Do 10–17, Fr–So 14–17 Uhr.

Rosengartenfesttage mit ›Nacht der 1000 Lichter‹, Höhenfeuerwerk Sa um 22.45 Uhr (letztes Juniwochenende), Kirchenmusik in der evangelischen Stadtkirche (Feb.–Dez.).

Parija GmbH, Sorauer Str. 63, Tel. 69 10 92, www.parija.de, Kanutouren auf der Neiße.

Der Muskauer Faltenbogen

Der Muskauer Faltenbogen ist die größte Stirnmoräne der Welt, die als einzige mit bloßem Auge aus dem Weltall zu erkennen ist. Sie liegt zu je einem Drittel in Brandenburg, Sachsen sowie in Polen und bildet einen 40 Kilometer langen, 3 bis 4 Kilometer breiten Ring in Form eines Hufeisens, der sich über dem Umland erhebt.

Der Faltenbogen erstreckt sich von Mattendorf im Norden über Döbern, den Raum Weißwasser und Bad Muskau und weiter ins polnische Łęknica und Tuplice. Höchste Erhebung ist der Hohe Berg bei Döbern mit 183 Meter mit einem 45 Meter hohen Radarturm der Bundeswehr. Dieser ist lediglich im Rahmen des Döberner Stadtfestes (Mitte Juni) zugänglich.

Seine ökologische Vielfalt hat der Naturraum der geologischen Entwicklung und den Veränderungen durch den Braunkohlebergbau zu verdanken. Das Gewicht des Inlandeises faltete, stauchte und zerriss während eines Gletschervorstoßes vor etwa 450 000 Jahren den Untergrund, der bis in eine Tiefe von 300 Metern gefroren war. Zuvor waagerecht liegende Erdschichten und Kohleflöze wurden zum Teil in eine aufrechte Lage gefaltet und reichten nun bis an die Erdoberfläche. Durch Regen und Luft verwandelte sich die Kohle hier in Kohlehumus. Im Gelände heißen diese Zonen Gießer, weil sich in den Senken oftmals kleine Seen oder Feuchtgebiete bildeten.

Die oberflächennahe Braunkohle wurde ab 1843 in kleinen, langgestreckten Tagebauen abgebaut, später kam der Tieftagebau dazu, der bis Anfang der 1960er Jahre betrieben wurde und manche Gegenden wie einen Schweizer Käse durchlöcherte.

▲ Karte vordere Umschlagklappe

Nach Ende des Tagebaus stieg das Grundwasser, und so bildeten sich im Muskauer Faltenbogen hunderte kleiner Gewässer, die sich selbst überlassen waren. Einerseits bilden die Seen einen gespenstischen Anblick mit im Wasser stehenden, abgestorben Baumstämmen, anderseits sind viele Gewässer heute beliebte Badeorte, so etwa der kristallklare Felixsee bei Bohsdorf. Hier wurde 2004 ein 36 Meter hoher Aussichtsturm mit herrlichem Blick über den Faltenbogen eröffnet.

Der **Geopark Muskauer Faltenbogen** verfolgt das Ziel, Aufschlüsse verschiedener Gesteine, Mineralien, Fossilien und prägende Landschaftselemente zu schützen. Ein neuer Radweg durch den nördlichen Faltenbogen wurde bereits realisiert. Infos: www.muskauer-faltenbogen.de.

■ Döbern

Döbern ist ein Zentrum der Lausitzer Bleikristallherstellung, 2009 wurde die einzige große Glashütte der Niederlausitz wieder eröffnet. Am Nordrand des Muskauer Faltenbogens gelegen, finden sich inmitten der hügeligen Landschaft um Döbern dutzende wassergefüllte kleine Tagebauseen. Ein **Naherholungszentrum** ist der Badesee Eichwege, direkt an der B 115 Richtung Bad Muskau gelegen. Herrlich klares Wasser zieht neben Badelustigen auch Taucher an. Beliebt ist auch der Campingplatz am Südufer (Campingplatz Eichwege, Tel. 03 56 00/303 01).

■ Jerischke und Preschen

Das Heidedorf Jerischke liegt exakt auf dem ›Auge‹ des Faltenbogens. Der hiesige **Info-Pavillon** des Geoparks ›Muskauer Faltenbogen‹ ist Mo–Fr ab 9 Uhr, Sa/So 10–16 Uhr geöffnet. Im kleinen

Ort Preschen klettern die Temperaturen im Hochsommer besonders stark. Am 30. Juli 1994 wurde hier der brandenburgische Hitzerekord mit 39,9 Grad Celsius aufgestellt, an diesem Tag auch deutschlandweit die höchste gemessene Temperatur. Der Wetterdienst Meteomedia betreibt hier und in den Nachbardörfern Mattendorf, mit Lehrpfad (leider nur für Gruppen zugänglich!), und Groß Schacksdorf das dichteste Netz an Messstationen in Deutschland (www.wetter-ost.org). Die Leute beobachten die Klimaextreme hier seit Jahrhunderten, der Volksmund weiß: ›Preschen, Jerischke und Zschorne schuf Gott im Zorne‹.

Spremberg (Gródk)

Die südbrandenburgische Stadt liegt landschaftlich sehr reizvoll, denn sie ist in das grüne Durchbruchstal der Spree am Niederlausitzer Grenzwall gebettet, und die Altstadt findet sich zwischen zwei Spreearmen auf einer Insel, die über acht Brücken und Stege mit dem städtischen Umland verbunden ist. Die Stadtväter konnten Spremberg dank hoher Gewerbesteuereinnahmen hübsch herausputzen; heute ist sie eine der wenigen schuldenfreien Kommunen im Land Brandenburg.

Geschichte

Um 1200 wurden während der Ostkolonisation in dem slawisch besiedelten Gebiet eine Burg und danach eine Stadt angelegt. Die erste urkundliche Erwähnung stammt aus dem Jahr 1301. Als wichtige Station zwischen Hamburg und Breslau auf der Zuckerstraße, auch als Niedere Straße bekannt, entwickelte sich die Stadt zum Handelsplatz, später zu einem Zentrum des Tuchmacher-

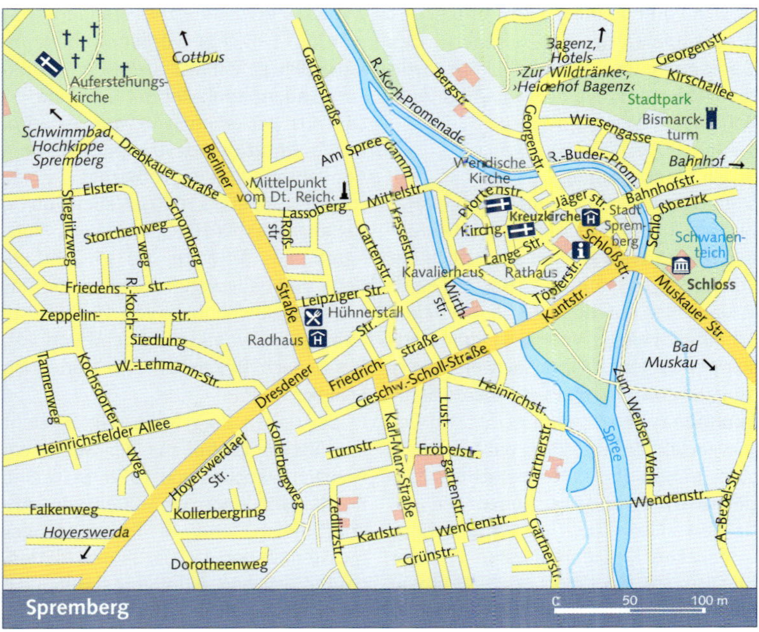

Spremberg

handwerks. Der Hussiteneinfall im Jahr 1429, mehrere Stadtbrände und Plünderungen forderten die Bewohner immer wieder zum Neubeginn heraus.
Von 1680 bis 1738 war Spremberg Residenzstadt des Herzogtums Sachsen-Merseburg. 1815 wurde sie Preußen angegliedert, ab Mitte des 19. Jahrhunderts, beschleunigt durch den 1866 vollzogenen Anschluss an die Bahnstrecke Berlin–Görlitz, wuchs sie zur Industriestadt heran (Textil-, Glas-, Bergbau- und Chemieproduktion). Im Jahr 1870 waren etwa 1000 Webstühle in Betrieb, 1925 schon rund 1200. Mit der Gründung des Deutschen Reiches 1871 wurde Spremberg geographischer Mittelpunkt Deutschlands.
Im April 1945 wurde Spremberg zur Festung erklärt und erlitt in den Kämpfen große Schäden, viele Menschen starben. In den 1950er Jahren begann südlich von Spremberg der Aufbau des Braunkohlekraftwerkes Trattendorf, des Gaskombinates Schwarze Pumpe sowie der Aufschluss von Braunkohletagebauen.

■ Ein Stadtrundgang

Vom Bahnhof ist über die Bahnhofstraße die Altstadt in einem viertelstündigen Spaziergang erreicht. Östlich davon steht das auf den Resten einer Wasserburg aus dem 12. Jahrhundert erbaute Schloss. Während der Herrschaft des Herzogs von Sachsen-Merseburg, Kasper von Minkwitz, diente es als Sommerresidenz. Anfang der 1990er Jahre rekonstruiert, ist es das Schmuckstück der Stadt und Heimstatt des **Niederlausitzer Heidemuseums**. Die gotischen Gewölbe im Erdgeschoss schmücken Deckenmalereien aus der Renaissance, die 1912 und 1992 erneuert worden sind. In der Strittmatter-Stube wird mit gesammelten Werken, Fotos und Videos an das Leben des in Spremberg 1912 geborenen Schriftstellers gedacht. Neben bunten Trachten erhält man auch Einblicke in eine Blaudruckwerkstatt, Industriegeschichte und Naturkunde. Das Hauptaugenmerk wird auf die Geschichte der Heidelandschaft im Südosten Brandenburgs gelegt. Im Hof steht das Gehöft eines sorbischen Heidebauern aus Groß Buckow, mit Wohnhaus, Fachwerkscheune, Remise, Ziehbrunnen, Bienenstand, Tauben- und funktionstüchtigem Backhaus. Der Schwanenteich inmitten der **Parkanlage** wurde nach dem Ersten Weltkrieg ausgehoben, um die Schönheit des Schlosses zu unterstreichen. Am Nordostufer befindet sich das beliebte Ausflugslokal ›Schweizergarten‹.
Das nahe gelegene **Rathaus** wurde 1706 nach einem Brand im Barockstil wiederaufgebaut, letzte Veränderungen wurden 1933/34 vorgenommen. Im Ratskeller gefällt vor allem der gemütliche Lauermannkeller mit Gewölbe.
Die aus Backsteinen erbaute spätgotische **Kreuzkirche** stammt aus dem 16. Jahrhundert und überragt die Altstadt. Hauptaltar (1660), Nebenaltar im Renaissancestil (1610) sowie vier Holzfiguren aus der Mitte des 15. Jahrhunderts sind bedeutende Kunstwerke. Das Gemeindekirchenhaus von 1835 diente anfangs als wendische Kirche und entstand nach Plänen von Karl Friedrich Schinkel.
In der nahen Burgstraße (Nr. 9) steht das **älteste Wohnhaus der Stadt**, ein Fachwerkgebäude von 1670. Es ist eine Kostbarkeit, denn große Teile der Altstadt fielen 1945 in Trümmer oder mussten ab den 1970er Jahren Plattenbauten weichen. Ein Bummel durch die Lange Straße, die Hauptgeschäftsstraße

▶ Karte S. 111

Der Bullwinkel-Brunnen

und Promeniermeile der Spremberger, führt dennoch an einigen historischen Bauten vorbei. Von 1696 bis 1738 residierte der Herzog Heinrich von Sachsen Merseburg in Spremberg. Er ließ das schöne **Kavalierhaus** mit verziertem Portal und gusseisernem Balkon vollenden, das zwei geflügelte Löwen sowie herzogliches und Spremberger Stadtwappen schmücken. Seit 1844 ist hier die Stadtsparkasse beheimatet, jetzt eine Filiale der Sparkasse Spree-Neiße. Der **Bullwinkel-Brunnen** aus Feldsteinen mit drei Bullenköpfen aus Bronze ist ein Werk der Spremberger Künstlerin Irmgard Kuhlee aus dem Jahr 1995.

Am **Reichspostgebäude** steht ein seltener Telegrafenturm von 1890. **Bullwinkel** heißt das letzte erhaltene Burglehnhaus von Spremberg, erbaut 1717 bis 1718, zu finden in der Langen Straße.

In der Nähe der Kreuzung Gartenstraße/Lassoberg befindet sich ein **Gedenkstein** mit der Aufschrift ›Mittelpunkt vom Deutschen Reiche‹. Professor Matzat, kurze Zeit Lehrer am Spremberger Gymnasium, hatte berechnet, dass sich der Mittelpunkt des Deutschen Reiches von 1871 bis 1919 in Spremberg befand. Der junge Erwin Strittmatter ging ganz in der Nähe zur Schule und war sechs Jahre lang Untermieter beim Hausmeisterehepaar; jetzt befindet sich am Strittmatter-Gymnasium in der Mittelstraße 1 eine bronzene **Gedenktafel**.

Im Jahr 1994 fand am nordöstlichen Stadtrand auf dem Schomberg eine Kirchweihe statt. Die mehr als 500 Jahre alte Dorfkirche aus Pritzen wurde hierher umgesetzt, weil der Ort Pritzen zu DDR-Zeiten im Zuge der Erweiterung des Braunkohletagebaus Greifenhain abgebaggert werden sollte. Das Dorf bleibt jetzt erhalten, die altehrwürdige **Auferstehungskirche** dennoch in Spremberg. In ihr finden sonntags Gottesdienste statt. Man findet die Kirche an der Drebkauer Straße (aus dem Zentrum Richtung Cottbus). Etwa 300 Meter weiter wird im Kochsagrund im **Erlebnisschwimmbad** mit 72 Meter langer Rutsche, Grotten und Sprudeln gern geplantscht.

Im Stadtpark war lange Zeit ein schmiedeeisernes **Rosengitter** des Spremberger Schlossermeisters Hugo Richter zu bewundern. Der Meister besuchte 1900 die Weltausstellung in Paris, holte sich dort Anregungen und präsentierte auf der Cottbuser Handwerkerausstellung 1901 sein Kunstwerk, eben das Rosengitter, für das er den ersten Preis bekam. Es war über zehn Meter lang und bestand aus 220 filigranen Rosen und 630 Blättern. Leider wurde es im Stadtpark vom Rost zerfressen und mutwillig beschädigt. In den 1970er Jahren fertigte der Spremberger Kunstschlossermeister Lohr eine Kopie. Seit 2008 kann man das restaurierte Gitter im Garten des Heidemuseums wieder bestaunen.

Außerhalb des Zentrums

Folgt man weiter der Drebkauer Straße stadtauswärts, dann befindet man sich bald an der gestalteten Hochkippe Spremberg. Einst standen an Ort und Stelle die Dörfer Gosda, Jessen, Josephsbrunn und Roitz, die dem Tagebau Welzow-Süd weichen mussten. Ein **Rundwanderweg** erschließt das neue Naherholungsgebiet. Von der **Josephsbrunnenhöhe** (159 Meter) bietet sich ein Panoramablick auf Spremberg und Umgebung, man sieht im Süden bis zu den Höhen des Lausitzer Berglandes. Mächtige Findlinge markieren den Standort ausgelöschter Dörfer. Im nordöstlichen Stadtrandgebiet, im Ortsteil Weskow, Grausteiner Weg 10, gibt es ein **Gehege** mit Dam- und Muffelwild, hier werden auch ungarische Wollschweine gemästet. Das Hotel & Restaurant ›Zur Wildtränke‹ lädt hier zur Einkehr.

Am nordöstlichen Stadtrand, so auf der Straße vom Zentrum zum Bahnhof, kann man auch die Höhen des Niederlausitzer Grenzwalls erleben. Auf dem Georgenberg thront das Spremberger Wahrzeichen, der 1903 eingeweihte **Bismarckturm**. Er ist 23 Meter hoch und als Aussichtsturm zugänglich. Hier bietet sich die in der Niederlausitz einmalige Gelegenheit, eine Stadt in Tal- und Hanglage zu überschauen.

Die Region Spremberg ist Handlungsort zahlreicher Romane von Erwin Strittmatter, der 1912 in der Stadt geboren wurde. Sein Geburtshaus befindet sich in der Karl-Marx-Str. 85 (Bronzetafel). Die ausgewiesene **Strittmatter-Meile** zwischen Spremberg und Bohsdorf, die Etappen seines Lebens nachzeichnet, ist 15 Kilometer lang. 2008 wurde Strittmatters Bewerbung für eine Aufnahme in die SS publik – der Antrag wurde zwar damals abgelehnt, aber Strittmatter beteiligte sich nachweislich an Strafaktionen gegen Partisanen. Seitdem sind die Gemüter ähnlich gespalten wie bei seinem West-Kollegen Grass.

▲ Karte vordere Umschlagklappe

Bohsdorf (Bošojce) und Umgebung

Der Schriftsteller Erwin Strittmatter (1912–1994) verbrachte im kleinen Ort Bohsdorf seine Kindheit. In seinem Roman ›Der Laden‹ heißt der Ort kaum verschlüsselt Bossdom. Der Ort und vor allem das noch erhaltene Elternhaus wurden durch den Fernsehfilm-Dreiteiler ›Der Laden‹, der im Jahr 1998 ausgestrahlt wurde, deutschlandweit bekannt. Heute ist hier die **Erwin-Strittmatter-Gedenkstätte** beheimatet.

Im Jahr 1919 erwarben die Eltern von Erwin Strittmatter, der zu diesem Zeitpunkt sechs Jahre alt war, das Backstein-Wohnhaus mit Ladengeschäft und Backstube. Erwin wurde hier für sein späteres Leben geprägt. In der Backstube steht noch der Tisch, an dem der junge Erwin mit dem Schreiben begann. Heute werden allerdings kein Brot und keine Heringe verkauft, es gibt auch kein Bier mehr für durstige Grubenarbeiter.

Fast jeder Besucher möchte durch Deutschlands berühmtestes Guckloch schauen, durch das die Strittmatter-Fa-

Der ›Laden‹ in Bohsdorf ist heute Strittmatter-Gedenkstätte

milie einst ungestört das Geschehen im Laden beobachtete (tgl. außer Mo 13–17 Uhr).

Ein **Rundweg** ums Dorf mit acht Stationen führt zu wichtigen Handlungsorten des Romans und dem Grab von Strittmatters Eltern. Weiterhin sind ein **Umgebindehaus** mit Giebelinschrift (1819) sowie im Ortsteil Vorwerk das **Geburtshaus von Carl Klinke** zu sehen. 1864 fiel der Pionier Klinke im Deutsch-Dänischen Krieg beim Sturm auf der Düppelner Schanze. Er trug einen Pulversack auf dem Rücken, sprengte sich und die Palisaden in die Luft, ebnete den nachrückenden Truppen so den Weg in die feindliche Festung und wurde dafür fortan als Held verehrt. Die Gedenktafel ist von der Bushaltestelle an der Hauptstraße gegenüber dem Gasthof ›Zur Linde‹ zu sehen. In Berlin-Spandau steht sogar ein ›Standbild des fallenden Pioniers‹, und Fontane setzte ihm in seinem Roman ›Der Stechlin‹ ein literarisches Denkmal.

Im Südosten liegt der **Felixsee**, ein beliebter Badesee mit hervorragender Wasserqualität, im knapp zwei Kilometer nordwestlich benachbarten Dorf Hornow (Lěsće) steht eine stattliche **700jährige Eiche** mit sieben Meter Stammumfang neben der Dorfkirche.

Hornow liegt auf der Schokoladenseite der Lausitz und ist Brandenburgs süßester Winkel: 1992 eröffnete das belgische Paar Goedele Matthyssen und Peter Bienstman hier die **Hornower Confiserie Felicitas** GmbH. Die süßen Schokoladenrezepte gab ihr belgischer Lehrmeister preis. Etwa 700 verschiedene handgefertigte Pralinen und Schokoladen stehen auf dem Lieferprogramm, über 500 Fachgeschäfte zählen zu den Kunden. Süße Geschenke und Mitbringsel bekommt man im Betriebsverkauf

Ein Produkt der Schokoladenmanufaktur Felicitas in Hornow

(Mo–Fr 8–18, Sa 9–12 Uhr). Einblicke in die Produktion bietet die Schauwerkstatt, werktags um 17 Uhr wird ein Film über die Confiserie gezeigt. Kontakt: Tel. 03 56 98/80 55 50, www.confiserie-felicitas.de.

Einen **9-Loch-Golfplatz**, der kaum Wünsche offenlässt, finden Aktive in Drieschnitz-Kahsel, einem Dörfchen zwischen Neuhausen/Spree und Komptendorf. Hier werden auch Schnupperkurse und am Tag der offenen Tür im Mai auch kostenfreies Probegolfen angeboten (Am Golfplatz 3, Tel. 03 56 05/423 32, www.lausitzer-golfclub.de).

Die Umgebung

In **Bagenz**, nordöstlich von Spremberg, findet man inmitten eines Parks ein neobarockes **Schloss**, das 1994/95 rekonstruiert wurde.

Eine sehenswerte **Kirche** steht in **Graustein**, daneben der mächtige Findling Grauer Stein. In **Bloischdorf**, anderthalb Kilometer nördlich, befindet sich ein weiterer sehenswerter Sakralbau. Es ist eine **Wallfahrtskirche** aus dem 14. Jahrhundert, die aus Findlingen erbaut ist und einen hölzernen Glockenturm aufweist.

Guts- und Torhaus sowie drei sorbische Blockhäuser bilden die Grundlage für das **Sorbische Dorfmuseum Bloischdorf**. Von den benachbarten ›Bloischdorfer Alpen‹ genießt man einen schönen Rundblick in die Umgebung, auf dem blau markierten Wanderweg gelangt man zu einem vergessenen Friedhof, der von der Natur fast überwuchert ist.

Bei **Schwarze Pumpe** (Carna Plumpa) entstand ein **Braunkohlekraftwerk**, eines der modernsten weltweit. Die Anlage leistet zweimal 800 Megawatt und besitzt den größten Dampfkessel der Welt, der sogar im Guinnessbuch der Rekorde eingetragen ist. Der Wirkungsgrad beträgt 41 Prozent. Mit etwa fünf Milliarden D-Mark, die bis 1997 flossen, ist Schwarze Pumpe eine der größten privatwirtschaftlichen Investitionen in Ostdeutschland, leider auch einer der zehn größten CO_2-Verursacher Europas. Um das Image zu verbessern, hat der Konzern Vattenfall hier eine Versuchsanlage errichtet. Frei werdendes CO_2 soll abgespalten werden, um es dann unterirdisch verpressen zu können. Das Verfahren ist umstritten, weil es zu höherem Kohleverbrauch bei gleicher Energieausbeute führt und nach der Verpressung in den Untergrund bislang Gefahren für künftige Generationen noch nicht ausgeschlossen werden können – auch das niedersächsische Atommülllager Asse wurde in den 1970er Jahren vom gleichen Bundesamt als absolut sicher erklärt.

Der Ortsname Schwarze Pumpe indes geht auf den Dreißigjährigen Krieg zurück: Nur ein einziges Anwesen blieb von einer brandschatzenden Bande verschont, weil die Besitzer ihre Wasserpumpe schwarz angemalt hatten – damals übliches Warnzeichen für den Ausbruch der Pest.

▲ Karte vordere Umschlagklappe

An der Talsperre Spremberg

In den benachbarten Dörfern **Bluno** (Bluń) und **Spreewitz** (Šprjejcy) lohnen die hübschen **Fachwerkkirchen** einen Besuch. Die Blunoer Kirche stammt aus dem Jahr 1673, besitzt eine geschnitzte Madonna aus der Zeit um 1450 und gilt als eine der ältesten erhaltenen Fachwerkkirchen Deutschlands (Kontakt für Führungen, Tel. 035 64/225 05).

■ Radtour um die Talsperre Spremberg

Nördlich der Stadt erstreckt sich die Talsperre Spremberg mit einem 18 Kilometer langen Radwanderweg. Fast die gesamte Strecke ist asphaltiert und verläuft durch Feriensiedlungen, stille Kiefern- und Mischwälder sowie zwei Dörfer im Süden des künstlichen Gewässers. Zum Start kann man vom Stadtzentrum dem Lauf der Spree nach Norden folgen.

Die Talsperre Spremberg entstand zwischen 1958 und 1965 in einer ausgeprägten Erosionsrinne der Spree. Nahe am Dorf Bräsinchen staut eine über zwei Kilometer lange Mauer das Wasser; so entstand ein sieben Kilometer langer See, der bei Normalstau 950 Hektar einnimmt. Das Wasserkraftwerk Bräsin-

chen hat eine Leistung von 960 Kilowatt und versorgt 3200 Haushalte mit Strom. Das Vorstaubecken Bühlow, südlich des Stausees, ist heute ein Wasservogelparadies und wurde zum Naturschutzgebiet erklärt.
An der Straße zwischen Bühlow und Sellessen kann man entscheiden, ob man zuerst am Ost- oder Westufer radeln möchte. Am Ostufer folgt man der roten Markierung über die Straße nach Sellessen und später zum Weißen Berg Richtung Norden. ›Berg‹ ist wohl etwas übertrieben, doch das Steilufer mit seinem feinen weißen Sand und den knorrigen alten Kiefern steht im reizvollen Kontrast zur blau schimmernden Wasserfläche. Bänke laden häufig zum Verweilen ein, so sind die zahlreichen Segler und Surfer gut zu beobachten.
Am ›Heidehof Bagenz‹, mit Imbissverpflegung, kann man eine Rast einlegen. Auf einer Fahrradstraße durch Kiefernwald gelangt man in das kleine Dorf Bräsinchen und überquert hier die Spreebrücke. Vorbei an der Talsperrenmauer kommt man zum Campingplatz mit schönem Badestrand am Westufer. Der dortige hölzerne Ausichtsturm nahe der Rezeption ist frei begehbar. Gegenüber vom Campingplatz befindet sich auch der erste Hochseilgarten Deutschlands. Die Holzmasten sind 14 Meter hoch, dazwischen sind 1500 Meter Stahlseil gespannt. Beim Klettern testet man seine physischen und emotionalen Grenzen oder triumphiert über die eigenen Ängste. Im Restaurant des Hotels ›Waldhütte‹ werden noch immer die legendären Branitzer Eierplinse nach einem Rezept des inzwischen verstorbenen Herrn Rätzel gebacken, die einst im Ausflugslokal ›Friedenseiche‹ am Branitzer Park auf den Teller kamen. In Bühlow schließt sich der Kreis der Rundstrecke.
Länge: 25 Kilometer.

Spremberg

Vorwahl: 035 63.

Tourist-Information Spremberg, Am Markt 2, Tel. 45 30, www.spremberg.de.

Hotel Stadt Spremberg (€€), Am Markt 5, Tel. 396 30, www.hotel-stadt-spremberg.de. Zentral, in der ersten Etage des City Centers Spremberg mit Restaurant ›Inselperle‹, regionale Küche, klimatisierte und schallgeschützte Komfortzimmer, Wellnessangebote, Kino und Spielcasino.

Hotel Zur Wildtränke (€€), Grausteiner Weg 15, Tel. 902 76, www.wildtraenke.de. Restaurant mit Wildspezialitäten im nordöstlichen OT Weskow, ruhige Lage, nahe Spree- und Pücklerradweg.

Radhaus Spremberg (€), Dresdner Str. 33, Tel. 348486, www.radhaus-spremberg.de. Neue preiswerte Selbstbedienungspension, Werkstatt und Fahrradladen.

Heidehof Bagenz (€), Tel. 035697/61 10, ehemalige Jugendherberge nahe dem Nordufer der Talsperre, ruhige Waldlage.

SpreeCamp Bagenz, Stauseestr. 3, 03130 Bagenz, Tel. 035697/235, www.spreecamp.de. Ganzjährig auch Ferienwohnungen; Sandstrand.

Hühnerstall, Berliner Str. 2a, Tel. 60 24 10, www.huehnerstall.com; tgl. ab 18 Uhr. Erlebnisgastronomie, Konzerte.

Café Bierholdt, Lange Str. 32, Tel. 2133. Mit Sommerterrasse nahe dem Bullwinkel-Brunnen in der Fußgängerzone; auch Pension (€€).

Niederlausitzer Heidemuseum, Schlossbezirk 3, Tel. 602350, www.heidemuseum.de; Di–Fr 9–17 Uhr, Sa, So und Feiertage 14–17 Uhr.
Bismarckturm, Mai–Okt. Mi 9–12, Sa/So und Feiertage 13–18 Uhr.
Museum Erwin-Strittmatter-Gedenkstätte (Der Laden), Felixsee (Ortsteil Bohsdorf), Dorfstr. 37, Tel. 035698/221, www.strittmatter-verein.de; tgl. außer Mo 13–17 Uhr.
Niederlausitzer Sorbisches Dorfmuseum Bloischdorf, Felixsee (Ortsteil Bloischdorf), Museumsscheune, Tel. 608999, www.bloischdorf.de, Di–Fr 10–17, Sa/So 13–17 Uhr.
Kraftwerk Schwarze Pumpe, Betriebsbesichtigung, Tel. 03564/353317. Aussichtsplattform in 162 Meter Höhe, multimediales Informationscenter, Mo–Sa 8–16 Uhr, Sa 10, 12 u. 14 Uhr mit Fahrten zur Aussichtsplattform.

Erlebnisbad Kochsagrund, Tel. 91960, Mitte Mai–Mitte Sept. tgl. 9–20 Uhr.
Badestrände an der Spremberger Talsperre.

Reiterhof Bagenz, Dorfstr.2, Tel. 035697/328, www.reiterhof-bagenz.de. Ferienspiele für Kinder ab 7 Jahren, Lamazucht und Mietwagen-Fahrservice.

Hochseilgarten an der Talsperre Spremberg (Westufer), Alte Poststraße, tgl. ab 10 Uhr, Tel. 0172/3525298, www.prima-abenteuer.de.

Int. Folklorelawine (Juni), Heimatfest (Aug.), Int. Schlittenhunderennen in der Ratsheide, verlängerte Bergstraße/Waldcafé (Ende Okt.).

Drebkau (Drjowk) und Umgebung

Der Name Drebkau ist slawischen Ursprungs und bedeutet Hölzchen, bis zur vorletzten Jahrhundertwende war die Stadt, ihrer 15 Kneipen wegen, aber vor allem als ›Sauf-Drauke‹ bekannt.

Die Kleinstadt Drebkau besteht seit 1280. Zwischen 1395 und 1399 errichteten die Herrn von Cottbus hier eine Burganlage, die im 14. und 15. Jahrhundert ein berüchtigter Raubritterstützpunkt war. Unter Einbeziehung von Überresten der Burg wurde **Schloss Drebkau** am Ende des 17. Jahrhunderts errichtet. Zuletzt als Wohngebäude genutzt, soll darin zukünftig die Amtsverwaltung einziehen. Reste der ehemaligen Burg sind noch auf der Nordseite zu erkennen, das Schloss steht am Rande eines kleinen Parks.

Mitte der 1990er Jahre eröffneten die Brüder Kircher das wohl schönste **Brauhaus** in Brandenburg. Das Gebäude diente bereits seit 1870 als Schlossbrauerei. In die Klinkerfassade sind auf der Westseite Granitsteine eingelassen. Die Gäste sitzen neben der kupferglänzenden Maisch-Würz-Pfanne im Erdgeschoss, dem Läuterbottich in der ersten Etage oder der Malz-Putzmaschine in der zweiten Etage im rustikalen Ambiente. Leider wurde der Gastbetrieb wegen Besuchermangels inzwischen stark

▲ Karte vordere Umschlagklappe

eingeschränkt. Gegenwärtig ist das Brauhaus nur zu Familienfesten, Firmenveranstaltungen oder an einigen Feiertagen geöffnet. Bier wird aber regelmäßig gebraut und zumeist in Flaschen abgefüllt und ist im Betriebsverkauf nebenan erhältlich. Auf dem Dach der Brauerei brütet alljährlich das Storchenpaar ›Fritz und Frieda‹.

Neben der Kirche, an der Straße der Freundschaft, befindet sich das **Museum Sorbische Webstube** mit Werkzeugen zur Leinwandherstellung und für Stickereien sowie der Ostereiersammlung des verstorbenen Drebkauer Volkskundlers Dr. Lotar Balke. Er hat etwa 2500 Exemplare aus 33 Ländern zusammengetragen, das älteste – ein Osterei aus Mähren – stammt aus dem Jahr 1896. Auch exotische Stücke, wie das Ei eines Straußen aus Südafrika und Eier aus Email aus Australien, sind zu bestaunen.

Am östlichen Stadtrand wuchs **Neu-Kausche**. Es war das erste Dorf in den neuen Bundesländern, das wegen des fortschreitenden Braunkohletagebaus auf einen neuen Standort komplett umgesiedelt wurde.

Der alte Dorfplatz mit Pflaster wurde umgesetzt, dazu auch 21 Bäume. Im Dörfchen Steinitz steht eine **Kirche** aus dem 15. Jahrhundert.

Gut Geisendorf, nahe der Tagebaukante Welzow-Süd, ist heute eine Info- und Begegnungsstätte des Bergbauunternehmens Vattenfall. Im Gutshaus aus dem 17. Jahrhundert informiert eine ständige Ausstellung über die Geschichte und Zukunft des Braunkohleabbaus in der Lausitz. Das Haus ist für seine Kulturveranstaltungen weithin bekannt, insbesondere das Geisendorfer Literaturforum und den Musiksalon.

Illmersdorf besitzt mit elf nicht verwesten Leichen den größten **Mumienschatz** des Landes Brandenburg. In der evangelischen Fachwerkkirche von 1742 ruhen der Erbauer des kleinen Gotteshauses, Caspar Ernst von Normann (1696–1748), und Familienmitglieder. Zwei der Mumien tragen Prachtgewänder, eine Dame ist im Sarg angebunden.

Zufriedene Gäste in Kirchers Brauhaus

Die Scheintote soll bei ihrer Beisetzung 1821 an den Sargdeckel geklopft haben; die Erben banden sie daraufhin fest. Ulrike Eleonore, geborene von Rieben, verstarb 1765 bei der Geburt ihres toten Kindes. Beide sind in einem Sarg bestattet. Die Leichen sind hier nicht verwest, weil die Gruft gut belüftet ist. Durch eine Glasscheibe sind sie einsehbar, das Glas schützt die Besucher vor Schimmelpilzsporen und die Mumien vor der Atemluft der Lebenden.

Drebkau

Das Finnische Saunadorf (€€–€€€), Weinbergstr. 1 in Leuthen, Tel. 03 56 02/224 22, www.finnisches-saunadorf.de; Mo–Fr 14–23, Sa/So 11–23 Uhr. Gesundheitsoase mit luxuriösen Ferienhäusern, beheizter Außenpool und Gartenrestaurant, das von Jutta van Almsick – Mutter des einstigen Schwimmstars Franziska van Almsick – bewirtschaftet wird. Von Juni bis August sind die Saunen geschlossen.

Kirchers Brauhaus, Brauhausstr. 42, Tel. 03 56 02/701.Wegen unsicherer und wechselnder Öffnungszeiten bitte vorher anrufen.

Gaststätte Hartnick in Siewisch, Am Anger 16, Tel. 03 56 02/888; schmackhafte Küche, auch drei Tische unter Kastanien.

Bürgerhaus Neu-Kausche, An den Steinen 7, Tel. 220 21.

Gaststätte Zum Leutnant von Leuthen, bei Leuthen, Koschendorfer Straße (am Sportplatz), Tel. 512 11; Di–Fr 11–14 u. ab 17 Uhr, Sa 11–20, So 10–16 Uhr. Deftige böhmische Küche, tschechisches Bier vom Fass.

Mumiengruft in Illmersdorf, Kirchgemeinde Leuthen-Schorbus, Tel. 03 56 02/662, oder Gästeführerin S. Grosch, Tel. 03 55/526 55 42; April–Mitte Okt. Sa/So und Feiertage 11–16 Uhr oder auf Anfrage.

Museum Sorbische Webstube, Str. der Freundschaft 17, Di und Fr 13–17 Uhr, jeder 1. So im Monat 13–17 Uhr.

Gut Geisendorf, Jahnstr., Tel. 03 57 51/125 75, www.vattenfall.de, Di/Mi 13–18, Do/Fr 10–16 Uhr.

Freizeitpark Löschen, Auraser Str., Tel. 03 56 02/206 03. Kartsportanlage, tgl. 10–20, im Sommer 10–22 Uhr.

Calau (Kalawa)

Vor allem als vermeintliche Wiege von Wortwitzen – dem Kalauer – ist Calau bekannt. Mitte des 19. Jahrhunderts erzählten sich Calauer Schuster während der Nachtarbeit Anekdoten, Schnurren und Wortspiele, Wandergesellen verbreiteten sie weiter. Der Journalist Ernst Dohm war oft in Calau zu Besuch. Seine Beiträge ›Aus Calau wird gemeldet‹, die er in der Berliner Satirezeitschrift Kladderadatsch veröffentlichte, waren ein Renner. An die Verdienste des Redakteurs, der die Stadt weithin berühmt machte, erinnert eine Gedenktafel in der Cottbuser Straße 16.

Im Stadtbild dominiert die spätgotische **Hallenkirche**, direkt daneben steht ein Fachwerkbau (1789), einst Mädchenschule, heute **Heimatmuseum** mit einer

▲ Karte vordere Umschlagklappe

Ausstellung zur Schuhmacherzunft. Reste der einstigen **Dunkelsburg** aus dem 10. Jahrhundert blieben am Burgplatz erhalten.

Im Jahr 1859 gab es in Calau 144 Stiefelmachermeister, 70 Gesellen und 45 Burschen, zum Ende des 19. Jahrhunderts auch zwei Stiefelfabriken. Der letzte seiner Zunft in Calau schloss sein Geschäft im Jahr 1999.

Wanderung vom Bahnhof Calau über die Calauer Schweiz nach Altdöbern

Am Bahnhof Calau beginnt ein rot markierter Wanderpfad. Er führt uns in eine liebliche Hügellandschaft mit ausgedehnten Wäldern, in die Calauer Schweiz. Zunächst laufen wir über Plieskendorf bis zum Goldborn. Dies ist die größte Naturquelle in der Lausitz, aus der etwa 400 Liter pro Minute zutage treten. Der Quellname rührt von den schwammigen Eisenablagerungen her, die sich an Wasseroberfläche und Uferrändern zeigen. Die nahegelegene ›Stegschänke‹ bietet neben einem reichhaltigen Speisen- und Getränkeangebot auch Kutsch- oder Kremserfahrten mit dem Haflingergespann an. Früher gingen die Bewohner der umliegenden Dörfer Weißag, Zwietow und Gosda auf dem Kirchsteig nach Calau zur Kirche. An diesem Steg wurde 1912 das Ausflugslokal ›Werchower Stegschänke‹ eröffnet.

Von hier führt der Weg auf den Kuhringsberg mit Aussicht auf Calau und weiter durch Kiefernwald nach Weißag auf einer Hochfläche der Calauer Schweiz. Als ›Plinsdörfer‹ werden neben Weißag auch Zwietow und Gosda bezeichnet, weil hier auf den sandigen leichten Böden nur der anspruchslose Buchweizen gedeiht. Daraus werden Buchweizenplinse gebacken. Zu verkosten sind die Niederlausitzer Spezialitäten – nach Vorbestellung unter Tel. 03541/2050 – im Gasthaus Gaumer in Weißag. Buchweizenkerne, -grütze und -mehl sind wertvolle diätische Lebensmittel, weil sie kein Klebereiweiß enthalten und der hohe Rutingehalt die Gefäße schützt. Vor allem Bioläden in ganz Deutschland sind fleißige Abnehmer.

Von Weißag geht es nach Schöllnitz. Gleich hinter dem ehemaligen Bahnübergang der stillgelegten Strecke Calau–Senftenberg führt der Weg durch die Buchwäldchener Teiche. Rotbauchunken bieten während der Paarungszeit lautstarke Konzerte. Die roten Wegzeichen führen weiter über Neu Döbern nach Altdöbern. Hinter dem Fußballplatz auf der rechten Seite führt ein Radweg linker Hand zu Schloss und Park. Das stattliche Schloss Altdöbern wurde im Stil des Neobarock auf den Grundmauern eines Vorgängerbaus von 1362 errichtet. Es ist derzeit wegen Umbauarbeiten nicht zugänglich. 1756 entstand im Park um den Salzteich ein Kanalnetz nach flämisch-holländischem Vorbild. Die schönen Sandsteinplastiken am Schloss sind ein Werk des Dresdener

Eine Pause an den Buchwäldchener Teichen

Bildhauers Gottfried Knöffler. Die ›Flüsterbank‹ ermöglicht die Übertragung selbst leiser Töne durch eine Hohlkehle. Die romantisch anmutende Zufahrt zum Schloss mit Kavaliershäusern sowie ein französischer Garten mit Wasserbecken, Plastiken und Neptunbrunnen wurde nach Plänen von Karl Heinrich von Heineken gestaltet. Ab 1881 begann der Gartenarchitekt Eduard Petzold, ein Meisterschüler des Landschaftsgestalters Fürst von Pückler-Muskau, mit erneuten Arbeiten. Der Salzteich wurde vergrößert, eine künstliche Insel aufgeschüttet und zahlreiche einheimische Gehölze im Park gepflanzt.
Altdöbern liegt nahe der rekultivierten Hochkippe des 1992 stillgelegten Tagebaus Greifenhain. 2002 war der Tagebau eine Filmkulisse für den aufwendigsten Hollywoodstreifen, der je in Europa gedreht wurde (Budget: 180 Millionen Euro): ›Enemy at the gates‹ (Der Feind vor den Toren). Im Film stellt die Tagebaulandschaft die Wolga beim Kampf um Stalingrad dar.
Der künftige Altdöberner See soll bis zum Jahr 2020 auf eine Wasserfläche von 1400 Hektar wachsen.
Länge: 15 Kilometer.

Naturpark Niederlausitzer Landrücken

Die Gletscher der Saaleeiszeit modellierten vom Dahmetal im Nordwesten bis Altdöbern im Südosten eine eindrucksvolle Altmoränenlandschaft. Zum Schutz der vielfältigen Lebensräume für seltene Tiere und Pflanzen wurde in diesem Gebiet 1997 der Naturpark Niederlausitzer Landrücken gegründet. Das Logo des Parks ziert der Rauhfußkauz. Ein Sechstel der knapp 600 Quadratkilometer besteht aus ehemaligen Braunkohletagebauen. Einige neuentstandene Urlandschaften wurden jedoch nicht rekultiviert, sondern sich selbst überlassen, und es zeigten sich erstaunliche Ergebnisse: Auf den Dünen, in Seen und Sümpfen leben der seltene Wiener Sandlaufkäfer, Kraniche, Gänse, Ufer- und Flußseeschwalben. Selbst Elche und Wölfe wurden gesichtet. Nach regenreichen Herbsttagen sind die Kiefernheiden ein Paradies für Pilzsammler.
Bei Crinitz gewährt der Niederlausitzer Landrücken einen schönen Ausblick in die nördliche Ebene. Der Ort hat seine lange Töpfertradition bis heute bewahrt, sieben Firmen sind ansässig und können nach Anmeldung besichtigt werden.

Calau

Vorwahl: 03541.
Amtsverwaltung Calau (Tourismusmanager), Platz des Friedens 10, Tel. 891120, www.calau.de.

Bahnhof an der Regionalbahnstrecke Leipzig–Cottbus. Nach Berlin über Cottbus oder die Regionalbahnstrecke Calau–Lübbenau.

Heimatmuseum Calau, Kirchstr. 33, Mai–Sept. Di und Do 9–12 und 13–16 Uhr.
Technik Museum Calau, Altnauer Str. 71, Besichtigung nur nach Anmeldung, Tel. 2002.
Mobile Welt des Ostens, Str. der Freundschaft 28, Tel. 871555, www.mobileweltdesostens.de. Mit ca. 150 historischen Fahrzeugen. Tgl. außer Mi 10–16 Uhr.

Hotel Zur Post (€€), Cottbuser Str. 30, Tel. 2365, www.zur-post-calau.de.

▲ Karte vordere Umschlagklappe

Historisches Backsteinhaus in der Altstadt, Restaurant, Biergarten, tgl. ab 11.30, Mi ab 17 Uhr.

Frühstückspension Stolpe, Mühlenstr. 28, Tel. 2874.

Gasthaus und Pension Stegschänke (€€), Werchow, Gosdaer Str. 7, Tel. 2305, www.villa-stegschaenke.de; Mo/Di ab 17, Mi–So ab 11 Uhr.

Hotel-Pension Jank (€€), Cabeler Dorfstr. 10, Tel. 71260.

Café, Restaurant und Pension Marstall (€), Senftenberger Str. 11, Altdöbern, Tel. 03 54 34/602 40; tgl. außer Di ab 11 Uhr.

Stadtfest (Aug.).

Finsterwalde

Finsterwalde, am Westrand der Niederlausitz gelegen, ist äußerlich unspektakulär, als Sängerstadt aber weithin bekannt. 1282 wurde Finsterwalde erstmals erwähnt. Ab dem 13. Jahrhundert stand hier im slawischen Siedlungsgebiet eine deutsche Burg, die im 16. Jahrhundert zum Schloss umgebaut wurde. Das Ackerbürgerstädtchen sank während des Dreißigjährigen Krieges in Schutt und Asche. Nach dem Wiederaufbau entwickelte sich die Tuchmacherei zum Haupterwerbszweig.

Das Sängerfest wird seit 1954 alle zwei Jahre begangen. 1899 führte die Schauspielgruppe ›Hamburger Sänger‹ den Schwank ›Die Sänger von Finsterwalde‹ in Berlin auf. Das Stück hatte Wilhelm Wolff geschrieben, der im selben Jahr den Marsch ›Wir sind die Sänger von Finsterwalde‹ komponierte. Das Sängerlied, das heute in zahlreichen Varianten besteht, machte Finsterwalde populär.

Sehenswürdigkeiten

Am Markt stehen einige schöne Häuser mit Barock- und Jugendstilfassaden. Das barocke zweigeschossige **Rathaus** mit einem hübschen Uhrentürmchen stammt aus dem Jahr 1739. Die evangelische **Trinitatiskirche** aus dem 16. und 17. Jahrhundert, im Stil der Spätgotik und Renaissance, besitzt einen wertvollen Hochaltar mit reich verziertem hölzerner Altaraufsatz aus dem Jahr 1594 und eine Kanzel des Meißener Meisters Kuntze von 1615. Wer die Kirche besichtigen möchte, meldet sich gegenüber im Pfarramt.

Kurt von Dieskau ließ Mitte des 16. Jahrhunderts aus einem Renaissancehaus ein sehenswertes Stadthaus bauen, die **Curtsburg**. Das Gebäude in der Schlossstraße 6, unweit vom Markt, besitzt eine sehenswerte Fassade mit Sitznischenportal.

Die einstige Wasserburg wurde von 1553 bis 1597 zum **Renaissanceschloss** um- und ausgebaut. Das Bauwerk besteht aus zwei Hauptteilen, Vorder- und Hinterschloss mit je einem Hof. Früher beherbergte ersteres die Wirtschafts-, letzteres die Wohnräume. Jetzt arbeiten hier die Mitarbeiter der Stadtverwaltung. Während der Öffnungszeiten kann man das Schloss auch im Inneren besichtigen. Beide Höfe sind samstags und sonntags von 9 bis 18 Uhr zugänglich; der dahinterliegende Schlosspark lädt zum Spazieren ein.

Wenn man das **Kreismuseum** in der Langen Straße 6–8 betritt, wird man im Eingangsbereich von drei stattlichen Finsterwalder Sänger-Figuren begrüsst. Die Attraktion des Hauses ist ein historischer Kaufmannsladen (›Tante-Emma-Laden‹) aus der Mitte des 19. Jahrhunderts. Des weiteren sieht man eine Drogerie nur mit Artikeln aus DDR-Produktion.

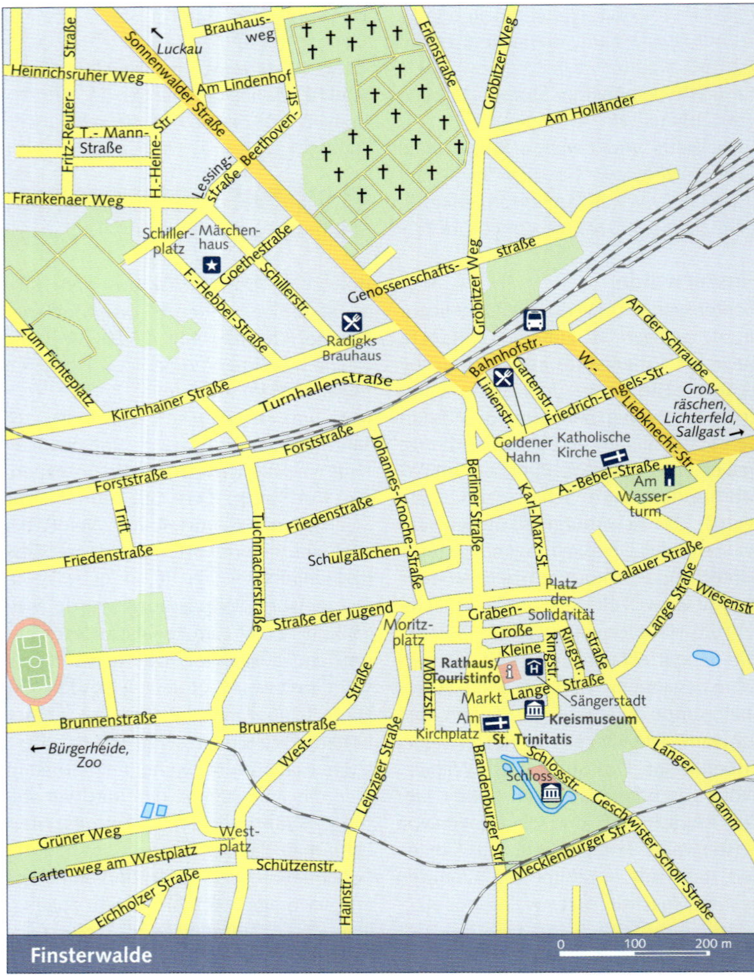

Das Märchenhaus, ein Backsteinbau von 1928, befindet sich in der Friedrich-Hebbel-Straße. Das Besondere zeigt sich an der Fassade: 27 Reliefs mit Szenen aus den Märchen der Gebrüder Grimm.

Ein beliebtes Ausflugsziel der Finsterwalder und ihrer Gäste ist die **Bürgerheide,** ein parkähnliches Wäldchen westlich der Altstadt. Das Naherholungsgebiet verdankt die Stadt dem Bürgermeister Abraham Koswig, der sich bei einer Wette mit dem Kurfürsten von Sachsen und dem Herzog von Bayern als besonders trinkfest erwies und dabei das Waldstück als Preis gewann. Hier befindet sich auch der **Tierpark**.

Gourmetoase in der Niederlausitz

Finsterwalde ist weder finster – die Kleinstadt gehört zu den sonnenscheinreichsten Gegenden Deutschlands – noch hinterwäldlerisch, denn hier wird auch der verwöhnteste Gaumen in Seeligkeit schwelgen. Das Restaurant ›Goldener Hahn‹, unweit vom Finsterwalder Bahnhof, zeigt sich von außen eher unscheinbar. Als einziges Schmuckstück breitet ein blecherner Hahn an der Hausfassade, Ecke Bahnhofstr./Gartenstr., seine Flügel aus. Er ›kräht‹ täglich zwischen 11 und 20 Uhr zur vollen Stunde.

Im Jahr 1882 wurde der ›Goldene Hahn‹ als Bierkneipe eröffnet. Der Name, so heißt es, kommt vom gelben Gerstensaft, der hier schon immer reichlich aus dem Zapfhahn floss. 1939 von den Schreibers erworben, befindet sich das Gasthaus jetzt in dritter Generation in Familienbesitz. Juniorchef Frank Schreiber schreibt gegenwärtig das bisher ruhmreichste Kapitel: Er erhielt 2006 die Auszeichnung ›Brandenburger Meisterkoch‹ und ist seither aus der Riege der Brandenburger Spitzenköche nicht mehr wegzudenken. Empfehlungen von Gourmetführern wie Gault Millau, Varta, Der Feinschmecker, Marcellino's oder essen & trinken sowie erste Platzierungen bei Kochwettbewerben und Urkunden von Reisemagazinen wie Geo Saison sammelt Frank Schreiber wie andere Leute Briefmarken; die jeweils aktuellen Auszeichnungen des Jahres sind im Restaurant über der Theke zu bestaunen. Da Kochmeisterschaften Frank Schreiber in viele Ecken der Welt führten und er von dort viele lukullische Souvenirs mitbrachte, offenbart sich die Speisekarte im ›Goldenen Hahn‹ mitunter als eine kulinarische Weltreise. ›Poelierter Steinbutt mit gehobeltem Sommertrüffel, Pfifferlingsrisotto und Petersilienschaum‹ oder ›Lammkaree mit Kräuterkruste, Tortelloni von geräuchertem Knoblauch, Artischockengemüse mit weißer Tomatensauce‹ sind wie alle Gerichte jeweils nur für einen Monat auf der Speisekarte, es wird ständig gewechselt. Sehr beliebt und nachgefragt sind Schreibers Menüempfehlungen mit harmonierenden Weinen, da auch hochwertige Tropfen glasweise ausgeschenkt werden. Wer dann auf den Geschmack gekommen ist, kann sein Lieblingströpfchen zum moderaten Außer-Haus-Preis mitnehmen. Schreiber gesteht: »Kochen ist meine Passion – ich möchte mit meinen Kreationen die Seele meiner Gäste streicheln.«

Der ›Goldene Hahn‹

Der Meisterkoch garantiert, dass bei ihm keine industriellen Vorprodukte Ver-

Im Gourmetrestaurant

Meisterkoch Frank Schreiber

wendung finden. Er legt besonderen Wert auf Frische und möglichst viele Lausitzer Zutaten je nach Saison. Dieses Anliegen findet im halbjährlich aktualisierten ›Kulinarischen Kalender‹ des Hauses seinen Niederschlag. Darunter finden sich auch Degustationsmenüs, bei denen die Gäste hochkarätige Weine ausgewählter Anbaugebiete verkosten, eingebettet in ein passendes Fünf-Gang-Gourmet-Menü. Alljährlicher Höhepunkt ist das ›Silvester-Gala-Menü‹ mit 12 Gängen. Wer es verpasst, dem bietet sich Anfang Januar während einer Silvesternachfeier die nochmalige Gelegenheit für einen ›Gaumenfreudenmarathon‹.

Über das Jahr verteilt, mit Ausnahme der Sommerpause, stehen die Kurse ›Kochen mit Frank Schreiber‹ auf dem Hausprogramm. Die Teilnehmer kochen dabei ein jahreszeitlich angepasstes Drei-Gänge-Menü nach Schreibers Rezepturen und erfahren währenddessen viele Tricks und Tipps direkt vom Meister. Anschließend genießen sie das selbstgekochte Menü in angenehmer Atmosphäre im Restaurant. Dazu werden die zur Menüfolge passenden Weine gereicht. In der umfangreichen Weinkarte findet man vom trendigen Jungwinzer bis zu französischen Klassikern alles, was die Gourmetseele erfreut. Gerne gibt das Servicepersonal kompetente Empfehlungen.

Von Dienstag bis Freitag offeriert der Küchenchef mittags das ›Business-Lunch-Menü‹ aus Vorspeise und Hauptgang und Espresso für 12,50 Euro und ein ›Menü des Tages‹ in drei Gängen für 20 Euro. Das ›Freitagsmenü‹ in drei Gängen zum Preis von 15 Euro wechselt jede Woche.

Im Sommer wird auch im idyllischen Hofcafé serviert. Die Szenerie mit vielen Grünpflanzen erinnert an den Süden. Sogar Feigen, im Topf gepflanzt, reifen hier heran.

Das Hotel über dem Restaurant verfügt über 23 Betten. Die Zimmer garantieren gewohnten Standard eines Mitteklassehauses. Straßenlärmempfindliche Gäste sollten Zimmer im Hinterhaus oder zum Hof hin buchen, denn die kopfsteingepflasterte Bundesstraße führt direkt am Haus vorbei. Doch wer sein Haupt woanders bettet, verpasst das reichhaltige Frühstücksbüffet mit hausgemachter wundervoller Marmelade.

Das Besucherbergwerk F 60 bei Lichterfeld

Besuchern, die der B 96 bis Lieskau folgen und dann nach Lichterfeld abbiegen, bietet sich in diesem Ort ein beeindruckendes Bild: Die Abraumförderbrücke F 60, ein Koloss aus Stahl, 502 Meter lang und 80 Meter hoch. Sie ist das größte fahrbare Arbeitsgerät der Welt, liebevoll auch als ›liegender Eiffelturm in der Lausitz‹ bezeichnet – obwohl dieser nur 300 Meter hoch ist.

Die F 60 wurde zwischen 1989 und 1991 montiert, war aber im neu aufgeschlossenen Braunkohletagebau Klettwitz-Nord nur 13 Monate in Betrieb. Die Stillegung der neuesten Förderbrücke erfolgte im Juni 1992, weil der Transport der Kohle in die verbliebenen Kraftwerke zu teuer war. Die F 60 ist heute im Besitz der Gemeinde Lichterfeld-Schacksdorf und wird von einem Förderverein betreut.

Vor dem Aufstieg in das filigrane Gewirr aus Stahlstreben erfolgt die Personenkontrolle: Tragen alle Besucher festes Schuhwerk? Ist jemand alkoholisiert oder leidet unter Höhenangst? Letzteres stellt sich manchmal erst während des Rundgangs heraus. Jede Besuchergruppe besteht aus maximal 20 Interessierten. Der Besucherführer weiß: Fünf Tonnen Füllmenge konnte eine Schaufel greifen, 43 sind vorhanden. Das ergab eine Stundenleistung von 50000 Tonnen Abraum! 60 Meter Abraum über dem Kohleflöz konnte das Ungetüm abtragen. Das heutige Gewicht der F 60 beträgt 11000 Tonnen, die Beweglichkeit auf Schienen gewährleisten je 380 Räder an beiden Fahrwerken. Wegen der kurzen Einsatzdauer ist die Förderbrücke in einem vortrefflichen Zustand.

Als einer der ersten Prominenten begutachtete Ex-Bundeskanzler Schröder die F 60, der mehr als 1000 Meter lange Rundgang heißt daher ›Kanzlerpfad‹. Schröder übrigens erwies sich als höhentauglich. 2003 wurde eine 500 Meter lange Licht- und Klanginstallation des Berliner Künstlers Hans Peter Kuhn an der F 60 in Betrieb gesetzt. Die F 60 steht heute als Symbol des Gigantismus in einem der größten Bergbaureviere der

Auf dem ›liegenden Eiffelturm‹ bei Lichterfeld

Welt. Sie bildet den Abschluss einer langen Tradition: 1924 kam die erste Förderbrücke Deutschlands in der Lausitz zum Einsatz, weitere 50 wurden bis 1991 erbaut, vier davon sind noch in Betrieb. Von der Aussichtskanzel reicht der Blick weit ins Lausitzer Land, zur Sängerstadt Finsterwalde, zum Hutberg bei Kamenz und manchmal bis zur Landeskrone bei Görlitz. Atemberaubend ist vor allem die Landschaft zu Füßen des Giganten. 2001 begann die Flutung des Bergheider Sees.

Der ehemalige Werkstattwagen der F 60 steht, nun abgekoppelt, abseits und dient jetzt als Besucherzentrum mit Ausstellungs-, Video- und Imbissraum. Einen Euro extra kostet die Bestätigung einer ›Erfolgreichen Erstbefahrung der F 60‹. Und als Erinnerung an selige DDR-Bergbauzeiten wird in kleinen Fläschchen das ›Brückenwasser‹ verkauft. Der frühere Deputat-Schnaps war als ›Kumpeltod‹ ein Begriff und wurde massenhaft konsumiert.

Sallgaster Schloss

Gut zehn Kilometer südöstlich von Finsterwalde lohnt das Sallgaster Schloss einen Abstecher. Um das Jahr 1200 entstand hier eine Wasserburg. Vom äußeren Burggraben kündet noch heute der Brauhausteich.

Im Jahr 1389 planten die Raubritter, die auf der Burg wohnten, neue Plünderungszüge, denn ganz in der Nähe verlief die ›Niedere Straße‹, ein wichtiger Handelsweg von Breslau über Spremberg, Sallgast und Finsterwalde nach Lüneburg und Bremen. Seit dem 18. Jahrhundert hat sich das Erscheinungsbild des Baus mit seinen vier Ecktürmchen kaum verändert. Die Deckenbemalung in der Burgdiele zeigt Ritter, Soldaten und Bauern im Mittelalter. Heute werden im stilvollen Restaurant jeden letzten Sonntag im Monat mittelalterliche ›Rittermahle‹ geboten, das Personal trägt dabei historische Kostüme. Der schöne Park wurde um 1900 angelegt.

Finsterwalde

Vorwahl: 035 31.

Touristinformation im Rathaus, Markt 1, Tel. 70 30 79, www.finsterwalde.de.

Bahnhof an der Regionalbahnstrecke Leipzig–Cottbus. Nach Berlin mit Umsteigen in Falkenberg/Elster oder Cottbus.

Hotel und Restaurant Goldener Hahn (€€), Bahnhofstr. 3, Tel. 22 14, www.schreiber-cuisine.de. Traditionsreiches Haus mit vielfach ausgezeichneter Gourmetküche. Kochkurse mit dem Meisterkoch, Termine werden halbjährlich bekannt gegeben. Preis pro Teilnehmer 95 Euro, für begleitende Gäste 55 Euro, Restaurant Mo ab 17, Di–Sa ab 12 und ab 17 Uhr.

Boulevardhotel Sängerstadt (€€), Markt 2–3, Tel. 25 57, www.hotel-saengerstadt.de. Am Markt, Restaurant bietet Spreewald-Spezialitäten.

Schlosspark-Hotel Sallgast (€€), Parkstr. 4, Tel. 03 53 29/599 60, www.schloss-sallgast.de. Schlossrestaurant Mo ab 17 Uhr sonst ab 11 Uhr. Okt.–März werktags ab 17 Uhr.

Radigks Brauerei, Sonnewalder Str. 13, Tel. 22 86, www.radigks.de; Wirtshaus Di–Sa ab 16 Uhr, So und Feiertage ab 12 Uhr, Biergarten mit 200 Sitzplätzen.

▲ Karte vordere Umschlagklappe

Kreismuseum, Lange Str. 6–8, Tel. 30783, Di–Fr und So 10–12 und 14–17 Uhr.

Besucherbergwerk F 60, Lichterfeld, mit Bahn bis Finsterwalde (Bahnstrecke Berlin–Senftenberg), weiter mit Bus Nr. 559 oder 622, Ausstieg Lichterfeld-Gasthaus, tgl. 10–19 Uhr, Klang- und Lichtinstallation Mai–Aug. Fr–So 19–22, sonst 19–20 Uhr. Tel. 03531/60800 www.f60.de.

Tierpark in der Bürgerheide, 9–19 Uhr, im Winter 9–16 Uhr.

Sängerfest (alle zwei Jahre Ende Aug., das nächste 27.–29.8. 2010).

Senftenberg (Zły Komorow)

Senftenberg galt seit über hundert Jahren als das Zentrum der Braunkohleindustrie in der Niederlausitz. Vor über einem Jahrzehnt wurde dieses Kapitel geschlossen – mit dem inzwischen mit der Landschaft verwobenen Senftenberger See nennen die Stadtväter einen der schönsten und saubersten Gewässer im Land Brandenburg ihr Eigen: Ein Urlaubsparadies für Wassersportler und Badelustige.

Die Siedlung am sanften Berg, in der Niederung der Schwarzen Elster gelegen, wurde zum ersten Mal im Jahr 1279 erwähnt. Eine Burg, die als Stützpunkt für die deutsche Ostexpansion diente, war jedoch bereits ab dem 10. Jahrhundert vorhanden. Ab 1448 gehörte der Landstrich zu Sachsen. Der von König August dem Starken berufene Amtshauptmann von Klettenberg wohnte in der zum Schloss umgebauten Burg. Von 1715 bis 1718 versuchte er – vergeblich – künstliches Gold herzustellen. Einträglicher war da schon das ›schwarze Gold‹, die Braunkohle. Sie wurde ab 1851 abgebaut und machte Senftenberg und die weitere Umgebung zum Zentrum des Niederlausitzer Braunkohlebergbaus. Im Dezember 1999 fuhr der letzte Kohlezug aus dem nahen Tagebau Meuro; damit endete die fast 150jährige Bergbauära um Senftenberg.

Sehenswürdigkeiten

In der Bahnhofstraße stehen einige **Jugendstilhäuser**, am Markt mehrere hübsch rekonstruierte **Bürgerhäuser** aus dem 17. Jahrhundert. Das **Alte Rathaus** mit Uhrturm soll das mit 78 Grad Neigungswinkel steilste Dach Deutschlands besitzen.

Östlich vom Markt befindet sich die **Festungsanlage mit Schloss**. Von der einstigen Feste zeugen allerdings nur noch Relikte wie Erdwall, Pulvertürmchen und das Kommandantenhaus; die Kasematten wurden wieder freigelegt. Die mittelalterliche Burg wurde auf den Resten einer slawischen Wallanlage errichtet, im 15. Jahrhundert modernisiert und 1609 in den Rang einer Festung erhoben. Wie das militärische Bauwerk in seinen Glanzzeiten aussah, verdeutlicht ein Modell der Renaissancefestung im Maßstab 1:100 im **Kreismuseum**. Breiten Raum nimmt die Ausstellung zur Regionalgeschichte ein. Sie wird lebendig in einer Sammlung von Buckelkeramik-Gefäßen aus der Epoche der Lausitzer Kultur, sakralen Gegenständen aus Senftenberger Dorfkirchen – darunter einem bäuerlichen Altar aus der Sornoer Kirche (17. Jahrhundert) –, Zeugnissen vom früher hier betriebenen Weinbau mit einer Standortkarte aus dem Jahr 1600 sowie einer großen hölzernen Weinpresse und einer kompletten sorbischen Bauernstube. Auch die Entwick-

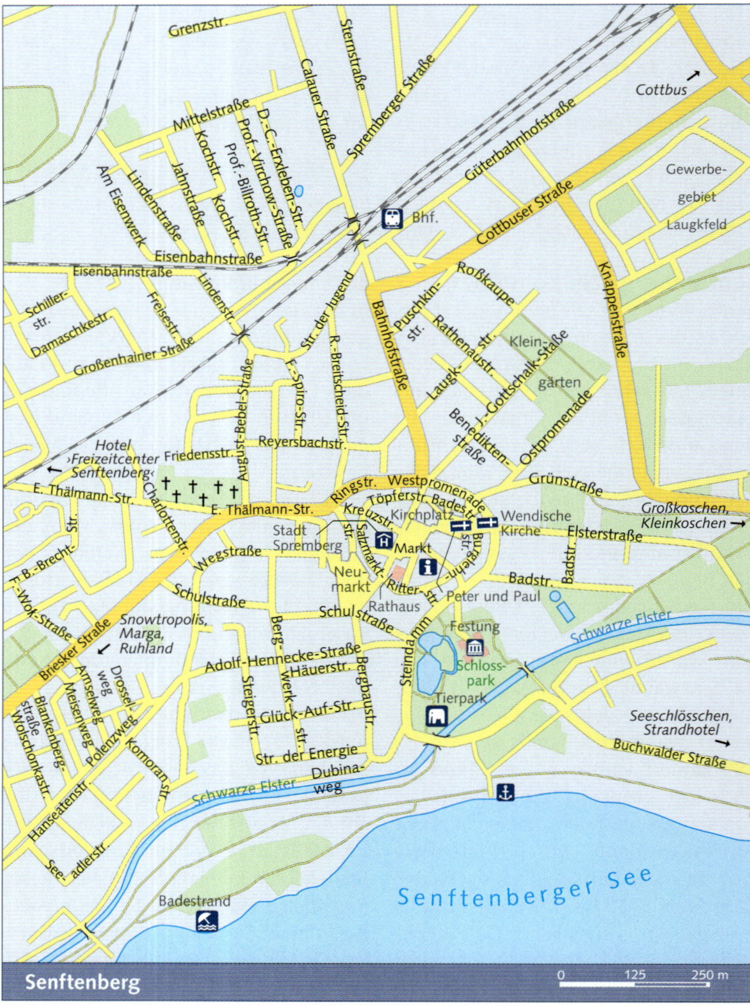

lung des Braunkohlebergbaus wird dargestellt. Ein Modellbergbauschacht in Originalgröße ist der interessanteste Teil dieser Ausstellung. Im Obergeschoss ist ein Klassenzimmer aus preußischer Zeit (um 1900) nachgestaltet worden. Kindern werden nach einer ›Unterrichtsstunde‹ Zeugnisse überreicht, die ihnen guten Gehorsam, lobenswerte Sorgfalt, sehr guten Fleiß und ein gutes Gemeinschaftsgefühl bescheinigen.

Dem Schaffen einheimischer Künstler aus den Bereichen Malerei, Grafik und Plastik ist die **Kunstsammlung Lausitz** gewidmet. Im Schlosshof befindet sich eine Kopie der bekannten Holzplastik ›Bettler auf Krücken‹ von Ernst Barlach. Der Abguss wurde in der künstlerischen Modellabteilung der Klinkerwerke Großräschen (Ilse-AG) hergestellt und war ursprünglich für die Lübecker Katharinenkirche vorgesehen. In der **Galerie am Schloss** werden zahlreiche Sonderausstellungen angeboten, auch aus dem Fundus der Kunstsammlung Lausitz.

Südlich des Schlossparks ist der **Tierpark** zu finden. Die Anlage wurde 1931 als Wildgehege eröffnet und zählt somit zu den ältesten in Deutschland. Am Steindamm liegen Damhirsch- und Wildschweingehege, am gegenüberliegenden Ufer der Schwarzen Elster der Tierpark. Die Tierpfleger haben sich mit der erfolgreichen Aufzucht europäischer Braunbären internationale Anerkennung erworben.

Das neue Freizeitcenter **Snowtropolis** am westlichen Stadtrand ist die erste Skiarena unter Dach in Ostdeutschland. Die immerhin 140 Meter lange Skipiste weist 20 Prozent Gefälle auf.

Gartenstadt Marga

Marga gilt als hervorragendes Beispiel für die Umsetzung der Gartenstadtidee, wie sie seit der Wende zum 19. Jahrhundert proklamiert worden war. Man findet diese stadtplanerische und architektonische Perle, konzipiert von Georg Heinsius von Meyenburg im Spätjugendstil, in Brieske-Ost, dem westlichen Vorort von Senftenberg. 550 Wohnungen, die zwischen 1907 und 1915 entstanden, zählen zum denkmalgeschützten Kernbereich. Um den Markt scharen sich in kreisförmiger Anordnung Häuschen für Arbeiter und Beamte sowie eine Direktorenvilla. Zu jedem Gebäude gehört ein großer Garten. Auch an Gasthäuser, Post, Schule, Kaufhaus und Kirche wurde gedacht. Marga war ein Vorzeigeprojekt der Expo 2000 und gehört jetzt – vollständig saniert – zu den Attraktionen der Internationalen Bauausstellung Fürst-Pückler-Land.

Die Lausitz in Miniatur auf 1500 Quadratmetern ist in einer Schauanlage in Brieske hinter dem Hotel ›Marga‹ zu erleben.

Die Umgebung

Auf dem Radweg von Senftenberg nach Sedlitz fährt man über die erste **Kunststoffbrücke** Deutschlands. Sie wurde im Jahr 2000 eröffnet. Der faserverstärkte Kunststoff soll über 60 Jahre Wartungsfreiheit gewähren.

Im benachbarten **Großräschen** finden in zwei Kirchen sowie in der Dorfkirche Freienhufen von Mai bis Oktober mehrere **Orgelkonzerte** mit nationaler und internationaler Besetzung statt.

Informationen zum künftigen Lausitzer Seenland erhält man im Besucherzentrum der Internationalen Bauausstellung, auf den **IBA-Terrassen** in Großräschen. Hier am künftigen Ilsesee befindet sich bereits ein Seesteg, obwohl der endgültige Wasserstand erst 2018 erreicht sein wird. Neue Herrlichkeit lässt sich bisher nur schwer erahnen. Doch schon Pückler entgegnete all seinen Zweiflern: ›Wollt ihr denn, wenn ihr ein Zimmer malen lasst, den Erfolg nach dem Zeitpunkte beurteilen, wo man die alte Farbe von den Wänden abkratzt, und die neue erst eingerührt wird? Wartet bis sie aufgetragen sein wird und trocken ist. Taugt sie dann nichts, so habt ihr Recht zu sagen: Besser, man hätte es beim Alten gelassen!‹ In den modernen Pavillons werden Wechselausstellungen gezeigt, es gibt ein Café und Liegestühle.

Im benachbarten ›Seehotel Großräschen‹ (€€€) befindet sich das **Fälschermuseum** mit Werken der drei ehrlichen Kunstfälscher von Neukölln, den Gebrüdern Posin. Darunter sind Kopien weltbekannter Gemälde, unter anderem von Rembrandt, Caspar David Friedrich, Leonardo da Vinci, Vincent van Gogh, Claude Monet, Peter Paul Rubens und Albrecht Dürer (Seestr. 88, Tel. 035753/690660, www.seehotel-grossraeschen.de).

Der **Windradpark**, der in den vergangenen Jahren bei **Klettwitz** entstand, ist einer der größten Europas. Er umfasst vierzig Windräder mit einer Leistung von je 1,65 Megawatt.

Noch weiter westlich von Senftenberg ist seit wenigen Jahren der **EuroSpeedway Lausitz** zu finden. Diese Anlage, auch als Lausitzring bekannt, ist Europas neueste, größte und vielseitigste Motorsport- und Erlebnisarena. Die Gesamtfläche mit vier Streckenführungen beträgt 570 Hektar, auf zwei Tribünen finden 145000 Besucher Platz. Von der 40 Meter hohen Haupttribüne können Besucher beinahe die gesamte Strecke und das Geschehen in der Boxengasse überblicken. Die Landesregierung setzte große Hoffnungen in dieses Riesenprojekt und gewährte großzügig Fördergelder; bis heute ist der EuroSpeedway aber weitgehend unausgelastet und hat die hochgesteckten Erwartungen nicht erfüllt. Großen Zulauf finden Rockkonzerte. Besucher können hier ein Fahrsicherheitstraining absolvieren. Es werden Gefahrensituationen simuliert, um den Ernstfall zu trainieren.

Von Juni bis August können Skater während der ›Lausitzer Bladenight‹ – jeden Donnerstag ab 19 Uhr – für 3 Euro Eintritt ihre Runden auf der Grand-Prix-Strecke drehen.

▲ Karte vordere Umschlagklappe

Der Senftenberger See

An die Stadt Senftenberg schließt sich unmittelbar der Senftenberger See an. Großkoschen, etwa fünf Kilometer südöstlich des Stadtzentrums, ist das größte Naherholungszentrum am See. Das Gewässer entstand aus dem ehemaligen Tagebau Niemtsch. 1938 aufgeschlossen, begann der Braunkohleabbau im Jahr 1941, bis 1966 wurden hier etwa 130 Millionen Tonnen Kohle gefördert.

Pläne des bekannten Landschaftsgestalters Otto Rindt (1906–1994) für ein Freizeitparadies fanden schon während des aktiven Bergbaus ab 1960 Berücksichtigung. So wurden die Böschungen für künftige Strände durch Tagebaugroßgeräte abgeflacht. Durch Grundwasseranstieg und Zuleitung von Wasser aus der Schwarzen Elster entstand bis 1973 ein etwa 1300 Hektar großer See. Die durchschnittliche Tiefe beträgt 17 bis 19, die größte 40 Meter. Der Senftenberger See zählt mit seiner Trinkwasserqualität zu den saubersten Seen Brandenburgs, die Sichtweite beträgt zwischen fünf und zehn Meter, weshalb neben Badelustigen, Surfern, Seglern und Anglern auch Taucher kommen. Für

Sommervergnügen am Senftenberger See

letztere wurde extra ein altes Schiff als Unterwasserattraktion versenkt.

Die 300 Hektar große **Insel** im See ist Teil der ehemaligen Brückenkippe, die nicht überflutet wurde. Weil die Ufer nicht stabilisiert wurden und auch nach zwei Jahrzehnten immer wieder Böschungsabbrüche möglich sind, wurde das Eiland 1980 kurzerhand zum Naturschutzgebiet erklärt. Da die Insel nicht betreten werden darf, entwickelte sich, vom Menschen ungestört, eine artenreiche Fauna und Flora mit 70 Vogelarten, 140 Schmetterlingsarten und seltenen Pflanzen.

Die Länge der **Badestrände** umfasst elf Kilometer, darunter zahlreiche Bereiche für FKK-Anhänger, vor allem am Südufer haben die Strände stellenweise feinen Sandstrand. Dort kann man auch einen stählernen Turm besteigen und eine herrliche Aussicht auf den See und die waldreiche Umgebung genießen. Das Fahrgastschiff MS Santa Barbara legt zu Rund- und Charterfahrten ab, Anlegestellen sind Großkoschen, Niemtsch und Senftenberg-Buchwalde.

Im Jahr 1995 wurde zum Gedenken an den geistigen Vater des Sees, Dr. h.c. Otto Rindt, ein **Gedenkstein** und eine kleine **Grünfläche mit Findlingen** eingeweiht. Seit 2001 ist das **Amphitheater** am Strand Großkoschen, eine gelungene Mischung aus klassischen und modernen Elementen, ein Besuchermagnet.

Der **Museumshof Großkoschen** am Dorfplatz bewahrt der Nachwelt ein für die Senftenberger Region früher typisches Vierseiten-Gehöft. Der Besucher erfährt viele Details der Arbeits- und Lebensweise unserer Urgroßeltern. Skudden, eine vom Aussterben bedrohte Schafsrasse, Pferde, Schweine und Tauben beleben das Terrain. Ein kleiner Kräutergarten mit alten Nutzpflanzen sowie eine Streuobstwiese vervollständigen das Bild.

Radtour vom Senftenberger See in die Kmehlener Berge

Von Großkoschen folgt der durchweg rot markierte Weg anfangs etwa vier Kilometer dem Rundwanderweg Senftenberger See, dann biegen wir in südlicher Richtung nach Hosena ab. Bei Hohenbocka lockt die Bucksche Schweiz mit einem Aussichtsturm. Verhärteter Glassand inmitten von Kiefernwald erweckt hier den Eindruck einer Sächsischen Schweiz im Miniformat. Im Guteborner Schloss dankte 1918 der letzte sächsische König ab. Erhalten blieben die Schlosskapelle aus dem 16. Jahrhundert, Schmiede, Teehäuschen sowie ein schöner Schlosspark. Im vier Kilometer südwestlich entfernten Lipsa steht ein barockes Schloss mit Torhaus, heute ein Alters- und Pflegeheim. Bei Jannowitz, am Großen Dub, fühlen sich viele Wasservögel wohl. In Kroppen führt die Route durch einen stattlichen Landschaftspark, der im 18. Jahrhundert von Eduard Petzold angelegt worden ist. Über Ortrand gelangen wir nun in die Kmehlener Berge. Nach neuen

Die Bucksche Schweiz

Messungen ist der Kutschenberg mit 201 Metern höchste Erhebung im bewaldeten Terrain und ganz Brandenburgs. Bislang galt der Hagelberg als ›Rekordhalter‹.
Länge: 33 Kilometer.

Senftenberg

Vorwahl: 03573.

Tourist-Information Senftenberg, Markt 1, Tel. 1499010, www.lausitzerseen.com.

Internationale Bauausstellung Fürst-Pückler-Land, Besucherzentrum IBA-Terrassen in Großräschen, Seestr. 100, Tel. 035753/2614, www.iba-see.de. Mitte Okt.–Mitte März Di–So 10–16, sonst 10–18 Uhr, Mo Ruhetag.

Ratskeller Senftenberg, Am Markt 1, Tel. 141424, tgl. 10–24 Uhr. Mediterrane Küche mit Eiscafé Max und 26 Sorten original italienischem Eis, Marktterrasse.

Niemtscher Mühle, Dorfstr. 12b, traditionelles Ausflugsgasthaus von 1902 nahe dem Senftenberger See (auf dem Radrundkurs), tgl. ab 11 Uhr. Gutbürgerliche Küche, Di Familientag mit Sonderpreisen.

Wellnesshotel Seeschlösschen (€€€), Buchwalder Str. 77, Tel. 37890, www.lausitztherme.de. Vier-Sterne-Haus am Senftenberger See mit Gourmetrestaurant.

Strandhotel am Senftenberger See (€€), Am See 3, Tel. 800400, www.strandhotel-see.de. Neues Komforthaus am Nordstrand, herrlich ruhige Lage, viele Zimmer mit Seeblick, hoteleigene Liegewiese mit Badestelle, Terrassenrestaurant (Mo–Fr ab 14 Uhr, Sa/So ab 11 Uhr). Fahrradverleih, ca. 1,5 km vom Stadtzentrum.

Pension Freizeitcenter Senftenberg (€€), Hörlitzer Str. 36, Tel. 79 83 55, www.tropolis.de. Ferienhäuschen und Restaurant Tiroler Stadl mit Tiroler und österreichischen Weinen, Mo–Fr 16–24, Sa/So 10–24 Uhr.

Pier 1 an der Strandpromenade, Steindamm 53, Tel. 810630, www.piereins.de, Mo–Fr 14–22, Sa/So ab 11.30 Uhr.

Restaurant und Tapaskultur, Kirchplatz 3, Tel. 363556, Mo–Fr ab 11.30, Sa 17–21, So 11–16 Uhr. Schmackhafte mediterrane Küche.

Panorama Lounge, Schulstr. 4b (Am Schlossparkcenter). So–Do 14–22, Fr/Sa 14–02 Uhr. Schickes Café und Cocktailbar mit Dachterrasse im 7. Stock.

Terrassencafé auf den IBA-Terrassen in Großräschen, Nov.–Mitte März tgl. außer Mo 10–16 Uhr, sonst 10–18 Uhr.

Komfortcamping Senftenberger See, Stadtteil Niemtsch, Tel. 661543.

Familienpark Senftenberger See, Stadtteil Großkoschen, Tel. 8000.

Schloss und Festung Senftenberg sowie **Kunstsammlung Lausitz**, Tel. 2628, www.museum-osl-online.de; April–Okt. Di–So 10–17 Uhr, Nov.–März 14–17 Uhr. 2500 Gemälde, Graphiken und Skulpturen.

Museumshof Großkoschen, tgl. 10–18 Uhr, Nov.–April Mo–Fr 10–15 Uhr, Do Backtag.

Stadttheater Neue Bühne, Rathenaustr. 6, und Amphitheater am Senf-

▶ Karte S. 130

tenberger See, Großkoschen, Tel. 8010, www.theater-senftenberg.de.

Tierpark, Tel. 2944, www.tierpark-senftenberg.de; Mai–Sept. 8–18 Uhr, Okt.–April 9–16 Uhr.

Reederei Rolf Bothen, Dresdner Straße 14b, Ortsteil Großkoschen, Tel. 81261, www.reederei-bothen.de. April–Okt., Anlegestellen am Großkoschener Badestrand, Senftenberg (Nähe Tierpark) und am Campingplatz Niemtsch.

Schwimmhalle am Stadtwald (Erlebnisbad), Hörlitzer Str. 32, Tel. 2092.

Snowtropolis, Hörlitzer Str. 36, Tel. 363700, www.snowtropolis.de; Mo–Fr 13–21.30, Sa/So und Schulferien 10–21.30 Uhr. Ski- und Skischuhausleihe, Eislaufhalle, Restaurant, Ferienhäuser und Sauna.

Welcome Center EuroSpeedway Lausitz, Lausitzallee 1, 01998 Klettwitz, Tel. 01805/307703, www.eurospeedway.de.

Wassersportzentrum Senftenberger See, Tel. 800600, www.senftenberger-see.de; Bootsvermietung, Segelschule, Kanutouren.

Großräschner Orgelkonzerte (Termine: www.orgelklang.de), Seefestspiele (Aug.).

Lauchhammer

Anfang des 18. Jahrhunderts entdeckte man in der Umgebung von Lauchhammer Raseneisenerz. Der sächsische König August der Starke erteilte der hier ansässigen Freifrau Benedicta Margaretha von Löwendahl entsprechende Abbaugenehmigungen. Die geschäftstüchtige Dame kam aus dänischem Adel, ihr Mann vermachte ihr das damalige Rittergut Mückenberg, das später zu Lauchhammer eingemeindet wurde (Lauchhammer-Süd). Von 1725 bis 1733 entstanden vier Hochöfen. Der Erbe Detlev Carl Graf von Einsiedel setzte das Werk fort. Unter seiner Regie war 1784 der erste vollplastische Eisenkunstguss der Welt erfolgreich, eine große Parkvase. Ab 1834 begann der Glockenguss, heute die einzige Kirchenglockengießerei in Ostdeutschland.

Bis Ende des 18. Jahrhunderts nannte man das Industrierevier Löwendahlscher Hammer, danach Lauchhammer. In der mittlerweile über 200jährigen traditionsreichen Kunstgießerei entstanden seither unzählige Denkmäler, Brunnen, Wappen, Gedenktafeln, Pavillons und Gartenmöbel. Bekannte Werke aus Lauchhammer sind der Neptunbrunnen in Berlin, das Goethe-Schiller-Denkmal in Weimar, das Lutherdenkmal in Worms, das Denkmal für Friedrich Wilhelm II. in Neuruppin, die 4500 Kilogramm schwere Schlossglocke Wittenberg sowie eine 3000 Kilogramm schwere Glocke für den Berliner Dom. Die ›Illustrirte Zeitung‹ schrieb 1868: »Es hämmert und pocht und schnurrt bei Tag und Nacht in diesem Gebäudekomplex. Als sollte die ganze Welt umgemodelt werden.« Über 500 Bronzeglocken kamen von 1834 bis 1939 aus Lauchhammer. Die meisten wurden während des Zweiten Weltkriegs eingeschmolzen, nur 36 blieben erhalten. Die älteste erhaltene stammt von 1852 und hängt in der Lutherkirche im benachbarten Schwarzheide. Nach Plänen von Karl Friedrich Schinkel werden heute auch prächtige gusseiserne Gartenmöbel hergestellt.

Den ersten Braunkohlefunden im Jahr 1789 wurde noch keine Bedeutung zugemessen, erst im Jahr 1851 wurde bei Kostebrau die erste Kohlengrube eröffnet. 1952 kam der erste Koks aus der weltweit ersten Kokerei auf Braunkohlebasis. Ein Jahr später erhielt Lauchhammer nach dem Zusammenschluss mehrerer Dörfer das Stadtrecht zuerkannt und wuchs zu einem Zentrum der Kohleveredlung und des Schwermaschinenbaus. Die Kohleindustrie ist Mitte der 1990er Jahre völlig zum Erliegen gekommen. Altbergbauflächen und rekultivierte Bergbaufolgelandschaften bestimmen das Bild der Umgebung. Heute lässt die dänische Firma Vestas in Lauchhammer Flügel für moderne Windräder produzieren, die Werkhallen sind gut ausgelastet.

Anfang des 20. Jahrhunderts benötigten die Walzwerke und Kohlefabriken Starkstrom. Der Geheime Kommerzienrat Hallbauer entwickelte in Lauchhammer eine Schaltzentrale für eine Spannung von 110 000 Volt. Diese ging 1912 als erste in Europa in Betrieb.

Sehenswürdigkeiten

Der frühzeitigen Industrialisierung verdankt Lauchhammer heute einen Anziehungspunkt: Das **Kunstgussmuseum** im Stadtteil Lauchhammer-Ost. Das Haus mit Fachwerkgiebeln hat eine interessante Geschichte. »Im Jahr 1898 wurde auf einer lichten, kiefernumgrenzten Anhöhe in der Nähe des Eisenwerkes ein Lehrlingswohnheim übergeben. Dieser Ort ist geradezu für junge Leute geschaffen, die tagsüber im Betrieb ihre Ausbildung erhalten und abends wieder neue Kräfte für den nächsten Tag sammeln wollen. Man hat den Eindruck, als ob das Wohnheim dem Weltgetriebe entzogen sei, so still und idyllisch ist dieser Standort.« So kann man es in einer Zeitung aus jener Epoche nachlesen. Bis 1991 war das erste Lehrlingswohnheim Deutschlands ohne Pause in Betrieb. Bis 1993 zum Kunstgussmuseum umgestaltet, stehen die Türen seither wieder offen. Oft werden Sonderausstellungen geboten. Aber auch die gusseisernen Öfen, Kamine, Kuchenformen und Töpfe und die verkleinerten Denkmalkopien lohnen einen Besuch. In der einstigen Berufsschule, gleich neben der Kunstgießerei, wurde ein Schaudepot eröffnet. Die Modellsammlung ist in Art und Umfang deutschlandweit einmalig. Es handelt sich um Reliefs und vollplastische Modelle, die man als Vorlage für den Metallguss verwendete.

In der Hüttenstraße steht eine funktionstüchtige **Balancier-Zylinder-Gebläsemaschine**, gefertigt im hiesigen Eisenwerk 1836/37. Eine **Schule** in Bauhaus-Architektur findet sich in Lauchhammer-Ost nahe vom Krankenhaus. Sogar ein Schwimmbecken war damals in die Schule integriert. Auf dem Markt in Lauchhammer-Mitte steht ein großes gusseisernes **Standbild** der Göttin Germania. Die 24 **Biotürme**, letzte Relikte der einstige Kokerei, sind ein ungewöhnlicher Anblick. Sie erscheinen wie Relikte einer mittelalterlichen Festung und werden daher auch ›Castel del Monte der Lausitz‹ genannt. Neueste Attraktion sind die zwei freischwebende Glaskanzeln in luftiger Höhe.

Mit dem nordwestlich benachbarten **Grünewalder Lauch** besitzt Lauchhammer ein attraktives Erholungsgebiet für Badelustige, Surfer und Segler. Der 100 Hektar große See entstand in einem Braunkohlerestloch; Kohle wurde hier

▲ Karte vordere Umschlagklappe

von 1957 bis 1966 gefördert. Fünf Kilometer Uferbereich mit gelungenen landschaftsgestalterischen Elementen sind zugänglich, ein Rundwanderweg um das Gewässer ist ausgewiesen.
Der **Wanderweg** nach Lauchhammer ist vom Ortszentrum Grünewalde anfangs rot markiert. Er führt zuerst in das Naturschutzgebiet Welkteich. Um die Wende zum 20. Jahrhundert eine Fischzuchtanlage der Mückenberger Teichwirtschaft, hat sich die Natur hier verlorengegangenes Terrain zurückerobert. Die kleinen Gewässer sind nun Refugium für eine artenreiche feuchtliebende Fauna und Flora. Ein 600 Meter langer Lehrpfad erschließt dem Wanderer dieses Gebiet.
Man überquert die Verbindungsstraße Lauchhammer/West-Grünewalde, ab hier ist der Weg bis ins Zentrum nach Lauchhammer gelb markiert.

Lauchhammer

Vorwahl: 03574.
Touristeninformation, Liebenwerdaer Str. 69, Tel. 488488, touristinfo@lauchhammer.de.

Bahnhof in Lauchhammer-West auf der Strecke Ruhland–Elsterwerda-Biehla mit Anschlüssen nach Berlin, Dresden, Hoyerswerda, Cottbus und Magdeburg.

Gästehaus Villa K (€€), Werner-Külz-Str. 2, Tel. 862011, www.gaestehaus-villa-k.de. In einer Villa von 1920.
Pension Tannert, Hüttenstr. 20, Tel 464585. Schön gelegene Villa am Waldrand.

Grünewalder Lauch, Tel. 3826 (April–Okt.), www.camping-lauchhammer.de.

Gasthof Zum Goldenen Born, Grünewalde, Tel. 761437.

Kunstgussmuseum, Grünhauser Str. 19, Tel. 860166, Di–So 13–17 Uhr (unsicher wegen Besuchermangel, besser vorher anrufen!), www.kunstgussmuseum.de.
Schaudepot Bronzeschule, Freifrau-von-Löwendahl-Straße 3, Tel. 860166, Di–So 13–17 Uhr.
Biotürme Lauchhammer, Finsterwalder Straße 57, Tel. 860604, www.biotuerme.de, Sa/So 10–18 Uhr.

Ortrand

Die spätgotische **Hallenkirche St. Barbara** aus der Mitte des 16. Jahrhunderts ist das Schmückstück des kleinen Ortes. Sie besitzt einen barocken Turm von 1730, im Inneren befindet sich ein romanischer Taufstein.
Am Bahnhofsgebäude aus roten Klinkern ist die farbige Gedenktafel für den Begründer der Eisenbahnstrecke Cottbus-Großenhain, Dr. Karl Eduard Zacharias von Lingenthal, aus dem Jahr 1870 bemerkenswert.
Ansonsten ist Ortrand nicht weiter interessant, wenngleich von gewisser historischer Bedeutung: Es markierte einst die Grenze zwischen den selbständigen Staaten Sachsen und Preußen, heute zwischen den Bundesländern Freistaat Sachsen und Brandenburg; viele historische Grenzsteine aus früheren Zeiten sind erhalten geblieben.

Radtour von Ortrand nach Senftenberg

Vom Bahnhof Ortrand radeln wir ein Stück stadteinwärts, bis der Radweg nach rechts abbiegt. Bis zum Senftenberger See folgen wir den roten Wegmarkierungen, vor Kroppen radeln wir an den Ufern des Alten und Neuen Sempelsteiches vorüber. Nach Plänen des Hofgärtners und Garteninspektors Eduard Petzold, der viele Jahre im Pückler-Park Muskau wirkte, entstand der kleine Landschaftspark Kroppen. Durch die Gartenanlage fließt die Pulsnitz, die im späten Frühjahr von blühendem Rhododendron gesäumt ist.

Am Ostufer des Großen Dubs und über Jannowitz erreichen wir das Dörfchen Lipsa mit Schloss und Torhaus. Das stattliche Gebäude beherbergt ein Alten- und Pflegeheim des Diakonischen Werkes.

Über die Guteborner Straße erreichen wir die letzten Häuser am Waldrand und radeln auf dem schnurgeraden Fahrweg. Am Ortseingang Guteborn biegen wir gleich links in den Schlosspark ab. Das Schloss sucht man allerdings vergeblich. Es fiel im Jahr 1948 den sozialistischen Ideologen zum Opfer: Als ›Hort der Reaktion‹ wurde es von den neuen Herrn dem Erdboden gleichgemacht. Dabei war die Residenz des Prinzen Ulrich von Schönburg ein geschichtsträchtiger Ort. Vor den Revolutionswirren in Dresden ins Preußische geflüchtet, unterschrieb hier am 18. November 1918 der letzte sächsische König, Friedrich August III., die Abdankungsurkunde. Seine dabei geäußerten Worte ›Macht Euern Dreck doch alleene‹ wurden schnell populär. Die erhaltene Schlosskapelle mit dem Grabsteinfragment eines Ritters (1523) und einem Sitznischenportal wurde restauriert.

Wieder im Kiefernwald, rollen die Räder bald durch einen ehemaligen Glassandtagebau. Einige der tiefen Gruben sind schon wassergefüllt und von der Natur zurückerobert. Links von unserer Route wird am Rande noch Glassand abgebaut, Halden sind zum Abtransport aufgeschüttet. Unweit davon steht an einer weiß-rot-weißen Markierung klein, beinahe verschämt ›Aussicht‹. Wir biegen links ab, bewältigen eine kleine Anhöhe und stehen nach etwa 500 Metern am Aussichtsturm. Von oben blickt man nach Senftenberg und Schwarzheide, in andere Richtungen versperren Baumkronen den erhofften Rundblick. Eine Treppe führt am Hang nach unten. Dort ziehen kleine Felsgruppen aus verhärtetem Glassand die Blicke auf sich.

Hohenbocka besitzt ein Schloss, in dessen Baustil sich Spätgotik und Renaissance vermischen. Es wurde 1896–1898 erbaut und kürzlich restauriert.

Über Hosena rückt der Senftenberger See immer näher. Um das künstliche Gewässer führt ein knapp 20 Kilometer langer Rundweg, der mit einem grünen Punkt markiert ist. Wir nutzen den Asphaltweg Richtung Niemtsch. Belebte Strände wechseln mit ruhigen Badestellen, an denen auch FKK erlaubt ist. Kurz vor Niemtsch ist das Seeufer aus Sicherheitsgründen gesperrt, wir fahren weiter auf der Straße. Zum Schiffsanlegeplatz und Campingplatz biegen wir rechts ab und gelangen am Seeufer, vorbei am Segelhafen, bis zum Buchwalder Schwarze-Elster-Wehr. Damit ist bereits der Südrand von Senftenberg erreicht.

Länge: 40 Kilometer.

Die Schlosskapelle Guteborn

Mittelalterliche Städte wie Bautzen, Görlitz und Zittau wurden in den vergangenen Jahren mit viel Liebe zum Detail herausgeputzt. Hier lässt es sich gemütlich durch enge kopfsteingepflasterte Gassen bummeln.

Nach Bad Muskau lockt der als Weltkulturerbe geadelte Park, und im Oberlausitzer Bergland und Zittauer Gebirge kann man nach Herzenslust wandern und klettern.

Die Oberlausitz

Die Oberlausitz reicht im Norden bis zur Landesgrenze zwischen Sachsen und Brandenburg. Im Westen liegt die Grenze an einer Linie zwischen Königsbrück, Bischofswerda und Sebnitz. Tschechien ist südlicher, Polen östlicher Nachbar.

Bis zum Ende des Zweiten Weltkrieges gehörte auch das heute in Polen gelegene östliche Territorium bis zum Bober (Bóbr) und Oberlauf des Kweis (Kwisa) zur Oberlausitz.

Im Jahr 1815 wurde der nördliche Teil der Oberlausitz Preußen einverleibt, und so entstand ein westlicher Zipfel Niederschlesiens. Nach 1945 verblieben reichlich 2000 Quadratkilometer schlesisches Territorium, eben dieser Zipfel, bei Deutschland.

Landschaftliche Vielfalt auf kleinstem Raum, ausgedehnte Kiefernwälder, Teiche, Gefilde und Bergland, mittelalterliche Stadtkerne sowie folkloristische Besonderheiten der Oberlausitz ziehen immer mehr Besucher in den Südosten Sachsens. Das sorbische Sprach- und Siedlungsgebiet in der Oberlausitz erstreckt sich um Hoyerswerda, Weißwasser, Bautzen und östlich von Kamenz.

Weißwasser (Běła Woda)

Mitten durch Weißwasser, entlang der Muskauer Straße, verläuft die Wasserscheide zwischen Nord- und Ostsee. Zwei Findlinge – einer nahe dem Wasserturm, der andere nahe dem ehemaligen Kino Kristall – erinnern daran. Von hier bis zur Ostsee fließt das Wasser 409 Kilometer, zur Nordsee noch 719 Kilometer. Ein Wassertropfen benötigt im Durchschnitt 10 bzw. 20 Tage für die jeweilige Distanz.

Die Stadt ist von ausgedehnten Kiefernwäldern der Muskauer Heide umgeben, war aber vor allem als früherer Industriestandort von Bedeutung. Seit 1935 mit Stadtrechten ausgestattet, verdankt Weißwasser seinen einstigen Aufschwung vor allem der Glasindustrie. Von 1873 bis 1900 entstanden mehrere Glashütten, in denen 40 Schmelzöfen standen. Damals war Weißwasser die größte Glasmetropole der Welt. 1914 arbeiteten drei Viertel der 12 000 Einwohner in der Glasindustrie. Hier gab es Kohle und hochwertigen Quarzsand im Überfluss. Heute beschäftigt die Glasindustrie noch etwa 500 Menschen.

Seit Ende der 1960er Jahre wuchs die Stadt erneut, diesmal als Wohnstadt für die Beschäftigten der Kohle- und Energiewirtschaft der DDR, die im Kraftwerk Boxberg und den umliegenden Tagebauen arbeiteten. Glasindustrie und Energiewirtschaft sind noch immer wichtige Arbeitgeber, aber die Einwohnerzahl ist im Vergleich zu 1990 um ein Drittel geschrumpft. In den 1930er Jahren sorgte der künstlerische Leiter der Vereinigten Lausitzer Glaswerke, Wilhelm Wagenfeld, für neue Trends in der Glasgestaltung. Industrieglas wurde nach seinen Vorgaben »so schön und praktisch, dass sich der Reichste wünscht, es zu besitzen, und so preiswert, dass auch der Ärmste es sich kaufen kann.« Einen

Der schöne Rathausgiebel

▲ Karte vordere Umschlagklappe

Einblick in diese Geschichte gibt das **Glasmuseum** in der Gelsdorf-Villa in der Forster Straße. Nachgestellte Arbeitsplätze ermöglichen Einblicke in die einstigen Produktionsabläufe der Glasherstellung und Veredelung.
Eine Touristenattraktion ist die **Waldeisenbahn Muskau**, die einzige Schmalspurbahn Deutschlands mit 600 Millimeter Spurweite, die heute noch auf historischer Strecke verkehrt. Das Bahnhofsgebäude mit Ausstellungsgelände befindet sich in der Teichstraße, am Ostrand der Stadt. Von Mai bis September oder nach Vereinbarung verkehren die Züge von hier durch die Muskauer Heide. Die Fahrt nach Kromlau dauert 20, die nach Bad Muskau 40 Minuten. Die als ›Gräflich von Arnimsche Kleinbahn‹ bekannt gewordene Strecke wurde 1895 in Betrieb genommen, transportierte Ton, Kohle, Torf sowie Holz. Das Streckennetz betrug zu ihrer Blütezeit etwa 80 Kilometer. 1978 wurde sie stillgelegt und größtenteils zurückgebaut, ab 1990 konnten zwei Teilstrecken wiederbelebt werden. Jetzt existieren noch elf Kilometer, die regelmäßig befahren werden. Bei Sonderfahrten kommen die zwei erhaltenen Dampflokomotiven zum Einsatz, ansonsten werden die Fahrten mit Dieselloks betrieben.
Am südlichen Stadtrand, beim Schweren Berg, können Sie von einem neuen, 30 Meter hohen **Turm** in den Tagebau Nochten und seine Umgebung schauen, bei idealer Sicht auch bis zum Iser- und Riesengebirge (tgl. 10–18 Uhr, freier Eintritt, nebenan ein Bistro).

Wanderung zum Braunsteich und nach Krauschwitz

Weißwasser ist von ausgedehnten Wäldern umgeben. Vom Marktplatz, vorbei an einem ehemaligen Glaswerk, gehen

Am Braunsteich

wir etwa zwei Kilometer bis zum östlich gelegenen Landschaftsschutzgebiet Braunsteich. Ein Naturlehrpfad mit Schautafeln führt rund um das Gewässer; in der Saison kann man Ruderboote ausleihen.
Die rote Markierung leitet Wanderer vom Braunsteich ins Naturschutzgebiet Keulaer Tiergarten und weiter nach Krauschwitz. Knorrige alte Kiefern, natürliche Bestände der Lausitzer Tieflandsfichte sowie großflächiger Bewuchs von Adlerfarn sind zu entdecken.
Krauschwitz besitzt ein schönes Erlebnisbad (Infos: www.badeparadies.com). Wer es besuchen möchte, folgt bei den ersten Häusern der Gemeinde nicht mehr dem roten Balken – dieser Weg biegt hier rechts ab –, sondern verbleibt auf dem Fahrweg geradeaus.
Künstlerische Töpferwaren bietet Kathrin Najorka in ihrer Niederschlesischen Töpferei in Krauschwitz, Waldweg 19, an. Werkstatt- und Schauvorführungen sowie Kurse sind nach telefonischer Voranmeldung unter 03 57 71/641 78 möglich. Zurück nach Weißwasser verkehren Linienbusse.
Länge: 6 Kilometer.

Weißwasser

Vorwahl: 03576.

Touristinformation Weißwasser, Bahnhofstr. 3, Tel. 219521, www.touristinfo.stadtverein-weisswasser.de.

Im Stundentakt nach Berlin mit Umsteigen in Cottbus sowie nach Zittau über Görlitz.

U. a. nach Bad Muskau über Krauschwitz.

Hotel Kristall (€€), Karl-Liebknecht-Str. 34, Tel. 2640, www.hotelkristall.de; Plattenbau-Hotel nahe dem Bahnhof.

Hotel Krauschwitz (€€), Görlitzer Str.26, Tel. 035771/570, www.fuerst-pueckler-hotel.de; Vier-Sterne-Haus mit empfehlenswertem Restaurant neben dem Erlebnisbad in Krauschwitz, Weinkeller.

Pension Tanneneck (€), Ährenweg 7, Tel. 207176, www.lausitz-pension.de.

Turmcafé, Bahnhofstr. 30, Tel. 241097; Mo–Fr 11.30–14 und 17.30–23 Uhr, Sa 17.30–23, So 11–17 Uhr; gegenüber vom Bahnhof im ehemaligen Wasserturm, Restaurant und Café, Bier- und Weingarten, 17 Weine und 13 Biere aus aller Welt.

Zeltplätze in Halbendorf und Kromlau.

Waldeisenbahn Muskau in Weißwasser, Jahnstr. 53 (Haus A), Tel. 207472, www.waldeisenbahn.de.

Museumsbahnhof Anlage Mitte, Teichstr. (Ortsausgang Bad Muskau, Abzweig von der Muskauer Straße ausgeschildert).

Glasmuseum, Forster Straße 12, Tel. 204000; Mo, Di und Do 8–15, Mi 8–17, Sa 13–17, So 14–17 Uhr, www.glasmuseum-weisswasser.de.

Tierpark, Teichstr. 56, tgl. 9–18 Uhr, Nov.–März bis 16 Uhr.

Bad Muskau (Mužakow)

▶ Karte vordere Umschlagklappe

Das niederschlesische Städtchen Bad Muskau, eingebettet ins idyllische Neißetal, besitzt seit 1492 Stadtrechte. Fürst Pückler legte mit seinem großartigen Landschaftsgarten den Grundstein für den späteren Weltruhm. Die Geburtsstunde des Parks schlug am 1. Mai 1815. In einem Aufruf bat der Adlige um Unterstützung für das Projekt. Bürger und Dörfler am Neißeufer ließen den Standesherrn gewähren. Einige verkauften ihren Grund, andere ließen sich zum Umsiedeln bewegen, so dass Pückler mit der Umgestaltung ausgedehnter Flächen nach seinen Ideen beginnen konnte.

Muskauer Park

Fast 190 Jahre nach den ersten Pflanzungen, am 2. Juli 2004, wurde der Muskauer Park in die Weltkulturerbeliste der UNESCO aufgenommen. In der Begründung heißt es: ›Der Muskauer Park ist ein außergewöhnliches Beispiel eines europäischen Landschaftsparks sowie einer künstlichen Ideallandschaft‹ (so vermerkt auf der Bronzeplatte des Gedenksteins auf der Mitte der Doppelbrücke). Um ein Ausufern dieser Liste zu vermeiden, änderte die UNESCO ihr Aufnahmekonzept und verwarf das Mengenwachstum. Zukünftig soll pro Staat und Jahr nur noch ein Denkmal den begehrten Status erhalten. Für Muskau hätte es kaum eine Chance gegeben. Aber der mit 830 Hektar größte Landschaftsgarten Europas liegt zu einem Drittel in Deutschland und zu zwei Dritteln in Polen, da die Lausitzer Neiße nach dem Zweiten Weltkrieg zur Staatsgrenze wurde. Seit dem politischen Wandel wuchs beiderseits der Neiße die Überzeugung, dass Pücklers Landschaftsgarten ein Kunstwerk ist, das zusammengehört. Der UNESCO-Antrag wurde vor allem von polnischer Seite vorangetrieben.

Das Muskauer Neißetal verwandelte sich nach Pücklers Plänen durch aufwendige Erdarbeiten und Anpflanzungen zur Parklandschaft, ohne dass die Kunst des Gestaltens dem Besucher unmittelbar bewusst wird. Stets wechselnde Durchblicke, die Einbeziehung von Wasserläufen und Seen sowie kulissenartig angeordnete Baumgruppen sind charakteristisch für einen Landschaftsgarten, der die Illusion einer nicht von Menschenhand geformten Szenerie vermittelt. Wie wichtig Pückler dieser Park war, lässt sich an einem Brief ablesen, den er an seine Freundin Bettina von Arnim schrieb. Darin heißt es: »Wer mich ganz kennen lernen will, muss meinen Garten kennen, denn mein Garten ist mein Herz.«

Im Mittelpunkt des Schlossparks steht das **Neue Schloss**. Das stattliche Neorenaissancegebäude war Wohn- und Arbeitssitz der Muskauer Standesherren, brannte aber wenige Tage nach Kriegsende aus; die Umstände wurden nie geklärt. Über 50 Jahre fristeten die Mauern ein schaurig-romantisches Dasein. Schloss und Park kamen nach der Wende in die Obhut des Freistaates Sachsen, die Regie übernahm schließlich die neugegründete Stiftung Fürst-Pückler-Park Bad Muskau. Seit 1995 wird am Wiederaufbau gearbeitet – von außen zeigt sich das Schloss bereits in märchenhafter Schönheit.

Im Südflügel begeistert die multimediale Dauerausstellung ›Pückler! Pückler? Einfach nicht zu fassen‹. Im Haupttreppenhaus wandeln Besucher auf original erhaltenen Granitstufen entlang einer filigranen Sandsteinbalustrade zum Rundgang in den ersten Stock. Hier ist eine Ahnengalerie der Standesherren zu sehen, angefangen mit einer Büste des Standesherren Fabian von Schönaich (1509–1591). Gleich hinter dem Eingang zur Ausstellung erleben Sie (dazu müssen Sie an einer Kordel ziehen!) ›Pücklers Familientheater‹, eine Moritat über die sagenhafte Geschichte derer von Muskau. Die nachfolgende ›Grand Tour – Wege in die Welt‹ zeichnet Pücklers Jugendwanderungen nach. Alle Stationen sind auf einer verschlungenen

Vor dem rekonstruierten Neuen Schloss

Die Oberlausitz

Linie an der Wand zu verfolgen, so München: »Wie löst man Geldprobleme? Eine große Summe fordern, um wenigstens eine kleine zu bekommen... Neapel: Auf Eseln zum Vesuv, Rotwein am Kraterrand, Promenaden am Meer.« Diese Zeit war für Pückler eine Art Lebensuniversität. Nachdem zuvor alle Ausbildungsversuche gescheitert waren, bildeten sich, durch Deutschland, Österreich, die Schweiz, Italien und Frankreich reisend, die Grundzüge Pücklerschen Lebens und Wesens heraus: Die Lust an der Welt in all ihren Facetten. Hier entdeckte der junge Mann die Landschaft und die Gartenkunst als sein eigentliches künstlerisches Betätigungsfeld.

Eine Attraktion ist der Liebesbrief-o-mat. Pückler korrespondierte mit Hunderten Personen, darunter vielen Frauen. 80 000 Blätter Briefwechsel sind erhalten geblieben, darunter auch ein Bündel mit Konzepten alter Liebesbriefe mit dem Vermerk »Bei Gelegenheit weiter zu verwenden«. Die Texte sind in den Automaten eingespeist. So können Sie nach dem Einwurf einer Münze, die gibt es zusammen mit der Eintrittkarte gratis, verschiedene Hebelchen, je nach Stimmungslage und Adressaten wählen, und schon wird der Liebesbrief aus Pücklerschen Textbausteinen ausgedruckt.

In der früheren Bibliothek des Neuen Schlosses, dem Rittersaal

Im nächsten Raum ist ›Die Welt der Frauen‹ zu erleben. Rote Samtherzen erzählen auf Knopfdruck amouröse Pücklersche Frauengeschichten. Denn die Damen waren neben der Natur seine wichtigste Inspirationsquelle. Anschließend werden Pücklers Reisen durch das Abendland und den Orient nachgezeichnet. Das Pücklersche Arbeits- und Studierzimmmer entstand nach historischem Vorbild. Hier schrieb der Fürst seine ›Andeutungen über Landschaftsgärtnerei‹ und den Skandalroman ›Tutti frutti‹.

Im Erdgeschoss erfährt der Besucher Interessantes zur Entstehung des Muskauer Parks, darunter ist auch der ›Aufruf an die Muskauer Bürger‹. Auf einer imaginären Kutschfahrt kann man an farbenprächtigen großen Parkbildern aus Pücklers Gartenbuch vorbeifahren. Prächtige Gewölbe sind im Rittersaal rekonstruiert, in dem sich einst die Bibliothek befand.

Auf der winzigen Galerie im Westturm steht man 35 Meter über dem **Schlossteich**. Weit schweift der Blick von hier über den Park. In den letzten Jahren wurde hier viel geholzt, um die von Pückler konzipierten Blickachsen wieder herzustellen. Nach über fünf Jahrzehnten können Besucher wieder die historische Konzeption mit Pücklers Raumkompositionen erleben, in die auch sehenswerte Bauten einbezogen sind. Das **Alte Schloss** stammt aus dem 14. Jahrhundert. Zum Ende des Zweiten Weltkrieges zerstört, wurde es zwischen 1965 und 1980 wieder aufgebaut. Über dem prächtigen Eingangsportal des Alten Schlosses stehen drei Sandstein-Plastiken. Der ›Starke Mann‹ (Stadtwap-

▲ Karte vordere Umschlagklappe

pen), ›Flora‹ und ›Hygieia‹ sind Sinnbilder für die Muskauer Landschaft und das ansässige Moorbad. Hier sind heute die städtische Touristinformation, die Stadtbibliothek und das Standesamt untergebracht.

Neben dem Neuen Schloss steht das **Kavalierhaus** von 1772. Es diente einst als Sommerhaus und Theater, wurde nach 1945 als Krankenhaus wieder errichtet und war von 1950 bis Anfang 2010 Kurhaus des Moorbades. Jetzt werden die vorwiegend rheumatisch erkrankten Patienten im neuerbauten ›Kulturhotel Fürst Pückler‹ am Marktplatz behandlet; man kann sich aber auch mit Wellnessangeboten verwöhnen lassen.

Zwischen Neuem Schloss und Lausitzer Neiße befindet sich die **Orangerie**. Sie entstand 1842 bis 1847 im Tudorstil nach Plänen des Dresdner Baumeisters Gottfried Semper. Heute ist sie Sitz der Verwaltung der Fürst-Pückler-Stiftung, wie eh und je überwintern hier Orangenbäumchen. Nahe der Orangerie führt die Doppelgitterbrücke über die Neiße in den polnischen Parkteil (siehe S. 299).

Der Ort

Der Ort Muskau selbst ist unscheinbar und wurde durch die Kriegshandlungen 1945 arg in Mitleidenschaft gezogen. Zu DDR-Zeiten wuchsen hier viele monotone Wohnblöcke. Ein Abstecher in den **Bergpark** mit der Ruine der kleinen **Bergkirche** ist da schon lohnender. Über eine Treppe gegenüber vom Markt oder durch die Berg'sche Kirchgasse, die neben dem Gasthaus Parkstübl versteckt nach oben führt, gelangt man schnell dorthin. Die Bergkirche gilt als ältester Kirchenbau der östlichen Oberlausitz. Die erste urkundliche Erwähnung

Im Bergpark

stammt aus dem Jahr 1346, Gottesdienste wurden bis zum Jahr 1785 abgehalten. Von der Wiese nahe der Bergkirche genießt man einen herrlichen Blick über die Parkstadt, die wie eingerahmt von Pücklers Gartenkunstwerk vor dem Betrachter liegt.

Vor der Bergkirchruine führt der Oberweg entlang. Läuft man an den roten Parkhäusern vorbei, kommt man zum 160 Meter hohen Weinberg. Der Bergpark bildet den Scheitelpunkt des Muskauer Faltenbogens. Pückler nutzte das abwechslungsreiche Relief mit seinen Schluchten und Plateauflächen geschickt aus, was vor allem in ungewöhnlichen Wegführungen und großartigen Sichtbeziehungen zum Ausdruck kommt.

Geht man am Weinberg auf einem schmalen Pfad den Abhang hinunter und hält sich auf dem Hauptweg links, gelangt man nach etwa zwei Kilometern in den Badepark. Dort befand sich ehemals das Hermannsbad, das 1930 aus wirtschaftlichen Gründen geschlossen und 1945 fast völlig zerstört wurde. Im **Badepark** gedeihen seltene Bäume wie Goldeiche, Tulpenbaum, Schwarznuss und Esskastanie.

An eine Angebetete, zusammengestellt aus Briefen Pücklers mit dem Vermerk: »Bei Gelegenheit weiter zu verwenden«:

Mein Augenstern,
glaube nicht, dass Dir diese Bezeichnung nur aus schnöder Gewohnheit ob unserer gemeinsamen Zeit zuteil ward, sondern wisse, dass ich dies Kosewort ganz bewusst für Dich gewählt. Ohne Dich umgibt mich Dunkelheit, die nur durch Deine Anwesenheit erhellt, den Blick zu den Sternen preisgibt. Oh wie sehr sehne ich mich nach diesem Licht der Sterne! Es leuchtet mir den Weg und lässt mich wissen, dass an dessen Ende die Heimkehr steht. Alles Gefühl, jegliche Vernunft führen zu Dir. Die Welt umwebt Dich, zieht durch Dich wie ein Mückenschwarm den Sonnenstrahl durchtanzt. Es kitzelt Dich, aber Du bist nicht von den Ihren; Du hast Licht in Dir, das leuchtet, wo andere schimmern. Auch bist Du viel besser als ich, deswegen diene ich Dir. Mein ganzes Lohn bestehe darin, daß Du mir glaubst.

Hermann von Pückler-Muskau, Stahlstich 1837

Nie wieder möchte ich so blind durch die Welt taumeln, wie es noch vor Deiner Gegenwart in meinem Leben war. Ich war unfähig dessen Wunder zu erkennen, die sich dem Betrachter nur zu erkennen geben, wenn er sie durch ein Paar liebender Augen ansieht. Ein liebender Blick wie er ausschließlich ist, wenn er von einem leuchtenden Engel wie Dir erwidert wird. Mit Dir hat die Nacht ihren Schrecken eingebüßt und verspricht im Gegenteil alles Schlechte unter einem Schleier immerwährenden Trostes zu verbergen.

Fändest Du kein Gefühl für mich – auf der Stelle müsst ich vergehen. Einzig schlimmer ist der Gedanke, Du entbrenntest in Liebe – doch nicht für mich. Allein die Vorstellung überwältigt mich und entlockt mir die salzigsten Tränen.

Dein Licht, mein Stern, erleuchtet mir alles Los des Schönen auf der Erden, und ich ende bescheiden und demütig. Adieu.

Dein Liebster,
den Du sehend machst

Wanderung von Bad Muskau über Köbeln in das Naturschutzgebiet Zerna

Am Wasserturm, jetzt Pension und Restaurant, biegt die Straße nach Köbeln rechts ab. In der Köbelner Schulstraße 12 haben Jugendliche aus mehreren Ländern eine historische Schrotholzscheune aus dem 19. Jahrhundert rekonstruiert, die heute unter dem Namen ›Alwins Hof‹ bekannt ist. Das letzte Köbelner Haus rückt ins Blickfeld, ein kleines Schild markiert hier die nördliche ›Sachsengrenze‹, die gleichzeitig die Grenze zwischen Ober- und Niederlausitz ist. Biegt man am Haus rechts ab, gelangt man an das Neißeufer. An dieser Stelle brachen sowjetische Einheiten am 16. April 1945 durch den stark gesicherten deutschen Verteidigungsgürtel am Westufer der Neiße.

Der ›Hänsel- und Gretelweg‹ führt in das Naturschutzgebiet Zerna. Eichen, Fichten, Buchen und Erlen – die Vegetation wird immer abwechslungsreicher. Über eine Holzbrücke passieren wir den Lachgraben und wenden uns nur ein paar Schritte weiter links einem fast unscheinbaren Pfad zu, der hier auf etwa halber Höhe des steilen Neißehanges verläuft. Am Fuße des Hanges treten Quellen zutage. Der Wanderweg endet in Köbeln.

Radler können die naturnahe Neißeaue über Pusack, Bahren, Klein Bademeusel und Groß Bademeusel bis nach Forst als Teilstrecke des Oder-Neiße-Radweges erkunden.

Länge: 10 Kilometer (Hin- und Rückweg).

Radtour von Bad Muskau nach Klein-Priebus

Von Bad Muskau folgen wir der Neiße auf dem Teilstück des Oder-Neiße-Radwegs flussaufwärts parallel der B 115 bis nahe Krauschwitz. Hier biegen wir nach links ab. Durch naturnahe Auen, Waldstücke, Wiesen und Felder folgen wir nun immer der Neiße. Sagar wird als erstes Neißedorf erreicht, es liegt ›hinter dem Berge‹, wovon auch der sorbische Ursprung des Ortsnamens herrührt (za gory). Hier gibt es das Handwerks- und Gewerbemuseum zu besichtigen (Skerbersdorfer Str. 68, Ostern bis 3. Okt. Mo–Fr 9–15, Sa/So 15–18 Uhr, www.museum-sagar.de).

Skerbersdorf – mit Gasthaus an der Straße von Krauschwitz nach Klein-Priebus – und Pechern sind die nächsten kleinen Dörfer. Dieser Ort war früher für die Pechbrennerei bekannt. Die Herstellung erfolgte in Pechöfen durch Verkochen von Baumharz. Noch um 1840 waren im Kreis Rothenburg insgesamt 20 derartige Öfen im Betrieb. Pechern besitzt in Neißenähe eine kleine Fachwerkkirche aus dem 16. Jahrhundert. Der Ort Podrosche hat durch die 1995 eröffnete Grenzbrücke für Auto-, Radfahrer und Fußgänger seinen früheren verschlafenen Charakter verloren: Im gegenüberliegenden Przewóz (Priebus) entstand ein Einkaufsmarkt.

Klein und hübsch: die Fachwerkkirche in Pechern

Die Podroscher Kirche, ehemals ein Fachwerkbau, stammt aus dem Jahr 1668 und wurde für evangelische Gläubige gebaut, da die Kirche im gegenüberliegenden Hauptort Priebus Katholiken gehörte. 1907 durch Blitzschlag und 1945 durch Kriegseinwirkungen stark zerstört, danach aber wiederaufgebaut, ist sie jetzt wieder ein Schmuckstück. Sehenswert ist der gegenüberliegende alte Bergfriedhof, auf dem seit dem Mittelalter bestattet wird. Einige historische Grabtafeln an der kleinen Kapelle blieben erhalten. Die Anhöhe über der Neiße war vor Jahrhunderten eine slawische Burg, wie Ausgrabungen im Jahr 1937 bestätigten.

Von Klein-Priebus kann man mit dem Linienbus zurück nach Krauschwitz und Bad Muskau gelangen. Die Busse bedienen alle hier genannten Ortschaften, so dass man die Tour je nach Kondition abkürzen kann.

Länge: 20 Kilometer.

Bad Muskau

Vorwahl: 035771.

Bad Muskau Touristik, Schlossstr. 6 (im Alten Schloss - das kleinere von beiden), Tel. 50492, www.badmuskau.info.

Tourismuszentrum Muskauer Park, im Neuen Schloss, Tel. 63100, tgl. 10–18 Uhr (Mai–Okt.), sonst 10–17 Uhr, www.muskauer-park.de.

Parkführungen ab Neuem Schloss: ganzjährig So 10 Uhr (1 Std.), April–Okt. Sa/So und Feiertage 14 Uhr (1½–2 Std.). Nach Vereinbarung auch Parkführung per Rad.

Häufige Busverbindung nach Weißwasser mit Bahnanschluss Richtung Cottbus/Berlin und Görlitz/Zittau. Mo–Fr vier Busse nach Cottbus mit Umsteigen in Döbern.

Kulturhotel Fürst Pückler (€€–€€€), Schlossstr. 8 (am Marktplatz), Tel. 5330, www.kulturhotel-fuerst-pueckler.de. 93 schlicht-elegante Standardzimer, einige behindertengerecht. Das Grün der Auslegware verkörpert den Park. In jedem Zimmer schmückt ein Foto aus dem Park eine Wand. Im Erdgeschoss das Restaurant ›Grüner Fürst‹. Moorbad, Sauna, Physio- und Ergotherapie.

Pension & Gaststätte Am Wasserturm (€€), Schützenstr. 1, Tel. 68940, www.wasserturm-badmuskau.de. Symphatisches Haus an der Straße Ortsausgang nach Jämlitz (Richtung Cottbus) mit Turmstube und Biergarten (tgl. außer Mo ab 11 Uhr, Nov.–April Di–Fr ab 17, Sa/So ab 11 Uhr). Hübsche moderne Zimmer.

Hotel Am Schlossbrunnen (€€), Köbelner Str. 68, Tel. 5230, www.schlossbrunnen.de. Komfortables Haus am Oder-Neiße-Radweg.

Seminar- und Gästehaus Turmvilla & Villa Caroline (€€), Hermannsbad 9, Tel. 50029, www.turmvilla.de/seminarhaus. Liebevoll gestaltete Zimmer in zwei ehemaligen Logierhäusern, auch zwei 8-Bett-Zimmer. Restaurant ›Oleander‹ mit Biergarten (Di–Fr 17–23, Sa/So ab 11 Uhr). Am Rande des Badeparks nahe der stillgelegten Bahnbrücke über die Neiße.

Fürst-Pückler-Café im Schlossvorwerk, Tel. 64488, April–Okt. tgl. 11–19 Uhr. Mit Sommerterrasse und Plätzen unter schattigen Kastanien. Neben

▶ Karte vordere Umschlagklappe

Kuchen, leckeren Torten und Kaffee auch Mittagsmenü sowie das berühmte Pücklereis. Bei schönem Wetter immer gut besucht. Achten Sie aber im Getümmel auf eine exakte Abrechnung - man erhält keinen Bon!

Café König, Kirchstr. 73, tgl. außer Di ab 10.30-17 Uhr. Traditionsreiches Café am Markt.

Neiße Tours, Büro in der Alten Schmiede (hinter dem Marstall im Schlossvorwerk), Tel. 0700/01818888, www.neisse-tours.de; Schlauchboottouren auf der Neiße und Fahrradausleihe, April-Okt. tgl. 10-16 Uhr. Zweistündige Bootsfahrt von Bad Muskau durch den Park bis nach Zarkie Wielkie am polnischen Neißeufer, von dort Rückfahrt mit dem Kleinbus.

Faschingsumzug (Feb.), Parkfest (Mai), Schlossparklauf (Anfang Okt.).

Kromlau

Die schönste Zeit für einen Besuch in Kromlau, fünf Kilometer westlich von Bad Muskau gelegen, sind die Monate Mai und Juni, denn dann zeigen Azaleen und Rhododendren im größten **Rhododendronpark** Deutschlands ihre wunderschöne Blütenpracht.

Bis zur Mitte des 19. Jahrhunderts wechselten die Besitzer des Kromlauer Gutes häufig, der Waldboden warf nur geringe Erträge ab. 1842 kaufte Friedrich Hermann Rötschke das Terrain. Auf 200 Hektar ließ er eine Parklandschaft nach dem Vorbild des benachbarten Muskau gestalten.Viele fremdländische Gehölze aus jener Zeit haben mittlerweile ihre volle Schönheit erlangt. Rötschke ließ künstliche Gewässer und über den Rakotzsee eine Bogenbrücke aus Feldsteinen anlegen, Basaltsteinturmgruppen schmücken zusätzlich die Parklandschaft. Im Jahr 1889 erwarb dann Friedrich Leopold von und zu Egloffstein die Besitzungen und ergänzte den Park mit tausenden Rhododendren und Freilandazaleen.

Nach einem ersten Touristenboom in den 1930er Jahren ebbte während des Zweiten Weltkrieges der Gästezustrom ab. In der Nachkriegszeit verwilderte die Anlage. Erst ab 1960 widmeten sich Fachleute wieder der Pflege und dem Erhalt des Gartenkunstwerkes.

Im ehemaligen **Kavalierhaus** im schweizerischen Stil mit Butzenglasfenstern, Sandsteinplastiken und Fassadenmalereien befindet sich das Tourismusbüro der Gemeinde. Im einstigen **Rentamtsgebäude** gegenüber laden das Café ›Azalee‹ sowie das Romantikrestaurant ›Alte Provinz‹ ein. Am nördlichen Ortsrand befindet sich ein **Badesee** mit guter Wasserqualität.

Im Nachbardorf **Gablenz** (Jabłońc) - der sorbische Name bedeutet Apfelbaumdorf - steht der **Dreiseithof Bartelshof**,

Die malerische Rakotzbrücke im Park

mit Wohnhaus in Schrotholz- und Scheune in Fachwerkbauweise, Bienenhaus, funktionstüchtigem Backofen und hölzerner Pumpe (Tel. 03576/222705). Im Gablenzer **Freizeitzentrum** am Seeweg sitzt es sich gemütlich im Gasthof ›Zum Alten Lager‹ (Tel. 03576/217070, Mo–Fr ab 11, Sa/So ab 10 Uhr).

Schleife (Slepo)

In Schleife und den Nachbardörfern Rohne (Rowno), Mühlrose (Miłoraz), Trebendorf (Trjebin) und Halbendorf (Brězowka) leben heute noch Sorben mit deutschen Bewohnern Tür an Tür. Als einzigartig gilt die hiesige Volksmusik mit sorbischem Dudelsack und dreisaitiger Geige, das Sorbische Folkloreensemble Schleife ist über die Grenzen der Lausitz bekannt. Das ehemalige Gasthaus Eschenbach ist heute ein **sorbisches Kulturzentrum**.

Die Schleifer **Kirche** stammt aus dem 14. Jahrhundert und besitzt einen aus Feldsteinen erbauten spätgotischen Altarraum. Auch die umliegenden Häuser und Gehöfte, aus roten Klinkersteinen erbaut, sind von kulturhistorischer Bedeutung. Daher wurde der gesamte Dorfkern unter Denkmalschutz gestellt. Noch heute ist der ursprüngliche Charakter des Dorfes, ein slawischer Rundling, sichtbar.

Rohne und Halbendorfer See

In Rohne gewährt eine kleine **Heimatstube** (Serbska śpa) einen Einblick in das frühere Leben der Sorben. Mehr als 400 Exponate werden gezeigt: kunstvolle Trachten, hübsche Puppen, eine hölzerne Handmangel, geschnitzte Butterformen und ein historischer Kachelofen mit umlaufender Sitzbank. Der **Njepila-Hof** des Bauern Hanzo Njepila in Rohne, ein Wohnhaus und eine Scheune in Schrotholzbauweise, blieb seit 200 Jahren fast unverändert erhalten.

Der Halbendorfer See, hervorgegangen aus einem Braunkohletagebau, dessen Betrieb 1969 beendet wurde, ist heute ein beliebtes Naherholungszentrum mit schönen Stränden (auch FKK am Südstrand), 70-Meter-Riesenrutsche und Campingplatz am Nordstrand. Das etwa zwei Kilometer lange und 500 Meter breite Gewässer erstreckt sich nahe der Straße Schleife–Halbendorf–Weißwasser (www.halbendorfersee.de).

Kromlau und Schleife

Vorwahl: 03576 (Kromlau), 035773 (Schleife).

Tourismusbüro Kromlau, Halbendorfer Str. 6, Tel. 222828, www.kromlau-online.de.

Sorbisches Kulturzentrum, Friedensstr. 65, Schleife, Tel. 77230, www.sorb-kulturzentrum.de.

Zwischen Weißwasser und Kromlau verkehrt die Waldeisenbahn (siehe Weißwasser, S. 143).

Café Azalee, Halbendorfer Str. 7, Kromlau, Tel. 222928.

Romantikrestaurant Alte Provinz, Halbendorfer Str. 7, Kromlau, Tel. 218401, www.alteprovinz-kromlau.de; Di–So 11–14 und 17–22 Uhr. Riesenschnitzeltag (Di), exotische Fischkarte (Mi), Frauenabend, alle Weine zum halben Preis (Do), mediterrane und gutbürgerliche Küche (Fr–So).

Campingplatz Kromlau (April–Sept.) und Ferienhaussiedlung, Tel. 222883.

▸ Karte vordere Umschlagklappe

Schleife: **Campingplatz Halbendorf**, Dorfstr. 45 a, (Mai–Sept.), Tel. 03 57 73/764 13.

Schleife: **Heimatstube Rohne**, Anmeldungen zur Besichtigung bei Frau Noack, Trebendorfer Weg 20, Tel. 03 57 73/70712.
Njepila-Hof, Dorfstr. 48, nur nach Absprache, Tel. 01 77/311 97 19, www.njepila-hof-rohne.de.

- Kromlau: Park- und Blütenfest (Pfingsten), Njepila-Hoffest (letztes Wochende im Sept.).
- Schleife: Fest der sorbischen Kultur (Ende Juni/Anfang Juli).

Boxberg (Hamor)

Mitsamt seinen Ortsteilen und deren Umgebung ist Boxberg nachhaltig vom gleichnamigen Kraftwerk sowie mehreren Braunkohletagebauen geprägt. Schon von weitem sind die etwa 100 Meter hohen Kühltürme des Braunkohlekraftwerks Boxberg zu sehen.

Auf ehemaligem Tagebaugelände entstand am Nordrand der Gemeinde Nochten, eingebettet in eine nachgestaltete Dünenlandschaft mit mehreren Hügeln, der **Lausitzer Findlingspark Nochten**. Etwa 6000 Findlinge, Geröllschotter, Split, ein Wasserfall, mehrere Teiche, ein kleines Heidemoor, etwa 160 Heidekrautarten sowie formschön gestutzte Stauden und Gehölze bilden einen in Europa einzigartigen Landschaftsgarten. Ab März zeigen sich die Frühblüher, die Heideblüte währt von August bis Oktober. Auf einem Hügel ist ein ›Skandinavien im Miniformat‹ gestaltet, aus Kies und Rasen gezeichnet. Die hellgrauen Landflächen bilden einen starken Kontrast zum Grün der Ost- und Nordsee. Knapp 100 im Tagebau Nochten aufgefundene Findlinge kamen hier wieder zum Ausgangsort ihrer Reise: So liegt der Stockholmgranit jetzt wieder in Stockholm. Die Steinformation auf der Spitze des Hügels verkörpert den Ursprung des Gletscherstroms gen Süden.

Im Ortsteil Sprey, am Südrand des inzwischen lange vorbeigezogenen Tagebaus Nochten, blieb eine kleine **Schrotholzkirche** aus dem Jahr 1750 erhalten. Das erste Gotteshaus entstand hier schon 1520 als Tochterkirche der wendischen Andreaskirche zu Muskau. Das Kirchlein wurde ohne Metallnägel zusammengefügt. Das geschnitzte Altarbild mit farbigen Holzfiguren der Heiligen Martin, Barbara, Stephanus, Katharina und Laurentius stammt wahrscheinlich aus dem Jahr 1480, der Altartisch wurde aus Mooreiche gefertigt. Der kleine Kirchturm mit goldenem Hahn und Schiffsglocke ist eine Zutat der Restaurierung aus dem Jahr 1969. Sprey ist über eine kleine Verbindungs-

Im Findlingspark Nochten

straße (Richtung Bärwalde), die am westlichen Kraftwerksgelände vorbeiführt, zu erreichen.

Kurz vor dem Ortseingang Reichwalde (Rychwałd) befindet sich links in einem Kiefernwald eine Graureiherkolonie. Die Vögel ließen sich auch vom Tagebaulärm nicht beeindrucken. Das **Wäldchen** steht auf dem Braunkohleflöz und sollte abgebaggert werden, wurde aber bereits zu DDR-Zeiten durch das Engagement des früheren Ostberliner Tierparkdirektors, Dr. Heinrich Dathe, gerettet. Am Ortsausgang von Reichwalde steht eine Doppelreihe mächtiger Eichen auf dem alten Schöpsdeich, an dessen Ende ein Weg zum **Aussichtshügel** führt. Von hier bietet sich ein Blick in den Tagebau Reichwalde, die Bergbaufolgelandschaft und die erhaltene Kulturlandschaft.

Der **Spree-Schöpstal-Wanderweg**, gekennzeichnet mit grünem Balken, führt über 21 Kilometer von Sprey nach Boxberg, Kringelsdorf und Reichwalde. Um den **Bärwalder See** führt ein 25-Kilometer-Asphaltweg für Radler und Skater. Aus hunderttausend Kubikmeter Erde wurde am Seeufer ein begehbares menschliches Ohr geformt, das sich aber nur aus der Vogelperspektive offenbart. Das dortige Amphitheater weist eine erstaunliche Akustik auf.

Boxberg

Vorwahl: 03 57 74

Touristinformation Boxberg, im Findlingspark Nochten, Tel. 747 11, www.boxberg-ol.de.

Bärwalder See, www.baerwalder-see.info.

Hotel Garni (€) im Ortsteil Uhyst, Hauptstr. 34, Tel. 03 57 28/803 13, www.hotel-jackisch.de. Moderne Standardzimmer, alle ruhig im Hinterhaus gelegen.

Pension und Wirtshaus Zum Hammer (€€), in Neustadt/Spree, Tel. 03 57 27/502 40, www.zum-hammer.de. Ruhig am Waldrand, geschmackvolle Zimmer, reichhaltiges Frühstück, direkt am Spreeradweg.

Lausitzer Findlingspark Nochten, Tel. 747 11, www.lausitzer-findlingspark-nochten.com; 15. März – 15. Nov. tgl. 10 – 18 Uhr. Mit Besucher- und Informationszentrum – hier läuft ein siebenminütiger Film über die Geschichte des Findlingsparks, auch Imbiss und Abenteuerspielplatz.

Schrotholzkirche Sprey, Anmeldung bei Frau Regina Krahl, Tel. 324 73, mobil 01 63/485 30 86, oder Frau Noack, Tel. 323 59, mobil 01 62/485 30 86.

Geführte Schlauchboottouren (2 bzw. 4 Std.) auf der Spree zwischen Neustadt und Boxberg, auch mit Picknick zu buchen, Tel. 557 62.

Theater im Ohr (Juli – Sept). Transnaturale, Licht- und Klangfestival am Bärwalder See (Ende Aug., www.transnaturale.de).

Rietschen und Umgebung

Die meisten Schrotholzgebäude des **Freilichtmuseums Erlichthof** standen ursprünglich in Dörfern, die sich im Braunkohleabbaugebiet des Tagebaus Reichwalde befanden. Sie wurden seit 1991 nach Rietschen umgesetzt. Heute ist das Ensemble fast ein kleines Dörf-

▲ Karte hintere Umschlagklappe

chen mit Tor-, Wohn- und Ausgedingehaus, Scheune, Stallgebäude und Backhaus. In den vergangenen Jahren wurde die Erlichthofsiedlung um die Gaststätte und Pension ›Forsthaus‹, Natur- und Touristinformation, Ferien- und Gästehaus, Weberei, Keramikscheune, Töpferei, Hofschneiderei, Holzwerkstatt, Glasstübchen, Hof- und Naturladen sowie Bäckerei mit Café erweitert. In einer Scheune befindet sich eine multmediale Dauerausstellung über die Lausitzer Wölfe. 2001 spendierte der damalige Bundeskanzler Gerhard Schröder im Rahmen einer Sommertour durch die neuen Bundesländer die freistehende ›Kanzlerglocke‹.

Der Wiederaufbau der Holzgebäude gelang so perfekt, dass man glauben mag, alles stände schon immer an diesem Ort. Im Mittelalter waren die Blockhäuser in Schrotholzbauweise in Zentraleuropa weit verbreitet. Im Raum Weißwasser blieben über hundert derartige Bauten aus dem 17. bis 19. Jahrhundert erhalten, die man ansonsten nur noch im Spreewald, im Vogtland und in Böhmen bewundern kann. Die Besonderheit liegt darin, dass die zum Bau ausgewählten Kiefern bereits sieben Jahre vor dem Fällen ihrer Baumkrone beraubt wurden. Das Harz stieg dadurch auf und bildete so einen natürlichen Holzschutz. Die bis zu zehn Meter langen Holzstämme wurden ohne Säge, nur mit Äxten, bearbeitet und ohne Metallnägel zusammengefügt.

Rietschen ist von vielen Fischteichen umgeben. Im Oktober wird am Erlichtteich noch immer so abgefischt, wie es die Vorfahren taten: nur mit Booten, Netzen und Käschern. Zum **Teichgebiet von Niederspree**, einem großen Naturschutzgebiet, gelangt man über die östlich gelegenen Ortschaften Daubitz und

Das alles bietet der Erlichthof

Quolsdorf. Im **Schloss Niederspree**, einer Naturschutzstation und Umweltakademie, kann man auch übernachten.

■ Wanderung von Rietschen über Teicha nach Daubitz und zurück

Wir folgen der Hauptstraße in Rietschen ein Stück Richtung Niesky und biegen am Haus des Diakonischen Werkes in die Gartenstraße links ab. Die wenig befahrene Straße führt nach Teicha. Etwa auf halber Distanz überquert ein Trampelpfad die Bahngleise. Alte Kastanien und Linden säumen den Weg ins Ortszentrum, am Kriegerdenkmal lädt eine Bank zum Pausieren ein. Auf der Teichaer Allee laufen wir nach Daubitz. Den Kirchturm der evangelischen Kirche sieht man schon von weitem. Vorbei am Daubitzer Schloss und durch den ehemaligen Gutshof stehen wir bald vor der St. Georgskirche. Sakralbau, Pfarrhaus, Alte Schule und zwei Schrotholzhäuschen bilden hier ein interessantes Bauensemble. Im Daubitzer Gewandhaus wurden früher während des Marktreibens Stoffe, Tuche und Gewänder ausgelegt. Zu DDR-Zeiten sträflich vernachlässigt, verfiel die historische Bausubstanz

durch die Nutzung als Düngemittellager. Nach der Wende wurde das Gebäude behutsam saniert.
Über Feld- und Wiesenwege nähern wir uns den nordwestlich gelegenen Heidehäusern. Die nördlich angrenzende Muskauer Heide wird von der Bundeswehr als Truppenübungsplatz benutzt. Vorbei an den Ufern mehrerer idyllisch gelegener Fischteiche gelangen wir zum Erlichthof nahe Rietschen. Von hier ist es nicht mehr weit bis zum Ausgangspunkt der Wanderung.
Gesamtstrecke: 10 Kilometer.

Rietschen

Vorwahl: 03 57 72.
Natur- und Touristinformation Erlichthof, Turnerstr. 6, Tel. 402 35, www.erlichthofsiedlung.de.
Das Kontaktbüro **Wolfsregion Lausitz** in Rietschen bietet Vorträge und nach Voranmeldung auch Spurenexkursionen: Info-Tel. 467 62, www.wolfsregion-lausitz.de.

Gasthaus & Pension Forsthaus (€€), Tel. 405 62, Gasthaus Mai–Okt. tgl. ab 9 Uhr.
Weitere Übernachtungsmöglichkeiten im Museumsdorf befinden sich im Hofladen (Tel. 01 73/946 06 56), im Gästehaus Hammerstadt (Tel. 405 63), im SchokoLaden (Tel. 489 85) und im Ferienhaus Viereichen Nr. 10 (Tel. 405 62).
Schloss Niederspree, Tel. 03 58 94/302 34.

Erlichthof, März–Dez. Di–So 10–17 Uhr, www.erlichthof.de.

Der Moorladen, Teichaer Allee 10, Mo–Fr 8–12 und 13–16 Uhr. Moorkosmetik und -pflegeprodukte aus dem Altteicher Moor.

Rothenburg

Zwischen 1815 bis 1945 war Rothenburg an der Lausitzer Neiße die kleinste deutsche Kreisstadt und gleichzeitig mit etwa 1350 Quadratkilometer Fläche die mit dem größten Kreisterritorium. Sehenswert sind neben der klassizistischen **Kirche** aus dem 19. Jahrhundert zahlreiche schöne **Zunftzeichen**, die sich an den Häuserwänden im Stadtzentrum befinden. Der **Stadtpark**, auf 20 Hektar im englischen Stil gestaltet, besitzt großflächige Rhododendron- und Azaleenbestände, im Rathaus ist das **Heimatmuseum** eingerichtet. Auf dem Flugplatz befindet sich das **Flugtechnische Museum**, in dem Flugtechnik aus NVA-Beständen ausgestellt ist. Am Rastplatz Pläderitze ist ein **historischer Reisewaggon** der Deutschen Reichsbahn zu besichtigen.

Kulturinsel Einsiedel

Zwischen Rothenburg und Görlitz befindet sich im östlichsten Dorf Deutschlands, in Deschka-Zentendorf, die Kulturinsel Einsiedel. Eine Galerie, das Café im Blockhaus, die Feuerschenke mit fünf Kaminen, Baumhäuser – auch zum Übernachten –, zauberhafte Abenteuerspielplätze, geheimnisvolle Tunnelgänge (Taschenlampe nicht vergessen!), Skulpturenpark, das Zauberschloss zum Durchklettern und fünf Bühnen laden kleine und große Besucher ein. Die vielen hölzernen Unikate stammen von über 20 Gestaltern. Einsiedel ist eine Oase, in der sich Kunst, Kultur und Na-

▶ Karte hintere Umschlagklappe

Lausitzer Wölfe

Ein Wolf! Die Abdrücke der Pfoten im Schnee ähneln denen eines Schäferhundes, sind aber so groß wie eine Männerhand. Wolfstypisch ist eine gerade Spur, wenn sie nicht jagen. Schäferhunde hinterlassen einen Zick-Zack-Kurs. Wölfe sind größer als deutsche Schäferhunde, ein Rüde weist eine Schulterhöhe von 70 bis 90 Zentimetern auf. Angst ist aber unbegründet: Wölfe sind klug, vorsichtig und sehr menschenscheu. Sie können einen Hirsch auf zwei Kilometer riechen und den Tritt ihrer Läufe auf zehn Kilometer hören! Es grenzt schon an ein Wunder, dass Meister Isegrim trotz aller Nachstellungen wieder neue Rückzugsgebiete in Mitteleuropa gefunden hat. Es ist der spektakulärste Naturschutzerfolg der letzten Jahrzehnte in Europa. Einst waren sie überall in Deutschland heimisch, wie noch viele Orts- und Flurnamen erkennen lassen.

Wölfe wurden vor rund hundert Jahren in der Lausitz ausgerottet. 1904 traf es bei Hoyerswerda den letzten freilebenden seiner Art in Deutschland, blutrünstig als ›Tiger von Sabroth‹ bezeichnet. 1990 auch in Ostdeutschland unter Schutz gestellt, sind Wölfe seit 1998 wieder regelmäßig anzutreffen. Waren es zuerst nur polnische Überläufer, gab es zwei Jahre später den ersten Lausitzer Nachwuchs. Jetzt leben in Ostsachsen (Muskauer und Neustädter Heide sowie bei Daubitz, Milkel und Dauban) und in Südbrandenburg (Zschornoer Heide) fünf Rudel. Viele Jäger sind beunruhigt, denn die Wölfe werden als Konkurrenz betrachtet: Immerhin frisst ein ausgewachsenes Tier im Jahr bis zu 60 Rehe, neun Rothirsche und 14 Wildschweine! Ein erwachsener Wolf benötigt täglich etwa zwei bis drei Kilogramm Fleisch, er kann aber auch bis zu 11 Kilogramm verschlingen und dann bis zu zwei Wochen hungern. Aber Wölfe jagen meist altes, schwaches oder krankes Wild, als ›Waldpolizei‹ üben sie einen positiven Einfluss auf das Ökosystem aus.

In der Wolfsscheune auf dem Erlichthof Rietschen

tur auf 6000 Quadratmetern mit Dutzenden Attraktionen spielerisch verbinden. Im ›Wildwasserbach‹ können Kinder nach Lust und Laune matschen. Hinüber nach Polen gelangt man mit einem kuriosen Gefährt, einer künstlerisch aufgepeppten Selbstbedienungsfähre. Damit sind von Einsiedel auch Ausflüge in die waldreiche Landschaft östlich der Neiße möglich.

Rothenburg u. Kulturinsel Einsiedel

Vorwahl: 035891.

Rothenburg-Information, Görlitzer Str. 1, Tel. 77490, www.rothenburg-ol.de.

Kulturinsel Einsiedel, Tel. 4910, www.kulturinsel.com; März–Okt. tgl. 10–18 Uhr.

Zur Kulturinsel Einsiedel über Cottbus nach Horka oder Görlitz, hier in den Bus umsteigen. VBB-Ticket nur bis Spremberg lösen, ab hier mit dem günstigen Tarif der ODEG (zuschlagfreie Zahlung im Zug).

1. Deutsches Baumhaushotel (€€€), mehrere Häuser, jetzt auch neue beheizbare für den Winter, in etwa zehn Meter Höhe, Familienhaus (2 Erwachsene, 2 Kinder), auch günstigere Übernachtung in Zelten oder im Erdhaus, Tel. 035891/49115.

Flugtechnisches Museum, Flugplatz Rothenburg, März–Okt. tgl. 9–17 Uhr.

Sommerfest (1. Wochenende im Aug.), Folklorum auf der Kulturinsel Einsiedel (Sept.), Spielum (Okt.).

Neiße-Tours, Tino Kittner, Görlitzer Str. 23, Tel. 0160/1818888, Mo–Fr 14–18 Uhr.

Niesky (Nieska) und Umgebung

Die Entstehungsgeschichte von Niesky – seit dem Jahr 1935 mit Stadtrechten ausgestattet – ist außergewöhnlich. Mitten im Wald, auf dem Besitz des Rittergutes Trebus, gestattete Gutsherr Siegmund von Gersdorff im Jahr 1742 die Ansiedlung von Protestanten, böhmischen Glaubensflüchtlingen, die wegen der Gegenreformation aus dem Habsburgerreich kamen. Sie waren frei von Erbuntertänigkeiten und feudalen Diensten. Unter der Obhut des Grafen von Zinzendorf bildeten sie eine Herrnhuter Brüdergemeine. So entstand in Niesky (niska = demütig) ein evangelisches Zentrum für Gläubige aus Böhmen und Mähren.

Zum Gedenken an den Wegbereiter der Brüdergemeine trägt der Markt den Namen Zinzendorfplatz. Seit 1753 hat sich der Grundriss des Platzes kaum verändert. An der Westseite steht die **Kirche der Brüdergemeinschaft** (1774/75), auch das älteste Gebäude der Stadt (1742) befindet sich am Platz: Das Raschkehaus, Hausnummer 8, war Heimstatt des ersten Ortsvorstehers Johann Raschke. Heute beherbergt das Fachwerkhaus ein **Museum** mit historischem Kücheninventar, Möbel, Weberstube und dem Fremdenverkehrsbüro. Bemerkenswert ist die Sonnentreppe, die das Licht des Flurfensters bis in die hinterste Ecke scheinen lässt – besonders zum Sonnenuntergang ein Erlebnis.

▲ Karte hintere Umschlagklappe

Abratzen bei Bodelmutz und Co

Der Kuckuck ruft von weiter her, der Specht hämmert eifrig im Nachbarbaum. Über den Wäldern an der Lausitzer Neiße ganz im Osten Deutschlands schiebt sich langsam die Sonne empor. Ihre ersten Strahlen kitzeln den Baumhausschläfer an der Nase. Noch verkriecht er sich unter der grün gemusterten Bettdecke, die so ganz mit dem grünen Blätterdach der Bäume ringsum harmoniert. Doch dann schlägt er die Augen auf, und sein Blick beginnt langsam die vielen Wecker in Bodelmutzens Haus abzuwandern. Jeder von ihnen zeigt eine andere Zeit. Tatsächlich aber ist die Nacht vorbei, und jetzt kann wirklich nur die Höhenschockdusche mit Freilufttrocknung beim Wachwerden helfen. Anfangs verursacht das eiskalte Wasser noch Gänsehaut, doch das herrliche Naturpanorama der Neißeaue, das Rieseln des Wassers hinab in die Tiefe, der schillernde Regenbogen zu Füßen und das fünffache Spiegelbild an den Seitenwänden lassen das Frieren glatt vergessen.

›Bodelmutzens Geisterhaus‹, ›Modelpfutzens Wipfelgipfel‹, ›Fionas Luftschloss‹, ›Baba Doros Kräuterkate‹ und ›Judkas Trollfamilienhaus‹, durch Stege und eine Plattform miteinander verbunden, ergeben zusammen das erste Baumhaushotel Deutschlands. Seit 2008 kann man auch in drei weiteren, nun winterfesten Luxus-Baumhäusern übernachten, mit mehr Platz als bisher, für jeweils sechs Personen.

Die künstlerischen Ideen für die außergewöhnlichen Quartiere in acht bis zehn Meter Höhe lieferte der Holzgestalter Jürgen Bergmann, dessen Firma auch sämtliche Spiel- und Kunstobjekte auf der Kulturinsel Einsiedel entwarf. Hier steht alles unter dem Motto, ›spielerische Verbindungen zwischen Kunst, Kultur und Natur‹ zu schaffen. Augenfällig sympathisch bei allen Konstruktionen ist das Fehlen rechter Winkel, so ganz untypisch für das normsüchtige Deutschland. Stattdessen regieren krumm, schief und knorrig. Längst ist Bergmanns Kreativität auch im Ausland gefragt, so tragen Spielwelten in Belgien, Österreich, Spanien, Portugal oder England die Handschrift seiner Firma.

In Einsiedel werden auch Erwachsene wieder zum Spielen verführt. Ganz gleich, ob es gilt, das zappendustere Tunnelsystem zu erforschen, die Geheimrutsche auszuprobieren, sich im Kletterwald zu beweisen oder beim Matschen im Wildwasserbach alle feinen Sitten zu vergessen.

Wenn die Sonne tiefer sinkt, Große und Kleine vom Spaßen und Spielen ermattet sind, beginnt auf der Baumhausplattform der Ofen zu bullern. Immer wieder muss er mit Holz gefüttert werden, damit der Kannibalenkessel schnauft, knattert und dampft. Ist er nach Stunden endlich heiß genug, folgt noch ein letztes gemeinschaftliches Bad, nicht ohne Spritzen und Kreischen. Dann strebt jeder seinem Nest zu, um das süße Betthupferl zu finden, das die Baumhausgeister so gut versteckt haben.

Bodelmutzens Geisterhaus

Der Tischler Christoph und der Architekt Unmack gründeten 1897 in Niesky einen Betrieb, der sich auf die Herstellung transportabler Militärunterkünfte spezialisierte, bereits 1900 waren auch Fertigteilhäuser im Angebot.
Nach dem Ersten Weltkrieg war Niesky Europas größte Holzhausfabrik, die Christoph & Unmack AG lieferte sogar nach Übersee. Um das Käuferinteresse zu wecken, entstanden in Niesky etwa hundert Musterbauten, im Südosten der kleine Stadtteil Neuödernitz als **Werkssiedlung**, und sogar die katholische Kirche wurde aus Holzfertigteilen errichtet.
Die schönen Häuser stehen in der Christoph-, Blockhaus-, Schubert- und Wachsmannstraße. Vier Jahre lang war der Deutsch-Amerikaner Konrad Wachsmann Chefarchitekt des Betriebes. Als Pionier des industriellen Bauens perfektionierte er die Massenproduktion von Holzfertigteilbauten, entwarf aber auch Bahnhöfe, Hotels, Schulen und Krankenhäuser. Auch das Sommerhäuschen von Albert Einstein in Caputh bei Potsdam

Beim Abfischen der Teiche in Kreba

▲ Karte hintere Umschlagklappe

ist ein Werk Wachsmanns. Nach der Machtergreifung der Nazis emigrierte Wachsmann in die USA und hob dort 1941 die erste automatisierte Fertighausfabrik der Welt aus der Taufe. Die Einzelteile konnten auch von Ungelernten in fünf Tagen zusammengesetzt werden.
Der **Wartturm**, südwestlich der Stadt gelegen, dient als Aussichtsturm. Er wurde 1835 erbaut und trägt den Kosenamen ›Dicker‹, denn Höhe und Durchmesser sind gleich: 18 Meter. Der Turmschlüssel ist im benachbarten Waldbad auszuleihen.

Die Umgebung

In **Horka**, an der Bahnstrecke Berlin–Görlitz gelegen, steht eine sehr alte **Wehrkirche**, die von einer der besterhaltenen **Wehrmauern** Deutschlands umgeben wird.
Kirche und Wehrmauer stammen vermutlich aus dem 13. Jahrhundert. Die Randlage des Ortes abseits von wichtigen Heer- und Handelswegen bewahrte die Kirche vor Zerstörungen und Plünderungen, auch Stiländerungen wurden nicht vorgenommen. Offizielle Besichtigungen finden nur am Tag des offenen Denkmals im September statt, man kann sich aber auch beim Ortspfarrer Frey (Tel. 03 58 92/32 23) oder beim Bäckermeister Hübner (Tel. 03 58 92/32 25) zu einer außerplanmäßigen Führung anmelden.
Südwestlich von Niesky breitet sich die nach dem Bärwalder See zweitgrößte Wasserfläche in Sachsen aus. Der **Quitzdorfer Stausee** umfasst 750 Hektar, an seinem Ufer stehen Feriensiedlungen und Campingplätze.
Das Biosphärenreservatszentrum der **Oberlausitzer Heide- und Teichlandschaft** befindet sich in Guttau, Ortsteil

Wartha, in der Dorfstr. 29 (Tel. 03 59 32/36 50, www.biosphaerenreservat-oberlausitz.de). Ein Außenbüro findet man in Mücka (Mikow) westlich von Niesky in der Alten Fösterei. Ein **Naturerlebnispfad Landschaftsgeschichte** führt von Mücka über Neudorf nach Kreba.

Im Oktober lädt das Dorf Kreba nördlich von Mücka anlässlich des Abfischens an der Schwarzen Lache zu einem Fischerfest ein; alljährlich folgen tausende Gäste dem Ruf der Binnenfischer.

Teichlandschaft bei Mücka

Radtour von Mücka ins Biosphärenreservat

Von Mücka aus kann man auf einer ruhigen Straße über die Orte Förstgen, Tauer, Zimpel und Kaschel in die idyllische Teichlandschaft bei Rauden radeln. Alte Laubbaumbestände säumen hier die Teichufer, und in Milkel steht ein sehenswertes Schloss.

Von Oppitz fahren wir über Wald- und Wiesenwege nach Hermsdorf. Kurz hinter Weißig steht ein großer Granit-Obelisk am Wege. Auf einer Gedenkplatte ist zu erfahren, dass hier Weltgeschichte geschrieben wurde: ›Unter General York lieferten sich 8000 preußische und russische Soldaten in treuer Waffenbrüderschaft am Vorabend der Schlacht bei Bautzen ein schweres Gefecht gegen 14000 Mann der französischen Okkupationsarmee unter Lauriston‹.

In Steinitz bietet sich eine Rast im gemütlichen Gasthof ›Lindeneck‹ an. An zahlreichen Fischteichen entlang rollen die Räder später parallel zur ehemaligen Bahnlinie Bautzen–Knappenrode, ab Koblenz am Ufer des Knappensees entlang und weiter auf dem Radweg parallel der B 96 nach Hoyerswerda mit Bahnanschluss für die Rückfahrt.

Länge: 50 Kilometer.

Niesky

Vorwahl: 035 88.

Touristinformation Niesky im Heimatmuseum, Zinzendorfplatz 8, Tel. 255 80, www.niesky.de.

Bürgerhaus Niesky (€€), Muskauer Str. 31, Tel. 257 70, www.buergerhaus-niesky.de.

Pension Body Sun (€), Muskauer Str. 30, Tel. 20 17 18, www.pension-bodysun.de.

Tonschächte, Niesky-See, Tel. 20 57 71, Mitte April–Mitte Okt.

Heimatmuseum, Markt 8, Tel. 256 00, Mo–Fr 9–17, Sa 14–17 Uhr, www.museum.niesky.de.

Lausitzer Fischwochen, in 30 Gasthäusern (15.09.–31.20.), www.lausitzer-fischwochen.de.

Uhyst (Delni Wujězd), Lohsa (Łaz) und Knappenrode (Hórnikecy)

Uhyst liegt am Südwestrand des gefluteten Tagebaurestlochs Bärwalde, mit Bahnstation an der Strecke Hoyerswerda–Niesky, und ist ein günstiger Ausgangsort für Radtouren in die Oberlausitzer Heide- und Teichlandschaft.

Die evangelische **Barockkirche** aus dem Jahr 1716 besitzt noch das ursprüngliche Inventar, außen sieht man verwitterte Grabsteine aus dem 17. und 18. Jahrhundert. Nebenan steht das **Dannenberghaus**, das die Herrnhuter Brüdergemeine Mitte des 18. Jahrhunderts bauen ließ. Hier besuchten viele Kinder adliger Familien eine Internatsschule, darunter der später berühmte Hermann Fürst von Pückler-Muskau. Im Jahr 1738 wurde das **Schloss** inmitten eines Parks errichtet.

Westlich des Ortes wurden Silbersee und Speicherbecken Lohsa, ehemalige Braunkohletagebaue, zu einem **Naherholungszentrum** ausgebaut. Dort findet man Bade-, Surf- und Angelmöglichkeiten sowie Unterkünfte. Am Silbersee existiert zudem ein etwa 800 Meter langer **geologischer Lehrpfad** mit 120 Findlingen der Elbe-Elster-Eiszeit, die aus

Ausstellungsstücke in der Energiefabrik Knappenrode

▲ Karte hintere Umschlagklappe

benachbarten Tagebauen geborgen wurden. Der schwerste der aus Skandinavien stammenden Riesen bringt es auf 40 Tonnen Gewicht. Das Gebiet um den Silbersee, zwischen Mortka (Mortkow) und Friedersdorf (Bjedrichecy), wurde 1982/83 angelegt und ist mittlerweile als Flächennaturdenkmal ausgewiesen.

Im Ortsteil Weißig steht ein hübsch restauriertes **Herrenhaus** aus dem 17. Jahrhundert, das heute Hotel und Landgasthof ›Fledermausschloss‹ Weißig beherbergt.

Im Jahr 1950 wurde die ehemalige Brikettfabrik Weminghoff zusammen mit dem Ort in Knappenrode umbenannt. Zwischen 1914 und 1918 errichtet, war die Anlage bis 1993 in Betrieb. Heute ist hier das **Sächsisches Industriemuseum Energiefabrik Knappenrode** beheimatet. Die Originaltechnik aus jenen Jahren blieb fast vollständig und funktionstüchtig erhalten, so 13 Brikettpressen mit Dampfantrieb und drei Turbinen-Generatorblöcke, darunter einer der Firma Brown Bovery aus dem Jahr 1914. In den roten Backsteingebäuden der Gründerzeit wird der gesamte Verarbeitungsprozess der Kohle von der Erkundung über Gewinnung und Veredlung, aber auch die nachfolgende Rekultivierung der ausgebeuteten Landschaft dokumentiert. Im ehemaligen Kühlhaus der Brikettfabrik ist die Ausstellung zum Thema ›Braunkohle und Umwelt‹ zu sehen. In der Feuerstättenausstellung zeigt man 3000 kunstvolle und kuriose Exponate, so historische Ofenplatten, Kunstguss- und Kachelöfen sowie Zierbriketts. Ein nachgestalteter Stollen in einer Tiefe von 50 Metern bietet einen Einblick in die beschwerliche Arbeit untertage, von den ehemaligen Entstaubungsanlagen bietet sich ein herrlicher

Ausblick über die Oberlausitz. Für die Stärkung zwischendurch sorgt der Wirt im Zechenhaus.
Südlich von Knappenrode liegt der 264 Hektar große **Knappensee**. 1945 wurde der Braunkohletagebau geflutet und ab 1949 zum Hochwasserspeicher ausgebaut, später auch zum Naherholungszentrum für die Stadt Hoyerswerda. Heute tummeln sich hier im Sommer Badelustige, auf dem Wasser Surfer und Segler.

Uhyst, Lohsa und Knappenrode

Hotel und Landgasthof Fledermausschloss (€€), Lohsa/OT Weißig, Tel. 03 57 24/57 90, www.fledermausschloss.de; Schloss aus dem 17. Jahrhundert im englischen Landschaftspark. Hübscher Biergarten unter alten Eichen. Von Mai bis August wählen auch bis 80 Bartfledermäuse das Schloss als Logierort und können in der Abenddämmerung gut beobachtet werden.

Campingplatz Silbersee, Mitte April–Anfang Okt., Tel. 03 57 24/500 34.

Ferienparadies Maukendorf, Knappenrode, Tel. 07 00/46 77 86 62.
Ferienpark Knappensee, Koblenz, Tel. 03 57 26/502 36.

Sächsisches Industriemuseum Energiefabrik Knappenrode, Ernst-Thälmann-Str. 8, Tel. 035 71/60 42 67, www.saechsisches-industriemuseum.de; April–Okt. Di–Fr 9–17, Sa/So 10–17 Uhr, Nov.–März Di–Fr 9–15, Sa/So 10–17 Uhr.

›Nachtschicht‹: Feuer, Licht & Klänge, Menschen & Maschinen in der Energiefabrik Knappenrode (Okt.).

Hoyerswerda (Wojerecy)

Hoyerswerda, an der Schwarzen Elster gelegen, gibt es im Grunde zweimal. Da ist zum einen das kleine Ackerbürger- und Handwerkerstädtchen, das 1268 erstmals urkundlich erwähnt wurde. Und da ist das neue Hoyerswerda, das ab 1955 östlich der Schwarzen Elster entstand, als ›sozialistische Wohnstadt‹ für die Beschäftigten im nahen Gaskombinat Schwarze Pumpe und der benachbarten Kraftwerke und Braunkohletagebaue. Die Schriftstellerin Brigitte Reimann (1933–1973) hat den Aufbau von Hoyerswerda-Neustadt in ihrem Roman ›Franziska Linkerhand‹ verarbeitet. Der Roman zählt heute zu den bedeutendsten Werken der deutschen Nachkriegsepoche. 2006 wurde in einer Neubauwohnung in unmittelbarer Nähe des Hauses, in dem die Schriftstellerin von 1960 bis 1968 wohnte, die **Brigitte-Reimann-Begegnungsstätte** mit einer Kopie ihres Arbeitszimmers eröffnet.
Zu DDR-Zeiten war Hoyerswerda die jüngste und kinderreichste Stadt des Landes, Ende der 1980er Jahre lebten hier 70 000 Menschen. Jetzt werden Plattenbauten wegen des Wegzugs ihrer Bewohner ›zurückgebaut‹ und der Abriss als Kunstobjekt ›Superumbau‹ inszeniert. Derzeit zählt die Stadt 40 000 Einwohner. Im nächsten Jahrzehnt wird mit einem Bevölkerungsrückgang von weiteren 40 Prozent gerechnet – Hoyerswerda wäre damit die am deutlichsten schrumpfende Stadt Deutschlands.

Wappen am Rathaus

Das **Schloss** wurde 1592 im Renaissancestil erbaut und im 18. Jahrhundert als Sitz der Fürstin Teschen mit barocken Elementen verschönert. 1705 schenkte König August der Starke es seiner Mätresse Ursula Katharina von Teschen als Abfindung: Der Regent richtete seine Augen fortan auf Frau von Hoym, die spätere Gräfin Cosel. Heute ist das Gebäude Sitz des **Stadtmuseums** und der Tourismusinformation.

Im benachbarten **Zoo**, der auch den **Schlosspark** umfasst, fühlen sich über 200 Tierarten wohl, unter ihnen auch Elefantenschildkröten, die ansonsten nur auf den Galapagosinseln heimisch sind. Eine Open-Air-Kunstausstellung mit Sandstein- und Bronzeplastiken Lausitzer Künstler bereichert die Anlage.

Auf dem Markt gefallen das **Renaissancerathaus** von 1680 mit doppelläufiger Freitreppe und Bogenportal, die kursächsische **Postmeilensäule** von 1730, der **Sorbenbrunnen** mit einem Paar in Hoyerswerdaer Tracht sowie barocke **Bürgerhäuser**. Die **Alte Apotheke** von 1614 ziert eine vergoldete Äskulapschlange.

Vom Markt führt die Kirchgasse zur **Johanneskirche**, die 1346 im Stil der Spätgotik mit einer aufgesetzten Renaissancehaube erbaut wurde. Der mit Figurenreliefs geschmückte Taufstein wurde im 17. Jahrhundert gefertigt. Seit 1714 ist die **Fleischerei Sinapius** in der Kirchstraße 9 in Familienbesitz, die älteste in Sachsen und eine Touristenattraktion mit werktäglichem Mittagsimbiss.

Am Rathaus um die Ecke führt die Senftenberger Straße zum Haus Nr. 19: Im **Trachtenhaus Jatzwauk** werden seit 1926 Trachten geschneidert. Eine kleine Ausstellung vermittelt Wissens- und Sehenswertes über die Tracht der Sorben um Hoyerswerda. Am Ende der Senftenberger Straße mündet die kopfsteingepflasterte Lange Straße ein. In der fast ursprünglich erhaltenen 220 Meter langen Handwerkergasse stehen 42 **Ackerbürgerhäuschen** aus dem 18. und 19. Jahrhundert, darunter auch eine **Schuhmachermuseumswerkstatt**.

In der Lessingstraße, südlich vom Schloss, steht das **Lessinghaus**. In diesem barocken Amtshaus hielt sich der junge Gotthold Ephraim Lessing öfter zu Besuch auf: Sein Onkel und Cousin waren Amtmänner in Hoyerswerda. Heute lädt hier ein Gasthaus zum Besuch ein.

▲ Karte hintere Umschlagklappe

Konrad Zuse (1910–1995) ist der berühmteste Ehrenbürger von Hoyerswerda. 1927 bestand er auf dem damaligen Realreform-Gymnasium das Abitur. Die modernen Kohleabraumförderbrücken in den nahen Tagebauen begeisterten den Jugendlichen für ein automatisiertes, technisches Zeitalter. Der Diplomingenieur ersann zwischen 1934 und 1937 den ersten funktionstüchtigen Elektronenrechner. Der röhrenbestückte ›Z 1‹ war ein Monstrum: vier Quadratmeter groß und 800 Kilogramm schwer. ›Z 4‹ war noch gewaltiger und lieferte nach Berichten von Zeitzeugen ›unter heillosem Gerassel exakte Lösungen für komplizierte Aufgaben‹. Die Mammut-Rechenmaschinen von Zuse gelten als die ersten funktionstüchtigen Computer der Welt. Im **Konrad-Zuse-Computermuseum** können sich Besucher genauer über dieses Stück Technikgeschichte informieren.

In **Dörgenhausen** (Němcy), am südlichen Stadtrand von Hoyerswerda gelegen, gibt es eine **Bockwindmühle** zu sehen. 1707 erbaut und 1920 modernisiert, wurde hier bis 1941 Getreide gemahlen. Ein hübsches Fachwerkgebäude im Dorf lädt zum Verweilen ein, das Gasthaus Elstergrund in der Dorfstraße 36. Montags ist es jedoch geschlossen.

Die Lange Straße repräsentiert das alte Hoyerswerda

Hoyerswerda

Vorwahl: 03571.

Touristinformation Lausitzer Seenland, Schlossergasse 1, Tel. 456920, www.hoyerswerda.de.

Tourismus GmbH – Land und Leute, Dr.-Werner-Külz-Str. 1, Tel. 408030, www.lausitz-tourismus.de.

Achat Hotel Lausitz (€€), Bautzener Allee 1a, Tel. 4700, www.achat-hotels.com. Radfahrerfreundliches Haus nahe dem Stadtzentrum.

Hotel Zur Mühle (€€), An der Mühle 4, Tel. 4770. Sympathisches modernes Haus nahe dem Markt.

Cocktaillounge und Café Ambiente, Markt 5, Tel. 605900, im Sommer tgl. 15–24, im Winter 18–24 Uhr. Tipp: süße und herzhafte Crepes; auch Freiluftplätze.

Ratskeller, Markt 1, Tel. 604324, Mo–Fr 11–14, Di–Sa 17–01 Uhr. Mit Sommerterrasse.

Restaurant und Biergarten Lessings, Straße am Lessinghaus 1, Tel. 408486, tgl. ab 11 Uhr.

Imbiss Wurstzipfel, Fleischerei Sinapius, Kirchstr. 9, Mo–Do 9–15, Fr 9–14 Uhr, www.fleischer-sinapius.de. Mit Vinothek.

Zoo, tgl. ab 9 Uhr, schließt je nach Jahreszeit zwischen 16 und 18.30 Uhr.

Schloss, Tel. 456490, Di–Fr 10–18, Sa/So 14–18 Uhr. U.a. mit Kunstwerken des Hoyerswerdaer Bildhauers Jürgen von Woyski.
Brigitte-Reimann-Begegnungsstätte, Brigitte-Reimann-Str. 8, Mo–Fr 8–13.30 Uhr, Sa/So und Feiertage nach Anmeldung, Tel. 412016.
Trachtenhaus Jatzwauk, Senftenberger Str. 19, Mo–Fr 9–18 Uhr.
Konrad-Zuse-Computermuseum, Industriegelände Str. E, Nr. 8, Tel. 478957, www.konrad-zuse-computer-museum.de; Di–Do 9–15, So 15–17 Uhr.
Schuhmacherwerkstattmuseum, Lange Str. 1, Tel. 415206, Di 9–12, Do 14–17 Uhr.

S. Knappen- und Silbersee (S. 163).

Lausitzbad, Am Gondelteich 1, www.lausitzbad.de.

Musikfesttage (April/Mai), Zoofest (Juli), Brunnenfest (Aug.).

Schwarzkollm (Čorny Chołmc)

Schwarzkollm, ein westlicher Ortsteil von Hoyerswerda, ist ein typisches Straßendorf. Überregional bekannt ist es als der Ort, an dem Krabat als Müllerbursche arbeitete und das Zaubern lernte. Hier stahl er das Magierbuch des Schwarzen Müllers. In seinem Buch ›Meister Krabat – der gute sorbische Zauberer‹ gelang es dem sorbischen Schriftsteller Měrćin Nowak-Neumann zauberhaft, Legende und Realität miteinander zu verweben. Der Kinderbuchautor Ottfried Preußler verhalf Krabat in den 1990er Jahren zu internationaler Berühmtheit. Nach seiner Neuerzählung wurde ›Krabat‹ in den rumänischen Karpaten verfilmt und kam 2008 in die deutschen Kinos.

Am hübschen Dorfplatz plätschert der **Krabatbrunnen** des Hoyerswerdaer Bildhauers Jürgen von Woyski. Hier kommt der Junge allerdings als einer von zwölf verzauberten Raben daher, der sein Köpfchen unter den Flügel klemmt, damit die Mutter ihn erkennt und der Fluch gebannt wird.

In einer Straßenkurve am Ortsausgang Richtung Koselbruch, etwas versteckt hinter einer Konifere, findet sich der Teufelsstein, ein Ruheplätzchen des Gehörnten. Die Einheimischen wussten, dass es Unglück bringt, ihn zu verrücken. Eine Bürgermeisterin hat es dennoch gewagt – am selben Tag ist ihre Scheune abgebrannt.

Auf einer Wiese kurz vorm Ortsteil Koselbruch steht der Vierseithof mit Schwarzer Mühle, als **Krabatmühle** berühmt. Den originalen Baugrund, etwa 200 Meter entfernt mit einer halbverfallenen Holzscheune, gaben die Besitzer nicht her. Das gesamte Bauensemble

Im Dubringer Moor

▲ Karte hintere Umschlagklappe

mit Gesindehof, Laubengang, Wassermühle und Windrand wurde neu aufgebaut. Die meisten Materialien stammen aus dem Abriss historischer Gebäude der Umgebung, die funktionstüchtige Wassermühle aus Mecklenburg. Hier steht auch eine sogenannte ›Bude‹, eine von drei spartanischen Herbergen der rund 350 Wandergesellen in Deutschland, die hier kostenlos fachmännische Arbeiten übernehmen. Im Imbissraum der ›Bude‹ schenkt man Krabatbier und -likör aus (Mo–Fr 9–18, Sa/So ab 14 Uhr).
Das nahe Naturschutzgebiet **Dubringer Moor** gilt als eines der bedeutendsten Durchströmungsmoore Mitteleuropas und weist auf die Urlandschaft der Lausitz vor der Besiedlung hin. Beinahe überall in der Lausitz verschwanden die Feuchtgebiete im Verlaufe der letzten Jahrhunderte, hier blieb es auf etwa 400 Hektar erhalten. Das Moor gehört zum Grundbesitz des Klosters St. Marienstern in Panschwitz-Kuckau. Im 17. Jahrhundert wurden am Rande des Moores beim heutigen Ortsteil Michalken mehrere Teiche zur Fischzucht angelegt. Zwischen Lilien- und Mittelteich verläuft der **Krabat-Wanderweg** geradewegs zu Dr. Zelders Fischspezialitätenrestaurant (Sa/So 10–20 Uhr, Tel. 037 25/703 33). Die kleine Seenplatte heißt **Zelders Teiche**. Hier lassen sich auch im Winter viele Wasservögel beobachten. Am Wegesrand stehen einzelne mächtige Bäume, zumeist knorrige Eichen.

Wittichenau (Kulow)

Der Ort Wittichenau wurde 1248 erstmals erwähnt und bereits 1286 als Stadt (civitates) bezeichnet. Heute hat das Städtchen etwa 5000 Einwohner. Der sorbische Name Kulow bedeutet ›Rundort‹. Sehenswert ist die hübsche **Pfarrkirche** mit einem barocken Hochaltar

Sühnekreuz bei Wittichenau

(1722/23). Es ist ein Werk von Mathias Wenzel Jäckel, der 1655 hier geboren wurde und zwischen 1707 und 1709 auch drei Plastiken für die weltbekannte Prager Karlsbrücke schuf. An der Pfarrkirche unter dem Sanctusglöcklein begegnen wir wahrhaftigen Spuren des Zauberers Krabat. Es ist die Grabstelle des Kroatenoberst Johann Schadowitz. Er stand in kursächsischen Diensten, und von ihm wird behauptet, er sei Krabat (=Kroat) gewesen. Am Kirchenpfeiler steht ein kurzer Auszug aus dem Totenbuch von 1704: ›Den 29. Maij ist in Serchen alhier in der Kirchen den 2. Junij begraben worden unterhalb des Presbytorij am Gläkel der gnädige Herr H. Obrist Johannes Schadowitz in Croatien von Agram gebürtig‹. Im Dorf Eutrich auf halber Strecke zwischen Königswartha und Ralbitz soll er tatsächlich geboren sein. Heute stellt Krabat die bedeutendste sorbische Sagenfigur dar, er wird gern als sorbischer Faust bezeichnet, denn auch er wollte auf freiem Grund mit freiem Volke stehen. Im 17. Jahrhundert bekam der Kroate Johann Schadowitz für seine Verdienste im Türkenkrieg vom sächsischen Kurfürsten das Vorwerk Groß Särchen geschenkt, das neuerbaute Krabat-Vorwerk steht an der Bundesstraße 97. Die Sage behauptete später, Schadowitz wäre der Zauberer Krabat gewesen.

Ein besonderes Erlebnis bietet sich Gläubigen und Zaungästen am Ostersonntag. Dann reiten über 700 Männer singend und betend zum 20 Kilometer entfernt liegenden Ralbitz und verkünden die Osterbotschaft von der Auferstehung Christi. Schon seit 1541 wird das Osterreiten zwischen beiden Kirchenorten gepflegt. Die Reiter tragen Gehrock und Zylinder, an der Spitze des langen Zuges befinden sich Kruzifix- und Fahnenträger. Die Pferde sind mit Muschelgeschirren und einer Seidenschleife mit Blumenornamenten am Schweif geschmückt.

In der Wittichenauer **Stadtbrauerei** werden im Auftrag des Klosters St. Marienstern Panschwitz-Kuckau zwei Biersorten nach alten Rezepturen gebraut; jetzt auch das feinwürzige ›Krabat-Pils‹ und der süffige ›Krabat-Trunk‹. Nach Anmeldung, Telefon 035725/70261, kann man die Brauerei besichtigen und eine Bierprobe genießen. Zu einer stilvollen Unterkunft mit Restaurant, täglich ab 11.30 Uhr, wurde die einstige Kober Mühle umgebaut. Das Landhotel Kober Mühle in der Särchener Str. 2 erreicht man telefonisch unter 035725/70244 oder im Internet über www.kober-muehle.de.

Die Umgebung

Die nordöstlich von Wittichenau gelegene Gemeinde **Spohla** (Spale) blieb bis heute als **Angerdorf** erhalten. Ein ähnliches Bild zeigt sich in der unmittelbaren Umgebung von Hoyerswerda noch in Bergen (Hory), Neuwiese (Nowa Łuka), Seidewinkel (Židźino) und Schwarzkollm (Čorny Chołmc).

Zeißholz besitzt ein **Dorfmuseum** in einem Dreiseithof. Das Wohnhaus, 1401 in Blockbauweise errichtet, baute man später zum Fachwerkhaus um. In der einstigen Schlafstube zeigt man heute eine geologische und naturkundliche Sammlung. Auf der Wiese hinter dem Hof entstand eine Schauanlage, die an die Zeißholzer Bergbaugeschichte erinnert, die hier um 1840 begann. Die Kohle lag so günstig, das sie anfangs von den Bewohnern per Hand gewonnen wurde.

Wanderung von Wittichenau auf dem Naturlehrpfad ins Dubringer Moor

Das Naturschutzgebiet Dubringer Moor liegt westlich von Wittichenau, zwischen den Ortschaften Zeißholz, Michalken und Dubring. Am Ortsausgang Wittichenau beginnt ein Wanderweg dorthin.

Zuerst gelangen wir zur um 1500 erbauten Schowtschickmühle, der einzigen erhalten gebliebenen Wassermühle im Gebiet. Sie ist mit einem oberschlächtigen Wasserrad ausgestattet. Das Moor ist mit 400 Hektar eines der größten Mitteleuropas. Es gilt als beinahe letzter Rest der Lausitzer Urlandschaft, denn der Name Lausitz geht auf die Bezeichnung Łužica zurück, was soviel wie Sumpfland bedeutet. Hinter einer Schranke beginnt der knapp fünf Kilometer lange Natur- und Waldlehrpfad. Die Markierung führt anfangs am Mühlgraben entlang zu den Pasternackwiesen; 26 Schautafeln machen mit der Entstehungsgeschichte, den Pflanzen und Tieren vertraut. Die Torfmächtigkeit erreicht stellenweise bis zu sechs Meter. Hier gedeihen Arten wie Vielstengliges

▲ Karte hintere Umschlagklappe

Krabat – der gute sorbische Zauberer

Am Markt von Wittichenau steht Krabat auf einem hohen Sockel. Seit längerem fehlt ihm die linke Hand, auf der ein Rabe saß: Man sagt, dass es der selbe Vogel sei, der heute auf dem Dachfirst an der neuen Krabatmühle in Schwarzkollm auf die anderen elf Raben warte.

Um 1620 zogen viele Kroaten durch die Lausitz, in ihrer Heimat durch türkische Heerscharen bedrängt und von den Einheimischen ›Krabaten‹ genannt. Krabat, ein Vieh- und Gänsehirt, gelangte auf seiner Wanderschaft als 14jähriger nach Schwarzkollm: Hier trieb der Schwarze Müller sein Unwesen. Krabat erlernte bei ihm das Müllerhandwerk und nebenbei allerlei Zauberei. Schließlich gelang es ihm zu entwischen, mit dabei hatte er den Koraktor – das geheimnisvolle Zauberbuch des Schwarzen Müllers. Mit dessen Hilfe sorgte er für das Wohlergehen der Familie und vieler armer Leute, er rettete sogar dem sächsischen König das Leben: Aus dem Jahr 1691 datieren die ersten schriftlichen Quellen über den Kroatenoberst Johann von Schadowitz, der in kursächsischen Diensten stand und von dem behauptet wird, er wäre Krabat gewesen. Für seine Verdienste im Türkenkrieg bekam er vom Landesherrn das Vorwerk Groß Särchen geschenkt, wo er von 1691 bis zu seinem Tode 1704 lebte. Auf ihn geht der Anbau von Dinkel und Hirse in der Lausitz zurück, und ›bei Ostwind hat er den Hagel aufgehalten, um die Ernte zu schützen‹, so berichtet die Chronik. Hundert Jahre vor der französischen Revolution hat Krabat alias Johann von Schadowitz auf seinem Gut die Leibeigenschaft aufgehoben. Seine Bauern brauchten nur einen Tag in der Woche für ihn arbeiten, alles andere konnten sie für sich erwirtschaften. Es ist nicht ausgeschlossen, dass der Dichterfürst Goethe mit der Person des Zauberlehrlings einige Passagen für seinen ›Urfaust‹ aus der Krabat-Legende übernahm, die damals unter den Leuten kursierte. Wie Faust hat sich auch Krabat mit guten und bösen Mächten eingelassen.

Das alte Krabat-Vorwerk in Groß Särchen gibt es längst nicht mehr, im neuen Vorwerk mitten im Ort ist die Tourismusinformation und ein Begegnungszentrum (Hauptstr. 21). Im nahen Gasthaus ›Zum Schwan‹ ist Krabat gestorben – die Sage erzählt, er sei nach seinem Tod als Schwan fortgeflogen.

Zwischen Hoyerswerda im Norden und Kamenz im Südwesten ist der Krabat-Radweg auf etwa 80 Kilometer markiert, und er führt zu allen Orten, die in der Oberlausitz mit seinem Namen verbunden sind.

Meister Krabat mit dem Koraktor, dem Zauberbuch des Schwarzen Müllers

Sumpfried, Mittlerer Sonnentau und Glockenheide. Auch die Kreuzotter ist im Moor heimisch.

An der Lokalität ›Radischo‹ soll einst ein Schloss gestanden haben, das im Moor versunken ist. Heute erfreuen uns an Ort und Stelle uralte Eichen. Etwa hundert Meter weiter künden Rotbuchen, Eschen und Weymouthskiefern vom einstigen Pflanzgarten des Klösterlichen Forstreviers Neudorf.

Die Markierung weist bald nach rechts, wo größere Waldflächen durch Staunässe abstarben. Die genussvolle Entdeckungstour wird am Rand des nun folgenden Wiesenmoores durch herrlich würzigen Duft gesteigert. Vorbei an den Städtischen Teichen steht man nach wenigen Schritten wieder an der Schowtschickmühle.

Länge: 7 Kilometer (Rundweg).

Kamenz (Kamjenc)

Die Lessingstadt liegt an der Schwarzen Elster, am nördlichen Rand des Nordwestlausitzer Berglandes. Der Ortsname ist vom Altsorbischen abgeleitet und bedeutet ›Ort am Stein‹. Kamenz wurde 1225 erstmals urkundlich erwähnt. Der Ort verdankt sein Wachstum zu einer größeren Siedlung der Lage an einer Furt über die Schwarze Elster. Hier stand eine deutsche Grenzburg, die die Hohe Straße schützte, eine wichtige Handelsstraße zwischen Flandern und Polen. Bernhard von Vesta erhielt Ende des 12. Jahrhunderts die Stadt als Lehen und begann mit einem planmäßigen Aufbau. Ein verheerendes Feuer vernichtete 1213 den Ort. Der Sohn Bernhards, Bernhard II. von Kamenz, baute die Stadt wieder auf und verlegte das neue Zentrum auf eine Hochfläche am Fuße des Hutberges. Die Mitgliedschaft im Oberlausitzer Sechsstädtebund brachte ab 1346 und bis in das 16. Jahrhundert Aufschwung und Wohlstand. Danach aber stagnierte die Entwicklung. Zwei große Stadtbrände – 1707 und 1842 – richteten große Schäden an, und die Lage abseits neuer Verkehrswege führte dazu, dass Kamenz ab dem 19. Jahrhundert nur ein Provinzstädtchen blieb.

▲ Karte S. 171

Sehenswürdigkeiten

Zu den Sehenswürdigkeiten zählen die **acht spätgotischen Flügelaltäre**. Zwei sind in der Marienkirche zu bewundern, fünf in der früheren Klosterkirche St. Annen und einer in der Begräbniskirche St. Just. Alle Altäre stammen von unbekannten Meistern aus der Zeit um 1500, sind aber durchaus mit Arbeiten von Tilmann Riemenschneider oder Veit Stoß vergleichbar.

Untrennbar ist Kamenz mit dem Namen Gotthold Ephraim Lessing verbunden. Am 22. Januar 1729 wurde hier der große deutsche Dichter und Aufklärer

Renaissance-Schmuckstück: das Rathaus

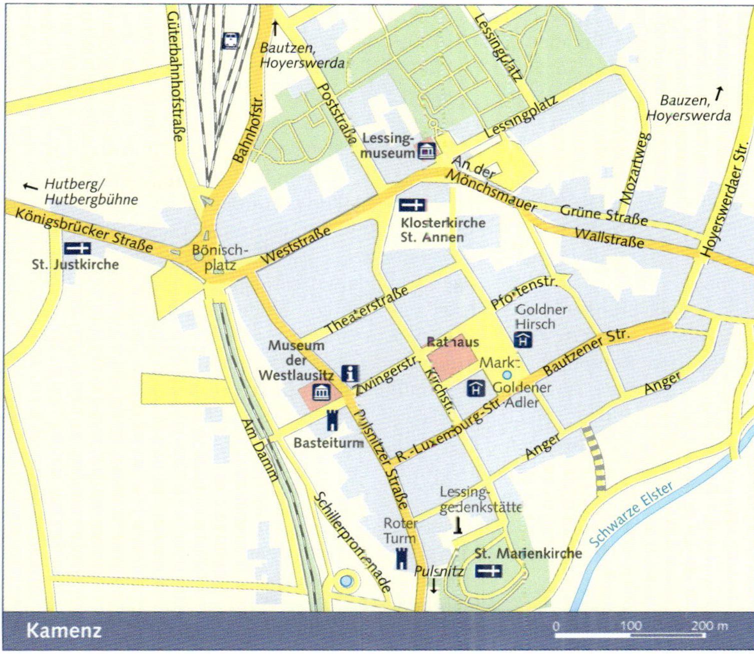

geboren. Anlässlich seines 200. Geburtstages wurde zwischen 1929 und 1931 das **Lessingmuseum** erbaut. Vor dem Museum steht eine bronzene Lessingbüste. Das Gebäude auf dem Lessingplatz 3 im Norden der Altstadt ist keine verstaubte Gedenkstätte, sondern ein lebendiges ›Haus der Literatur und des Lesens‹ mit bibliophiler Werkschau des Dichters und gemütlichem Lesecafé. Im Januar und Februar finden hier die Lessing-Tage statt, mit Lesungen, Aufführungen und Diskussionsrunden.

Die nahgelegene spätgotische **Klosterkirche St. Annen** (1493–1499) gehörte wie die angrenzende Mönchsmauer zum einstigen Franziskanerkloster, das 1842 beim Stadtbrand vernichtet worden ist. Im Inneren haben fünf gotische Flügelaltäre überdauert: Annenaltar, Altar der heiligen Sippe, Franziskus-, Marien- und Heilandsaltar. Auf dem Weg zum Markt ist das Klostertor mit barockem Balkon an der Straßenkreuzung von Klosterstraße und Theaterstraße sehenswert.

Das schöne **Rathaus** am Markt wurde nach dem großen Stadtbrand von 1842 in den Jahren 1847 bis 1850 nach Plänen des Zittauer Baumeisters Carl August Schramm, einem Schüler Karl Friedrich Schinkels, im Stil der italienischen Renaissance neu errichtet und ähnelt seitdem einem venezianischen Palazzo. Das gegenüberliegende **Hotel Goldner Hirsch** ist eines der wenigen Häuser, die von der Feuersbrunst 1842 verschont blieben; eine Gedenktafel erinnert daran: ›Gott schützte mit allmächtiger Hand dies Haus beim letzten Brand‹.

Das heutige Vier-Sterne-Hotel blickt auf eine 450jährige Tradition zurück. 1729 wurde im hiesigen Ratskeller die Taufe von Gotthold Ephraim Lessing gefeiert. Daher wird hier heute auch Lessings Lieblingsmenü serviert, das nach dem Originalrezept seiner Ehefrau Eva König gekocht wird. Es besteht aus ›Blumenkohlsuppe, Roßt Bratel mit Rahm und gebackenen Erdäpfeln und Schokoladensuppe‹.

Der **Andreasbrunnen** (1570) trägt seinen Namen zum Gedenken an seinen Stifter, den Kamenzer Bürgermeister Andreas Günther. Den Brunnen schmücken ein Standbild der Gerechtigkeit, das einstige Reichswappen (Doppeladler), das böhmische Wappen (Löwe) sowie das Kamenzer Stadtwappen.

Neben dem hinteren Teil des Rathauses, in der Kirchstraße, ist ein restaurierter Arkadengang zu sehen, die **Fleischbänke**. Bis zum Anfang des 20. Jahrhunderts boten Fleischer hier ihre Ware feil, heute sitzt man hier bei Kaffee, Kuchen und Eis.

Auf der südlichen Marktplatzseite mündet die Kurzen Straße ein. In ihr finden sich interessante Gebäude, so das Eckhaus Nummer 1, im Volksmund **Steinerner Mönch** genannt, und Nummer 6, das **Feuerhaus**. Letzteres zeigt auf einem Wandbild über dem Renaissanceportal den Stadtbrand von 1707. Das Haus gehörte zu Beginn des 18. Jahrhunderts Johannes Haberkorn, dem Leibarzt König Augusts des Starken. Auf der Nummer 1 ist eine reliefartige Grabplatte angebracht. Darauf ist ein Oberältester der Schusterinnung abgebildet. Diese Innung stiftete den Altar in der St. Annenkirche und unterstützte das ansässige Kloster. So könnte die Bezeichnung ›Steinerner Mönch‹ entstanden sein.

▶ Karte S. 171

Westlich vom Rathaus, über die Zwingerstraße zu erreichen, beherbergt das Ponickauhaus heute das Elementarium, das **Museum der Westlausitz**. Das stattliche Gebäude in der Pulsnitzer Straße besitzt eine barocke Fassade (1745) und ein großes Korbbogentor. Die Dauerausstellung ermöglicht eine Expedition: Anhand von sechs Themenwelten wird die Entwicklung der Erde anschaulich dargestellt. Eine Attraktion ist der fünfstufige Erdbebensimulator, auf dem man die Erschütterungen der Naturgewalten empfinden kann – bislang einzigartig in Deutschland.

Geht man die Zwingerstraße neben dem Museum noch ein Stückchen weiter, gelangt man zum einzig erhaltenen **Basteiturm** (Pichschuppen) der ehemaligen Stadtbefestigung, die 1835 geschliffen wurde. Nebenan steht das 400 Jahre alte Malzhaus.

Der **Rote Turm** ist ein Überbleibsel des alten Pulsnitzer Stadttores. Im benachbarten schmalen Lessinggässchen erinnert eine Gedenktafel an den Standort

Die Lessingbüste vor dem Museum

des Geburtshauses von Lessing, der hier bei seinen Eltern zwölf Lebensjahre verbrachte. Lessings Vaterhaus wurde im Jahr 1842 durch den Stadtbrand vernichtet. Jetzt befindet sich am selben Ort ein kleiner gepflegter Garten mit **Lessinggedenkstätte**.

Am Rand der südlichen Altstadt ragt die spätgotische **St. Marienkirche** empor. Das größte Gotteshaus der Stadt wurde zwischen 1400 und 1480 aus Lausitzer Granit und sächsischem Sandstein errichtet. Links vom Eingang, in der ›Brauthalle‹, sieht man den kleinen Michaelsaltar (1498). Der große Marienaltar wurde 1510 bis 1520 gefertigt. Im mittelalterlichen Taufbecken davor wurde auch Gotthold Ephraim Lessing getauft. Die Kreuzigungsgruppe im Triumphbogen mit den Aposteln – drei fehlen – zählt zu den Kostbarkeiten. Lessings Vater war Pastor und predigte 50 Jahre von der hiesigen Kanzel. Die Grabtafel von Lessings Eltern ist im Altarvorraum zu besichtigen. Ratsherrenempore und Handwerkerlogen sind wertvolle Zimmermannsarbeiten. 174 Stufen führen auf die Aussichtsgalerie am Kirchturm.

Das Aufsichtspersonal verwahrt auch den Schlüssel zur benachbarten **Katechismuskirche**, eine Wehrkirche, die in die einstige Stadtbefestigungsanlage integriert war. Innen sind Holzlogen und -decke mit barocker Malerei verziert, der Kanzelaltar wurde aus einem Stück geschnitzt.

Die gotische **St. Justkirche**, nordwestlich der Altstadt in der Königsbrücker Straße, besitzt die ältesten Wandmalereien auf dem Gebiet der Oberlausitz. Sie stammen aus dem 14. Jahrhundert und wurden 1935 wiederentdeckt. Gegenüber der Kirche steht eine **Postdistanzsäule** (1725) mit sächsischem und polnischem Wappen.

Seit 1521 wird in der Woche um den Bartholomäustag (24. August) das Kamenzer Forstfest begangen, bei dem Schüler und Lehrer mit Blütenschmuck durch die Straßen ziehen. Das Schulfest hat seinen Ursprung in einer Legende, wonach die Eltern bei der Hussitenbelagerung ihre Kinder zu den feindlichen Heerscharen schickten, die um Gnade baten. Die Hussiten sollen beeindruckt gewesen sein und die Stadt verschont haben. Die Legende ist sympathisch, entspricht aber nicht den Tatsachen – die Stadt wurde eingenommen. Dem Fest tut das aber heute keinen Abbruch.

Drei Kilometer nordöstlich von Kamenz, nördlich der Gemeinde Deutschbaselitz, befindet sich Sachsens größter Teich mit Campingplatz und Badestelle. Um den **Deutschbaselitzer Großteich** führt ein markierter Rundweg (grüner Punkt, sieben Kilometer).

Biehla und Grüngräbchen

Das Dorf Biehla, gut vier Kilometer nördlich von Kamenz an der Landstraße nach Bernsdorf gelegen, besaß bis 1945 ein Schloss. Es wurde abgerissen, und nur der Schlosspark mit schönem alten Baumbestand und ein zweites Herrenhaus überdauerten die Zeit. Der Ort eignet sich als Ausgangspunkt für Streifzüge ins **Naturschutzgebiet Biehla-Weißiger Teichgebiet**. Schützenswert sind hier die artenreiche Fauna und Flora in vernässten Wäldern, Moorwiesen und Fischteichen. Vom Biehlaer Ortszentrum führt ein grün markierter Wanderweg über fünf Kilometer durch das Naturschutzgebiet bis nach Weißig.

Der Ort Grüngräbchen wurde 1993 zum schönsten Dorf Sachsens gekürt, ist aber vor allem wegen seiner **Rhododendren-Großkulturen** weithin bekannt.

Der königliche Hofgärtner Johann Heinrich Seidel begann hier, etwa sechs Kilometer westlich von Bernsdorf, schon im Jahr 1744 mit ersten Zuchtversuchen, 1807 waren sieben neue Sorten im Angebot. Bis heute ist die Gärtnerei Seidel in Familienbesitz, mittlerweile werden auf idealen moorigen Standorten auch Alpenrosen und Azaleen herangezogen.

Das **Naturschutzgebiet Erlenbruch/Oberbusch**, ein Waldschutzgebiet auf feuchtem Standort, und das **Naturschutzgebiet Lugteich** mit einem zum Teil verlandeten, 1746 künstlich angelegten Teich sowie Moorvegetation und Feuchtheide grenzen unmittelbar an den Ort an und gehören zur bemerkenswerten Landschaft.

Kamenz

Vorwahl: 035 78.

Kamenz-Information, Pulsnitzer Str. 11, Tel. 37 92 05, www.kamenz.de.

Hotel Goldner Hirsch (€€), Markt 10, Tel. 783 50, www.hotel-goldner-hirsch.de. Mit historischem Ratskeller, tgl. 11–14.30 und 18–23.30 Uhr.

Campingplatz Deutschbaselitz, Tel. 30 14 89, April–Okt., www.campingplatz-deutschbaselitz.com.

Café-Bar Emilia, Kirchstr. 1, Di–Fr 11–22, Sa/So 14–24 Uhr, in den ehemaligen ›Fleischbänken‹.

Lessingmuseum, Lessingplatz 1–3, Tel. 380 50, www.lessingmuseum.de; Di–Fr 9–17, Sa/So und feiertags 13–17 Uhr.

Annenkirche und **St. Marienkirche** (mit Turmaufstieg), Mai–Okt. Di–Fr 10.30–17.30, Sa 10.30–18, So 14–18 Uhr.

St. Justkirche, Sa/So 14–18 Uhr.

Museum der Westlausitz Elementarium, Pulsnitzer Str. 16, Tel. 788 30, www.museum-westlausitz.de, Di–So 10–18 Uhr. Mit Wintergartencafé und Botanischem Garten.

Stadtgeschichtliche Ausstellung im ehem. Malzhaus, Eingang über das ›Elementarium‹, Pulsnitzer Str. 16, Di–So 10–18 Uhr.

Sammelsurium (Schaumagazin), Macherstr. 140, Mo–Fr 9–16 Uhr.

Kamenzer Lessingtage (Jan. und Feb.), Forstfest (Ende Aug.).

Königsbrück

▲ Karte hintere Umschlagklappe

Die Stadt an der Pulsnitz liegt am Westrand der Lausitz, 14 Kilometer westlich von Kamenz. Die Siedlung an des Königs Brücke über die Pulsnitz wurde 1248 erstmals urkundlich genannt und 1331 mit Stadtrechten versehen. Eine befestigte Warte schützte die Furt an der Hohen Straße, an der damaligen Grenze zwischen der Mark Meißen und dem böhmischen Reichslehen Oberlausitz. Die Feste baute man im Laufe der Zeit zum Schloss aus.

Vom Mittelalter bis zu Beginn des 20. Jahrhunderts war Königsbrück eine Heimstatt vieler Schuhmacher, Töpfer und Tuchmacher. Ab 1907 entstand eine Militärstadt mit riesigem Truppenübungsplatz am nördlichen Stadtrand, heute ein Naturreservat.

Der rechteckig angelegte Markt wird von Renaissance- und Barockhäusern gesäumt. Viele Stadtbrände und nicht zuletzt die Kampfhandlungen im April 1945 zerstörten viel von der alten Substanz. Trotzdem lohnt es sich, durch die Straßen zu bummeln und schöne Haustüren, Sandsteinportale sowie Schmuckreliefs zu entdecken. Das älteste Haus befindet sich in der Hoyerswerdaer Straße, es ist das **Weiße Roß** von 1522. In der Gartenstraße, Hausnummer 3, blieb das ungewöhnliche **Apothekerlusthaus** aus dem 18. Jahrhundert erhalten. Es ist in Form eines Pavillons mit achteckigem Obergeschoss und Mansardzeltdach erbaut worden.

Die barocke **Hauptkirche** (1682) steht auf einer Anhöhe; zwei alte Bäume flankieren sie: Kirchlinde und Luthereiche. Neben dem Barockaltar und spätgotischen Tafelbildern gilt der große Holzepitaph aus der Werkstatt Balthasar Permosers als besonders wertvoll.

Seit 1851 werden in der Töpferei Frommhold, Weißbacher Straße 21, Geschirr nach Bunzlauer Art und Brauntöpferwaren hergestellt. Es besteht die Möglichkeit, die Werkstatt zu besichtigen (Mo–Fr 9–18, Sa 9–12 Uhr, Tel. 03 57 95/315 29).

Wanderung von Königsbrück zum Keulenberg und weiter nach Oberlichtenau

Der Keulenberg erhebt sich südöstlich von Königsbrück, der Wanderweg auf den sagenumwobenen Gipfel ist vom Bahnhof Königsbrück-Ost mit rotem Balken markiert und mit sieben Kilometern ausgewiesen. Anfangs ist die Markierung jedoch etwas verwirrend. Am besten läuft man anfangs etwa hundert Meter die Straße Richtung Reichenau entlang und biegt dann gleich am nächsten Weg nach rechts ab. Der Pfad führt nun geradewegs zum Mahnmal für die KZ- und Kriegsopfer auf den Scheibischen Berg. Von der dortigen Aussichtsterrasse überblickt man das Stadtgebiet und seine waldreiche Umgebung. Hoch über dem Pulsnitztal verläuft der Weg um den Scheibischen Berg herum.

Kommt man ins Pulsnitztal, führt der Weg in das Naturschutzgebiet Tiefental, wo die Pulsnitz ein tiefes, schluchtartiges Tal schuf und größtenteils Wildbachcharakter besitzt. Man kann am Ufer der ›wilden‹ Pulsnitz Richtung Reichenau wandern.

Wir verbleiben auf dem kleingepflasterten Weg und stehen bald am Ortseingang Gräfenhain. Auffällig sind die vielen Trockenmauern aus Naturstein. Seit dem Mittelalter wurden sie in Generationen angelegt, um das Kerbtal auf Terrassen besiedeln zu können. Die großen Steine sitzen mit Hilfe der Zwicker, kleinen Steinen mit Keilwirkung, noch heute fest. Wenn es regnet, kann das Wasser die Trockenmauern durchfließen und füllt die Hohlräume immer wieder mit Bodenmaterial aus. Die Mauern sind teilweise bis zu vier Meter hoch und bis zu einem Meter stark.

Das Barockschloss in Oberlichtenau

Die Straße führt direkt am Gedenkstein für Georg Bartisch (1535–1607) vorüber. Bartisch veröffentlichte 1583 das erste deutsche Lehrbuch über Augenkrankheiten, worauf ihm Kurfürst August 1585 den Ehrentitel ›Erster Churfürstlicher Hofoculist‹ verlieh.

Am Ortsausgang sieht man linker Hand ein Steinkreuz aus dem 16. Jahrhundert mit einer eingeritzten Axt: Zwei Zimmerleute stritten sich um ein Mädchen, wobei der eine den anderen erschlug. Von hier bis zum Keulenberg liegen noch vier Kilometer Wegstrecke durch Felder, Wiesen und Wald vor uns, auf dem letzten Viertel geht es nur noch bergan.

Der Keulenberg, 413 Meter hoch, ist ein beachtlicher Gipfel des Lausitzer Berglandes an dessen Nordwestgrenze, weshalb er auch die Bezeichnung ›Wächter der Westlausitz‹ trägt. Fast 27 Jahre, von 1962 bis 1989, war das Bergplateau Sperrgebiet; Dienststellen von NVA, Volkspolizei und Zollverwaltung waren hier ansässig. Die alte Keulenbergbaude wurde 1990 abgerissen, für das leibliche Wohl wird seither in der Berggaststätte gesorgt (tgl. außer Mo ab 11.30 Uhr, Tel. 035955/749890, www.keulenberg.com; auch Pension).

Auf dem Berg existieren drei ausgeprägte Gipfelklippen. Der Aussichtsturm direkt über der Steinsäule des trigonometrischen Punktes ist ein Schwarzbau aus dem Jahr 1925. Sonnabends, sonntags und feiertags ist der Turm in der Zeit von 13 bis 17 Uhr zugänglich. Daneben stehen ein Bismarckdenkmal aus dem Jahr 1899 und gegenüber ein wiedererrichteter Granit-Obelisk.

Hinunter nach Oberlichtenau läuft man noch drei Kilometer; jetzt ist der Weg grün markiert. Der Ort nennt die schönste Residenz der weiteren Umgebung sein eigen, das 1718 erbaute Barockschloss mit kostbarem barocken Festsaal und reichen Stuckarbeiten im Obergeschoss. Voranmeldung zur Besichtigung sind telefonisch unter 0175/4831727 möglich. Frühere Besitzerin war auch die berühmte Gräfin Cosel, eine geborene Reichsgräfin von Holtzendorff. Im Park blieben viele hübsche Plastiken mit Zwergen erhalten.

Auf dem Gelände der ehemaligen Schlossgärtnerei ist der Bibelgarten zu erleben: Das Freilichtmuseum wäre auch der rechte Ort zur Vorbereitung einer Reise nach Israel. Detailgetreue Kopien von Bauten oder Geräten aus römischer Zeit vermitteln Eindrücke vom Alltag in jener Epoche. Viele Gleichnisse und Geschichten aus der Bibel werden hier auch für Atheisten verständlicher (Mo–Fr 9–12 und 14–17 Uhr, Sa/So nach Anmeldung, Tel. 035955/45888, www.bibelgarten.de). Im Gästehaus ›Schlossblick‹, direkt am Bibelgarten, können Selbstversorger in fünf Schlafräumen mit zwei bis vier Betten gut und günstig übernachten. In der Pulsnitzer Straße 9 in Oberlichtenau ist in einem Fachwerkhaus ein kleines Bienenmuseum zu besichtigen; Anmeldung unter 035955/44709.

Länge: 10 Kilometer.

Rund um Oberlichtenau führt der ›Große Liederweg‹, 2006 von Schlagerbarde Heino höchstpersönlich eingeweiht: Auf 11 Kilometer Länge werden 37 Volkslieder mit Texttafeln im wahrsten Sinne des Wortes erlaufen. Weitere Infos unter www.deutscher-liederweg.de.

Pulsnitz

Das Städtchen Pulsnitz liegt am gleichnamigen Fluss und ist von den bewaldeten Höhenzügen des Nordwestlausitzer Hügellandes umgeben. Die Pulsnitz

▲ Karte hintere Umschlagklappe

– das heißt kriechendes oder langsam fließendes Gewässer – gab dem Ort seinen Namen. Die Siedlung gehörte im 13. Jahrhundert zum Besitz des Deutschen Ritterordens, wurde 1225 erstmals urkundlich erwähnt und 1375 von Kaiser Karl IV. mit Stadtrechten ausgestattet.

Seit 1558 ist die Pfefferküchlerei beurkundet. Als Vollhandwerk ist das Pulsnitzer Pfefferkuchenbacken in Deutschland einmalig. Nach der Wende dauerte es Jahre, bis die gesamtdeutsche Handwerksordnung dies anerkannte. Ein Bundestagsbeschluss bestätigte schließlich die Rechte der Pulsnitzer Pfefferküchlermeister.

Am Markt stehen eine originalgetreue Kopie des **historischen Brunnens** von 1798 sowie ein Denkmal für Ernst Rietschel. Der bekannte Bildhauer wurde am 15. Dezember 1804 in Pulsnitz geboren.

Das **Renaissance-Rathaus** mit schönem Pfeilergiebel und Sitznischenportal sollte man sich auch von innen anschauen: Der Gang in den Ratskeller offenbart ein gotisches Kreuzrippengewölbe aus dem Jahr 1555. In der historischen Gaststube hängt auch eine Figur des ›Wilden Mannes‹, des Ritters von Schlieben, an einer Kette: Was es damit auf sich hat, lassen Sie sich am besten vom Hotelier und Gastwirt Micha Voigt erzählen.

Die gotische **Pfarrkirche St. Nikolai** nahe dem Markt wurde durch barocke Stilelemente verändert. Im Chor fallen der Empire-Altar mit Säulen aus gebranntem Ton und mehrere Logen auf. In der Sakristei an der Kirchensüdseite befindet sich die Rietschel-Gedächtnis-Kapelle. Stufen führen vom Kirchplatz zum Geburtshaus Rietschels. In der Galerie, die darin untergebracht ist, sind hochkarätige Wechselausstellungen zu sehen.

Nördlich der Kirche, in der Goethestraße, liegt **Stadtmuseum**, das abermals die Bedeutung Rietschels verdeutlicht. Er schuf unter anderem das Denkmal für Goethe und Schiller in Weimar, die Denkmale für Carl Maria von Weber und für Martin Luther in Dresden und das Lessing-Denkmal in Braunschweig.

Auf zwei weitere berühmte Männer ist die Stadt stolz: Der Agrarwissenschaftler

Ernst Rietschel vor dem Ratskeller

Julius Kühn (1825–1910) erwarb sich insbesondere durch die Entwicklung neuer Bekämpfungsmethoden gegen Pflanzenkrankheiten große Verdienste. Der Sprachforscher und Missionar Bartholomäus Ziegenbalg (1682–1719) gründete 1706 die erste evangelische Missionsstation in Indien, erlernte die Sprache der Einheimischen und veröffentlichte das Buch ›Grammatica Tamulica‹.

Im Museum werden auch die Traditionen des einheimischen Handwerks wachgehalten, so besonders die Pfefferküchlerei mit Pfefferkuchenmodellen aus dem 18. Jahrhundert.

Die **Löwenapotheke** am Julius-Kühn-Platz schmückt ein vergoldeter Löwe über dem Eingang, vermutlich ein Werk von Ernst Rietschel. In der nahegelegenen **Kirsten's Konditorei** in der Wettiner Straße, nahe der Löwenapotheke an der Hauptstraße Richtung Bahnhof, wird alljährlich von Ende September bis zum Frühjahr – nur in diesen Monaten, weil sie keine Hitze verträgt – eine Pulsnitzer Spezialität angeboten: die Pfefferkuchentorte.

Südlich der Altstadt breitet sich zwischen Schlossteich und Großröhrsdorfer Straße ein **Schlosspark** im englisch-französischen Stil aus. Durch Schlosstor und Torhaus aus dem 17. Jahrhundert gelangt man zum **Alten Schloss**. Es wurde im 16. Jahrhundert im Renaissancestil als Herrschaftssitz derer von Schlieben errichtet und besitzt ein Sitznischenportal mit zwei Wappen aus dem 17. Jahrhundert. Gegenüber bilden Weißbuchen einen 250 Meter langen märchenhaften **Laubengang**. Im barocken **Neuen Schloss** nebenan finden Lungenkranke Linderung und Heilung.

Ein befestigter **Bauernspeicher** aus dem Jahr 1420 steht in der Pulsnitzaue im Ortsteil Meißner Seite. Der zweigeschossige Fachwerkbau ›Perfert‹ ist einer der wenigen in Deutschland erhalten gebliebenen bäuerlichen Verteidigungsbauten. Er entstand zum Schutz vor hussitischen Heerscharen, die 1429 in Pulsnitz einfielen. Die ›Bauernburg‹ ist über die Bachstraße zu erreichen. Der Wanderweg ist rot markiert, von der kleinen Brücke gelangt man über eine Wiese auf einem Trampelpfad hierher. Hinein kommt man allerdings nur, wenn man sich einer Stadtführung anschließt.

In der **Blaudruckwerkstatt Thieme** wird originaler Blaudruck in überlieferter 300jähriger Handwerkstradition hergestellt. Gegründet 1633 in Steinau/Schlesien und seit 1946 in Pulsnitz, ist sie heute die älteste Firma in Sachsen, die noch produziert.

In der **Töpferei Jürge**l ist der Kasseler Langofen, von 1742 bis 1959 in Betrieb, als technisches Denkmal zu besichtigen. Die Oberlausitzer Volkskunstkeramik Gebr. Lehmann bietet Kurse und Schautöpfern an, sie ist wegen ihrer ›Hörnchenmalerei‹ bekannt.

■ Steina

Das langgestreckte Dorf Steina nördlich von Pulsnitz liegt am Nordhang des Schwedensteins auf etwa 300 Meter Höhe. Daher wird es auch als ›Himmelreich‹ bezeichnet. Neben einigen Fachwerkhäusern gibt es an der Hauptstraße 85 einen **Vierseithof** mit Rundbogentor zu sehen. Und man kann von hier aus auf den Schwedenstein wandern.

■ Spaziergang von den Gickelsberghäusern auf den Schwedenstein

Östlich von Pulsnitz erhebt sich der Schwedenstein (418 Meter). Früher trug die Erhebung des Westlausitzer Berglandes den Namen Gickelsberg. Als aber

▲ Karte hintere Umschlagklappe

Der Pulsnitzer Pfefferkuchen

Im Jahr 1558 wurde das Privileg der Pulsnitzer Pfefferküchlerei erstmals urkundlich erwähnt. Die Blütezeit der Pulsnitzer Pfefferkuchenbäckerei begann um die Mitte des 18. Jahrhunderts. 1743 kam der Bäcker und Küchler Gottfried Tobias Thomas aus Thorn (heute Toruń/Polen) nach Pulsnitz zurück. Im Gepäck hatte er viele neue Rezepte. Der Name des schmackhaften Gebäcks ist allerdings fälschlicherweise entstanden, denn es enthält kein einziges Gramm Pfeffer. Aber die Leute kannten damals viele fremdländische Gewürze nicht und bezeichneten sie kurzerhand als Pfeffer.

Weil sich die Nachfrage nach den Pfefferkuchen ständig erhöhte, gab es nach 1860 mehrere Bäckereien in der Stadt, die sich darauf spezialisierten. Die Gründung einer eigenen Handwerkerinnung wurde den Pfefferküchlern aber erst im Jahr 1919 genehmigt. Hohe Reinheit in Qualität, Geschmack und Form blieben das oberste Gebot. Während die Pfefferküchler überall in Deutschland aufgaben oder zu großen Backfabriken wuchsen wie beispielsweise in Nürnberg, blieben die Pulsnitzer bescheiden und retteten ihr seltenes Handwerk sogar über die DDR-Zeit.

Bundesweit kommen heute einzig aus Pulsnitz noch Lebkuchen aus Familienbetrieben, die das ganze Jahr über Pfefferkuchen backen. Von den einstmals 50 Pfefferküchlerei-Handwerksbetrieben produzieren heute noch neun. Deren Rezepte sind ein streng gehütetes Familiengeheimnis und werden über Generationen weitergegeben. Im Unterschied zu den Produkten der Konkurrenz aus Nürnberg, die aus Sofortteig entstehen, wird der Pulsnitzer Teig erst bis zu sechs Wochen gelagert und dann verbacken.

In den Pfefferküchlereien duftet es nach Anis, Fenchel, Koriander, Kardamom, Macisblüte, Mandelöl, Muskatnuss, Nelken, Zimt und Zitronenschalen – den edelsten Gewürzen aus vier Erdteilen. Doch der Blick in die Backstuben der Meister bleibt den Gästen oft verwehrt. Seit 1999 kann man in einer Schauwerkstatt neben dem Rathaus ganzjährig einen Eindruck davon gewinnen, wie es in einer Pulsnitzer Pfefferküchlerei um 1900 ausgesehen hat.

Beim Lebkuchenverzieren in der Pulsnitzer Schauwerkstatt

Die Idee eines Pulsnitzer Pfefferkuchenmarktes erwies sich als Erfolgsgeschichte. Der erste Markt wurde 2003 abgehalten, und mittlerweile strömen am ersten Novemberwochenende hunderttausende Besucher in die ostsächsische Kleinstadt: Nur zu diesem Termin haben sie die Chance, die feinen Geschmacksnuancen aller Pulsnitzer Hersteller zu vergleichen.

1832, anlässlich des 200. Todestages des schwedischen Königs Gustav Adolf, in einen der hiesigen Gesteinsblöcke die Inschrift ›Gustav Adolf Rex 1632‹ eingemeißelt wurde, setzte sich der neue Name durch. Der Schwedenkönig selbst ist aber nie auf dem Berg gewesen.

Am bequemsten ist der einen Kilometer lange Aufstieg, wenn man von Pulsnitz über Ohorn zu den Gickelsberghäusern fährt. Auf dem Gipfel lädt das Bergrestaurant ›Schwedenstein‹ (Tel. 03 59 55/71 335; tgl. ab 11 Uhr) ein, dessen Pensionszimmer bis Ende 2010 modernisiert sein werden, und man kann den Aussichtsturm von 1898 besteigen. Der große dunkelglänzende Stein am Fuß des Turmes besteht aus nordischer Hornblende. Das Inlandeis transportierte diesen Riesen in der Eiszeit zum Schwedenstein.

Geologisch interessierte Wanderer wird es auch hinüber zum 500 Meter entfernten Hirschberg (415 Meter) ziehen. Dort kann man in alten Steinbrüchen Grauwacke mit eingelagerten Erzadern entdecken, für die Oberlausitz eine Seltenheit. In Ohorn, am Hang des Schleißberges, steht die 1936 erbaute Jugendherberge (Tel. 03 59 55/727 62, www.roederland.de).

Wanderung zum Sibyllenstein

Der Waldgasthof ›Forsthaus Luchsenburg‹ (€€, Tel. 03 59 55/723 14, www.forsthaus-luchsenburg.de) bietet Doppelzimmer an. Von dort führt ein markierter Wanderweg zum Sibyllenstein, mit 449 Metern die höchste Erhebung des Nordwestlausitzer Hügellandes. Er wird auch als Hochstein bezeichnet. Bekannt sind die bis zu acht Meter hohen Gipfelklippen aus Granodiorit. Sie entstanden durch Druckentlastung im Gestein und kamen später, nach der Verwitterung der Lößlehm-Schuttdecken, ans Tageslicht.

Auf die im 18. Jahrhundert eingehauenen Stufen kann man hinaufsteigen und die Aussicht in südlicher und westlicher Blickrichtung genießen. Im höchsten Felsbereich sind deutlich drei Vertiefungen zu sehen – des Teufels Hohlmaße, wie die Sage berichtet. Ihr zufolge hat er hier die von Kaufleuten und Müller benutzten Maße überprüft und Betrüger entlarvt.

Am Nordosthang entspringt inmitten eines Blockmeeres in einer Höhe von 320 Metern die Schwarze Elster; das Flüsschen mündet nach knapp 200 Kilometern in die Elbe. Seit 1977 ist im Gebiet Muffelwild beheimatet.

Länge: 2 Kilometer.

i Pulsnitz

Vorwahl: 03 59 55.

Pulsnitz-Information im Haus des Gastes, Am Markt 3, Tel. 442 46, www.pulsnitz.de. Mit Pfefferkuchenschauwerkstatt Mo–Fr 10–17, Sa 9–12, So 14–17 Uhr, Schaubackstube nach Anmeldung. Hier kann man auch ›seinen‹ Pfefferkuchen backen und bemalen.

Gasthaus und Hotel Ratskeller (€), Am Markt 2, Tel. 777 59, www.ratskeller-pulsnitz.de. Historische Gaststube mit Sommerterrasse, tgl. 11–23 Uhr. Im Zimmer Nr. 2 befindet sich ein Doppel-Wasserbett.

Gasthof Schützenhaus (€), Wettinplatz 1, Tel. 447 92, www.schuetzenhaus-pulsnitz.de.

Galerie im Geburtshaus Ernst Rietschels, Rietschelstr. 16, Di–Fr und So 14–17 Uhr.

Stadtmuseum, Goethestr. 20a, Tel.

▲ Karte hintere Umschlagklappe

44006, Di–Mi 9–15, Do/Fr 9–17, So 13–14, Fr 9–12 Uhr.
Oberlausitzer Volkskunstkeramik Gebr. Lehmann, Gartenstr. 5, Tel. 3664, Mo–Fr 9–18, Sa 9–12 Uhr.
Töpferei Jürgel, Julius-Kühn-Platz 4, Tel. 2468.
Blaudruckwerkstatt Thieme, Bachstraße 7, Tel. 73873, Mo–Fr 8–12 und 14–17, Sa 9–12 Uhr.

Kirsten's Konditorei, Wettiner Straße 16, Vorbestellung unter Tel. 73605.

Brunnenfest (Mai), Pfefferkuchenmarkt (1. Wochenende im Nov.), Nikolausfest (Sa/So vor dem 6. Dezember).

Elstra und Umgebung

Die Kleinstadt am Oberlauf der Schwarzen Elster ist wegen ihrer interessanten Straßenanordnung einen Besuch wert. Hier kreuzen sich die Straßen noch im auffälligen Maße rechtwinklig, die Stadtanlage blieb von der Gebäudeanordnung so erhalten, wie sie im Zuge der deutschen Ostkolonisation planmäßig gegründet wurde.

Mitten auf dem Marktplatz steht die **Gerichtslinde**, unweit davon eine **Postmeilensäule** von 1725. Auffällig wirkt der achteckige Dachreiter von 1717 auf dem **Rathaus**. Die barocke **Stadtkirche**, zwischen 1717 und 1726 erbaut, besitzt einen Altar aus Marmor und Sandstein sowie eine schöne Kanzel aus dem 18. Jahrhundert. Von der Orgel blieb nur der mit vielen Schnitzereien versehene Prospekt erhalten. Einige **Bürgerhäuser** lohnen einen Bummel durch die Straßen, so in die Pfarrgasse 1, wo ein Renaissance-Sitznischenportal aus Sandstein zu sehen ist. Barocke Fassaden entdeckt man beispielsweise in der Bachgasse 9 und der Parkgasse 2.

Wanderungen

Von Elstra lassen sich einige interessante Rundwandertouren planen, so über Rauschwitz zum Sybillenstein, zurück am Aussichtspunkt ›Rehnsdorfer Linde‹ vorbei (14 Kilometer) und zum Schwarzen Berg mit Abstieg zu den ›Rehnsdorfer Linden‹ (7 Kilometer). Ein anderer Weg führt östlich über sechs Kilometer nach Ostro (Wotrow), wo mit der Ostroer Schanze das bedeutendste Bodendenkmal der Oberlausitz zu besichtigen ist. Es handelt sich hierbei um einen Burgringwall der Lausitzer Kultur (etwa 800 v. Chr.). Heute steht an dessen Ostseite ein Fachwerk-Vierseithof.

Kloster Marienstern

Seit 1248 beten und arbeiten die Nonnen im Zisterzienserinnenkloster St. Marienstern südöstlich von Kamenz, am Rande des Dorfes Panschwitz-Kuckau (Pančicy-Kukow). Heute leben hier noch 20 Nonnen, und jedes Jahr finden sich drei neue Anwärterinnen; die Probezeit bis zum Gelübde währt drei Jahre. Der Überlieferung zufolge hatte sich der spätere Klosterstifter, Bernhard III. von Kamenz, im Moor verlaufen. Da erschien ein heller Stern mit Marienantlitz, dem er folgte und so wieder herausfand. Diese Rettung war der Grund für die Klosterstiftung. Im Tal des Klosterwassers, damals noch eine Sumpfaue, begann man 1248 mit den Bauarbeiten im gotischen Stil. In der Blütezeit des Klosters gehörten zwei Städte, 49 Dörfer und 12 Dorfteile mit etwa 2000 Untertanen dazu.

Das heutige Erscheinungsbild zeigt überwiegend böhmischen Barock in kräfti-

Harmonischer Barock: das Kloster

gem rotbraun-weißen Farbkontrast im Stil des 18. Jahrhunderts. Die spätgotische dreischiffige **Abteikirche**, 1260 bis 1290 errichtet, wurde in den 1960er Jahren stilgerecht renoviert. Die wertvolle Innenausstattung umfasst einen Hochaltar aus Marmor von Franz Lauermann aus Prag mit vergoldeten Holzstatuen von Ignaz Platzer sowie das Altarbild ›Maria Himmelfahrt‹ von F. K. Palko, drei spätgotische Flügelaltäre und die strahlende Mondsichelmadonna aus dem 17. Jahrhundert. Links neben dem Hauptaltar ist das gotische Hussitenfenster zu bewundern, besonders eindrucksvoll anzusehen, wenn früh die ersten Sonnenstrahlen hineinscheinen. Einzig diese Glasmalereien (um 1375) überstanden den Kirchenbrand während der Hussitenkriege (1429), daher die Bezeichnung Hussitenfenster. Im südlichen Seitenschiff stehen auf der Brüstung der Chorgasse zwölf überlebensgroße barocke Heiligenfiguren aus Holz, die vermutlich Mathias Wenzel Jäckel schuf. Wahrscheinlich stammen auch die Kunstwerke im Klosterhof von ihm: Mariensäule, Johann-von-Nepomuk-Säule und Dreifaltigkeitssäule.

▲ Karte hintere Umschlagklappe

Im ersten Stock des alten Klostergästehauses (Bernhardhaus) befindet sich die **Klosterschatzkammer**. Diese Ausstellung ist das Ergebnis der ersten sächsischen Landesausstellung ›Zeit und Ewigkeit‹. Für 128 Tage war 1998 – erstmalig nach 750 Jahren – die Klausur für Besucher geöffnet. Für Fachleute war das Sichten der Schätze eine Sensation, niemand hätte sie hier vermutet. Die Experten sind sich einig, dass es sich um einen der bedeutendsten erhaltenen Kirchenschätze Mitteleuropas handelt, der dem des St. Veitsdoms in Prag kaum nachsteht. Die Ausstellung umfasst neun Räume mit rund 150 Werken der Malerei und Plastik, Goldschmiedekunst, Textilien, Handschriften, Glas und Mobiliar. Die Ausstellung in der Klosterschatzkammer ist von März bis Oktober, Montag bis Donnerstag 10 bis 16.30 Uhr und Sonnabend und Sonntag 12 bis 16.15 Uhr geöffnet; Informationen unter Tel. 035796/99444.

Der **Löwenbrunnen** kündet von der jahrhundertelangen Zugehörigkeit der Lausitz zur böhmischen Krone. Allgegenwärtig ist die Abkürzung CSAM für Cordula Sommer am Marienstern. Sie ist als bauende Äbtissin in die Klostergeschichte eingegangen. An der Südseite des Klostergeländes steht das Maria-Martha-Heim, in dem deutsche und sorbische Nonnen seit 1973 behinderte Mädchen pflegen, betreuen und fördern.

Auf dem Gelände der ehemaligen Klostergärtnerei entstand ein **Umwelt- und Lehrgarten** mit einer agrarhistorischen Ausstellung. Die alten Gerätschaften und Maschinen verdeutlichen, wie mühselig der Weg vom Korn zum Brot für unsere Vorfahren war. Schulklassen können nach Anmeldung an Ort und Stelle Brot backen und verkosten. Die Ausstellung ist von Mai bis Oktober von 10 bis

17 Uhr göffnet; Terminabsprachen unter Tel. 03 57 96/962 19.

Im **Park** am Klosterwasser, der von den Einheimischen Lippe genannt wird und südöstlich an das Kloster angrenzt, befindet sich ein Denkmal für den sorbischen Dichter Jakub Bart-Ćišinski (1856–1909). Mit seinem Schaffen erwarb er sich große Verdienste bei der Entwicklung der sorbischen Literatur.

Gepflegte Speisen und Getränke, so das St. Mariensterner Schwarzbier und der Klosterlikör, kommen in **Klosterkeller und -stübel** auf den Tisch (täglich 11–22 Uhr, Tel. 03 57 96/965 30), auch **Klosterladen und -bäckerei** erwarten Kundschaft.

Das Osterreiten zwischen dem Kloster Marienstern und der Nachbargemeinde Crostwitz zieht viele Gäste an. Da der Crostwitzer Pfarrer 1790 die Prozession untersagte und den Gläubigen die Kirchenfahnen vorenthielt, wurden kurzfristig neue Fahnen genäht. So sieht man heute immer noch zwei verschiedene Fahnenpaare.

Der böhmische Löwe im Klosterhof

Die Umgebung

Der eingemeindete Ortsteil **Schweinerden** (Swinjarnja) steht komplett unter Denkmalschutz, da hier ein typisch sorbischer **Rundling** mit Gasthof, ehemaliger Schmiede und Bauerngehöften erhalten blieb.

Gut zwei Kilometer nordwestlich von Panschwitz-Kuckau steht am Rande des Dörfchens **Miltiz** (Miłoćicy) der Froschstein, ein Findling, der einem hockenden Frosch ähnelt. Der **Froschstein** besteht aus Granodiorit und wurde während der Elsterkaltzeit durch das Inlandeis abgeschliffen. Heute gilt er als der eindrucksvollste Rundhöcker der Oberlausitz.

Räckelwitz (Worklecy) und Crostwitz (Chróśćicy)

In dem kleinen Ort Räckelwitz befindet sich ein **Malteserstift**. Gräfin Monika, Ordensfrau in Belgien, erbte das Herrenhaus der Grafen Stollberg-Stollberg und beauftragte Ende des 19. Jahrhunderts den Malteserorden, dort ein Krankenhaus zu schaffen, dem Herrn zu huldigen und den Bedürftigen zu dienen. Der Grundstein für die prächtige Kapelle im Beuroner Stil wurde 1883 nach Plänen von P. Desiderius Lenz gelegt. Besonders eindrucksvoll sind die Buntglasfenster, die aus Birmingham stammen. Vor der Kapelle steht eine Maria-Immaculata-Säule von 1904. Der Bau wurde 1980 renoviert. Heute existiert nur noch im Donaukloster Beuron ein ebenbürtiger Bau, die Mauruskapelle. Die gepflegten Parkanlagen des Stifts laden zum Spaziergang ein. Hier steht ein Gartenhaus mit Mansardendach aus dem 18. Jahrhundert.

Im Ort wurden die sorbischen Schriftsteller Michał Hórnik (1833–1894) – Denkmal an der westlichen Dorfgrenze – und Jurij Brězan (1916–2006) geboren. Letzterer veröffentlichte viele Romane, Erzählungen sowie Kinderbücher und 1995 den vielbeachteten Roman ›Krabat oder die Bewahrung der Welt‹. Das Dorf **Crostwitz** (Chróśćicy) hat seinen ländlichen Charakter, der durch eine imposante **Barockkirche** (1769–1772) und viele **Bauernhöfe** in Fachwerk- und Umgebindebauart geprägt wird, bewahren können. Deshalb wurde es seit 1995 zum Austragungsort des Internationalen Folklorefestivals Lausitz gewählt, das Besucher alle zwei bis drei Jahre fünf Tage lang begeistert (www.folklorefestival-lausitz.de).

Am Haus Hornikstraße 25 erinnert eine Gedenktafel an die Neugründung der Domowina, des Bundes der Lausitzer Sorben, am 10. Mai 1945. Die Organisation war 1912 in Hoyerswerda ins Leben gerufen und 1937 von den Nazis verboten worden. Auf einem Hügel steht das 1980 erbaute, sieben Meter hohe **Denkmal** für 2000 polnische Gefallene. Sie gerieten im April 1945 im Talkessel der Lippe bei Panschwitz-Kuckau in ein mörderisches Gefecht mit deutschen Truppenverbänden.

Rosenthal (Róžant) und Ralbitz (Ralbicy)

Der Rittergutsbesitzer Luzian aus Zerna (Sernjany) fand der Legende nach Ende des 15. Jahrhunderts in der Höhlung einer Linde eine kleine Marienfigur und ließ an Ort und Stelle eine kleine hölzerne Kapelle erbauen. Seit 1516 ist ein erster Marienaltar bekannt, eine massive Kapelle ab 1537. Äbtissin Luzia Günther von Marienstern ließ um 1600 neben der Kapelle ein Kirchlein erbauen, 1628 wurde für die Madonna ein erster Altar geweiht. Die freistehende weithin sichtbare barocke **Wallfahrtskirche** wurde von 1776 bis 1778 errichtet und entwickelte sich nach der Reformation zum Zentrum des Marien-Kultes in der katholischen Lausitz. Die Kirche wurde am 1. Mai 1945 beschossen und brannte bis auf die Umfassungsmauern aus. Der damalige Administrator rettete die Marienfigur aus der brennenden Kirche, die bis 1947 wieder aufgebaut wurde. Innen ist die gediegene hölzerne Ausstattung bemerkenswert. Im Mittelpunkt des Interesses steht ›Maria von der Linde‹, eine etwa 30 Zentimeter große Lindenholzfigur der Mutter Gottes mit dem Jesuskind aus dem 15. Jahrhundert im barocken Hauptaltar. Der Altar stammt aus dem Kloster St. Marienthal. Gläubige Wallfahrer zieht es viermal jährlich nach Rosenthal, am Dienstag nach Ostern zum Dankgottesdienst der Osterreiter, am Pfingstmontag, zu Mariä Heimsuchung (2. Juli) sowie zu Mariä Geburt (8. September). So kann man am Pfingstmontag in den Prozessionszügen junge Mädchen (Druschken) in ihrer Festtracht bewundern.

Nördlich der Kirche entspringt hinter dem Pfarrhaus, am Kirchsteig nach Piskowitz, die wundertätige **Marienquelle**.

Der sorbisch-katholische Friedhof in Ralbitz

▲ Karte hintere Umschlagklappe

Das jetzige Brunnenhäuschen stammt aus dem Jahr 1909. Im Dorf selbst blieben einige schöne **Fachwerkhäuser** erhalten.

In der kleinen Gemeinde Ralbitz (Ralbicy) befindet sich ein unter Denkmalschutz stehender **sorbischer Friedhof**. Jeder Einwohner, egal ob reich oder arm, wird hier auf gleiche Weise bestattet, mehr als 300 einheitlich weiß gestrichene Holzkreuze mit ornamentalen schlichten Schmuckmotiven kann der Besucher zählen. Holz symbolisiert die Vergänglichkeit alles Irdischen, weiß ist die traditionelle Trauerfarbe. Die beeindruckende katholische Grabstätte ist in Europa einmalig. Am Ostersonntag ist der Friedhof das Ziel der Osterreiter aus Wittichenau. Die Ralbitzer selbst begeben sich zur Prozession nach Wittichenau.

Königswartha (Rakecy) und Milkel (Minakał)

Königswartha ist neben Peitz in der Niederlausitz das zweite große Binnenfischereizentrum im Südosten Deutschlands. Eine beabsichtigte Stadtgründung in der Periode böhmischer Herrschaft, als hier eine königliche Domäne existierte, scheiterte, als Mitte des 13. Jahrhunderts der König das Gut abgab. Deshalb findet man zwar einen Marktplatz, das Rathaus sucht der Besucher jedoch vergeblich. Aber die königliche Befestigung (Straßenwarte) am Weg von Prag über Bautzen nach Hoyerswerda gab dem Ort seinen heutigen deutschen Namen: Königswartha. Nach der krebsreichen Umgebung aber nannte man die Siedlung sorbisch Rakecy (zu rak = Krebs).

Die frühbarocke **Dorfkirche**, Ende des 17. Jahrhunderts auf gotischen Grundmauern erbaut, besitzt im Innern hölzerne Emporen als galerieartiges Obergeschoss, einen reichgeschnitzten Kanzelaltar aus der Renaissance, zwei mit Bildnissen geschmückte Wandepitaphe im Chor sowie einen barocken Taufengel. Ein sehr ungewöhnlicher Imbissgastraum steht an der östlichen Kirchhofsmauer: Das war früher der Eingang zur jetzt zugemauerten Dallwitzschen Gruft.

Schloss Königswartha mit den markanten Plastiken

Das klassizistische **Schloss** am Nordrand des Landschaftsparks im englischen Stil ließ Johann Friedrich Reichsgraf von Dallwitz um 1780 erbauen. Die sechs Sandsteinplastiken an der Hauptfront stammen aus der Werkstatt des berühmten Bildhauers Balthasar Permoser, weitere vier Plastiken sieht man an der Südseite des Schlosses. Das Gebäude wird seit 1949 als Fischereischule genutzt und ist nicht zugänglich. Das schlichte rekonstruierte Gebäude in östlicher Nachbarschaft war ursprünglich eine Orangerie.

Das **Schloss** in **Milkel**, neun Kilometer östlich von Königswartha, gilt als die kleine ›Moritzburg der Lausitz‹, denn die Barockresidenz wurde 1719/20 nach dem Vorbild des Jagdschlosses Moritzburg umgebaut und war Sitz der

Grafen von Holstein. Prunkstücke sind der Große Saal im Rokokostil und das niedliche Schneewittchenzimmer. Schlossführungen können unter Tel. 03 59 34/775 57 vereinbart werden. Ein fünf Hektar großer **Landschaftspark**, umflossen von der Kleinen Spree, umgibt das Schloss.

Neschwitz (Njeswačidło)

Hauptanziehungspunkt in Neschwitz ist das **Barockschloss**. Auf einem künstlich angelegten Hügel stand ursprünglich eine Residenz im Renaissancestil. 1721 wurde der österreichische Herzog Friedrich Ludwig von Württemberg-Winnental, der im Dienst des Sachsenkönig August des Starken stand, neuer Besitzer. Er ließ das alte Schloss abreißen und mit Hilfe königlich-sächsischer Baumeister bis 1723 ein prächtiges Barockschloss erbauen. Wertvoll ist der mit pompejanischen Wandmalereien ausgeschmückte zweigeschossige Festsaal. Kunstkenner genießen von Mai bis September zahlreiche Konzertveranstaltungen. Schloss- und Parkführungen werden von den Mitarbeitern der Tourist-Information Neschwitz angeboten, Tel. 03 59 33/326 64.

Im Jahr 1930 richtete Arnold Freiherr von Vietinghoff-Riesch im Schlossareal eine Vogelschutzwarte ein, die bis zum Kriegsende bedeutsame Forschungsarbeit auf den Gebieten Ornithologie und Forstzoologie in Bezug auf biologische Schädlingsbekämpfungsmethoden leistete. Von 1953 bis 1970 war Neschwitz erneut Sitz einer Vogelschutzwarte. Seit 1999 ist im Herrenpavillon die Sächsische Vogelwarte Neschwitz mit **Naturschutzausstellung** untergebracht – eine von nur vier Einrichtungen dieser Art in Deutschland (www.naturschutz-neschwitz.de).

▲ Karte hintere Umschlagklappe

Der **Park** besteht aus zwei verschiedenen Teilen. Vor dem Schloss sieht man den französischen Barockgarten mit drei von ehemals vier Pavillons und schönen Sandsteinplastiken, der Neue Park nahe des Dorfes ist im englischen Stil erhalten und besitzt viele fremdländische Gehölze und mehrere Teiche.

Bautzen (Budyšin)

Bautzen ist reizvoll am Ufer der Spree zwischen nördlichem Lausitzer Bergland und südlicher Oberlausitzer Heide- und Teichlandschaft gelegen. Die Stadt mit ihrer großartigen Stadtsilhouette – die ›Stadt der Türme‹ – besitzt etwa 1500 Baudenkmäler, die zu einem Großteil aus der Barockzeit stammen. Bautzen profitierte in dieser Zeit in besonderem Maße von der Nähe zur Residenzstadt Dresden. Viele prominente Architekten und Künstler arbeiteten auch für hiesige Auftraggeber. Zuvor hatte es mehrere Stadtbrände gegeben, die fast alle Holzhäuser in Asche gelegt hatten. Das ›neue‹ Bautzen entstand als steinernes Kleinod im Sächsischen Barock. Während des Zweiten Weltkrieges blieben hier im Unterschied zu Dresden die meisten Gebäude nahezu unbeschädigt. Beim Stadtbummel verliebt man sich in die Altstadt mit ihren kopfsteingepflasterten Gassen, herausgeputzten Bürgerhäusern, historischen Gaststuben und Cafés. Die Bautzner Innenstadt weist mehr als 120 gastronomische Adressen auf – das ist nach Düsseldorf die zweitgrößte Dichte in Deutschland! Bautzen ist gleichzeitig das Zentrum der sorbischen Kultur in der Oberlausitz.

Geschichte

Die einstige Burgwallanlage war um 600 n. Chr. der Stammsitz der slawischen Milzener. Ende des 10. Jahrhun-

Blick auf Bautzen von der Friedensbrücke

derts nahm Eckehardt II., Markgraf von Meißen, das Milzenerland in Besitz. Im Jahr 1002 wurde Bautzen als ›civitat Budissin‹ urkundlich erwähnt, schon damals war es eine ansehnliche Siedlung aus Feste, sakralem Zentrum und Marktviertel. Zwei wichtige Handelswege führten hier vorüber, die Hohe Straße Halle-Breslau und die Straße Prag-Ostsee. König Bolesław Chrobry eroberte Teile der Lausitz, die mit dem Frieden zu Bautzen von 1018 bis 1031 an die polnische Krone fielen. König Konrad II. gelang die Rückeroberung, Bautzen kam zum Markgrafentum Meißen. Mit Stadtrechten wurde Bautzen vermutlich um 1240 ausgestattet.

Von 1254 bis 1319 brandenburgisch, gehörte die Stadt zusammen mit dem überwiegenden Teil der Lausitz mit nur kurzen Unterbrechungen von 1319 bis 1634 zu Böhmen, zwischen 1469 und 1490 zum Reich des Ungarnkönigs Matthias Corvinus; die Hussiten belagerten Bautzen 1429 und 1431 dagegen erfolglos.

Mit der Gründung des Oberlausitzer Sechsstädtebundes im Jahr 1346 wurde Bautzen zur Hauptstadt des Bundes gewählt. Der Handel erblühte und Tuchmacher-, später Leineweberzunft, Kürschnerei, Töpferei, Gerberei sowie Schuhmacherei waren im Mittelalter wichtige Stützen des Wohlstandes. Vom 13. bis 16. Jahrhundert wurden die Befestigungsanlagen ständig erweitert und vervollkommnet. 1400 und 1405 gab es Handwerkeraufstände, die blutig niedergeschlagen wurden.

In die Zeit des Dreißigjährigen Krieges fielen zahlreiche Verwüstungen und verheerende Stadtbrände (1620 und 1634). Ab 1634 gehörte die Oberlausitz zu Sachsen. Zwar wurden nach erneuten Bränden Ende des 16. und Anfang des 17. Jahrhunderts viele Gebäude im Barockstil wieder aufgebaut, Unruhen verhinderten jedoch fast 200 Jahre lang einen neuen wirtschaftlichen Aufschwung. Erst mit dem Beginn des Frühkapitalismus und dem Anschluss an das Bahnnetz Richtung Dresden (1846) begann ein neue erfolgversprechende Epoche. 1868 fand die amtliche Umbenennung von Budissin in Bautzen statt. In die Geschichtsbücher ging die Stadt auch ein, weil am 20. und 21. Mai 1813 in der Schlacht bei Bautzen zwischen napoleonischen und preußisch-russischen Verbänden etwa 30 000 Soldaten starben.

Im April 1945 zur Festung erklärt, erlitt die Stadt am Ende des Zweiten Weltkrieges schwere Zerstörungen, glücklicherweise aber fast ausschließlich außerhalb des Zentrums.

Das Bautzener Gefängnis ›Gelbes Elend‹, heute Bautzen I, entstand 1900 bis 1904 für rund tausend Häftlinge und wurde einschließlich der Gefängniskirche aus gelben Klinkersteinen errichtet; daher der Name. Von 1933 bis 1945 saßen hier viele politische Gefangene ein, so der KPD-Vorsitzende Ernst Thälmann. Bautzen I wurde von 1945 bis 1950 als sowjetisches Internierungslager genutzt, Bautzen II diente von 1956 bis 1989 als Stasi-Untersuchungshaftanstalt. Unter den vielen Insassen waren der ehemalige DEFA-Chef und spätere Leiter des Aufbau Verlages, Walter Janka, und der Schriftsteller Erich Loest. Für eine einzige kritische Äußerung der politischen Verhältnisse in der DDR verbüßte man hier unter Umständen bis zu zehn Jahren Haft. Hier regierten drei hohe Stasi-Führungsoffiziere, deren Befugnis die der eigentlichen Gefängnisleitung übertraf.

Im Jahr 1991 wurde der Sechsstädtebund neu ins Leben gerufen, und in Bautzen konstituierte sich die ›Stiftung für das sorbische Volk‹, ab 1993 folgte die rasante Wiedergeburt des alten Bautzen. 2002 war die Wiederherstellung der Altstadt größtenteils abgeschlossen, und man feierte das ganze Jahr über ›1000 Jahre Bautzen‹.

▶ Karte S. 189

Am Hauptmarkt

Mittelpunkt der Altstadt ist der Hauptmarkt, an dem auch das Touristenbüro seinen Sitz hat. Am Platz imponiert das in Gelb erstrahlende **barocke Rathaus**, 1729 bis 1732 erbaut. Am Rathausturm sieht man drei verschiedene Uhren.

Der Markt wird von eindrucksvollen **Bürgerhäusern** flankiert, darunter dem Hardtmannschen Haus an der Ecke Lauenstraße/Heringstraße. Das dreistöckige Haus war einst Herberge für die High Society vergangener Jahrhunderte, unter anderen waren König Friedrich II. von Preußen, Kaiser Napoleon und Zar Alexander I. zu Gast. Gegenüber sieht man das Gewandhaus (1882/83) mit gotischen Gewölben an der Südseite. Ein Schmuckstück ist das Hotel Goldener Adler am Hauptmarkt 4.

Etwa in der Mitte des Platzes, auf dem gelb abgegrenzten Pflasterweg am kleinen Hydrantendeckel, findet man einen Pflasterstein mit Malteserkreuz: An die-

Das Rathaus am Hauptmarkt

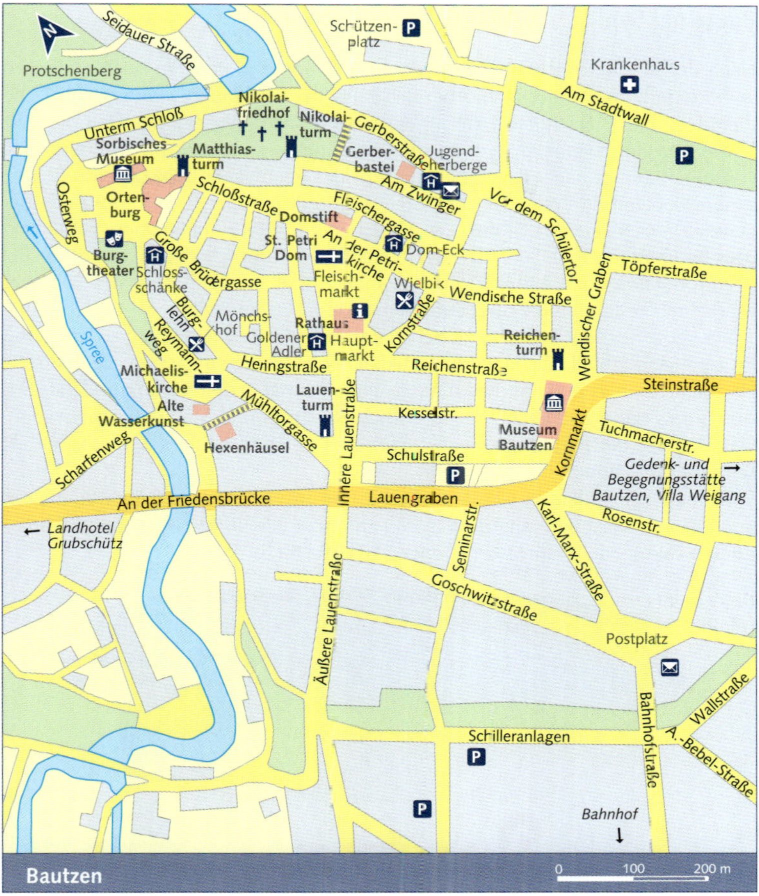

ser Stelle wurden 1406 nach einem Aufstand der Handwerker 14 Männer auf Befehl König Wenzels von Böhmen geköpft.

Im Jahr 999 weihte ein Meißner Bischof an Stelle des heutigen Doms St. Petri das erste Gotteshaus; ein Amtsbruder ließ es gut 200 Jahre später abreißen. Ab 1213 wuchs dann die monumentale **Hallenkirche St. Petri**. Der Kirchenraum blieb seit der Reformation von 1524 zweigeteilt: Der Dom ist damit die älteste Simultankirche Deutschlands. Im Chor finden katholische Gottesdienste statt, während sich im Langhaus die Protestanten versammeln. Heute getrennt nur durch ein zierliches Gitterchen mit Türe, war dies einst 4,5 Meter hoch. Der spätgotische Dom wuchs unter der Regie vieler bekannter Baumeister, so Meister Heinrich, Wolf Riediger, Wenzel Röhrscheidt, Martin Pötzsch.

Bautz'ner Senf

Nach der Wende mochten die Ostdeutschen weder in Bautzen noch anderswo wirklich gern im Trabbi sitzen. Aber der Bautz'ner Senf taugte weiterhin als DDR-Identitätsobjekt. Nachdem man all die neuen Sorten jenseits der Elbe probiert hatte, war klar: Die einen sind zu süß, die anderen zu scharf. Der Mittelscharfe wird noch immer nach dem Originalrezept des ehemaligen VEB Lebensmittelbetriebes Bautzen im Werk vor den Toren der Stadt produziert, seit 1992 von der Develey Senf & Feinkost GmbH. Der Münchener Mutterbetrieb konnte bereits mit dem berühmten süßen Senf aus Bayern nicht über Zuspruch klagen, zumal ein Teil der Produktion auch bei McDonald's landet. Aber mit dem Kauf der Bautzner Markenrechte fassten die Süddeutschen auch im Osten Fuß.

Der Bautz'ner Senf bringt es zwischen Kap Arkona und Fichtelberg auf stolze 66 Prozent Marktanteil. Die kleinen Plastikbecher aus Bautzen haben viele deutsche Haushalte erobert und das ›Knastimage‹ ihrer Heimat in den Hintergrund gerückt. Aus Anlass der Tausendjahrfeier taten sich Hersteller und Stadtväter zusammen. Das Ergebnis der Beratungen war simpel: Das bislang freudlose Senfetikett ziert seither eine Silhouette der Altstadt.

Im Bautz'ner Senfladen, Heringstraße 13, und am Fleischmarkt 5 mit Manufaktur und kleinem Museum nahe dem Dom kann man alle Sorten in vielen Packungsgrößen kaufen, auch am Wochenende (10–19 Uhr).

Der Klassiker aus Bautzen

Die dreischiffige Haupthalle mit gotischen Maßwerkfenstern auf der Südseite, Netzgewölben und schlanken Achteckpfeilern vermittelt dem Besucher ein bemerkenswertes Raumerlebnis. Bedeutendes Inventar im evangelischen Langhaus sind der hölzerne Südaltar von 1644 im Renaissancestil, die reich geschnitzte Fürstenloge im Südwestteil, die zwischen 1673 und 1674 vom Bautzener Tischler C. Neumann geschaffen wurde, sowie eine Jugendstilorgel der Firma Eule aus dem Jahr 1909 mit 4000 Pfeifen. Manchmal werden Konzerte zu zwei Orgeln geboten: Eule-Orgel im evangelischen und Kohl-Orgel im katholischen Bereich. Im katholischen Chor gilt das große Holzkruzifix von Balthasar Permoser von 1713 als bedeutendes Barockkunstwerk. Der schmuckvolle Hochaltar (1722) besteht aus sächsischem Marmor und Pirnaer Sandstein, das Gemälde ›Schlüsselübergabe an Petrus‹ schuf der Italiener Pellegrini. Daneben sieht man den kleinen gotischen Marienaltar von 1540.

Protestanten und Katholiken verstanden sich zwar unter einem gemeinsamen Dach, doch am Ostersonntagmorgen ließen die Protestanten seit jeher den Katholiken den Vortritt zum Gottesdienst in St. Petri. So recht wussten die evangelischen Gläubigen nichts mit der freien Zeit anzufangen. Am nahen Protschenberg begannen sie sich die Langeweile zu vertreiben, indem sie Steinchen ins Spreetal kullern ließen. Um herbeigeeilten Kindern eine Freude zu bereiten, folgten bald hartgekochte Eier Jahr für Jahr fanden sich mehr Kinder und Schaulustige ein. In den 1920er Jahren erfreute sich der Brauch des Eierschiebens ungeahnter Beliebtheit, auch heute zeiht es am Ostersonntag wieder viele Zuschauer an.

Ein Stadtrundgang

In unmittelbarer Nachbarschaft zur Petrikirche, An der Petrikirche 6, erblickt man das prächtige, zwischen 1753 und 1755 im böhmischen Barock erbaute Portal zum Domstift. 1221 gegründet, stammen die heutigen Gebäude des Stifts aus dem 17. Jahrhundert. Besucher kommen vor allem, um die **Domschatzkammer St. Petri** im ersten Stock zu besichtigen. Zu den wertvollen Stükken zählen die kunstvoll bestickten Messgewänder, das Benno-Reliquiar von 1923 – mit einer Rippe des einzigen sächsischen Heiligen, des Bischofs Benno von Meißen – und Bischofsstäbe. 1520 fertigte der Bautzner Goldschmied Hans Ochs die spätgotische Monstranz. Die zwei großen weißen Engelfiguren im dritten Raum sind Arbeiten von Benjamin Thomae aus dem 18. Jahrhundert, die zwei farbigen Großplastiken waren ursprünglich Begleitfiguren für das Permoser-Kreuz im Bautzner Dom. Ältestes Ausstellungsexponat ist ein kleiner Tragaltar aus dem Jahr 1220.

Kirchenbaumeister Bähr zeigte in der vom Hauptmarkt nach Osten führenden Reichenstraße, dass er auch großartige **Barockhäuser** entwerfen konnte. Eines ist in ocker gehalten, das andere in ziegelrot; beide sind mit überschwenglichem Stuck verziert. Im gegenüberliegenden Geschäft ›Atrium Shoes & Jeans‹ (Mo–Fr 10–19 Uhr, Sa bis 18 Uhr) findet sich noch ein originales frühmittelalterliches Tonnengewölbe. Hier liegen die Textilien auf alten Steintischen des einstigen Braukellers. In der Reichenstraße gab es zu jener Zeit 33 Brauereien. Wie der Lichthof im Laden beweist, war das Haus später im Besitz eines Tuchhändlers, hier wurde die Ware bei Tageslicht begutachtet. So kann es der Kunde auch heute noch halten.

Die Reichenstraße führt zum **Reichenturm**, dem Schiefen Turm der Lausitz. Er neigt sich 1,44 Meter aus dem Lot. Das Dilemma begann um 1715, als man die Holzhaube durch eine steinerne ersetzte. Mitte der 1950er Jahre wurde auf dem anstehenden Fels ein neues Turmfundament gegossen, womit dem Spuk ein Ende bereitet war. Vom Buttermarkt ist die Schieflage besonders gut zu sehen, vom Turm die Altstadt gut zu überblicken. Am Turmfuß befindet sich ein Relief des Kaisers Rudolf II., auf dem Thron sitzend, Zepter und Reichsapfel haltend. Geschaffen wurde es 1577 von Bildhauer Martin Michael anläßlich eines Besuches des Kaisers. Sehenswert sind auch die erneuerten kursächsischen und das Bautzener Wappen: Zinnenmauer, Spangenhelm und Federbusch.

Von hier sind es nur wenige Schritte bis zum **Museum Bautzen**. Das großartige Haus wurde bereits 1912 als Stadtmuseum eröffnet. Jetzt, nach fünf Jahren Rekonstruktion, sind die Türen wieder offen, nun auch vollständig für behinderte Gäste. Vor allem die hochkarätige Kunstsammlung im zweiten Stock, präsentiert in Sälen mit Lichthof, hat so mancher Besucher in Bautzen sicher nicht erwartet. Besonders schön ist der Raum mit Jugendstilkunst, so das Triptychon ›Meereslandschaft‹ und ›Der Morgen‹ – ein Frauenakt, beides Werke von Hans Unger (1872–1936). Daneben findet man auch Werke von Max Liebermann – ›Auf der Düne‹ (1890) und ›Seelandschaft (Wannsee)‹ – sowie das Otto-Dix-Gemälde ›Blühen und Vergehen‹ (1911). Kunst des Mittelalters ist mit ›Venus und Amor‹ (1526) sowie dem Bildnis des Grafen Philipp von Solms-Lich, beide geschaffen von Lucas Cranach dem Älteren, sowie anderen Werken der Cranach-Schule vertreten.

In der sakralen Sammlung sind viele Madonnen und drei größere Oberlausitzer Flügelaltäre aus dem späten Mittelalter ausgestellt. In den stadtgeschichtlichen Sammlungen fasziniert die originale Einrichtung der Bautzener Drogerie von 5 , die von 1896 bis 1991 ihre Kunden fand. Auch Waffenrock, Hose und Stiefel eines napoleonischen Soldaten sind eine

Familie Mahling lädt ins Wjelbik ein

▲ Karte S. 189

Besonderheit – selbst das Militärhistorische Museum in Paris besitzt nichts vergleichbares. Gefunden wurden die Objekte 1876 in einem Bautzener Gasthof. Ein desertierter Soldat hatte sie 1813 dort versteckt.

In der historischen Altstadt rund um das Rathaus laden originelle Gaststätten ein. Im historischen Gewölbe des **Nationalitäten-Restaurants Wjelbik** in der Kornstraße gibt es sorbische Spezialitäten wie das Hochzeitsessen. Besucher werden von Veronika Mahling mit ›Witajće k nam!‹ – Herzlich Willkommen! – empfangen. Nach altem Brauch reicht sie den Gästen Brot und Salz. Die Chefin bedient in typisch Bautzener Tracht mit schwarzem Häubchen. ›Dajće sebi słodźeć‹ – Lassen Sie es sich gut schmecken.

Wer vom Hauptmarkt die andere Richtung – nach Süden – einschlägt, erreicht über die Innere Lauenstraße den **Lauenturm** (1400–1402). Auf dieser kurzen Wegstrecke offenbart sich die Ähnlichkeit Bautzens mit dem barocken Dresden am deutlichsten. Flankiert von prächtigen Gebäuden und mit Blick auf Rathaus und Dom, erscheint der Pflasterweg wie eine Miniatur der einstigen Prager Straße. Diese Pracht an der Elbe versank im Zweiten Weltkrieg für immer. Den Lauenturm, den ältesten Stadtturm, krönt eine Barockhaube, an der Südseite sieht man ein Denkmal für König Albert von Sachsen. Nur wenige Schritte weiter zeigt sich Bautzen von seiner schönsten Seite: Von der Friedensbrücke präsentiert es sich als oft fotografiertes, unvergessliches Panorama. Die ehemalige Kronprinzenbrücke über das Spreetal war am 20. April 1945 von zurückweichenden deutschen Truppen gesprengt und bis 1949 wiederaufgebaut worden.

Abends an der Ortenburg

Am Lauenturm beginnt die Mühltorgasse. Folgt man ihr, führen Stufen Richtung Spree (Fischerpforte). Geht man ein Stück hinab, steht man bald vor dem hölzernen **Hexenhäusel**. Es überstand den großen Stadtbrand von 1634, Neider bezichtigten den Besitzer später, mit Hexen im Bunde gestanden zu haben. Die Mühltorgasse führt weiter zum Wendischen Kirchhof. Die **Michaeliskirche** stammt aus dem 15. Jahrhundert. Sie wurde aus Dankbarkeit für die angebliche Hilfe des Erzengels Michael bei der Abwehr einer Hussitenbelagerung erbaut und rief sorbisch-evangelische Gläubige umliegender Dörfer zum Gebet. Sie rühmt sich des mit reichem Schnitzwerk ausgestatteten Altars.

Nebenan steht eines der Bautzener Wahrzeichen, die **Alte Wasserkunst**, die nach 1558 unter Leitung von Wenzel Röhrscheidt erbaut wurde. Als Teil der Stadtbefestigung diente das fünfstöckige Bauwerk vor allem der Wasserversorgung. Am Spreewehr wurde die Energie zum Antrieb des Mühlrades gewonnen, das ein Pumpwerk in der Wasserkunst in

Bewegung setzte. Von hier aus floss das Spreewasser in den Sammelbrunnen und anschließend über eine Druckleitung in das oberste Stockwerk der Wasserkunst, von dort nahm es durch Holzröhren seinen Weg in die Altstadt. Heute ist die Alte Wasserkunst ein Museum, in dem die historische Technik wieder funktionstüchtig ist. Es finden hier aber auch wechselnde Kunst- und stadtgeschichtliche Ausstellungen statt. Am Mühltor (1606) beginnt der Reymannweg, der zur Ortenburg führt. Ab hier kann man auf dem Osterweg weiter um die äußere Stadtbefestigung laufen.

An der **Ortenburg** am Burgplatz, heute Sitz des sächsischen Oberverwaltungsgerichts, fallen die reichgeschmückten Renaissancegiebel auf. Der Grundstein für das heutige Erscheinungsbild der Burg wurde 1483 gelegt, nachdem der Vorgängerbau bei einem Brand zerstört worden war und der ungarische König Matthias Corvinus einen Neubau aus riesigen Natursteinquadern veranlasst hatte. Im Inneren gelten die prächtigen Stuckarbeiten (1662) der italienischen Meister Vinetti und Comeotan im einstigen kurfürstlichen Audienzsaal als bedeutendes Kunstwerk. In neun Feldern werden hier Bilder aus der Lausitzer Geschichte gezeigt, von der Epoche Kaiser Karl IV. bis zum sächsischen Kurfürsten Johann Georg I.

Im gegenüberliegenden ehemaligen Salzhaus ist heute das **Sorbische Museum** (Serbski muzej) beheimatet. Es gilt zurecht als Schaufenster der sorbischen Kultur. Die Ausstellungsgegenstände stammen aus der Zeit von den Anfängen der Besiedlung im 6. und 7. Jahrhundert bis in die Gegenwart. Zu den eindrucksvollsten Stücken zählen die farbenfrohen, mit aufwendigen Stickereien versehenen Festtrachten in mehreren Glasvitrinen. Bekannt ist auch die kleine ständige Schau kunstvoll verzierter Ostereier. Zu Ostern wird in Schauvorführungen gezeigt, wie mit Wachs-, Kratz- und Ätztechnik die farbenfrohen Ostereier entstehen. Aus der 1993 abgebrochenen Wolkenberger Kirche bei Spremberg, die dem Braunkohleabbau geopfert wurde, stammt das Fresko ›Jüngstes Gericht‹ aus dem Jahr 1598. Für Kinder gibt es einen Kreativraum, wo sie sich der sorbischen Kultur spielerisch nähern können, im großen Festsaal mit vier großen Kristalllüstern finden Konzerte statt. Auf der hiesigen Empore kann der Besucher eine umfangreiche Bibliothek sorbischer Werke nutzen. Wechselnde Sonderausstellungen finden statt.

Gegenüber steht das neu erbaute **Burgtheater** (Dźiwadło na hrodźe), in dem das Kinder- und Jugendtheater, das Puppentheater sowie die kleine Form des Schauspiels ein neues Zuhause gefunden haben. Bemerkenswert ist die Integration eines auch von außen sichtbaren Figurenfrieses mit der Figurengruppe ›Allegorie der Tragödie‹. Sie wurde 1841 von Ernst Rietschel für das Dresdner Hoftheater den Vorgängerbau der Semperoper, geschaffen. Nach dem Brand des Hauses (1869) kam der Rietschelgiebel ins Depot. König Georg höchstpersönlich gab die Erlaubnis, dass dieses Kunstwerk 1902 nach Bautzen kam, um hier das Stadttheater zu schmücken. Das wiederum wurde im Zuge des DDR-Wohnungsbaus im Jahr 1969 abgerissen.

Alte Wasserkunst und Michaeliskirche

Schräg gegenüber vom Burgtheater eröffnete das kleine Restaurant ›Burghof‹ seine Pforten, auf der Westseite des Burgplatzes erhebt sich der ehemalige Burgwasserturm. Im Volksmund ist das Bauwerk auch als **Karasekturm** bekannt, da hier um 1800 der berühmte böhmische Räuberhauptmann Karasek gefangengehalten wurde.

Durch den spätgotischen **Matthiasturm** kann man das Burgareal zur anderen Seite verlassen. Am Turm ist eine Reliefdarstellung des Ungarnkönigs Matthias Corvinus aus dem Jahr 1486 zu sehen. Stolz tritt König Corvinus mit einem Fuß auf den böhmischen Löwen – auch Böhmen war ihm zu jener Zeit Untertan. Es soll das gelungenste Porträt des Königs sein; der Meister war sechsmal in Buda, um die Gesichtszüge zu studieren. Die vortreffliche Arbeit wurde dreimal kopiert und existiert heute noch in der Slowakei (Král'ova Lehota, ein Dorf bei Liptovský Hrádok) sowie in Ungarn (Budapest, Szeged).

Über Schlossstraße und Nikolaipforte gelangt man zum Nikolaiturm (1522) und weiter zum **Nikolaifriedhof**. Die **Nikolaikirche** ist seit dem Stadtbrand von 1634 eine Ruine. Seit dem Jahr 1734 wurden nicht nur auf dem Nikolaifriedhof, sondern auch im Inneren der Kirchenruine Gräber angelegt – ein romantischer Anblick. An der Nordseite der Ruine ist ein historischer Wehrgang zu besichtigen.

Bautzen besitzt eine urige Jugendherberge. Junioren und Senioren nächtigen in der 500jährigen **Gerberbastei**, Teil der ehemaligen nördlichen Stadtbefestigung mit bis zu drei Meter dicken Mauern.

Von hier bis zurück zum Markt, dem Ausgangspunkt des Rundgangs, ist es nur noch ein Katzensprung. Man kann aber auch über die Nikolaistufen ins Spreetal absteigen. Am anderen Ufer gelangt man über die Seidauer Straße – hier ist am Spreeufer die Hammermühle zu sehen – über Stufen zum Protschenberg. Vom hiesigen Friedhof erschließt sich eine ganz neue Perspektive auf die Bautzener Altstadt mit Spreebogen und den Häusern ›Unterm Schloss‹, die sich wie Schwalbennester an die Ortenburg schmiegen.

▲ Karte S. 189

Wanderung von Bautzen zum Mönchswalder Berg und Abstieg nach Wilthen

Obwohl zwischen dem Bautzener Stadtgebiet und dem markanten Höhenzug des Mönchswalder Berges gut zehn Kilometer liegen, gehört er für die Bewohner einfach mit zur Stadt. Schließlich begrenzt der Berg mit seinen bewaldeten Ausläufern den südlichen Blickhorizont der Stadt auf reizvolle Weise. So nennen ihn die Bautzener liebevoll ihren ›Mönsche‹. Die im folgenden beschriebene Wanderung ist von Grubschütz bis Obergurig ein Teilstück des Spreeradweges.

Vom Bahnhof, südlich des Stadtzentrums, folgen wir anfangs der Bleichenstraße durchs Bahnviadukt hinunter zur Spree. Ihrem schlängelnden Lauf werden wir über mehrere Kilometer unmittelbar am Ufer folgen. Direkt am Weg liegt auch das Spreebad, das von Mai bis September geöffnet ist. Ab hier ist die Route bis ins Bergland durchgängig rot gekennzeichnet. Das Spreetal verengt sich zusehends, und zerfurchte Granitsteinfelswände treten zutage. Selbst im Flussbett versperren riesige Felsbrocken dem Wasserlauf den Weg. Doch bald weicht das Engtal mit grünem Blätterdach einer offenen Wiesenlandschaft, die ersten Häuser von Grubschütz werden erreicht. Hier lockt das traditionsreiche Hotel ›Spreetal‹ zur Einkehr.

Bald wartet die Landschaft mit neuen Schönheiten auf, parkartig mutet der Wegabschnitt von Grubschütz/Ortsausgang bis kurz vor Schlungwitz an. Über Singwitz erreichen wir Obergurig. In der Gaststätte ›Alte Wassermühle‹ in der Schulstraße knarzt ein gewaltiger Mahlgangsantrieb aus dem 19. Jahrhundert. Dahinter, auch zugänglich, treibt die Spree das große hölzerne Mühlrad an. Die Ursprünge der Mühle datieren aus dem Jahr 1534, die gesamte Mühle ist liebevoll restauriert worden und darf frei besichtigt werden. Der ›Große Müllerspieß‹, eine reichhaltige Fleischmischung, ist die Spezialität des Hauses (Mo und Mi ab 17, Do–So ab 11 Uhr, Tel. 03 59 38/987 33, www.alte-wassermuehle.de).

Die Böhmische Brücke von 1724, gemauert aus Bruch- und Feldsteinen, ist stark gewölbt und überspannt die Spree mit zwei ungleichen Bögen. Zur Bauzeit verlief hier von Bautzen kommend der wichtigste Handelsweg aus der Oberlausitz in Böhmische, über Rumburg und am Tollstein vorbei nach Prag. Das Bauwerk blieb unverändert erhalten und wird wegen seiner malerischen Ansicht auch ›Himmelsbrücke‹ genannt. Bis Anfang der 1990er Jahre nahm die Brücke den gesamten Verkehr auf. Heute ist sie Fußgängern und Radfahrern vorbehalten. In einem Umgebindehaus vor der Böhmischen Brücke treffen sich Leckermäuler in der Bäckerei mit Café ›Kuchenhäus'l‹ (Wilthener Str. 11, Bäkkerei Di–Fr 6–12.30 und 14–17, Sa 6–10 Uhr, Café Di–So 14–18 Uhr, auch schöne Terrassenplätze unter Linden).

Die letzten Häuser von Obergurig schmiegen sich beinahe bis an die nördlichen Ausläufer des Mönchswalder Berges. Über den stetig ansteigenden Fuchsweg erreichen wir auf kürzester Route die Waldgaststätte ›Jägerhaus‹ (Tel. 035 92/331 68, tgl. außer Do ab 11 Uhr). Die meisten Besucher fahren mit dem Auto bis zum Parkplatz und laufen nur fünf Minuten hinauf zum Mönchswalder. Die rustikale Bergbaude in Blockbauweise und der massive Aussichtsturm stehen hier seit 1886 (Tel. 03592/33024, tgl. ab 11 Uhr).

Hinunter nach Wilthen stehen mehrere Abstiegsrouten zur Auswahl; sie sind allesamt mit knapp drei Kilometern ausgewiesen. Zurück nach Bautzen gelangt man mit dem Bus.

Länge: 14 Kilometer.

Bautzen

Vorwahl: 035 91.

Die Stadtverführer, Hauptmarkt 4, Tel. 48 66 18, www.stadtverfuehrer-bautzen.de. Ganzjährig tgl. Stadtführungen und Reiseleitungen.

Sorbische Kulturinformation Bautzen, Haus der Sorben, Postplatz 2, Tel. 421 05, www.ski.sorben.com.

Direktverbindungen über Bischofswerda nach Dresden und über Löbau nach Görlitz. Nach Berlin mit Umsteigen in Görlitz und Cottbus bzw. über Dresden. Tgl. drei Züge über Zgorzelec nach Wrocław.

U. a. Verbindungen nach Hoyerswerda, Kamenz, Löbau und in die Ortschaften des südlichen Oberlandes.

Traditionshotel Goldener Adler (€€€), Hauptmarkt 4, Tel. 486 60, www.goldeneradler.de. Am Rathaus, Gewölbeweinkeller.

Hotel Dom-Eck (€€), Breitengasse 2, Tel. 50 13 30, www.wjelbik.de. Symphatisches Haus mit ordentlichen Zimmern in einer ruhigen Seitenstraße. Großer Wintergarten mit Domblick. Geschmückt von 30 Kunstwerken Lausitzer Künstler, u. a. fünf farbige Bleiglasfenster mit sorbischen Motiven im Frühstücksraum. Garage für PKW und Räder.

Hotel Garni & Weinhandel Schlossschänke (€€), Burgplatz 5, Tel. 30 49 90, www.schloss-schaenke.net. Hübsches Haus an der Auffahrt zur Ortenburg, 1334 erstmalig erwähnt, Hochzeitszimmer mit Himmelbett. Hier auch Vermittlung von drei romantischen Turmzimmern in der Mühlbastei an der Felswand zum Spreetal nahe der Ortenburg.

Landhotel Grubschütz Zur guten Einkehr (€€), Teichritzer Str. 2, Tel. Tel. 30 39 30, www.landhotel-grubschuetz.de. Am Spreeradweg sowie Wanderweg Bautzen–Spreetal–Grubschütz, ruhig gelegen, gehobene sorbisch-sächsische Küche, Südterrasse unter Weinranken und schattige Nordterrasse. Restaurant im Gewölbe mit filigranen Granitsäulen. Unter Regie des Hauses wird auch das benachbarte Ausflugsrestaurant ›Spreetal‹ geführt.

Schloss Hotel Gaußig (€€€), Tel. 03 59 30/552 27, www.schloss-gaussig.de. Luxuriös residieren auf Zeit in einem der größten Schlösser der Oberlausitz inmitten eines Parks. Feine Küche und viele Wellnessangebote.

Jugendherberge (€), Am Zwinger 1, Tel. 403 47, www.bautzen-jugendherberge.de.

Gut Sommereichen bei Gaußig (€€), Tel. 03 59 30/534 99, www.gut-sommereichen.de. Urlaub auf dem Bauernhof in stilvollen Zimmern.

Natur- und Abenteuer Camping Stausee Bautzen, Tel. 27 12 67, www.camping-bautzen.de.

Campingplatz Radlerhaus, direkt am Spreeradweg in Obergurig, Schulstr. 3, Tel. 035 91/27 38 83, www.campingplatz-radlerhaus.de.

Übernachtung auch in einem Umgebindehäuschen gegenüber dem Gasthaus ›Alte Wassermühle‹.

Sorbisches Nationalitätenrestaurant Wjelbik, Kornstr. 27, Tel. 420 60; Mo–Fr 11–15 und 17–23, Sa/So 11–23 Uhr.

Mönchshof, Burglehn 1, Tel. 49 01 41, www.moenchshof.de. Kellner servieren in Mönchskutten, Spezialitäten: ›Sechsstädtebund-Konventsmenü‹ mit gespickter Hasenkeule, Pökelrippchen mit Sauerkraut, scharfe Fischsuppe nach einem mittelalterlichen Rezept aus dem Kloster Tegernsee. Drinnen Gewölbe, draußen romantischer Biergarten unter Weinranken. Vom Fass: ›Roter Abt‹, ein naturtrübes, unfiltriertes rotblondes Kellerbier. Tgl. ab 11.30 Uhr, Fr–So Tischreservierung empfohlen.

Burghof, Ortenburg 6, Tel. 53 13 36. Bis 1909 das Stadtgefängnis, schöner Wintergarten mit Burgblick, Lausitzer Fisch, tgl. außer Mo ab 11.30 Uhr.

1. Bautzener Senfstube, Schlossstr. 3, Tel. 59 80 15, www.senf-stube.de. Viele Gerichte mit Senf, z. B. Gemüsepfanne mit Curry und scharfem Senf. Tgl. ab 11 Uhr, Terrasse mit Dom- oder Matthiasturmblick. Auch Senfverkauf.

▶ Karte S. 189

Zur Apotheke, am Matthiasturm, www.zur-apotheke-bautzen.de. Tgl. 11.30–14 und ab 17 Uhr. Mit kleiner Terrasse, Ausstaffiert mit vielen historischen Apothekengegenständen.

Marx, Postplatz 5, tgl. 7–19 Uhr, neben reichhaltiger Kuchen- und Tortenauswahl auch Frühstückskarte und ein Mittagsmenü.

Museum Bautzen, Kornmarkt 1, Tel. 49 85 10, www.museum-bautzen.de. April–Okt. Di, Mi, Fr–So 10–18 Uhr sonst 10–17 Uhr, Do ganzjährig bis 20 Uhr.

Reichenturm, April–Okt. 10–17 Uhr, letzter Einlaß 30 Min. vor Schließung.

Alte Wasserkunst, tgl. 10–17 Uhr, Januar nur Sa/So 10–16 Uhr.

Sorbisches Museum an der Ortenburg, Tel. 424 03, www.museum.sorben.com; April–Okt. Mo–Fr 10–17, Sa/So bis 18 Uhr, Nov.–März Mo–Fr 10–16, Sa/So 10–18 Uhr.

Domschatzkammer St. Petri, An der Petrikirche 6, Mo–Fr 10–12 und 13–16 Uhr.

Gedenk- und Begegnungsstätte Bautzen II, Weigangstr. 8a, Tel. 404 74, www.gedenkstaette-bautzen.de, Di–Do 10–16, Fr bis 20, Sa/So bis 18 Uhr. Führungen: Fr 17 Uhr, Sa/So und Feiertage 14 Uhr.

Villa Weigang, Weigangstr. 1, Tel. 53 26 26, www.villa-weigang.de. Prächtige Fabrikantenvilla von 1902/03, die einst weltweit agierende Firma lieferte Druckartikel für Zigarrenkisten, nur nach Voranmeldung geöffnet.

Michaeliskirche, Mühltorgasse. Anmeldungen zu Führungen: Tel. 422 01.

Deutsch-Sorbisches Volkstheater, Seminarstr. 12, Tel. 58 40, www.theater-bautzen.de.

Sorbisches National-Ensemble, Äußere Lauenstr. 2, Tel. 35 81 04, www.sne-gmbh.de.

Feste: Ostereiermarkt (März), Osterreiten auf der Strecke Bautzen–Ratibor (Ostersonntag), Jugendmusiktage (April), Stadtfest ›Bautzener Frühling‹ (Mai), Bautzner Theatersommer (Mitte Juni–Mitte Juli, www.theater-bautzen.de), Herbstsingen Lausitzer Chöre (1. Sa im Okt.), Weihnachtsmarkt (Dez.).

Kleinwelka (Mały Wjelkow)

Etwa fünf Kilometer nördlich von Bautzen, in Kleinwelka an der Bundesstraße 96, ist ein virtueller Ausflug in das Erdmittelalter möglich: Franz Gruß, Maler und Betonunternehmer, schuf hier einen **Saurierpark**. Da es im eigenen Garten bald zu eng wurde, modellierte der Meister ab Anfang der 1980er Jahre auch im nahen Park nach wissenschaftlichen Vorlagen viele Saurierplastiken in Lebensgröße. Die detailgetreue Gestaltung der ungewöhnlichen Tiere, die vor etwa 250 Millionen Jahren die Erde bevölkerten, ruft Bewunderung hervor, so etwa der Diplocus-Diona-Saurus, der mit seinem extrem langen und schlanken Hals bis zu 30 Meter groß wurde und damit das gewaltigste Landlebewesen der Erde war. Oder der Brachiosaurus, der hier eine Höhe von 13 Meter aufweist. Die Cro-Magnon-Menschen, als Plastiken im Privatgarten des Künstlers nachgebil-det, lebten vor etwa 40 000 Jahren. Seit 1994 führt Thomas Stern die Arbeiten fort.

Nebenan kann man seinen Orientierungssinn im größten deutschen **Irrgarten** testen. Auf einer Fläche von über 5000 Quadratmetern stehen 5000 immergrüne Thujabäumchen: Der kürzeste Weg zum Ziel in der Mitte des Labyrinths ist etwa 350 Meter lang. Es gibt zwar keine Sackgassen, aber dafür exakt 3720 Umwege.

700 Figuren sind inmitten einer Mini-Oberlausitz im **Miniaturenpark** von Thomas Gloß anzuschauen. In fünfjähriger Bauzeit schuf der Künstler ein bemerkenswertes Museum. Die Miniaturstuben umfassen sorbische Bauernstube, Töpferei, Uhrmacherwerkstatt, Reifendreherei, Hufschmiede, Drechsler- und Radiowerkstatt, Weihnachtsstube und Blumenladen. Im mechanischen Dorf entdeckt man Schule, Bäckerei, Schusterei und Dorfteich.

Für die vier sehr sehenswerten Objekte – Saurierpark-Urzoo, Sauriergarten Gruß, Irrgarten, Miniaturenpark – wird eine Sammeleintrittskarte angeboten. Öffnungszeiten für alle vier Objekte: 9–18 Uhr, im Juli/Aug. 9–19 Uhr, von November bis März auf Anfrage. Weitere Informationen unter www.saurierpark.de, www.saurierpark.de, www.irrgarten-kleinwelka.de oder www.miniaturenpark.de.

Im Jahr 1751 wurde das **Rittergut Kleinwelka** der Herrnhuter Brüdergemeine als neues Missionszentrum überlassen. Der Friedhof der ›Kolonie Kleinwelka‹ mit seinen in langen Reihen liegenden gleichartigen Grabplatten legt davon Zeugnis ab.

Ab 1831 nahm die Glockengießerei Gruhl die Produktion auf. Ihre Glocken läuten heute noch in vielen Orten der Lausitz und Schlesiens, so das Fünfergeläut im Bautzener Petridom.

An der östlich gelegenen Talsperre Bautzen liegt **Niedergurig** (Delnja Hórka). Am Ziegelteich, nahe der Bundesstraße 156 am südlichen Ortsrand, steht die **älteste Eiche der Oberlausitz**, ihr geschätztes Alter beträgt zwischen 600 und 800 Jahren. Erst die ausgestreckten Arme von neun Erwachsenen und vier Kindern vermögen den Baum zu umfassen.

Im Saurierpark Kleinwelka

▲ Karte hintere Umschlagklappe

Hochkirch (Bukecy) und Pommritz

Das Dorf Hochkirch ging wegen einer blutigen Schlacht, die hier im Siebenjährigen Krieg stattfand, in die Geschichtsbücher ein. Am 14. Oktober 1758 gelang den österreichischen Truppen unter Feldmarschall von Daun ein Überraschungsangriff gegen hier lagernde preußische Truppenverbände unter Feldmarschall von Keith. Letztere wurden innerhalb weniger Stunden vernichtend geschlagen, 15 000 Soldaten starben.

Die **Dorfkirche** mit barockem Turm (1717–1720) weist im Innern zweietagige Emporen, einen klassizistischen Altar sowie sieben Herrschaftslogen auf. Die Lehnsche Gruft im Renaissancestil wurde an der Südseite angelegt. An der alten Kirchentür blieben Einschusslöcher der Schlacht von 1758 zurück. König Friedrich II. stiftete das Marmordenkmal hinter dem Altar zum Gedenken an den gefallenen Befehlshaber von Keith. In den Wänden der Kirche befinden sich mehrere eingemauerte Kanonenkugeln.

Am Kirchhoftor, 1758 Zentrum des Gemetzels, steht ein schwarzer **Obelisk** zum Gedenken an Major von Langen. Unter seinem Befehl verteidigte man das Areal gegen eine zehnfache österreichische Übermacht.

Da das Blut der Gefallenen Berichten zufolge wie ein Strom die nahe Gasse hinunterfloss, heißt der Weg an der Kirchhofmauer seit jenem tragischen Ereignis Blutgasse.

Während der Befreiungskriege war die Wegverbindung zwischen Löbau und Bautzen eine wichtige Heeres- und Kriegsstraße. Bei seinem Rückzug aus Schlesien übernachtete Napoleon vom 4. zum 5. September 1813 in der Hochkircher Pfarrei.

An der Kirchhofmauer von Hochkirch

Wer sich für Details der österreichisch-preußischen Schlacht von 1758 interessiert, sollte sich einer geführten Wanderung des Kulturhistorischen Vereins ›Alter Fritz‹ anschließen (Infos unter Tel. 03 59 39/812 26).

Gut einen Kilometer nördlich von Hochkirch liegt Pommritz, mit Bahnstation auf der Strecke Bautzen – Löbau. Im dortigen ›Lebensgut‹ wohnen und arbeiten Wissenschaftler Bauern und junge Leute, die aus vielen Ecken Deutschlands und Österreich stammen. Sie alle eint der Wunsch, Alternativen zum gegenwärtigen, in ihren Augen selbstzerstörerischen Umgang der Menschheit mit der Umwelt vorzuleben. Das Projekt wurde lange Zeit vom ehemaligen sächsischen Ministerpräsidenten Kurt Biedenkopf finanziell unterstützt.

Wer länger in Hochkirch bleiben möchte, findet im Hotel und Gasthof ›Zur Post‹, Schulstr. 1, (Tel. 03 59 39/82 40, www.hotel-post-hochkirch.de) oder im Gasthaus mit Pension ›Aßmann‹ im Ortsteil Steindörfel (Tel 03 59 39/813 63, www.pension-assmann.de) eine schöne Bleibe.

Hochkirch ist ein beliebter Ausgangsort für Wanderungen auf den Hochstein (7 Kilometer, 2 Stunden) und den Czornebch (8 Kilometer, 2,5 Stunden).

Weißenberg (Wóspork)

Im Jahr 1228 erhielt Weißenberg das Stadtrecht vom böhmischen König Ottokar I. Heute leben im idyllischen Städtchen, zwischen Bautzen und Görlitz gelegen, nur rund 1000 Einwohner.

Seine Berühmtheit verdankt der Ort der ehemaligen Pfefferküchlerei von Paul Opitz. Im Alter von 73 Jahren schenkte 1937 der letzte Nachkomme einer über Jahrhunderte in der Stadt ansässigen Pfefferküchlergeneration seinen Besitz der Stadt – bis auf die geheimen Rezepte, die er 81jährig mit ins Grab nahm. Seit 1941 ist im Gebäude aus dem 17. Jahrhundert das einzige **Museum der Pfefferküchlerei** Europas zu besichtigen. Innen duftet es das ganze Jahr über nach Anis, Zimt, Honig und Mandeln. Um Weihnachten – dritte Woche im Dezember bis Anfang Januar – können die Besucher am Neujährchenbacken ›nowe lětka‹ teilnehmen, einem sorbischen Brauch. Aus einem Brotteig entsteht dabei ein Glücksbringer für das kommende Jahr. Gebildgebäck wird jeweils in der dritten Februar-, Juli- und Oktoberwoche gebacken.

Im Hinterhaus stehen ein originaler Backofen und Kupfergefäße, in denen Sirup und Honig gelagert wurden, sowie historische Waagen. Daneben gefallen die mit wunderbaren Motiven verzierten Pfefferkuchenbackformen (Modeln) aus Weißenberg und aus Böhmen.

Für die gelungene Rekonstruktion des Gebäudekomplexes erhielt das Museum 1992 das Verdienstdiplom von Europa Nostra, dem Interessenverband für den Schutz des europäischen architektonischen und natürlichen Erbes (Dienstag bis Freitag 9–12 und 13–16 Uhr, Sonnabend und Sonntag 13–17 Uhr. Am ersten Wochenende im Monat ist geschlossen; Tel. 03 58 76/404 29).

▲ Karte hintere Umschlagklappe

Im Museum der Pfefferküchlerei

Am Markt steht das von wildem Wein umrankte barocke **Rathaus** (1788). Um den Fuß des Rathausturmes wurde eine überdachte Wendeltreppe erbaut. Die **Pfarrkirche**, auf romanischen Grundmauern errichtet, besitzt einen kostbaren Altar des Zittauer Meisters Michael Bubenick (1666).

■ Wanderung von Weißenberg nach Gröditz

Vom Rathaus in Weißenberg gehen wir die Straße südwärts zur Brücke über das Löbauer Wasser, wenden uns dann nach rechts, laufen an der ehemaligen Bahnstrecke Weißenberg–Baruth bis zum Wuischker Weg, überqueren die einstige Bahntrasse und kommen zum Eingang der Skala. Skala bedeutet im Sorbischen Fels oder Felstal. Das Löbauer Wasser hat hier im Laufe der Zeit in einer Grauwackenscholle ein Engtal geschaffen, dessen Felswände bis zu 40 Meter aufragen. Das 42 Hektar umfassende Naturschutzgebiet in einem Laubmischwald wurde 1938 ins Leben gerufen. Der schmale Pfad dicht am Flüsschen ist streckenweise verwachsen. Abwechselnd geht es über Felsbrocken, Stufen und umgestürzte Bäume.

Länge: 4 Kilometer; zu Fuß (festes Schuhwerk und lange Hose!) ein reizvoller Weg, für Radler ungeeignet.

Kleinsaubernitz

Im Sommer sind die Strände am glasklaren **Olbasee** mit Naturcampingplatz (Tel. 03 59 32/302 32, www.campingplatz-olbasee.de) stets dicht umlagert. Ab 1865 wurde an Ort und Stelle Braunkohle abgebaut. Anfang Oktober 1927 brach unter Tage ein Feuer aus, Stollen und Gänge wurden geflutet, und 1932 war die heutige Wasserhöhe erreicht. Die Insel mitten im See birgt den ehemaligen Burgwall Radisch, darf aber wegen Einbruchgefahr nicht betreten werden.

Am Süd- und Westufer des Olbasees führt ein Rad- und Wanderweg nach Wartha. Am Info-Zentrum und Pflegehof des Biosphärenreservates biegen wir links ab. Die Route windet sich entlang der Guttauer Teiche bis in den gleichnamigen Ort. Der ›Gewässererlebnispfad‹ besitzt einen Aussichtsturm, ein Versteck zum Beobachten von Wasservögeln und mehrere Informationstafeln.

Das Lausitzer Bergland

Das Lausitzer Bergland als kleines Mittelgebirge im Süden der Oberlausitz breitet sich auf einer Länge von nur 25 Kilometern aus. Bei Bischofswerda geht es in das Nordwestlausitzer Hügelland über, im Osten reicht es bis Ebersbach und Neugersdorf. Drei bewaldete Bergrücker mit lieblichen Tälern ziehen sich in Ost-West-Richtung hin. Markante Berge sind der Valtenberg (589 Meter), der Czornebch (561 Meter) und der Bielebch (499 Meter).

Das Lausitzer Bergland ist ein typisches Granitbergland. Die wichtigsten Gesteinsarten sind Lausitzer Granodiorit und Lausitzer Zweiglimmergranodiorit. Im 16. und 17. Jahrhundert siedelten sich hier im Zuge der Gegenreformation viele Glaubensflüchtlinge aus Böhmen und Mähren an; Wirtschaft und Handel erblühten.

Bischofswerda

Die Stadt an der Wesenitz liegt zwischen Kloster- und Butterbergmassiv und bildet die westliche Eingangspforte

Am Markt in Schirgiswalde

in die Oberlausitz. Hier beginnen die sanften Höhenzüge des Nordwestlausitzer Hügellandes.

Bischof Bruno II. von Meißen verdankt die Stadt ihre erste urkundliche Erwähnung im Jahr 1227, seit dem Jahr 1361 ist sie im Besitz der Stadtrechte. Bis 1559 war Bischofswerda dem Bistum Meißen unterstellt. Johann IX. von Haugwitz, letzter Bischof des Bistums, schenkte die Besitzungen Kurfürst August von Sachsen. Dank der guten Verkehrsverbindungen wuchs die Bedeutung als Handelsplatz stetig; insbesondere Fische, Leinwand und weißes Garn wurden in der Umgebung produziert und hier umgeschlagen. Mit der Inbetriebnahme der Eisenbahnstrecke Görlitz–Dresden (1847) entstanden neue Industriezweige.

Zwischen 1429 und 1813 zerstörten sieben Brände die Stadt, die Kampfhandlungen während der Napoleonischen Befreiungskriege 1813 ließen nur drei Häuser in der Alten Gasse unversehrt. Der planmäßige Wiederaufbau wurde im klassizistischen Baustil verwirklicht, nach Plänen des sächsischen Hofbaumeisters Gottlob Friedrich Thormeyer sowie des Bürgermeisters H. G. Süssmilch. Dieses Stadtbild ist erhalten und steht unter Denkmalschutz.

Auf dem Altmarkt bilden das dreigeschossige klassizistische **Rathaus** von 1818 mit Freitreppe, der davor stehende **Adam-und-Eva-Jugendstilbrunnen** und die östlich benachbarte spätgotische **Christuskirche** aus dem 15. Jahrhundert – umgebaut von 1814 bis 1818 – ein sehenswertes Ensemble. In der Kirche gefallen die logenartigen Holzemporen, barocke Grabdenkmäler vom Bürgermeister B. Daxfenger (gestorben 1623) und in der Sakristei das Gemälde ›Das Jüngste Gericht‹ des Malers O. Schindler mit Selbstdarstellung und dem Abbild weiterer Bürger der Stadt.

Weitere Sehenswürdigkeiten sind die **katholische Kirche** (1923) mit einem Denkmal des Stadtgründers, Bischof Benno von Meißen, an der Johann-Sebastian-Bach-Straße und Deutschlands kleinster **Tierpark** in der Lutherstraße. Obwohl er nur eine Fläche von knapp einem Hektar einnimmt, sind über 300 Tiere in 60 Arten zu sehen, darunter Braunbären mit Nachwuchs, Wölfe, Dingos und Damwild. Schließlich kann auch die **Töpferei Meyer** nach Voranmeldung besichtigt werden.

Nordwestlich der Stadt erreicht man über den Goldbacher Weg den **Napoleonstein** (334 Meter). Seinen neuen Namen erhielt der einstige Goldbacher Berg nach 1813, da der Feldherr Napoleon von hier auf die Stadt geblickt haben soll.

Heute kommen die meisten Besucher hinauf, um die schöne Aussicht zu genießen, die nach Nordosten bis Bautzen und nach Südwesten bis zur Burg Stolpen reicht.

Bischofswerda

Vorwahl: 03594.

Bischofswerda-Information, Dresdner Str. 1, Tel. 786155, www.bischofswerda.de.

Hotel Evabrunnen (€€), Altmarkt 30, Tel. 7510, www.hotel-evabrunnen.de.

Pension unter den Linden (€€), H.-Muntschik-Str. 3, Tel. 785227. Modern und allergenfrei.

Hotel L'Auberge Gutshof (€€), Alte Belmsdorfer Str. 33, Tel. 705200, www.auberge-gutshof.eu. Elsässisch-

▶ Karte hintere Umschlagklappe

französische und deutsche Küche, romantische Zimmer zum Übernachten.
Berggasthof Butterberg (€€), Butterberg 1, Tel. 703034, www.butterberg.com, tgl. ab 11 Uhr.
Livemusikbar East Club, Neustädter Str. 6, Tel. 700657, www.east-club.de.

Töpferei Meyer, Bautzener Str. 49, Tel. 035 94/71 60 14. Besichtigung nach Voranmeldung.

Tierpark, Steinweg, April–Okt. tgl. 9–18 Uhr, sonst 9–17 Uhr.

Schloss Rammenau

Unter den gut 1000 sächsischen Schlössern, Burgen und Gärten gehört das Barockschloss Rammenau, fünf Kilometer nordwestlich von Bischofswerda gelegen, zu den lieblichsten; es ist daher ein touristischer Anziehungspunkt.
Das Schloss versteckt sich etwas hinter hohen Mauern und offenbart seine Schönheiten erst, wenn man das Terrain durch ein wappenverziertes Torhaus betritt. Dann überquert man den Rittergutshof mit seinen Kavalierhäusern zu beiden Seiten. Wem der Ruhm als Baumeister eines der schönsten Beispiele des ostdeutschen Dorfbarock gebührt, ist heute nicht mehr dokumentiert, alle originalen Bauzeichnungen sind verloren gegangen. Doch das im Auftrag von Kammerherrn und Appellationsrat Ernst Ferdinand von Knoch zwischen 1721 bis 1735 errichtete Gebäude trägt nach Expertenmeinung die Handschrift des Dresdener Oberlandbaumeisters Johann Christoph Knöffel. Der prachtvolle Bau war bald nach seiner Vollendung beliebter Treffpunkt des sächsischen Adels. Auch der Dichter Theodor Körner und der Philosoph Johann Gottlieb Fichte hielten sich häufig im Schloss auf. Fichte wurde am 19. Mai 1762 in Rammenau geboren, dem Andenken des bedeutenden Vertreters der klassischen deutschen Philosophie ist im Schlossboden eine Ausstellung gewidmet, die aber demnächst in das Torhaus umziehen soll.

Neben dem Spiegelsaal sind bulgarisches und chinesisches Zimmer, goldenes Zimmer, Kornblumen-, Vogel- und Jagdzimmer sowie mehrere Salons besonders kostbar. Der Schlossbau verschlang sehr viel mehr Geld, als Herr Ernst Ferdinand von Knoch aufbringen konnte. Als man beim Einrichten des Pompejanischen Zimmers 1744 Konkurs anmelden musste, wurde es dem Satan gewidmet. Noch heute trägt das Gemach im Volksmund den Beinamen ›Teufelszimmer‹. Die nächsten Besitzer

Restauratorin bei der Arbeit im Schloss Rammenau

Barockschloss Rammenau

hatten wieder Geld. Unter ihnen war ein preußischer Rittmeister, Friedrich von Kleist, ein Angehöriger des Malteserordens. Er ließ Decken- und Wandmalereien anfertigen und kaufte kostbare Leinwandtapeten. Centurius Hoffman von Hoffmannsegg übersetzte auf dem Schloss Werke von Friedrich Schiller ins Italienische und züchtete in seinen Gewächshäusern Orchideen.

Im Erdgeschoss mit herrlicher Sommerterrasse kann man bei einem barocken 16-Gänge-Menü unter dem Motto ›Bei der Kammerzofe zu Gast‹ wie zu Zeiten König Augusts des Starken speisen, wenn man einen Tag vorher bestellt. Oder man genießt nur einen guten Kaffee mit zauberhaften Blick in den Schlosspark. Freunde klassischer Musik erleben Konzerte im Spiegelsaal und im Park, für Liebhaber des edlen Leinens finden alljährlich Ende August die Internationalen Leinentage statt.

Öffnungszeiten des Schlosses: täglich 10–18, im Winter 10–16 und Sa ab 12 Uhr; Informationen unter Tel. 035 94/70 35 59 und www.barockschloss-rammenau.com.

▲ Karte hintere Umschlagklappe

Demitz-Thumitz

Durchreisenden Bahnfahrern bleibt das älteste **Eisenbahnviadukt** Ostsachsens verborgen – sie fahren darauf. Es wurde 1845/46 erbaut und überspannt eindrucksvoll Teile des Ortes im Tal des Schwarzwassers. Mit 230 Meter Länge und 17 Meter Höhe gehört das Bauwerk zu den größten Steinbrücken der Lausitz. Im einstigen Rittergut Thumitz blieb ein **Barockschloss** aus dem 18. Jahrhundert erhalten.

Der Ort, am Nordfuß des Klosterberges gelegen, gilt als Zentrum des Oberlausitzer Granitabbaus.

Wanderung von Demitz-Thumitz über den Klosterberg nach Neukirch

Vom Bahnhof in Demitz-Thumitz gehen wir durch eine Unterführung zuerst zum Viadukt. Die grünen Markierungszeichen geleiten noch ein Stück durch den Ort, bis der Wanderweg stetig durch Mischwald hinauf zum Klosterberg führt (2,5 Kilometer). Ab 1413 gehörte der Berg jahrhundertelang dem Kloster St. Marienstern. Die Bergbaude steht den Gästen seit 1980 offen, der Vorgängerbau (1904) mit Aussichtsturm (1906) wurde am 6. Mai 1945 von Wehrmachtsverbänden gesprengt. Nur knapp hundert Meter von der Baude entfernt, liegt am Wanderweg Richtung Neukirch der Dreisesselstein mit Hohlsitzen. Der Stein markierte einst den Punkt, an den drei Besitzungen grenzten: die der Rittergüter Döbschke und Thumitz sowie des Klosters St. Marienstern.

Bald kommen wir zu Granitsteinbrüchen, in denen heute noch abgebaut wird. Ab 1845 waren sie die größten Deutschlands. Der anstehende Demitzer Granodiorit zeichnet sich durch hervorragende Spaltbarkeit und hohe Druckfes-tigkeit aus. Polierte Platten, Pflaster,

Bausteine und Splitt entstehen aus dem hiesigen Rohmaterial. Selbst die Stadtväter im brasilianischen Manos wollten nur bestes Material für ihren neuen Marktplatz und bestellten Demitzer Kleinpflaster.

Bald lichtet sich der Wald, und wir laufen an dessen Rand an einem großen Feld entlang, mit Blick auf die Dächer des Dorfes Tröbigau. Nach der Überquerung der Straße Putzkau–Gaußig verläuft die Route über eine Wiese mit schönem Fernblick bis zu den Bautzener Türmen. Durch den nahen Hochwald führt der Weg später zwischen Neukircher Berg und Hohem Hahn ins Tal von Neukirch und auf der Straße bis zum Bahnhof Neukirch-West, einem Ausgangspunkt für Wanderungen auf den Valtenberg.

Länge: 10 Kilometer.

Neukirch

Einst als Waldhufendorf angelegt, erstreckt sich Neukirch heute auf fünf Kilometer Länge im Tal der Wesenitz am Fuße des Valtenberges. Der Ort ist sehenswert wegen der rund 40 erhaltenen **Umgebindehäuser**, und er ist bekannt dank des Neukirchner Zwiebacks, der erstmals im Jahr 1900 in der Oberlausitzer Landbäckerei Max Hultsch gebacken wurde. Geliefert wird heute unter anderem auch nach Kuwait und Kanada.

Im Jahr 1759 entstand die erste Töpferei. Drei Handwerker ermöglichen eine Betriebsbesichtigung: Heinke, Zittauer Str. 46; Kannegießer, Südstr. 10; Lehmann, Dammweg 26. Populär ist das Töpferfest. Es findet am ersten Oktoberwochenende mit Markttreiben, Kulturangeboten und Schauvorführungen der etwa 70 Töpfer statt. Als Initiator dieser Veranstaltung hat sich Karl-Louis Lehmann verdient gemacht, der 1984 anlässlich des 150jährigen Firmenjubiläums erstmals rund um seine Werkstatt eine Töpferkirmes organisierte. Gegenüber Keramikscheune und Töpferschänke steht der zweitgrößte Gurkentopf der Welt, drei Meter hoch.

Im kleinen **Heimatmuseum** der Gemeinde sind Ausstellungen zum Töpfer- und Weberhandwerk, aber auch Gemälde, historische Möbel aus dem 1949 abgerissenen Herrenhaus sowie Fahrräder aus der Zeit unserer Großeltern zu besichtigen.

Wanderungen rund um Neukirch

Neukirch ist der westliche Ausgangsort für Touren auf dem Oberlausitzer Bergweg, der auf insgesamt 112 Kilometern die reizvollsten Orte und Berggipfel des Lausitzer Berglandes und die des Zittauer Gebirges mit dem Ziel Zittau verbindet.

Von Neukirch aus führen mehrere Wege zum Gipfel des Valtenberges. Wer für

In Neukirch steht der zweitgrößte Steintopf der Welt

Auf- und Abstieg nicht den selben Weg benutzen möchte, sollte ab Bahnhof Neukirch-West wandern. Unterwegs ermöglichen Lichtungen weite Ausblicke Richtung Norden bis zu den Türmen der Bautzener Altstadt.

Auf dem Gipfel des Valtenberges befinden sich eine kleine Bergwirtschaft sowie der 25 Meter hohe König-Johann-Turm aus dem Jahr 1856. Mit 587 Metern ist der Valtenberg die höchste Erhebung im Lausitzer Bergland. Der frühgeschichtliche Ringwall wurde beim Bau des Aussichtsturms leider zerstört. Die sorbische Bevölkerung strömte früher alljährlich am Johannistag in die Gipfelregion, um hier die Wurzeln des Weißwurzes auszugraben. Den daraus entstandenen Amuletten wurde Wunderkraft zugesprochen.

Ein markierter Pfad führt vom Gipfel zur Quelle der Wesenitz. Die Quellfassung liegt auf 515 Meter Höhe inmitten von Buchenhochwald.

Heute mag es kaum jemand für möglich halten, aber an Ort und Stelle wurde jahrhundertelang nach Gold gesucht, erste Aufzeichnungen dazu datieren aus dem Jahr 1333. Glücksritter aus ganz Europa, vorwiegend aus Frankreich, Spanien und Italien, betrieben zusammen mit Einheimischen an die 40 Gold- und Silbergruben. Das bekannteste Goldgräberzentrum führte über den ›Valentin-Erb-Stollen‹, direkt an der Wesenitzquelle, ins Innere des Berges. Das jetzige Erscheinungsbild, gestaltet vom Gebirgsverein Valtenberg, stammt aus dem Jahr 1928. Trotz erheblichen Kostenaufwandes wurde kein Gold gefunden. Es existieren aber einige Geschichten über spektakuläre Funde, der letzte soll in den 1960er Jahren gemacht worden sein.

Die südliche Abstiegsroute führt an der Hohwaldschänke, an der Straße von Langenburkersdorf nach Steinigtwolmsdorf, vorbei. Als die Grenze zu Österreich-Ungarn noch ganz in der Nähe der Schänke verlief – heute zu Tschechien –, war sie ein Ort friedlicher Koexistenz zwischen Zöllnern und Schmugglern.

Zurück nach Neukirch führt eine breite Forststraße, vorbei am Waldschlösschen (hier nimmt schräg gegenüber am Parkplatz ein Waldlehrpfad seinen Lauf) und dem etwas abseits liegenden Valtenberghaus.

Neukirch

Vorwahl: 03 59 51.

Fremdenverkehrsbüro Neukirch, Hauptstr. 20, Tel. 194 33, www.neukirch-lausitz.de.

Hotelrestaurant Zum Erbgericht (€€), Dresdener Str. 1, Tel. 324 48.

Bergbaude Valtenberg, Tel. 315 69, tgl. ab 11 Uhr.

Gasthaus Freihufe (€€), Freihufenweg 7, Tel. 314 65, www.freihufe.de Gemütliche Atmosphäre, auch Weinkeller und Altdeutsche Stube.

Bergschänke Waldschlößchen (€), Karl-Berger-Str. 17, Tel. 314 87, www.waldschloesschen-neukirch.de.

Töpferschänke an der Töpferei Lehmann, Dammweg 26, tgl. ab 11 Uhr.

Heimatmuseum, jeden 1. Sa und 3. So im Monat 14–17 Uhr.

Keramikverkauf Mo–Sa 9–18, So 11–18 Uhr, www.toepferei-lehmann.de.

▲ Karte hintere Umschlagklappe

Steinigtwolmsdorf und Weifa

Der Ort Steinigtwolmsdorf wurde im 13. Jahrhundert an der einst wichtigen Handelsstraße von Bautzen ins Böhmische als Waldhufendorf deutscher Siedler gegründet. Urlauber schätzen die besonders schöne Lage im Lausitzer Bergland. Die **Dorfkirche** wurde Mitte des 19. Jahrhunderts erneuert, nur der Turm mit achteckiger Schieferhaube stammt noch aus dem 17. Jahrhundert. In der Dorfstraße stehen **Umgebindehäuser** mit Schmuckmotiven, eine Sehenswürdigkeit auch des nördlichen Nachbarortes Ringenhain, wo etwa 50 Häuser dieser Bauart erhalten blieben. Neusiedler aus Südwestdeutschland errichteten **Fachwerkhäuser**, ein sehr schönes mit Walmdach findet man am Steinigtwolmsdorfer Dorfteich (Grenzstr. 8).

Im Ortsteil Birkguthäuser steht die größte **Linde** der Oberlausitz, mit einem Stammumfang von 7,4 Meter, einer 30 Meter breiten Krone und einem geschätzten Alter von 500 Jahren; an der Straße nach Weifa lädt ein **Erlebnisfreibad** zum Abkühlen ein.

Die Ortsbezeichnung Weifa deutet noch heute auf den früheren Haupterwerbszweig der Bewohner hin, die Hausweberei: Eine Weife, das heißt die Haspel, diente zum Aufwickeln der Wolle von der Spule.

Der Ort steht unter Denkmalschutz, viele hübsche **Umgebindehäuser**, teils mit Schieferverkleidung, sind erhalten. Vom Weifaer Rundblick, kurz nach dem Ortsausgang Richtung Schirgiswalde, genießt man die Ansicht auf Iser-, Lausitzer und Zittauer Gebirge.

Wanderung von Steinigtwolmsdorf zum Valtenberg

An der oberen Dorfgrenze, an der Straße nach Langburkersdorf, befindet sich

Auf nach Weifa

ein markanter, lindenumsäumter Platz, die Sieben Linden. Man blickt von hier oben auf die Dächer von Steinigtwolmsdorf, Weifa und Ringenhain und kann auf Bänken oder in einer Schutzhütte rasten.

In früher Vorzeit befand sich an dieser Stelle ein germanischer Ringplatz. Für die Namensgebung gibt es zwei Deutungen: Bei der Geburt jedes seiner sieben Kinder ließ der Gutsherr einen Baum pflanzen. Andere Quellen sprechen davon, dass die Lindengruppe aus Freude über den Frieden zum Ende des Siebenjährigen Krieges angelegt wurde.

Der nun folgende kurze Wegabschnitt über die sich nördlich der Sieben Linden angrenzende Wiese ist nicht markiert. Man folgt dem ausgetretenen Pfad bis zum nächsten Fahrweg, vorbei an Viehweiden und hält sich dann links, bis man auf einen markierten Weg zum Valtenberg gelangt.

Länge: 8 Kilometer

Sohland/Spree und Wehrsdorf

Die Ortsgründung Sohlands erfolgte im 11. Jahrhundert. Ab dem 17. Jahrhundert kamen verstreute Siedlungsteile hinzu, weshalb der Ort bald ›fuffzehn Zippel‹ besaß. Seit der Gebietsreform Mitte der 1990er Jahre besteht die Einheitsgemeinde aus den Ortschaften Sohland, Wehrsdorf und Taubenheim mit insgesamt 15 Ortsteilen. Die Gemeindefläche beträgt annähernd 40 Quadratkilometer.

Wahrzeichen ist die malerische **Himmelsbrücke**, die 1796 als Spreeübergang aus Granitbruchsteinen errichtet wurde. Seit der Spreeverlegung im Jahr 1947 überspannt sie nur noch den Dorfbach. Auf die Brücke nahe der Straße Richtung Taubenheim gelangt man, wenn man hinter dem Bahnviadukt links in die Himmelsbrückenstraße abbiegt.

Etwa einen Kilometer nördlich breitet sich der **Sohländer Stausee** auf 15 Hektar aus. Man kann hier Ruder- und Tretboote auszuleihen, im Gasthaus (tgl. ab 11.30 Uhr) oder im schönen Biergarten (April–Okt., Mo–Fr ab 11, Sa/So ab 10 Uhr) verweilen. Kinder toben auf dem benachbarten Abenteuerspielplatz.

Die Aufführungen der **Waldbühne Sohland** von Anfang Mai bis Mitte September, sonntags im vierzehntägigen Rhythmus jeweils 15 Uhr, erfreuen sich großer Beliebtheit.

Die **evangelische Kirche** stammt aus dem Jahr 1824 und weist eine spätklassizistische Innenausstattung auf. Im Kirchhof sieht man die klassizistische tempelartige Böhmesche Gruft (1843), die jetzt eine Gedenkstätte für Kriegsopfer ist. Im 18. Jahrhundert ließ Reichsgraf Franz Xaver zu Solms das nahegelegene **Schloss** mit Schlosspark errichten. In einem der ältesten Umgebindehäuser der Oberlausitz, in einem ehemaligen Weberhaus aus dem Jahr 1750, ist das **Heimatmuseum** mit original erhaltener Weberstube zu besichtigen. Für Sternengucker ist die **Volks- und Schulsternwarte Bruno H. Bürgel** in der Nähe des Schützenhauses donnerstags ab 20 Uhr geöffnet. Der **Sohländer Planetenweg** ist ein räumliches Modell unseres Sonnensystems im Maßstab 1:1,4 Milliarden, beginnt am Sternwartenberg und endet nach einer Wegstunde an der Prinz-Friedrich-August-Baude (Tel. 03 59 36/31 06).

Die Himmelsbrücke in Sohland

▲ Karte hintere Umschlagklappe

Südwestlich des Ortes liegt im Tännicht ein **Wintersportzentrum** mit Sprungschanze und der Schanzenbaude Tännicht. Ausflügler zieht es das ganze Jahr über zum Prinz-Friedrich-August-Turm und der gleichnamigen Bergbaude.
In Wehrsdorf, eingemeindet zu Sohland/Spree, sind sehr viele **Umgebindehäuser** mit interessanten Details an Türen und Umgebindeständern zu entdecken. Das schönste Ensemble steht im Oberdorf (Hausnummern 62, 63 und 64). Die Barockkirche stammt aus dem Jahr 1725, der Turm wurde erst 1859 angefügt. Im Sommer bietet das Waldbad willkommene Abkühlung, am nördlichen Dorfrand kann man auf dem Naturlehrpfad am Steinbruch wandern.

Sohland/Spree und Wehrdorf

Vorwahl: 035936.
Fremdenverkehrsamt Sohland/Wehrsdorf, Bahnhofstr. 26, Tel. 39822, www.sohland.de.

Residenzhotel Trüggelmann Erbgericht Wehrsdorf (€€–€€€), Oppacher Str. 1, OT Wehrsdorf, Tel. 4500, www.wehrsdorfer-erbgericht.de. 250jährige Gastwirtschaftstradition, drei Saunen.
Gasthaus Stiebitz (€), Am Markt 11, Tel. 37137. Übernachten im Umgebindehaus.
Gasthof und Pension Oberschmiede (€), Hainspacher Str. 42, Tel. 37620.
Schanzenbaude Tännicht (€), tgl. ab 11 Uhr, Tel. 45497.

Heimatmuseum Sohland/Spree, Hainspacher Str. 19, Mai–Sept. Di und Do 8–11 und 14–17, So 14–17 Uhr.

Infos zur **Waldbühne Sohland** unter www.waldbuehne-sohland.de.

Taubenheim

Taubenheim am Oberlauf der Spree weist eine große Anzahl an **Sonnenuhren** auf: 16 Exemplare, davon 6 mit historischen Motiven. An den Häusern befinden sich Hinweistafeln zu den Sonnenuhren. Den Großteil von ihnen schuf der Grafiker Martin Hölzel, so auch das besonders sehenswerte steinerne Exemplar von 1983 gegenüber dem Gemeindeamt. Nicht nur für Zeitmesser wird die Sonne genutzt: Das Wasser im Erlebnisfreibad wird von Sonnenkollektoren beheizt. Das Freibad ist täglich von 10 bis 20 Uhr geöffnet.
Im Zumpeweg 2 und in der Sohlander Str. 50 stehen Häuser mit ungewöhnlichen ›Blitzschlangen‹ am Hausgiebel. Diese Häuser wurden vom Blitz getroffen und sollen künftig davor bewahrt bleiben. Die **Dorfkirche** aus dem 18. Jahrhundert weist eine spätklassizistische Innenausstattung auf und besitzt an der Außensüdwand Reliefgrabplatten. Der ›Sechskinderstein‹ von 1674 stellt die sechs Kinder der Pfarrersfrau Anna Maria Pietzschmann dar. Sie starben bei der Geburt oder kurz darauf.
In der ehemaligen Obermühle, Zumpeweg 3, verlebte Herrmann Zumpe (1850–1903) seine Jugend. Er komponierte an der Seite von Richard Wagner in Bayreuth und wurde später zum Königlich-Bayerischen Generalmusikdirektor in München ernannt.
Fast 60 erhaltene **Umgebindehäuser** erinnern an die Epoche, in der die Leineweberei in Taubenheim weit verbrei-

Eine der vielen Sonnenuhren im Ort

tet war. Das Karasek-Haus mit einer Sonnenuhr war einst Unterschlupf und zugleich Liebesnest des berühmten böhmischen Räuberhauptmanns bei seinen Streifzügen im Sächsischen.

■ Wanderung von Taubenheim zum Wachtberg und zurück

Der 363 Meter hohe Wachtberg ist vulkanischen Ursprungs. Die Kuppe besteht aus Basalt, der bis in die 1930er Jahre abgebaut wurde. Da hier seltene Pflanzen- und Insektenarten heimisch sind, wurde das Terrain als Flächennaturdenkmal ausgewiesen. Vom Gipfel bietet sich eine weite Aussicht in das obere Spreetal. Die Taubenheimer selbst nennen den Hügel ›Wacheberg‹: Als sich die deutschen Siedler hier niederließen, standen dort Wachtposten zum Schutz vor Überfällen.
Länge: 2 Kilometer.

■ Wanderung von Taubenheim rund um den Taubenberg

Der Taubenberg erhebt sich südlich des Ortes nahe der böhmischen Grenze. Vom Parkplatz am Erlebnisfreibad führt der Weg an einer Kleingartenanlage vorüber. Der Rundweg ist gleichzeitig Naturlehrpfad mit vielen Informationstafeln zur hiesigen Fauna und Flora. Fischgut, eine ehemalige Forellenzuchtanlage, und Bettelstein – angeblich wurde hier ein Bettler beerdigt – sind die nächsten Stationen. Der Schalenbruch war bis in die 1930er Jahre bedeutendster Granodiorit-Steinbruch um Taubenheim. Heute bietet sich von hier eine weite Aussicht Richtung Sohland und nach Böhmen.
An der Weggabelung (Abzweig Grünhut) verbleiben wir auf dem Naturlehrpfad und steigen zum Taubenberg auf. Eine Säule, die einstige ›Station der königlich-sächsischen Triangulierung‹ von 1864, markiert den Gipfel des Taubenberges (458 Meter). Die nahe Teufelskanzel setzt sich aus übereinanderliegenden Granodiorit-Blöcken zusammen. Wer genauer hinschaut, erkennt das aus verschiedenen Gesteinseinschlüssen zusammengesetzte Teufelsbildnis.
Es geht zurück zur Weggabelung, dann am Südhang steil hinunter nach Grünhut, einer ehemaligen Steinbrucharbeitersiedlung.
Länge: 3 Kilometer.

Schirgiswalde

Das Städtchen mit etwa 3000 Einwohnern liegt in einem reizvollen Engtal am Oberlauf der Spree. In Schirgiswalde wurden der Geschichtsforscher Carl Swoboda (1896–1978) und der Mundartdichter Joseph Vogt (1881–1959) geboren, der Ort ist aber gerade auch aufgrund seiner ungewöhnlichen Vergangenheit bemerkenswert.
In der Mitte des 13. Jahrhunderts gründeten deutsche Siedler das Waldhufendorf, seit 1451 war es im Besitz der böhmischen Adelsfamilie von Luttiz. 1635, nach dem Frieden zu Prag, kam

▲ Karte hintere Umschlagklappe

die Oberlausitz unter sächsische Hoheit. Schirgiswalde verblieb jedoch bei Böhmen, erhielt 1665 die Stadtrechte und war bis 1809 eine böhmische Enklave. Nach dem Frieden von Schönbrunn (1809) sollte Schirgiswalde dem Königreich Sachsen einverleibt werden, was jedoch 36 Jahre lang wegen Streitigkeiten im Übergabeprotokoll zwischen Österreich-Ungarn und Sachsen nicht geschah. Von 1809 bis 1845 war die Stadt ein kleiner Stadtstaat und als ›Republik Schirgiswalde‹ bekannt. In dieser abenteuerlichen Periode lenkten ein Stadtrichter, zwei Gerichtsbeisitzer, 20 Communrepräsentanten und ein böhmischer Justizamtmann die Geschicke des Städtchens. Steuerfreiheit, Abschaffung des Militärdienstes, die Aufnahme politischer Flüchtlinge, Spielerlaubnis für das in Sachsen verbotene ›Böhmische Lotto‹ sowie der Schmuggel mit zollfrei eingeführten Waren über die sächsische Grenze förderten den Aufschwung.

Ein Aufruhr unter der Bevölkerung gegen einen missliebigen böhmischen Justitiar führte zu neuen Verhandlungen zwischen der Monarchie Österreich-Ungarn und Sachsen. Am 4. Juli 1845 fand die feierliche Übergabe der Mini-Republik an das Königreich Sachsen statt. Die Kirche unterstand jedoch noch bis 1894 dem böhmischen Bistum Leitmeritz.

Sehenswürdigkeiten

Die jahrhundertelange Verbindung zu Böhmen ist noch heute an vielen Gebäuden zu erkennen. Die imponierende katholische **Pfarrkirche** wurde von 1739 bis 1741 im Stil des böhmischen Landbarock erbaut, die beiden Türme kamen aber erst zwischen 1866 und 1868 hinzu. Im Inneren blieb die originale Erstausstattung weitgehend erhalten; die Kanzel stammt wahrscheinlich aus der Werkstatt des Prager Schülerkreises um Kilian Ignaz Dientzenhofer. In der Kirche sind die alten Grabplatten und -denkmäler aus der Hand von Franz Pettrich und Jacob Delenka bemerkenswert. Am Aufgang zur Kirche steht die Ecce-Homo-Statue von Franz Bienert (um 1760).

Böhmische Elemente zeigt auch der **Marktplatz** mit zwei **Laubenhäusern**. Das klassizistische **Rathaus** stammt aus dem Jahr 1818. Ursprünglich war es das Haus eines reichen Leinwandhändlers. Das **Alte Rathaus** am Obermarkt sollte als ›Regierungssitz‹ des Stadtstaates noch erweitert werden. Dazu kam es aber nicht mehr, weil die Mini-Republik Sachsen einverleibt wurde.

Das einstige domstiftliche Herrenhaus am Fuße des Kirchberges, das **St.-Pius-Haus**, beeindruckt den Besucher im Inneren, so in drei Räumen mit handbedruckten Bildtapeten, die unter anderen die Motive ›Aufstand in Mexiko‹ und ›Olympische Feste‹ zeigen. Sie entstanden um 1830.

An den östlichen Fuß der Weifaer Höhe grenzt der denkmalgeschützte Stadtteil **Neudorf** (Neuschirgiswalde), der nach dem Ende des Dreißigjährigen Krieges gegründet wurde. Er ist durch eine große Zahl an **Umgebindehäusern** geprägt. Auch das überlieferte Brauchtum erinnert an die böhmische Epoche der Stadt. Das Fronleichnamsfest wird mit einer Prozession begangen, im Dezember kommen viele Gäste zum Nikolausmarkt. Die Weihnachtskrippenausstellung mit etwa 160 Exemplaren im Elisabethsaal der katholischen Kirche unmittelbar in der Nähe des Marktplatzes wird jedes zweite Jahr organisiert. Die Krippen kommen nicht nur aus Schirgiswalde, sondern auch aus Tschechien und Österreich. Die böhmische Krippentradition wurde aus der Schluk-

kenauer Gegend, heute Šluknovsko, übernommen. Die nordböhmische Krippenkunst zeigt die Geburt Christi vor orientalischer Kulisse, bei erzgebirgischen Krippen überwiegen dagegen heimatliche Motive. Bekannt ist der große Faschingsumzug. Von Karfreitag bis Ostermontag ertönen keine Kirchenglocken, stattdessen Holzklappern, die die Menschen an ihre Vergänglichkeit erinnern sollen.

Schirgiswalde besitzt einen **Obstbaumlehrpfad**. Rund um die Stadt laden zwei Routen – ›Großer Rundweg‹ (13 Kilometer) und ›Rund um Schirgiswalde‹ (6 Kilometer) – zum Wandern ein. Die schönste Aussicht auf das Städtchen hat man von den höchstgelegenen Häusern im Ortsteil Neuschirgiswalde.

Über die Spreebrücke am Gondelteich führt der mit einem roten Punkt markierte Weg zum östlich gelegenen **Kälberstein** (485 Meter). Die Gipfelklippen aus Granodiorit sind bis zu acht Meter hoch, eine von ihnen kann man als natürlichen ›Aussichtsturm‹ besteigen. Der Rückweg ist auch über Crostau möglich.

Schirgiswalde

Vorwahl: 03592.

Tourist-Information, Sohlander Str. 3a, Tel. 34897, www.schirgiswalde.de.

Hotel Am Lärchenberg (€€), Lärchenbergweg 2, Tel. 3660. Restaurant tgl. ab 11 Uhr.

Gasthof Schirgiswalder Marktstuben (€€), Markt 4, Tel. 3730; Restaurant tgl. ab 11.30 Uhr.

Landhotel Thürmchen (€€), Marienplatz 5, Tel. 380322, www.hotel-in-der-lausitz.de. Kleines Schlösschen in schöner Lage mit Gewölbekeller. Restaurant tgl. 11–14 und 17–22 Uhr.

Café Kloß-Mühle, Niedermarkt 5, in der Nähe des Marktes an der Spreebrücke, mit schöner Terrasse an der plätschernden Spree; Mo–Fr 11–18, Sa/So ab 12 Uhr

Heimatmuseum Carl Swoboda, Hauptstr. 11a, Di 14–16, Do 10–12 und 14–16 Uhr sowie nach Absprache, Tel. 386613.

Kirschau

Kirschau ist der südlichste sorbische Siedlungsort im Lausitzer Bergland und wurde schon vor über tausend Jahren gegründet. An einer damals wichtigen Kreuzung der Handelsstraßen Bautzen–Prag und Zittau–Halle entstand auf einem Felsvorsprung aus einem sorbischen Ringwall ein Wachthaus, das später zur Burg Körse ausgebaut wurde. Bis 1250 wurde die Feste verstärkt und erweitert. Der Meißner Vorposten auf der Burg mißfiel Kaiser Karl IV., König von Böhmen und Landesherr der Lausitz, und die Truppen des soeben ins Leben gerufenen Oberlausitzer Sechsstädtebundes erstürmten 1352 unter Führung von Bolko von Schweidnitz die Burg und schleiften sie anschließend. So sind heute nur wenige Überbleibsel der **Burg** erhalten, darunter Ringmauerreste um den Burghof, ein teilrestauriertes

Die beeindruckende katholische Pfarrkirche in Schirgiswalde

Doppeltor und ein Schacht des Bergfrieds. Im **Burgmuseum** sind Grabungsfunde und eine textile Schauwerkstatt mit Webstuhl ausgestellt.

Am Westrand des Ortes, an der Kesselwiese, steht der **Dreiländerstein** von 1746. Er markiert den zu jener Zeit gültigen Grenzpunkt zwischen Schirgiswalde (Böhmen), Kirschau (Lausitz) und Wilthen (Meißen).

Durch die um die Mitte des 19. Jahrhunderts einsetzende Industrialisierung wuchs Kirschau zum deutschen Hauptproduktionsort von Grobgarn aus Textilabfällen. Das historische Ortsbild wich seitdem größtenteils Neubauten. Erhalten blieben aber drei alte **Webstühle** aus dem 18. Jahrhundert. Sie können in der Handweberei im Gewerbehof an der Lessingstr. 7 besichtigt werden (Tel. 382 20).

Die **Körse-Therme** in Kirschau, Badweg 3, ist das einzige Solebad in Sachsen und von 10 bis 22, So 10–21 Uhr geöffnet (www.koerse-therme.de).

Wilthen

Wilthen liegt langgestreckt im Tal am Butterwasser. Das Butterwasser erhielt seinen Namen, weil die Frauen die Butter, bevor sie auf dem Bautzener Markt zum Verkauf kam, im Bach frisch hielten.

Das **Landhotel Erbgericht** im Ortsteil Tautewalde hat sich mitsamt seiner Gourmetküche in den letzten Jahren einen exzellenten Ruf erworben. Durch eine Glaswand können die Gäste das Geschehen in der Küche verfolgen. Das Gebäude wurde sehr behutsam rekonstruiert, Altes und Neues geschickt miteinander kombiniert. Das Erbgericht Tautewalde stammt aus dem Jahr 1842. Der heutige Weinkeller mit prächtigem Tonnengewölbe aus Lausitzer Granit wurde einst zum Lagern der Bierfässer genutzt, heute können Gäste unter 160 Weinen auswählen.

▲ Karte hintere Umschlagklappe

Erbgerichtshöfe entstanden in Sachsen unter der Regentschaft König August des Starken als dörfliches Schiedsgericht und Schlichtungsstelle für kleinere Vergehen und Streitigkeiten. Da sich die Klärung der Streitfälle oft über mehrere Tage hinzog, gab es für den eingesetzten Untertan auch die Erlaubnis zum Ausschank, und die Schlichter wurden so gleichzeitig zum Gastwirt. Das königliche Gerichtsprivileg wurde auf den Sohn vererbt – daher der Name. Im Sorbischen heißt das Erbgericht Kretscham. Beiden Namen begegnet man noch in vielen Orten der Oberlausitz.

In den Bergen um Wilthen war Pumphut, der Hexenmeister der Oberlausitz, allgegenwärtig. Sein Markenzeichen war ein breitkrempiger hoher Hut. Der Sohn armer sorbischer Bauern zog einst als Müllergeselle durch die Lausitz, doch seine derben Späße mit geizigen und hartherzigen Menschen brachten ihm in der Überlieferung bald den Rang eines Hexenmeisters ein. In lebensgroßer Statur grüßt er heute als bunte Schnitzfigur in der Wilthener Bahnhofsstraße sowie gegenüber vom Jägerhaus am Mönchswalder Pass.

Vom Nordostzipfel des Städtchens Wilthen führt ein grün gekennzeichneter Weg auf **Mönchswalder Berg**, die kürzeste Distanz beträgt vier Kilometer. Dabei müssen in anderthalb Stunden etwa 150 Höhenmeter überwunden werden. Auf dem Gipfel steht eine rustikale Baude aus dem Jahr 1885 mit **Aussichtsturm**. Zurück ins Wilthener Tal steigt man bequem, vorbei am westlich benachbarten Jägerhaus, auf der rot markierten Route oder auf der Passstraße Obergurig – Wilthen ab.

Wilthener Weinbrand

Die Wilthener Weinbrennerei ist eine der größten und ältesten Deutschlands. Im Jahr 1842 gründete Christian Traugott Hünlich das Unternehmen als Apfelwein- und Fruchtsaftpresserei, die bald durch Bierbrauen und die Herstellung des Wilthener Branntweins ergänzt wurde. Karl Albert Hünlich, der Nachfolger des Firmengründers, gilt als Begründer des deutschen Weinbrandes. 1896 hob er zusammen mit Hugo Aßbach den Verband der deutschen Cognac-Weinbrennereien aus der Taufe. Schon auf der Pariser Weltausstellung im Jahr 1900 wurden die Hochprozentigen aus der Oberlausitz mit einer Goldmedaille prämiert, das noch erhaltene Eichenfass mit 12300 Liter Fassungsvermögen war in Paris ein Blickfang und erhielt eine Silbermedaille.

›Hünlich bleibt Hünlich‹, ein alter Werbespruch, sorgt auch heute für hohe Qualität und guten Absatz, auch unter dem Dach der Hardenberg-Wilthen AG. Die ›Wilthener Goldkrone‹ ist deutschlandweit die meistverkaufte Spirituose, zur Zeit werden bis zu 250 000 Flaschen täglich abgefüllt.

Nach der eineinhalbstündigen Betriebsführung, bei der man neben einer historischen Destillationsanlage auch an vielen der etwa 10 000 Eichenfässer vorbeikommt, trinkt man seinen ›Wilthener‹ mit größerem Genuss, weil man nun von einigen Geheimnissen aus erster Hand erfahren hat.

Zu den Betriebsgebäuden zählt auch eine originale Zeppelinhalle, in der einst Luftschiffe gebaut wurden. Am alten Ort auseinandergenommen, wurden die Einzelteile in Wilthen wieder zusammengesetzt. An der Wand einer Produktionshalle schuf die Malerin Antoinette das größte Wandbild der Oberlausitz. Auf 300 Quadratmetern sind Gestalten aus der sorbischen Mythologie dargestellt.

Das Verwaltungsgebäude der Brennerei in Wilthen

Die gelbe Markierung führt von Tautewalde in etwa einer halben Stunde auf den Großen Picho zur **Pichobaude**. Wanderer erklommen den Gipfel, als er noch mit Urwald bedeckt war. Der Erste soll gerufen haben: ›Bech jow‹. Das sprach man hier bich jow und heißt ›Ich war da‹. Dieser Ausruf gab dem Berg seinen heutigen Namen. Die glaubwürdigere Version: ›pichow‹ hieß im altwendischen Sprachgebrauch ›Kuppe mit felsigem Grund‹.

Wilthen

Vorwahl: 03592.

Fremdenverkehrsamt Wilthen, Bahnhofstr. 8, Tel. 385416, www.wilthen.de.

Landhotel Erbgericht Tautewalde (€€), OT Tautewalde 61, Tel. 38300, www.tautewalde.de. Restaurant tgl. 11–14 und 18–22 Uhr.

Restaurant Jägerhaus, Mönchswalder Pass, Tel. 33168; Fr–Mi 10–22 Uhr, im Winter 10–20 Uhr.

Berggaststätte Mönchswalder Berg, Tel. 33024; tgl. ab 10 Uhr.

Gasthaus Schöne Aussicht (mit Pension), OT Sora, Tel. 33642.

Pichobaude auf dem Berg Picho, Tel. 32953; tgl. ab 11 Uhr.

Wilthener Weinbrennerei, Thälmannplatz 8, Betriebsführung mit Verkostung tgl. zwischen 9 und 18 Uhr (außer Sonn- und Feiertage), aber nur nach Voranmeldung: Tel. 3840. Einzelführung nur Fr um 13 Uhr.

Heimatstube, Bahnhofstr. 8, Di 14–16 Uhr oder nach Vereinbarung.

Oberlausitzer Hunderter, ein international beachteter Wanderwettbewerb (Okt.).

Crostau und Cunewalde

Für die evangelische **Dorfkirche** Crostau gab Gutsbesitzer Christian Heinrich von Watzdorf 1732 eine Silbermann-Orgel in Auftrag. Mit 21 klingenden Registern und 1255 Pfeifen ist sie die einzige des berühmten Orgelbaumeisters Johann Gottfried Silbermann, die in der Oberlausitz zu finden ist. Eine Besichtigung ist nach Voranmeldung möglich (Tel. 03592/32697).

Schloss und Park Crostau ließ der kurfürstliche Staatsminister, Reichsgraf Christoph Heinrich von Watzdorf, um 1700 anlegen und erweitern.

Am Rand des Bergwaldes, südöstlich von Obercrostau, lohnt der von uralten Linden umgebene **Aussichtspunkt Isabella** einen Abstecher. Im Ortsteil Obercrostau blieben einige zweigeschossige Umgebindehäuser erhalten.

Der staatlich anerkannte Erholungsort Cunewalde breitet sich in West-Ost-Richtung auf acht Kilometer Länge im Cunewalder Tal aus, das im Norden vom Czorneboh- und im Süden vom Bieleboh-Höhenzug begrenzt wird.

Cunewalde wurde um 1200 auf Rodungsflächen gegründet und konnte seinen Waldhufendorfcharakter bis heute erhalten. Knapp die Hälfte der Wohnbebauung besteht aus **Umgebindehäusern**. Einige von ihnen besitzen ein mit Schiefer geschütztes Obergeschoss, wie das Haus schräg gegenüber vom Gasthaus ›Blaue Kugel‹, das zusätzlich am Giebel noch ein bunter Schützenadler ziert. Heute ist hier das **Polenzmuseum**

▲ Karte hintere Umschlagklappe

untergebracht. Der Schriftsteller Wilhelm von Polenz (1861–1903) ist der berühmteste Sohn der Stadt. Schon 1909 wurde ihm ein Denkmal gesetzt. Der Granodioritblock mit bronzenem Reliefbild ist gegenüber dem Gemeindeamt zu finden, am einstigen Rittergut Obercunewalde. Polenz' wichtigstes Werk ist der Roman ›Der Büttnerbauer‹ (1895), den Leo Tolstoi als ›ein wahrhaft künstlerisches Meisterstück‹ lobte.

Die **Barockkirche** (1781–1793) mit 2632 Sitzplätzen und drei Emporen gilt als größte Dorfkirche Deutschlands. Am Sportzentrum 11 befindet sich das **Erlebnisfreibad Cunewalde**.

Wanderung von Halbau auf den Czorneboh und Abstieg nach Cunewalde

Um die bewaldete Czornebohkette in ihrer ganzen Vielfalt zu erleben, sollte man im etwa drei Kilometer nordöstlich von Cunewalde gelegenen Halbau mit dem Aufstieg beginnen.

Aussichtsturm auf dem Czorneboh

Vorbei am Gasthaus ›Am Hochstein‹ gehen wir noch ein Stück die Straße nach links, bis der Polenzweg (grüner Punkt/gelber Balken) einmündet. Nach einem stetigen aber sanften Anstieg ist der ruhige Hochwald schnell erreicht. Durch naturnahen Bergmischwald steigen wir zum Kamm auf. Rechts ermöglicht ein Abzweig einen Aufstieg zum Hochstein, links führt die Markierung (blauer Punkt) weiter Richtung Czorneboh. Am Parkplatz finden bei schönem Wetter am Wochenende oft gar nicht alle Autos Platz. Von der Straße biegt nach 250 Metern jedoch ein Weg links ab, so dass man dem Trubel kurzzeitig entfliehen kann.

Der Berggasthof auf dem 561 Meter hohen Czorneboh ist teilweise in Blockbauweise erhalten. Der Aussichtsturm wurde 1852 eröffnet und ist damit der älteste in der Oberlausitz. Der Blick auf Bautzen und die sich nördliche anschließende bis zum Horizont reichende flache Heide- und Teichlandschaft ist überwältigend (tgl. außer Di 11–18 Uhr).

Auf dem Gipfel gibt es interessante geologische Sehenswürdigkeiten zu entdecken, darunter das ›Teufelswaschbecken mit Seifendose‹ westlich des Czornebohs am Bergsattel am Cunewalder Weg, das ›Teufelsfenster‹ und die für das Gebirge charakteristischen Felsburgen, Klippen und Blockmeere.

Es gab schon viel Streit um die Herkunft des Namens Czorneboh. Forscher wiesen nach, dass die Slawen den Berg einst Čorny bok – die schwarze Seite – nannten, abgeleitet von der oft dunkel erscheinenden nördlichen Bergflanke. In der Romantik wurde das falsch zu Čorny Bóh, der schwarze Gott, umgedeutet.

Kaum sind hundert Meter Abstieg auf der Südseite hinab Richtung Cunewalde, auf dem rot markierten Weg absolviert,

ist der Weltenlärm völlig verstummt. Bis nach Obercunewalde hinunter werden auf etwa zwei Kilometer Wegstrecke immerhin 270 Meter Höhenunterschied bewältigt.
Länge: 6 Kilometer (von Halbau auf den Czorneboh) und 2 Kilometer (Abstieg nach Cunewalde).

Im Cunewalder Tal

■ Wanderung von Cunewalde zum Bieleboh und Abstieg nach Oppach

Das Ziel liegt zum Greifen nahe, doch etwa eine Stunde dauert der Aufstieg zum Bieleboh dann doch. Wir durchwandern dabei den südlichen Teil des Cunewalder Tales. Schaut man zurück, schweift der Blick zum gegenüberliegenden bewaldeten Höhenzug zwischen Czorneboh und Hochstein. Auf der Nordseite des Berges, kurz unterhalb des Gipfelplateaus, befinden sich kleinere Blockmeere. Die Bergwirtschaft ›Bieleboh‹ steht auf 499 Höhenmetern. Daneben kann man einen Aussichtsturm erklimmen. Der Weg hinunter nach Oppach, Ortsteil Eichen, verläuft mühelos.
Länge: 2 Kilometer (von Cunewalde zum Bieleboh) und 5 Kilometer (Abstieg nach Oppach).

i Costau und Cunwalde

Vorwahl: 03 58 77.

Tourist-Information im Haus des Gastes, Hauptstr. 97, Cunewalde, Tel. 808 88, www.cunewalde.de.

Hotel Alter Weber (€€), Oberlausitzer Str. 13, Tel. 889 00, www.alterweber.de.

Bergwirtschaft Bieleboh (€€), Tel. 03 58 72/189 14, www.biebeloh.de, Gasthaus tgl. ab 11 Uhr, Jan.-März nur Mo-Do 11-17 Uhr.

Blaue Kugel, Hauptstr. 97, Tel. 807 70, tgl. außer Mi ab 11 Uhr.

Berggasthof auf dem Czorneboh, Tel. 243 25, tgl. 10-18 Uhr, Okt.-März Di Ruhetag.

Freilandausstellung landwirtschaftlicher Geräte und Maschinen, im Polenzpark, frei zugänglich.

Kraftfahrzeug- und Technikmuseum im Dreiseithof, Czornebohstr. 2, April-Okt. Sa/So 13.30-17 Uhr oder nach Vereinbarung (Haus des Gastes). 70 Fahrzeuge, historische Tankstelle, Rennsportwagen.

Barockkirche Cunewalde, Besichtigungsvoranmeldung über das Pfarramt, Kirchweg 1, Tel. 274 31. Öffentliche Kirchführung Mai-Okt. Fr 15 Uhr.

Zum Tag des offenen Denkmals können private Umgebindehäuser, Kirche und Polenzgruft besichtigt werden.

Lichterzug (24.12.) in der Cunewalder Kirche. Seit 1817 ziehen in der Christnacht junge Leute mit Lichterpyramiden zur Dorfkirche.

▲ Karte hintere Umschlagklappe

Neusalza-Spremberg

Spremberg wurde um 1200 beiderseitig der Spree als Waldhufendorf gegründet, Neusalza erst im 17. Jahrhundert als Handwerkerstädtchen durch böhmisch-mährische Glaubensflüchtlinge. Im Januar 1670 beantragte Rittergutsbesitzer Christoph Friedrich von Salza beim sächsischen Kurfürsten Johann Georg II. eine Genehmigung zum Bau einer neuen Stadt; dem wurde stattgegeben.

Auf dem Untermarkt stehen zwei, auf dem Obermarkt ein hübsches **Umgebindehaus**. Größter Anziehungspunkt des Städtchens ist das **Reiterhaus** an der Bundesstraße 96. Es stammt aus der ersten Hälfte des 17. Jahrhunderts und wurde später erweitert. Heute ist das schilfgedeckte Umgebindehaus eines der ältesten und schönsten in der Oberlausitz. Eine bunte Reiterfigur am Hausgiebel gab dem Gebäude den jetzt gebräuchlichen Namen. 1874 wurde diese in Lauba von der Tochter des Hausbesitzers beim Ritterstechen gewonnen, einem Oberlausitzer Kirmesspektakel. Das Gebäude dient heute als **Museum**, mit Wohn- und Arbeitsraum eines Oberlausitzer Handwebers, einer Neusalzener Schusterstube sowie einer bäuerlichen Schlafkammer. Auch zur speziellen Bauart der Umgebindehäuser sind viele Details zu erfahren (Museum Reiterhaus: Mai–Okt. Di–Sa 10–17, So 10–12 und 14–17 Uhr; Nov.–April Di–Sa 11–16, So 13–16 Uhr, Tel. 03 58 72/329 57, www.reiterhaus.de).

Oppach

Die Siedlung Oppach breitet sich in einem langgestreckten Tal mit mehreren Ortsteilen aus und ist auf drei Seiten von bewaldeten Höhenzügen umgeben. Oppach bietet seinen Gästen einige unter Denkmalschutz stehende **Umgebindehäuser** und eine gotische **Dorfkirche**. Die Grabplatten an der Außenwand gelten als älteste ihrer Art auf dem Gebiet der Oberlausitz (1514, 1553 und 1555). Die ergiebigen Mineralquellen des Ortes nutzt man zur Herstellung alkoholfreier Getränke, die überall in der Lausitz einen ausgezeichneten Ruf genießen.

Südlich von Oppach, am Spreeradweg zwischen Neusalza-Spremberg und Sohland, verlässt die junge Spree für einige hundert Meter Deutschland und schlän-

Das Reiterhaus erhielt seinen Namen wegen der Figur am Giebel

gelt sich auf tschechischem Territorium entlang. Für einige weitere Meter ist sie Staatsgrenze. Diese Fakten sind hierzulande kaum bekannt.

■ Wanderung von Neusalza-Spremberg auf den Kottmar und Abstieg nach Kottmarsdorf

Vom Reiterhaus in Neusalza-Spremberg sind noch etwa 100 Meter an der Bundesstraße 96 zurückzulegen, dann biegen wir mit dem Abzweig nach Schönbach/Lawalde links ab, kurz darauf rechts in den Wald. In Lawalde stehen der einzige freistehende Glockenturm der Oberlausitz sowie ein Museum in der wasserbetriebenen Niedermühle aus dem 16. Jahrhundert (Tel. 035 85/ 40 48 99).

Der blau gekennzeichnete Pfad führt dann über Wiesen und Felder, den Kottmar oft als Tagesziel im Blickwinkel. Der Kottmar (583 Meter) ist in vielerlei Hinsicht interessant. Geologisch betrachtet, ist er ein Vulkan aus der Zeit des Tertiärs und das nördlichste großflächige Phonolithvorkommen der Oberlausitz. Hydrologisch gesehen, befindet sich hier eine Wasserscheide zwischen Ost- und Nordsee. Vom touristischen Standpunkt schließlich ist er ein attraktives Wander-, Sport- und Erholungsgebiet.

Die allseits freie Lage des Berges führte in der Vergangenheit zu schweren Sturmbruchschäden, insbesondere in den Fichtenmonokulturen. Nun ist man wieder angehalten, die teils noch bestehenden Reste des einstigen Bergmischwaldes mit artenreichen Anpflanzungen zu erneuern. Etwa auf der Hälfte des Aufstieges gelangt man an der Spreequelle vorüber. 1921 wurde die Phonolithsteinmauer um die Quellfassung errichtet, hier sind die Heimatorte von Gefallenen des Ersten Weltkrieges eingemeißelt, die Mit-

▲ Karte hintere Umschlagklappe

Rast am Reiterhaus in Neusalza-Spremberg

glieder im Heimat- und Gebirgsverein Lusatia waren. Von April bis Oktober tauft hier Zwerg Gerbod manchen Besucher mit Spreequellwasser.

Die Kottmarbaude auf dem Gipfelplateau (z. Z. leider nicht bewirtschaftet) besitzt im Inneren schöne Deckenmalereien eines Malers aus Niederoderwitz. Der 15 Meter hohe Aussichtsturm stammt aus dem Jahr 1881; zum Abstieg nach Kottmarsdorf folgt man der mit einem roten Punkt versehenen Markierung. Zum Abschluss der Tour winkt noch ein besonderes Erlebnis: Die Besichtigung der historischen Bockwindmühle Kottmarsdorf. Sie stammt aus dem Jahr 1843 und war genau hundert Jahre in Betrieb. Nun dient sie musealen Zwecken und präsentiert auf drei Etagen die alte Technik (Mai bis Oktober Di–Do und Sa/So 14–16 Uhr). Bockwindmühlen werden mittels eines langen Balkens in die Windrichtung gedreht. Die hiesige Flügelspannweite beträgt 17 Meter. Pfingsten wird hier, wie in ganz Deutschland, das Mühlenfest begangen. Einmal im Monat wird in der Schaubackstube gebacken, Termine sind unter Tel. 03 58 75/623 95 zu erfragen. Nebenan befindet sich die Gaststätte ›Müllerstübchen‹ (tgl. 11–22 Uhr).

Noch 400 Kilometer bis Berlin – der Spreeradweg

›Wull'n mer de Berliner fubb'm, brauch mer ock de Spree zu stubb'm‹, sagen die Oberlausitzer. Doch hier tut sich ein Problem auf, denn die Spree hat nicht nur eine, sondern gleich drei Quellen. Und so gab es schon viel Streit um die eine, die wahre Quelle. Die Spreequelle am Kottmar bei Walddorf ist eingerahmt von alten Buchen. Am Eingang zum Neugersdorfer Volksbad liegt die zweite Spreequelle – hier kann man gleich im jungfräulichen Spreequellwasser baden. Der dritte Spreearm entspringt in Ebersbach. Generalfeldmarschall von Moltke ordnete im Jahr 1887 an, dass der Ebersbacher Spreeborn (387,25 müNN) die wahre Spreequelle sei. 1895/96 wurde der gusseiserne Pavillon errichtet.

Wer keine der drei Spreearme verpassen möchte, startet im Kottmarwald. Von hier sind es noch reichlich 400 Kilometer bis nach Berlin und zur Mündung in die Havel in Spandau. Über Bautzen, Spremberg, Cottbus, den Spreewald und das Heide- und Seengebiet um Beeskow und Fürstenwalde führt der Spreeradweg ins quirlige Berlin.

Anreise: Bahn über Dresden oder Berlin bis Zittau, weiter mit Zug oder Bus (mit Fahrradmitnahme) nach Ebersbach (Sachsen) oder Eibau.

Ziel: Berlin (S-Bahn ab Berlin-Erkner oder Köpenick).

Route: Feld-, Wald- und Asphaltwege, teilweise auch verdichteter Schotter. Abschnittsweise sehr gut zum Skaten geeignet, so z. B. ein Rundkurs um den Spremberger Stausee (18 km) und vom Stadtrand Cottbus (ehemaliger Flugplatz/ Merzdorfer Weg) bis nach Burg/Spreewald (12 km).

Karte: Radtourenbuch Spree-Radweg (mit Detailkarten im M 1:75 000), bikeline-Verlag.

Auskünfte: Marketing Gesellschaft Oberlausitz-Niederschlesien, Tzschirnerstr. 14a, 02625 Bautzen, Tel. 035 91/487 70, www.oberlausitz.com. Organisiert Radtouren incl. Gepäcktransport.

Auf dem Spreeradweg zwischen Lübbenau und Lübben

4000 Exponate aus der Friseurgeschichte sind in einem Friseursalon aus dem Jahr 1910 bei Ullrich Lück, Dorfstraße 40, zu bestaunen; Di–Fr 10–16, Sa/So 13–16 Uhr oder nach Vereinbarung unter Tel. 035875/67718.

Länge: 14 Kilometer (von Neusalza-Spremberg auf den Kottmar), 3 Kilometer (Abstieg nach Kottmarsdorf).

Ebersbach

Ebersbach liegt in zwei Quellarmtälern der Spree nahe der Grenze zu Tschechien mit Eisenbahnanschluss. Der Ort entstand um 1200 als Waldhufendorf, und wie vielerorts im Süden der Oberlausitz zogen in der Mitte des 17. Jahrhunderts böhmische Glaubensflüchtlinge zu.

Besonders sehenswert ist das Faktorenhaus ›Alte Mangel‹ in der Georgswalder Straße 3 im Barockstil (1782). Heute befindet sich hier eine Anlaufstelle für (Kauf-) Interessenten von Umgebindehäusern. Das Hugenottenhaus in der Oststraße 30 ist etwa 400 Jahre alt. Die ursprüngliche Architektur blieb erhalten. Leider ist es unbewohnt und wirkt verwahrlost.

Die imposante **Barockkirche** am nördlichen Talhang wurde zwischen 1682 und 1685 erbaut, sie musste jedoch wegen der vielen böhmischen Aussiedler erweitert werden (1726–1733). Im Inneren gefallen insbesondere die dreigeschossigen Emporen mit barocken Ständern. Böhmische Einflüsse zeigen die Malereien an oberer Empore, Pfeiler und Decke (1730), die untere Empore schmücken 54 Bilder aus der biblischen Geschichte. Die Orgel stand ursprünglich in der Zittauer Johanniskirche, wurde aber 1738 von den Ebersbacher Stadtvätern gekauft. Der alte Orgelprospekt blieb erhalten, als 1994 eine neue Eule-Orgel eingeweiht wurde.

▲ Karte hintere Umschlagklappe

Zwischen Neustadt und Staatsgrenze erhebt sich der bewaldete **Schlechteberg** (586 Meter). Hier liegt das einzige Jagdgebiet Deutschlands inmitten einer Stadt. Am Nordhang befinden sich Abfahrtspiste und Skilift.

Auf dem Gipfel wurde 1998 ein neuer Aussichtsturm mit einer Höhe von 20 Metern erbaut, unterhalb des Gipfels steht die **Humboldtbaude**. In ihr befindet sich das Berggasthaus (Mo–Fr ab 14.30, am Wochenende ab 11 Uhr, Tel. 03586/765837). Außerdem gibt es in der Baude ein **Heimat- und Humboldtmuseum** mit der Originalausstattung einer Weberstube sowie zoologischen, ortsgeschichtlichen und geologischen Ex-ponaten (Museum: Mo–Fr 10–17 Uhr, Sa/So 14–18 Uhr, www.ebersbach-sa.de).

Unterhalb der Baude befindet sich der **Alpengarten**. Er wurde 1913 angelegt und seitdem mehrfach erweitert.

In einem Umgebindehaus, Oberer Kirchweg 26, lädt das **Kaffeemuseum** zu einem Besuch ein (Mo 11–14, Sa/So 11–17 Uhr).

An der Grenze zwischen Ebersbach und Neugersdorf entspringt im Stadtteil Spreedorf einer der drei **Quellarme der Spree** im Spreeborn. Dieser befindet sich unter einem gusseisernen Pavillon (1895/96) mit den Stadtwappen aller 16 Spreestädte und den Länderwappen von Deutschland, Österreich, Sachsen und Preußen. Leider bleibt der eigentliche Quell unter einer milchigen Glasplatte verborgen.

Die Gaststätte und Pension ›Blockhaus zum Waldfrieden‹ steht westlich von Ebersbach, am Spreeradweg nach Neusalza-Spremberg, einsam mitten im Wald. 1906 erbaut und in vierter Generation in Familienbesitz, kommt man immer wieder gern hierher, um sich von der Oberlausitzer Küche verwöhnen zu lassen, oder auch zum Übernachten (Am Hempel 1, tgl. außer Di ab 11.30 Uhr, Tel. 03586/764545, www.blockhaus-waldfrieden.de).

Neugersdorf

Neugersdorf hat eine bewegte Vergangenheit. Deutsche Kolonisten gründeten um 1200 die Siedlung, Hussitenheere zerstörten sie im Jahr 1429. Die Dorfwüstung blieb etwa 200 Jahre unbewohnt und erlebte erst durch den Zuzug von böhmischen und mährischen Zuwanderern ab der Mitte des 17. Jahrhunderts eine neue Blüte, vor allem durch die Ausbreitung der Webkunst. Seit 1924 besitzt Neugersdorf Stadtrechte. Hier wurde der Heimatdichter der Oberlausitz geboren, Rudolf Gärtner (1875–1952): im Kantorat, Breitscheidstraße 4.

Sehenswert sind die zahlreichen **Umgebindehäuser** und die barocke **Kirche** von 1738 mit ihrem Rokoko-Schnitzaltar. Der **Bismarckturm** an der Grenze nach Böhmen bietet herrliche Ausblicke auf Neugersdorf und hinein in den Schluckenauer Zipfel (Juni–Okt. Sa/So und Feiertage 10–11 und 14–16 Uhr, Tel. 03586/780839, außerhalb der Zeiten kann man sich den Schlüssel bei Frau Hölzel im Gasthaus Bismarckstübchen abholen).

Am Eingang zum Volksbad befindet sich eine der drei **Spreequellen**. Die eigentliche Quelle sprudelte einst auf den Pfarrwiesen an der heutigen Spreequellstraße und wurde 1888 mit einer Fassung und Gusseisengeländer versehen. Als das Volksbad 1926/27 erweitert wurde, verlegte man die Quelle an den heutigen Platz, das Quellwasser strömt über ein Rohr hierher und füllt auch das schöne Volksbad. Vom Ortszentrum gelangt man über die Brandström- und Volksbadstraße dorthin.

Ende Juli, Anfang August wird hier der Jakobimarkt gefeiert, der älteste Jahrmarkt der Oberlausitz. Dann findet ein Armbrustschießen, das ›Gier'schdurfer Schiss'n‹, mit Wahl des Schützenkönigs statt. Das Fest hat seinen Ursprung im Jahr 1728, als die privilegierte Schützengesellschaft die Genehmigung erwirkte, am Jakobustag parallel zum Schützenfest einen Jahrmarkt zu veranstalten. Im 19. Jahrhundert war der Markt so populär, dass er in Sachsen nur von der Leipziger Messe überboten wurde.

Eibau und Oderwitz

Im 17. und 18. Jahrhundert arbeiteten in Eibau sehr viele Hausweber. Ihre Auftraggeber, die Leinwandhändler, wurden Faktoren genannt. Sie kauften die Rohmaterialien und verkauften das feine Leinen bis nach Übersee. Die Großhändler kamen zu Reichtum und Wohlstand und zeigten ihren Geschäftserfolg im Faktorenhaus. Ein prächtiges Beispiel dafür ist der **Dreiseithof** an der Hauptstraße 214. Die Anlage aus dem 18. Jahrhundert umfasst Faktorenhaus (Herrenhaus), Gesindehaus und Scheune. Das Herrenhaus überrascht im Obergeschoss mit üppiger barocker Pracht. Im Prunkzimmer geben sich heute Brautpaare das Ja-Wort, in der Diele, heute der Festsaal, gefallen die Deckenmalerein mit Pflanzenornamenten. Das Faktorenhaus ist heute Sitz der Touristinformation, nebenan lädt der Gasthof ›Zur Scheune‹ ein (Di–Fr 11.30 bis 14 und 17 bis 22, Sa/So 11.30 bis 22 Uhr).

Seit 1810 wird im Ort das bekannte Eibauer Schwarzbier gebraut, das in vielen Gasthäusern der Lausitz auf den Tisch kommt. Eine Betriebsführung bei Münch-Bräu kann unter Tel. 03586/

78140 vereinbart werden. Alljährlich Ende Juni, Anfang Juli wird der Historische Bier- und Traditionszug zwischen Eibau und dem benachbarten Walddorf organisiert. Die Tradition dieses Heimatfestes geht auf den Streit um Braurechte im 17. Jahrhundert zurück. Die Stadt Löbau eröffnete 1667 in Walddorf einen Bier-, Wein- und Salzschank, was die Zittauer Konkurrenz erboste. In Eibau wurden in der Folgezeit drei Schenken eröffnet, in denen ausschließlich Zittauer Bier gezapft wurde. Doch die Eibauer mochten lieber das Löbauer Bier trinken, und so zogen sie am 25. März 1693 demonstrativ nach Walddorf, um dort ihren Durst zu stillen. Der Festumzug erinnert mit Dutzenden gestalteten Bildern und etwa 20 Pferdegespannen an diese historische Begebenheit. Daneben finden Wettkämpfe wie das Bierkastenklettern statt.

Vom nordöstlichen Ortsrand führt eine schmale Straße auf den **Beckenberg** (409 Meter). Hier oben befindet sich die gleichnamige Baude mit Gaststätte und Fremdenzimmer, im benachbarten ehemaligen Wirtschaftsgebäude hat das **Heimat- und Humboldtmuseum** seinen Sitz. Schon seit 1864 währt die Sammelleidenschaft der Eibauer. Durch die unmittelbare Nähe zur Brüdergemeine Herrnhut waren auch viele Missionare aus Eibau weltweit tätig. Von ihnen stammen die schönsten Gaben. In der Ausstellung sind eine Weberstube, Völkerkundeexponate, Tier- und Pflanzenpräparate sowie zwei bewegliche Krippenspiele zu sehen. Der freistehende Berg ermöglicht eine schöne Aussicht, so zum Jeschken und Tannenberg in Böhmen sowie zum Hochwald und zur Lausche.

Der Ort Oderwitz, vor den östlichen Toren Eibaus gelegen, besitzt gleich drei **Bockwindmühlen**, Berndt-, Neumann- und Birkmühle. Die letztgenannte kann man spontan besichtigen; die Berndt- und Neumannmühle nur nach Anmeldung, die Birkmühle befindet sich nahe der Ausflugsgaststätte ›Zur Birkmühle‹ in der Birkmühlstraße. Neuerdings dient

Faktorenhaus in Eibau

▲ Karte hintere Umschlagklappe

sie auch als Standesamt. Sehenswert sind auch die vielen hübschen **Umgebindehäuser** im Ort, die man am besten auf dem ausgewiesenen Umgebindewanderweg besichtigt. Der Wetterdienst Meteosat betreibt im ehemaligen Gemeindeamt Oberoderwitz, Hintere Dorfstraße 15, das **ARD-Wetterstudio** Zittauer Gebirge, das auch für Besucher offen steht.

Ein markierter **Wanderweg** führt von Oderwitz in einer Dreiviertelstunde auf den Oderwitzer Spitzberg (511 Meter). Zuerst wird die **Sommerrodelbahn** am Nordfuß des Spitzberges erreicht. Die Ganzjahresanlage ist 600 Meter lang. Weiter geht es 20 Minuten auf dem Nordweg sehr steil bergan. Von den beiden Gipfelklippen aus Phonolith reicht die Sicht oft bis zu den Felstürmen und Tafelbergen des Elbsandsteingebirges und in Rübezahls Reich, das Riesengebirge. Die neue Spitzbergbaude wurde 1997 eröffnet.

Eibau und Oderwitz

Vorwahl: 035 86 (Eibau), 03 58 42 (Oderwitz).

Tourist-Information Eibau, Hauptstr. 214a, Tel. 70 20 51, www.faktorenhof-eibau.de.

Häufige Bahnverbindung ab und nach Zittau sowie Buslinie nach Zittau.

Gasthof Zum Hirsch (€€), Hauptstr. 118, Eibau, Tel. 783 70, www.hirsch-eibau.de.

Berggasthof Beckenbergbaude (€), Beckenbergstr. 5, Eibau, Tel. 38 76 73, www.beckenbergbaude.de; tgl. außer Mi ab 11 Uhr. Gute regionale Küche, aber auch feine mediterrane Speisen.

Spitzbergbaude (€€), Tel. 03 58 42/ 279 90, www.spitzbergbaude-oderwitz.de. Sommerterrasse, Kaminzimmer, Streichelzoo und Spielplatz.

Gasthaus Birkmühle, Birkmühlstr. 12, April–Okt. Do/Fr 14–21, Sa/So 11.30–21 Uhr.

Faktorenhof, Hauptstr. 214a, Eibau; Führungen Mo–Fr 10, 14 u. 15.30, Sa 13, 14, Mai–Okt. auch 15.30 Uhr.

Heimat- und Humboldtmuseum auf dem Beckenberg, Mo, Di, Do u. Fr 9–12 u. 13–17, Sa/So 13–18 Uhr, Nov.–März nur Mo–Fr 13–17 Uhr, Tel. 38 70 73.

Neumannmühle, Langer Garten 13, Oderwitz,, nach Absprache, Tel. 274 70.

Birkmühle, Birkmühlstr. 12, Oderwitz, Do–Mo 12–17 Uhr sowie nach Absprache, Tel 265 60, www.birkmuehle.de.

Berndtmühle, Blumenweg 7, Oderwitz, nach Absprache, Tel. 349 36 90.

Wetterkabinett Zittauer Gebirge, Hintere Dorfstr. 15, Oderwitz, Tel. 207 90, Mo–Do 9–16, Fr 9–13, Juni–Okt. So 13–15 Uhr.

Volksbad Neugersdorf, Mitte Mai bis Mitte September, Mo–Fr 10–20, Sa/ So 10–19 Uhr, Tel. 78 50.

Sommerrodelbahn Oderwitz, Spitzbergstr. 4a, Tel. 262 73, www.rodelbahn-sachsen.de; tgl. 10–18 Uhr, Juli/Aug. 10–22 Uhr.

Klettergarten Spitzberg mit vielen gesicherten Klettersteigen.

Obercunnersdorf

Der Ort wurde im 13. Jahrhundert von deutschen Siedlern, fränkischen und thüringischen Kolonisten, am Nordfuß des Kottmars gegründet. Ab Mitte des 17. Jahrhunderts fanden hier viele böhmische Exilanten eine neue Heimat. Obercunnersdorf gehört mit über 260 denkmalgeschützten **Umgebindehäusern** zu den Kostbarkeiten der Oberlausitz. Der staatlich anerkannte Erholungsort wurde 1995 im Bundeswettbewerb der schönsten Dörfer Deutschlands und 2001 im Wettbewerb ›Entente florale‹ als schönstes Blumendorf Europas ausgezeichnet.

Obercunnersdorf ist ein bewohntes Freilandmuseum, jedes der ein- bis zweigeschossigen Häuser überrascht mit neuen liebenswerten Details; besonders bemerkenswert sind die schönen Schieferverkleidungen. Ein Kleinod ist das 300 Jahre alte **Schunkelhaus** in der Klippelgasse 2. Den Schlüssel zu diesem Häuschen – bis 1991 bewohnt und heute Museum –, verwahrt Korbmachermeister Heinrich gegenüber. Man muss bei der Besichtigung etwas aufpassen, denn die Deckenhöhe beträgt in der Blockstube im Erdgeschoss gerade mal 1,65 Meter. Die Erbauer haben das Haus auf 90 Quadratmeter Grundfläche der Schräge des Bodens und des Bachufers angepasst. Und in der Blockstube hat sich der Rahmen etwas gesenkt. So entsteht für den Betrachter von außen der Eindruck, das Haus schaukele und werde bald umfallen.

Wie ein Umgebindehaus nach modernen Gesichtspunkten von innen ausgebaut werden kann, lässt sich sehr schön im **Haus des Gastes** in Augenschein nehmen. Hierher lädt auch eine **Heimatstube** mit Schuster- und Stellmachwerkwerkstatt ein.

Das ›Schunkelhaus‹ in Obercunnersdorf

Das Innere der barocken **Dorfkirche** aus dem 17. Jahrhundert beeindruckt wegen der reichen Bemalungen im Stil des Bauernbarocks. Die Emporen werden von einer Bilderbibel geschmückt, das Gestühl von reizenden Blumenmotiven. Eine wehrhafte Kirchenmauer zeugt von der einstigen Doppelfunktion des Bauwerks während der Kriegszeiten.

Vom Vorhof der Barockkirche genießt man eine schöne Aussicht in die Dorfaue, wo sich Umgebindehaus an Umgebindehaus reiht, und zu den sieben Bögen des Eisenbahnviaduktes von 1848, das Teil der inzwischen stillgelegten Strecke von Löbau nach Zittau war.

In Niedercunnersdorf befinden sich in einem Faktorenhaus von 1794 die sehenswerte **Alte Webstube** mit einer Ausstellung zur Be- und Verarbeitung von Flachs und Baumwolle sowie ein Feuerwehrmuseum.

▲ Karte hintere Umschlagklappe

Obercunnersdorf

Vorwahl: 03 58 75.

Haus des Gastes, Hauptstr. 114, Tel. 609 54, www.obercunnersdorf.de; hier Anmeldung für Besuch des ›Schunkelhauses‹, Ortsführung jeden Do 10 Uhr (Mai–Okt.) ab Haus des Gastes.

Hotel Bergsinn (€€), Am Ferienheim 9, Tel. 603 72, www.hotel-altes-schuetzenhaus.de. Mit Hotel-Restaurant ›Altes Schützenhaus‹, April–Okt. Mo–Sa 15–20.30 Uhr, So ab 11.30 Uhr, im Winter nur Do–So.

Gasthof Zum Bahnhof, Hintere Dorfstr. 11, Tel. 602 24, Mi–Fr ab 17 Uhr, Sa ab 15 Uhr, So ab 10 Uhr.

Heimatstube mit Schuster- und Stellmachwerkwerkstatt, im Haus des Gastes (s.o.), Mo–Fr 9–17 Uhr.

Feuerwehrmuseum in Niedercunnersdorf, An der Aue 8, Besichtigung nur nach Absprache.

Dorffest (Juni), Tag des offenen Umgebindehauses (letzter So im Mai, Dorfführung um 10 und 14 Uhr).

Erlebnisbad, Kottmarsdorfer Str. 37, April–Okt. 10–21 Uhr.

Herrnhut

Nur rund 2000 Einwohner leben heute in Herrnhut. Das kleine Städtchen ist als Ursprungsort der weltweiten Brüder-Unität weit über die Landesgrenzen hinaus bekannt und nimmt somit eine Sonderstellung in der Oberlausitzer Kulturgeschichte ein.

Im Jahr 1722 ermöglichte Nikolaus Ludwig Reichsgraf von Zinzendorf evangelischen Glaubensflüchtlingen aus Böhmen und Mähren, den ›Böhmischen Brüdern‹, die Ansiedlung auf seinen hiesigen Gütern. Die Geschehnisse in deren Heimat waren von der Gegenreformation bestimmt, die der evangelischen Brüdergemeine arg zusetzte; in Prag fanden sogar Hinrichtungen statt. Der Name Herrnhut für den neu entstehenden Ort wurde gewählt, weil sich die Aussiedler bewusst ›unter des Herrn Hut‹ stellen wollten. Das Zusammenleben zwischen den Ansässigen der Umgebung, den zugezogenen Christen anderer Glaubensrichtung aus deutschen Ländern sowie den böhmisch-mährischen Neusiedlern war anfangs von Zwistigkeiten geprägt. Reichsgraf Zinzendorf ließ deshalb am 13. August 1727 in der Berthelsdorfer Kirche eine gemeinsame Abendmahlfeier aller Gruppen abhalten. Tief beeindruckt und verständigungsbe-

Kein Weihnachten ohne Herrnhuter Sterne

reit verließen die Anwesenden das Gotteshaus. Der Grundgedanke, den anderen mehr zu achten als sich selbst, wurde von nun an aus Herrnhut in die Welt getragen, Gottes Lehren sollten nicht nur gepredigt, sondern vor allem mit Leben erfüllt werden. Der 13. August wird noch heute als alljährlicher Festtag begangen, gilt er doch als Auftakt der ›Erneuerten Brüder-Unität‹.

Von 1732 bis heute zogen etwa 3500 Missionare zu Sklaven auf den Kleinen Antillen, zu Indianerstämmen Amerikas, zu den Inuit (Eskimos) Grönlands, Labradors und Alaskas, zu Bergbewohnern West-Tibets im Himalaja, zu Ureinwohnern im Südhochland von Tansania und zu vielen weiteren Völkergruppen. Es waren anfangs zumeist Handwerker, später auch Kaufleute, Lehrer, Krankenschwestern und Theologen – und oft nahmen sie sogar ihre ganze Familie mit. Die Missionare fanden sehr schnell Anhänger.

Heute zählt die Brüder-Unität, mittlerweile der Evangelischen Kirche zugehörig, etwa 620 000 Gläubige. Nur zehn Prozent der Mitglieder der Brüdergemeine leben in Europa. Nach wie vor ist Herrnhut aber das Zentrum der Gemeine. Hier werden alljährlich die Losungstexte für jeden Tag des Jahres gezogen. Dieses Losungsbüchlein, eine evangelische Andachtsschrift, wird von Christen in aller Welt dankbar angenommen.

Sehenswürdigkeiten

Das äußere Bild Herrnhuts ist vom barocken Baustil geprägt. Mittelpunkt des Ortes ist der **Zinzendorfplatz**, ihn bestimmt die barocke Kirche der Brüdergemeine. Die Herrnhuter bezeichnen ihre Kirche als großen Gemeinsaal. Die **Kirche** wurde 1756 nach Plänen von Siegmund August von Gersdorf errichtet. Am 9. Mai 1945 brannte sie bis auf die Umfassungsmauern aus. Die Rekonstruktion wurde bis 1956 abgeschlossen, weitere Sanierungsmaßnahmen fanden 1986/87 statt. Die Innenausstattung ist ganz in weiß gehalten und sehr schlicht. Sie kündet vom Gleichheitsgedanken der Brüdergemeine ebenso wie der Standort des Predigers: Er verkündet das Wort des Herrn nicht von einer erhöhten Kanzel, sondern steht vor den Versammelten.

Auf der Westseite des Platzes, an der Einmündung der August-Bebel-Straße, sind als besondere Gebäude das Pilgerhaus (Nr. 1, von 1864), das als Wohnhaus für Missionare während eines Heimataufenthaltes oder im Ruhestand diente, und das gegenüberliegende Witwenhaus hervorzuheben.

In der Comeniusstraße befinden sich das Kultur- und Fremdenverkehrsamt sowie das **Heimatmuseum**. Das Barockhaus wurde 1764 errichtet, hier wohnten viele Jahre Gerichtsdirektor und Gemeinevorsteher. In den beiden Seitenflügeln wurden die Pferdekutschen untergestellt. Heute erlebt der Besucher hier die Schönheit der einstigen Herrnhuter Wohnkultur. Die Alt-Herrnhuter-Stuben umfassen zwei Räume mit gediegenen

Das Comeniushaus

▲ Karte hintere Umschlagklappe

›Herrnhuter Schränken‹, die einst von mährischen Tischlern gefertigt wurden, sowie Biedermeier-Mobiliar, farbenprächtige Sonnenrollos, originale Tapeten und die von Buchbindern hergestellten Bilder aus Menschenhaar. Die jüngsten Besucher interessiert eher die Altherrnhuter Kinderstube mit Spielzeug aus dem 18. und 19. Jahrhundert. Im Innenhof sind der Rosengarten und ein schmuckes Gartenhäuschen im chinesischen Stil zu sehen.

Auch die Exponate im **Völkerkundemuseum** in der Goethestraße sind mit dem Wirken der Brüdergemeine verbunden. Hier werden Zeugnisse der Kulturen anderer Völker gesammelt, die von der weltweiten Missionstätigkeit der Herrnhuter künden. In der Dauerausstellung sind Streiflichter aus dem Leben, den Sitten und Bräuchen der Indianer Nord- und Südamerikas, der Bewohner Surinams, der Inuit Grönlands, Labradors und Alaskas sowie der Einwohner von Ladakh (Nordwest-Indien) zu erleben. Auch wechselnde Sonderausstellungen werden geboten.

Zurechtgestutzte Linden säumen den Weg zum **Aussichtsturm** auf dem nahen Hutberg. Die Gräber der Brüdergemeine – etwa 6000 Grabplatten liegen sämtlich zu ebener Erde – symbolisieren die Gleichheit nach dem Tode. Frauen und Männer ruhen getrennt, nur für die Angehörigen der Zinzendorf-Familie wurde eine Ausnahme gemacht. Deren sterbliche Überreste sind in Sandsteinsarkophagen bestattet. Bisher wurde noch kein Grabstein entfernt, so dass sich Inschriften aus vier Jahrhunderten entziffern lassen.

Alljährlich am Ostermontag findet hier eine Gedenkveranstaltung für die Verstorbenen der Gemeine statt. Vom Altan, dem ältesten Aussichtsturm dieser

Weiter Blick vom Altan

Art in Sachsen (1790), hat man einen wunderbar weiten Blick über den Friedhof, die Dächer von Herrnhut bis zu den Gebirgen der Lausitz, Schlesiens und Böhmens.

Östlich der Kirche erblickt man das **Comeniushaus**, auch als Herrschaftshaus ein Begriff. Als Wohn- und Arbeitsgebäude des Reichsgrafen Zinzendorf wurde es 1725 im Fachwerkstil erbaut und 1781 im Barockstil völlig verändert. Es brannte 1945 ab und wurde bis 1977 wiedererrichtet.

Seitdem beherbergt der Gebäudekomplex ein Förderzentrum für geistig Behinderte. Dahinter breitet sich der Herrschaftsgarten aus, der zwischen 1728 und 1731 angelegt wurde. Die Jubelallee, 1822 eingeweiht, führt von hier aus zu einem Gedenkstein mit der Inschrift ›Am 17. Juny 1722 wurde an dieser Stelle zum Anbau von Herrnhut der erste Baum gefället‹.

Am Ortsausgang der Chaussee nach Ruppersdorf entstehen das ganze Jahr über die berühmten ›Herrnhuter Sterne‹. Zur Weihnachtszeit erstrahlt die papierne Nachbildung des Sterns von Bethlehem auf zahlreichen Kirchtürmen und in vielen Lausitzer Stuben. Um 1850 bastelte in Herrnhut ein Mathelehrer mit seinen Schülern in Geometriestunden zum Veranschaulichen von Polyedern und Pyramiden viele Exemplare aus Papier: Setzte man jeweils einen Polyeder (vielflächigen Körper) und eine Pyramide zusammen, entstand daraus ein wunderbarer Stern. Das Zufallsprodukt wurde zu einer Leidenschaft, und fortan wollten viele Herrnhuter immer zur Weihnachtszeit den ›Stern von Bethlehem‹ basteln. Jährlich werden etwa 60000 Sterne, noch immer in Handarbeit, in 60 verschiedenen Varianten produziert. In der kleinen **Schauwerkstatt** kann man zusehen, wie neue Sterne entstehen.

Wanderung von Herrnhut über Walddorf zum Kottmar

Der Wanderweg vom Herrnhuter Stadtzentrum in südlicher Richtung ist gelb markiert und folgt anfangs ein paar hundert Meter der Chaussee nach Ruppersdorf. Bald schwenkt der Weg von der Straße nach rechts zu den Kottmarhäusern ab. Über sechs Kilometer verläuft die Tour nun ruhig und landschaftlich abwechslungsreich, über Felder und Wiesen und durch Wald.

Die Kottmarschenke (tgl. außer Do ab 11 Uhr, Tel. 03586/702620, www.kottmarschenke.com) ist wohl das bekannteste Gebäude der Kottmarhäuser von Walddorf. Schon seit 1732 werden Gäste bewirtet. Damals hatte der Wirt auch das Recht, herumstreunendes ›liederliches Gesindel‹ dingfest zu machen. Dafür besaß er eine Holzbank mit Fußschellen. Der heutige Besitzer Wolfgang Rauch kümmert sich nur noch um das Wohl der Besucher und bietet seinen Gästen neben Speisen und Getränken auch Unterkunft an.

Gegenüber der Kottmarschenke beginnt der blau markierte Turmweg, der ohne Umschweife, vorbei an der hölzernen Sprungschanze (1964–1968), direkt zum Gipfel des Kottmar führt.

Länge: 9 Kilometer.

Herrnhut

Vorwahl: 035873.

Touristinformation Herrnhut, Comeniusstr. 6, Tel. 2288, www.herrnhut.de. Hier wird auch der Schlüssel für den Hutberg-Altan ausgeliehen.

Pension Alt Herrnhuter Haus (€–€€), Comeniusstr. 4, Tel. 2789, www.pension-clemens.de.

Herrnhuter Künstlergilde, August-Bebel-Str. 11, Tel. 2571, Mo–Fr 9–18, Sa 9–12 Uhr.

Heimatmuseum, Comeniusstr. 6, Tel. 30733, Di–Fr 9–17, Sa/So und Feiertage 10–12 und 13–17 Uhr.

Völkerkundemuseum, Goethestr. 1, Tel. 2403, www.voelkerkunde-herrnhut.de; Di–Fr 9–17, Sa/So 9–12 und 13.30–17 Uhr.

Schauwerkstatt Herrnhuter Sterne GmbH, Oderwitzer Str. 8, Tel. 3640, www.herrnhuter-sterne.de; Mo–Fr 10–15 Uhr, Sterne-Ausstellung und Verkauf in der Löbauer Str. 21, Mo–Fr 8–19, Sa 8–12 Uhr.

Kunstbauerkino, Am Sportplatz 3, Großhennersdorf, www.kunstbauerkino.de. 4 Kilometer südöstlich von Herrnhut; ansprechendes Programmkino, Konzerte und Parties.

Stadtfest (Sept.).

▲ Karte hintere Umschlagklappe

Das Umgebindehaus

In vielen Dörfern der Oberlausitz hat sich seit dem 16./17. Jahrhundert eine typische Volksarchitektur entwickelt. Es ist die Umgebindebauweise, die in verschiedenen Varianten entstand. Die spezielle Stützkonstruktion vereinigt die Vorzüge von drei Hausbautechniken – Blockhaus, Fachwerk, Mauerwerk – in einem. Die ansässigen Slawen bauten zumeist Blockhäuser, die seit der Ostkolonisation in die Oberlausitz strömenden Deutschen kannten das Fachwerkgebäude. Der Vorteil des Blockhauses liegt in der Wärmedämmung, durch Fachwerk kann man ein Wohnhaus mit weniger Holz in kurzer Zeit errichten. Dorfhandwerker ersannen deshalb das Umgebindehaus, um beide Vorteile zu nutzen. Vor allem musste beachtet werden, dass das Holz in der Längsachse beim Blockhaus wesentlich stärker schrumpft als bei einer Fachwerkkonstruktion. Die Blockstube wurde deshalb als selbständiger Teil in ein Fachwerkhaus integriert. Dach oder noch weitere Etagen stellte man auf das sogenannte Umgebinde, das die gesamte Last auf das Fundament überträgt. Das Umgebinde besaß zur Bauzeit einige Zentimeter Abstand von der Blockhausstube, damit Setzungen und das Schrumpfen des Holzes keine Schäden an der Gebäudekonstruktion anrichten konnten. Massivbauweise mittels Mauerwerk fand am Umgebindehaus Verbreitung, um Feuchtigkeitsschäden im Flur- oder Stallbereich auszuschließen. Als architektonische Besonderheit wurde in Böhmen die Blockstube auch in das Obergeschoss gesetzt. Besonders Leineweber erkannten die Vorzüge der Umgebindehäuser. Die Blockstube schuf ein ausgleichendes Raumklima ohne plötzliche große Temperaturschwankungen, was auch der Qualität der Leinwand zugute kam.

In einigen Gegenden, so in Waltersdorf unter der Lausche, besitzen viele Häuser herrliche Sandsteinportale, sogenannte Türstöcke. Mit Ornamenten, Wappen und Figuren verziert, zeugen sie noch heute von der Meisterschaft einheimischer Bildhauer und Steinmetze. Auf den Türstöcken ist oft das Baujahr vermerkt. Ende des 18. Jahrhunderts entstanden besonders viele Türstöcke im Barockstil. Außerhalb der Oberlausitz findet man gleichartige Häuser in größerer Anzahl nur in Nordböhmen, ansonsten wenige in Schlesien (Südwestpolen), im Vogtland, in Süd- und Westböhmen sowie in der Gegend um Jena und Altenburg. Das Umgebindehaus ist noch heute ein Beweis für die hohe Meisterschaft früheren Handwerks, ein ausgeklügeltes Gemeinschaftswerk von Zimmermannsleuten, Maurern, Dachdeckern, Steinmetzen, Tischlern und Schmieden. Von Uniformität dennoch keine Spur: Kaum ein Haus gleicht dem anderen im Detail.

Infos: www.umgebindeland.de

Umgebindehaus mit Schieferverkleidung

Löbau

Die Stadt ist der geographische Mittelpunkt der Oberlausitz. Löbau liegt am Fuß des Löbauer Berges in einem Talkessel. Hier geht es noch weitaus provinzieller zu als in Bautzen oder Görlitz.

Die Stadt wurde während der deutschen Ostkolonisation auf Weisung des böhmischen Königs Ottokar I. planmäßig als Handelszentrum erbaut und im Jahr 1221 erstmals erwähnt. Von dieser Funktion kündet noch heute der große Marktplatz, der damals ein Fünftel der Stadt umfasste.

Am 21. August 1346 wurde in Löbau der Oberlausitzer Sechsstädtebund besiegelt; fast 500 Jahre lang war die Stadt Tagungsort dieses Bündnisses. Bis 1547 wuchsen Reichtum und Wohlstand durch Marktprivilegien, Bierbraurecht und Leineweberei. Auf der anderen Seite hemmten die Hussitenbelagerung von 1431, mehrere verheerende Stadtbrände und der sogenannte Pönfall die Stadtentwicklung nachhaltig: Der Oberlausitzer Sechsstädtebund – die Bürgerschaft war protestantischen Glaubens – verweigerte dem katholisch gebliebenen Kaiser Ferdinand I. ihre Unterstützung in der entscheidenden Schlacht während des Schmalkaldischen Krieges bei Mühlberg im Jahr 1547. Die Städte wurden des Hochverrats bezichtigt und mussten – so auch Löbau – je 20 000 Gulden Geldstrafe zahlen, verloren Privilegien und Grundbesitz.

Nach dem letzten großen Stadtbrand 1710 entstanden zahlreiche Repräsentationsbauten des aufstrebenden Bürgertums. Diese prägen noch heute das Stadtbild, das allein 500 unter Denkmalschutz stehende Objekte aufweist. Große Teile der Stadtbefestigung wurden im 19. Jahrhundert geschleift. Seit dem 17. Jahrhundert war die Leineweberei Haupterwerbsquelle der Bewohner, ab Mitte des 19. Jahrhundert wuchs die Textilherstellung zum bestimmenden Wirtschaftszweig heran. Seit 1846 besitzt Löbau Bahnanschluss. Das große Bahnhofsgebäude aus jener Zeit kündet noch von den Glanzzeiten der Eisenbahn. Heute ist vor allem das Flügel- und Pianobauunternehmen August Förster zu nennen. Seit 1859 ist es in der Jahnstraße nahe dem Bahnhof beheimatet, und jedes Jahr verlassen etwa 90 Flügel und 150 Klaviere die Manufaktur.

▲ Karte S. 235

■ Altmarkt

Auf dem Altmarkt dominiert das barocke **Rathaus**. Es stammt von 1711, die Grundsubstanz aus dem Mittelalter. Früher diente es gleichzeitig als Kaufhaus: In den vorderen Arkaden befanden sich die Läden, hinten waren die Fleischbänke. Durch den Brand von 1710 stark beschädigt, wurde das Rathaus nach einem Modell des Zittauer Bauinspek-

Wochenmarkt vor dem Löbauer Rathaus

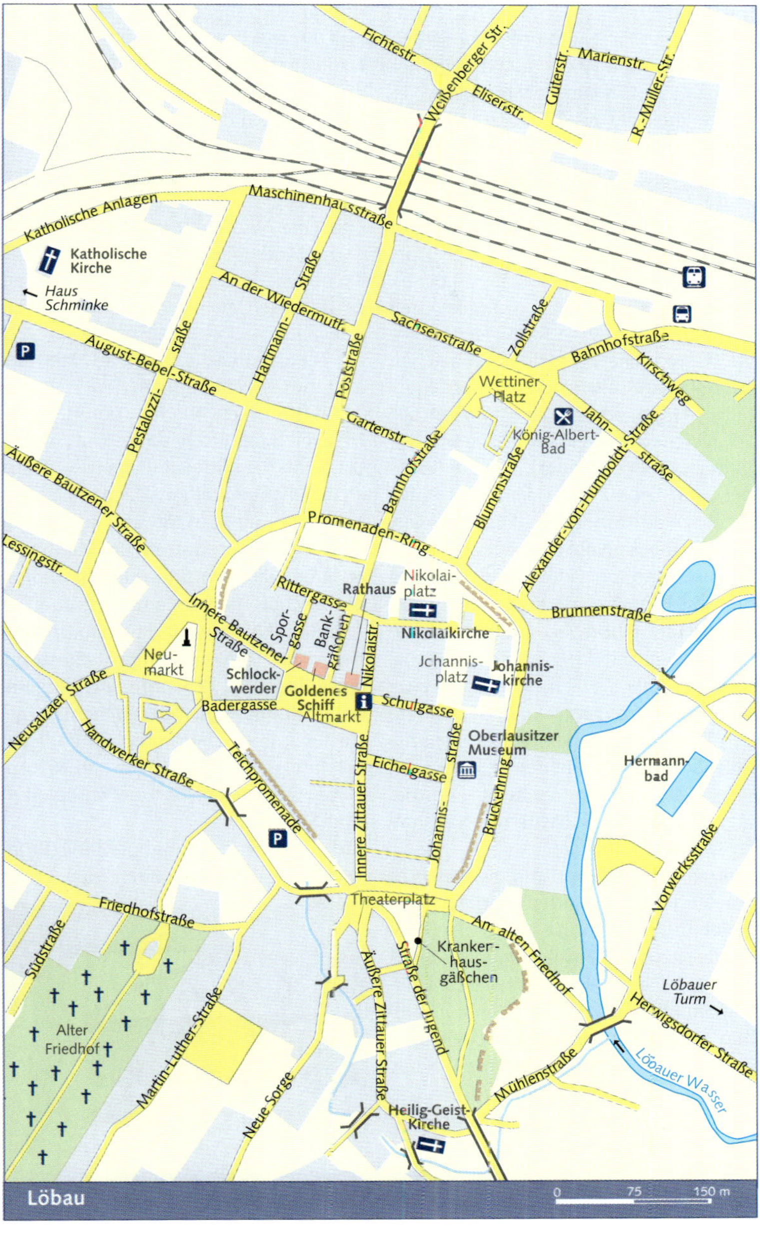
Fichtestr.
Weißenberger Str.
Eliserstr.
Güterstr.
Marienstr.
R.-Müller-Str.
Maschinenhausstraße
Katholische Anlagen
Katholische Kirche
Haus Schminke
An der Wiedermuth
Hartmann-Straße
Poststraße
Sachsenstraße
Zollstraße
Bahnhofstraße
Kirschweg
August-Bebel-Straße
Pestalozzistraße
Wettiner Platz
Gartenstr.
Bahnhofstraße
König-Albert-Bad
Jahnstraße
Alexander-von-Humboldt-Straße
Blumenstraße
Äußere Bautzener Straße
Promenaden-Ring
Lessingstr.
Rittergasse
Rathaus
Nikolaiplatz
Nikolaikirche
Brunnenstraße
Innere Bautzener Straße
Sporgasse
Bankgäßchen
Nikolaistr.
Johannisplatz
Johanniskirche
Neumarkt
Schlockwerder
Goldenes Schiff
Altmarkt
Badergasse
Schulgasse
Neusalzaer Straße
Oberlausitzer Museum
Hermannbad
Handwerker Straße
Teichpromenade
Innere Zittauer Straße
Eichelgasse
Johannisstraße
Brückenring
Vorwerksstraße
Theaterplatz
Friedhofstraße
Am alten Friedhof
Südstraße
Krankenhausgäßchen
Straße der Jugend
Äußere Zittauer Straße
Alter Friedhof
Martin-Luther-Straße
Löbauer Turm
Herwigsdorfer Straße
Neue Sorge
Heilig-Geist-Kirche
Mühlenstraße
Löbauer Wasser
Löbau
0
75
150 m

tors Heinrich Prescher neu erbaut; das Modell kann im Stadtmuseum besichtigt werden. Für den Wiederaufbau sammelte man Geld in ganz Deutschland, es reichte aber nur bis 1712. Um den Bau vollenden zu können, musste die Bürgerschaft Schulden aufnehmen. Über dem Portal erblickt man das kursächsisch-polnische Doppelwappen, über der Tür das Löbauer Stadtwappen mit dem doppelschwänzigen böhmischen Löwen. Den zinnenbekränzten frühgotischen Turm, Rest des Alten Rathauses, zieren vier Uhren. Die Zeiger der Rathausuhr auf der Marktseite sind auf einem Judutenkopf montiert, dessen Mund sich alle 15 Minuten öffnet und schließt. Der Judute gilt als Hüter der Gerechtigkeit in der Stadt Löbau. Über dem Kopf befindet sich eine Mondphasenkugel aus Kupferblech. Sie ist halbseitig vergoldet, was der beleuchteten Seite entspricht, und dreht sich analog dem Mond auf der Grundlage jährlicher astronomischer Messungen. Seit 1992 wacht eine Funkhauptuhr über die Genauigkeit. Die zwei Sonnenuhren entwarf und berechnete der Taubenheimer Sonnenuhrenspezialist Martin Hölzel. Auf der Ostseite zeigt sie – sofern die Sonne scheint – Vormittagszeit, auf der Südseite die Nachmittagszeit an.

Schöne Fassaden besitzen zwei Häuser am Altmarkt neben dem Rathaus. Das **Goldene Schiff** wurde 1712 als Großhandelshaus der Firma Schlucker-Lucke erbaut, die mit dem weltweiten Leinwandhandel viel Geld verdiente. Daneben steht das Haus **Schlockwerder**, ebenfalls ein Wohn- und Handelshaus. Auf der gegenüberliegenden Seite des Altmarkts blieb beim großen Stadtbrand 1710 eine Häuserzeile erhalten, die die ursprüngliche Bebauung Löbaus im Mittelalter zeigt.

▲ Karte S. 235

Weitere Sehenswürdigkeiten

Im Oberlausitzer **Sechsstädtebund- und Handwerksmuseum** in der Johannisstraße befinden sich Ausstellungen zur Stadtgeschichte, Geologie, Ur- und Frühgeschichte; gezeigt werden Oberlausitzer Bauernschränke, eine Schuhmacherwerkstatt, sakrale Bildhauerplastiken und eine Waffensammlung. Auch der Sechsstädtepokal wird ausgestellt. Bei Tagungen des Bundes machte er, mit drei Flaschen Wein gefüllt, die Runde im Konvent.

Die **Nikolaikirche** aus dem 13. Jahrhundert am gleichnamigen Platz wurde 1884/85 nach Plänen von Ludwig Möckel neugotisch umgebaut. Dabei blieb von der mittelalterlichen Substanz kaum etwas erhalten. Dagegen haben Teile der alten Stadtbefestigung die Zeiten überdauert. Reste der **Stadtmauer** finden sich am Brücknerring und an der Teichpromenade am Westrand der Altstadt. Nicht weit davon, auf dem Neumarkt, steht eine originale **Postmeilensäule**, die 1725 unter der Regentschaft König August des Starken aufgestellt wurde. Nach historischen Vorlagen entstanden an Theaterplatz und Nikolaiplatz zwei weitere Postmeilensäulen in alter Schönheit.

Am Eckgebäude Bahnhofstraße/Brunnenstraße leuchtet golden eine große

Wegweiser zum Oberlausitzer Sechsstädtebund- und Handwerksmuseum

Merkurfigur in der Sonne. Der Schutzpatron der Händler wurde Anfang des 20. Jahrhunderts angebracht und soll daran erinnern, dass sich hier einst ein **Handelshaus** befand.

Auf dem **Alten Friedhof**, südlich des Altstadtzentrums, überdauerten sehenswerte Grabmäler im Barock-, Rokoko- und Empirestil, so die Luckesche Gruft. Man findet Soldatengräber aus der Zeit der Napoleonischen Befreiungskriege von 1813. Auch der Geldgeber des Löbauer Turms, Bäckermeister Bretschneider, wurde hier beerdigt.

Außerhalb des Zentrums

Auch außerhalb des Zentrums sind einige Sehenswürdigkeiten von überregionaler Bedeutung zu finden, so die Villa des Nudelfabrikanten Schminke in der Kirschallee. Das **Haus Schminke**, ein Bau des bekannten Architekten Hans Scharoun, zählt zu den bedeutendsten Bauten der modernen Architektur des 20. Jahrhunderts. Scharoun wuchs in Bremerhaven auf, und bereits als Kind äußerte er den Wunsch: »Wenn ich einmal Häuser baue, dann auch eins wie ein Schiff.« Nur in Löbau konnte er sich zwischen 1931 und 1933 seinen Kindheitstraum erfüllen, denn der Auftraggeber ließ ihm freie Hand. »Das Haus, was mir das Liebste war, ließ sich der Fabrikant Schminke in Löbau in Sachsen bauen«, so Scharoun. In der Spieglung des Gartenteichs vor der Villa lagen ›Ober- und Unterdeck‹ des Hauses wahrhaftig im Wasser. Details wie das Drahtgeflecht der Brüstungen und die äußere Stahltreppe unterstreichen den Eindruck eines Schiffes. Die Auftraggeber, Charlotte und Fritz Schminke, wünschten sich »ein modernes Haus für zwei Eltern, vier Kinder und gelegentlich ein bis zwei Gäste, leichte Bewirtschaftung, praktische Fußböden, einfach und leicht zu reinigende Bäder, Schlaf- und Waschräume, Möglichkeiten zur Blumenpflege.«

Der berühmte Architekt Hans Scharoun entwarf die Schminke-Villa

Die meisten Räume befinden sich hinter großen Glasfenstern auf der Südseite und ermöglichten das intensive Erleben der vier Jahreszeiten. Die Erbengemeinschaft verzichtete auf ihre Ansprüche zugunsten der Stadt Löbau, wünschte aber eine dauerhafte Zugänglichkeit. Somit ist das Haus Schminke das einzige von Scharoun gebaute Wohnhaus, das Besuchern offen steht.

Der gusseiserne **Löbauer Turm** auf dem Löbauer Berg ist das Wahrzeichen der Stadt. Für den Auf- und Abstieg dorthin stehen mehrere Routen zur Auswahl. Der bequemste Weg führt aus dem Stadtzentrum anfangs durch den Friedenshain. Auf der schmalen Lindenallee, vorbei an einem Basalt-Obelisken zum Gedenken an den Deutsch-Französischen Krieg von 1870/71, geht es sanft auf den 447 Meter hohen Gipfel. Der Aufstieg dauert etwa eine Dreiviertelstunde. Parkplätze befinden sich vor der Schranke an der Versorgungsstraße am Südfuß des Löbauer Berges. Der weitere Fußweg führt im letzten Abschnitt über den idyllischen Prinzensteig und die Prinzentreppe.

Der Löbauer Turm ist der einzige gusseiserne Aussichtsturm in Europa und stammt aus dem Jahr 1854. Auftraggeber war der Löbauer Bäckermeister Friedrich August Bretschneider, Architekt sein Sohn. Das Kunstwerk kostete 25 000 Taler; dafür hätte Bretschneider über anderthalb Millionen Dreipfundbrote verkaufen müssen. Er verschuldete sich, musste mehrere Häuser verkaufen und hat sich finanziell nie wieder erholt. Gewidmet wurde der Turm dem sächsischen König Friedrich August. Doch der König erlebte die Einweihung nicht; kurz vor seinem 57. Geburtstag verunglückte er in den Alpen tödlich.

Der Turm ist ein graziler Riese, 70 Tonnen schwer und knapp 30 Meter hoch. Die Höhe mag man glauben, das Gewicht nicht. Die Außenteile kommen filigran durchbrochen und byzantinisch stilisiert daher und verleihen dem Bauwerk aus 1000 Einzelteilen eine wundersame Leichtigkeit. Das ist echte Kunst, denn es war schon immer schwierig, das Schwere leicht zu machen. In die Jahre gekommen und Mitte der 1960er Jahre nur notdürftig repariert, verschwand der Löbauer Turm 1993 komplett zur Rekonstruktion. Seit der 140-Jahr-Feier (1994) ist der ›Gusseiserne‹ wieder in voller Schönheit zugänglich. ›Je weiter der Blick, desto freier das Herz‹ hieß die Losung zur feierlichen Einweihung 1854. Über die Wendeltreppe führen 120 Stufen auf die dritte Plattform. Die Fernsicht ist überwältigend, die Aussicht reicht weit ins sächsisch-schlesische Land: Hochwald, Lausche, Czorneboh, Bieleboh, Königshainer Berge und die Landeskrone bei Görlitz sind zu sehen, das Löbauer Stadtbild ohnehin.

▲ Karte S. 235

Der Löbauer Berg entstand durch Vulkantätigkeit im Tertiär und stellt das größte quellkuppenartige Basaltvorkommen der Lausitz dar, es ist etwa hundert Meter mächtig.

Wanderung von Zoblitz auf den Rotstein und über den Löbauer Berg nach Löbau

Sohland liegt an der Bundesstraße 6 und ist ein günstiger Ausgangsort für Wanderungen auf den Rotstein. In Obersohland entspringt der Schwarze Schöps. Die Haubnermühle – eine Holländerwindmühle –, die Bachmann-Mühle – eine Bockwindmühle – und auch das Schloss in Niedersohland lohnen den Besuch.

Zoblitz ist mit der Bahn aus Richtung Dresden–Löbau oder Görlitz zu erreichen. Von der Bahnstation wandern wir entlang einer Apfelbaumallee an den nördlichen Fuß des Rotsteins, wo sich Sachsens ältestes Naturschutzgebiet befindet. Der grün markierte Weg führt geradewegs auf das Bergmassiv. Im Unterschied zu den benachbarten langgestreckten Höhenzügen des Lausitzer Berglandes weist der Rotstein eine Hufeisenform auf. Der Grundstock besteht aus Lausitzer Granit, der von einer etwa 30 Meter mächtigen Basaltdecke überzogen ist. Diese unterschiedlichen geologischen Verhältnisse bilden eine der Voraussetzungen dafür, dass der Rotstein zu den artenreichsten Naturschutzgebieten Sachsens gehört. Über

Gusseiserner Turm auf dem Löbauer Berg

Die Bachmannmühle am Rotstein

500 verschiedene Pflanzen haben Botaniker hier registriert. Darunter sind seltene Bäume wie die Weißtannen und Eiben. Letztere können unter günstigen Standortbedingungen über 1000 Jahre alt werden, wachsen aber extrem langsam. Schon vor dem Ersten Weltkrieg erregte der Rotstein das Interesse der Natur- und Heimatfreunde, ebenso der Behörden. Um die einmalige Flora und Fauna künftigen Generationen zu erhalten, wurde er schon 1912 unter Schutz gestellt. Das Berghotel Rotstein, Tel. 03 58 28/707 77, ist täglich außer Sonntag von 11 bis 21 Uhr geöffnet.

Vier Wanderwege kreuzen sich hier oben: Der Fernwanderweg Görlitz – Greiz mit einer Länge von 340 Kilometern (rot), der regionale Wanderweg Zoblitz - Rotstein - Herrnhut (grün), der Oberlausitzer Ringweg (roter Punkt) und ein Naturlehrpfad rund um den Rotstein. Im Jahr 2000 wurde auf dem Gipfel ein Aussichtsturm eröffnet.

Beim Abstieg nach Bischdorf folgen wir der grünen Markierung. Der Südfuß des Rotsteins wird landwirtschaftlich genutzt und ermöglicht so eine weite Aussicht auf den dunklen Wall des Isergebirges, zum Jeschken und zu den Bergen im Zittauer Gebirge. Direkt gegenüber sehen wir den Löbauer Berg. Aber bis wir mit dem Aufstieg beginnen, liegen noch zehn Kilometer Wegstrecke durch Bischdorf und Herwigsdorf vor uns. Für Wanderer, die es eiliger haben, besteht vom Westfuß des Rotsteins eine direkte Wegverbindung zum Löbauer Berg über Niederbischdorf.

Länge: 16 Kilometer.

Löbau

Vorwahl: 035 85.

Löbau-Information, Altmarkt 1, Tel. 45 01 40, www.loebau.de. Stadtführung Mai – Sept. jeden Sa 10 Uhr.

Bahnstation auf der Strecke Dresden – Bautzen - Görlitz mit häufigen Verbindungen. Busse u. a. nach Bautzen, Görlitz und Zittau sowie in die Kleinstädte und Dörfer des nördlichen Oberlands.

Berg-Gasthof Honigbrunnen (€€), Löbauer Berg 4, Tel. 413 91 30, www.honigbrunnen.de. Komplett rekonstruiertes Traditionshaus im Stil der 1920er Jahre. Die Gästezimmer im 1. und 2. Stock sind modern und schlicht, viele mit traumhaftem Ausblick. Leider oft Feiern und große Veranstaltungen mit lauter Musik, Tanz und grölenden Angetrunkenen bis weit nach Mitternacht in der ansonsten idyllischen Bergeinsamkeit - dann sind Erholungssuchende hier fehl am Platz. Der Chefkoch war zuvor in der Deutschen Botschaft in Nordkorea tätig. Haus-Spezialität ist die Grillfleischmischung ›Bergsteigerpfanne‹. Große Sommerterrasse mit

▲ Karte S. 235

dem Beinamen ›Balkon der Oberlausitz‹.

Turmgaststätte Löbauer Berg (€€), Tel. 83 25 90, www.loebauer-berg.de. Gaststube, Biergarten und Übernachtung auf dem Löbauer Berg neben dem gusseisernen Aussichtsturm; tgl. außer Di ab 11.30 Uhr, auch Sonnenterrasse.

Haus Schminke (€–€€), Kirschallee 1b, Tel. 86 21 33, www.hausschminke.de. Schlafen im Denkmal: 5 Betten und max. 20 frei wählbare Schlafplätze (auf mitgebrachter Luftmatratze oder Isomatte und mit eigenem Schlafsack für 12 Euro, Frühstück für 6 Euro/Pers.)

[redacted]

Restaurant König-Albert-Bad, Blumenstr. 2, Tel. 41 58 74, www.koenig-albert-bad.de. Im historischen Gebäude des ehemaligen Stadtbades von 1875; tgl. außer Di ab 11.30 Uhr, auch Balkonterrasse; am Wochenende manchmal Abendessen mit Musik vom Förster-Flügel

[redacted]

Haus Schminke, Kirschallee 1b, Tel. 86 21 33, www.hausschminke.de; Di–So 10–17 Uhr. Erläuterungen per Audioguide.

Oberlausitzer Sechsstädtebund- und Handwerksmuseum, Johannisstr. 3–5, Tel. 40 41 16, Di–Fr 9.30–16.30, Sa 13–17, So 14–17 Uhr.

Löbauer Turm, Mai–Sept. Mo–Fr 9–20, Sa/So 9–22 Uhr, Okt–April Mo–Fr 10–18, Sa/So 10–20 Uhr.

[redacted]

Historische Ratsaktenlesung (nur auf Vorbestellung bei mindestens 15 Personen).

Reichenbach, Krobnitz und Markersdorf

Die ersten schriftlichen Erwähnungen des kleinen Städtchens Reichenbach stammen aus dem Jahr 1238. Kriege und Brände sowie die unmittelbare Nachbarschaft zu den Städten Görlitz und Löbau verhinderten den wirtschaftlichen Aufschwung. Von der historischen Bausubstanz blieben die als Wehrkirche konzipierte **Pfarrkirche St. Johannis** aus dem 15. Jahrhundert und die Kapelle St. Anna erhalten.

Eine gewisse historische Bedeutung kann Reichenbach für sich beanspruchen, da Kaiser Napoleon in den Jahren 1812/13 einige Tage in der barocken Adler-Apotheke am Markt wohnte, und im Mai 1813 die Umgebung von Reichenbach und Markersdorf Schauplatz eines Gemetzels zwischen napoleonischen und russischen Verbänden war.

Mitte des 18. Jahrhunderts ließ sich der preußische Kriegsminister Albrecht Graf von Roon (1803–1879) in Krobnitz bei Reichenbach ein Herrenhaus zum **Schlösschen** umbauen, das ein klein wenig an Schloss Windsor erinnert. Hier nahm der kriegsmüde Gewordene seinen Altersruhesitz. Eine Ausstellung erzählt die Familiengeschichte derer von Roon (Di–So 10–17 Uhr, www.oberlausitz-museum.de).

Der acht Kilometer vor den westlichen Toren der Stadt Görlitz, an der Bundesstraße 6 gelegene Ort Markersdorf ist vor allem wegen des **Schlesisch-Oberlausitzer Dorfmuseums** sehenswert. Der Gebäudekomplex, ein vor 250 Jahren errichteter Vierseithof, ermöglicht Einblicke in das frühere Leben der Bauern, die hier um die vorletzte Jahrhundertwende wohnten und arbeiteten. Die Rekonstruktion von Wohnhaus, Scheune, Stall und Brunnenhaus gelang perfekt und erweckt den Eindruck, der Hof sei noch immer bewohnt (Tel. 03 58 29/ 603 29, www.oberlausitz-museum.de). Im Jahr 1813, in einem Gefecht bei Markersdorf, fiel Napoleons Stellvertreter und Adjudant Marschall Duroc. Daran erinnert ein großer Granitblock.

Königshain

Das langgestreckte Straßendorf, 1326 erstmalig erwähnt, liegt etwas abseits der großen Straßen, weist jedoch mehrere interessante Kulturzeugen auf. Der Ortsname geht auf den Waldbesitz des damaligen Herrschers, den böhmischen König, zurück.

Der **Steinstock** ist das älteste Gebäude im Raum Görlitz. Die Grundmauern stammen aus dem 10./11. Jahrhundert, später wurde das Gebäude zu einem kleinen Schlösschen umgebaut. Heute können Interessierte hier wechselnde Ausstellungen besuchen.

Im benachbarten **Neuen Schloss** lebte Carl Adolph Gottlob von Schachmann (1725–1789). Er erwarb sich große Verdienste als Altertums- und Naturforscher, Maler, Numismatiker und Kupferstecher. Schon 1771 und damit 40 Jahre vor den Steinschen Reformen hob Schachmann die Erbuntertänigkeit der Bauern auf. Sein Landbesitz galt daher als Mustergut. Heute ist hier ein kleines **Museum der königlich-sächsischen Armee** (1806–1815) zu besichtigen.

Königshainer Berge

Die Königshainer Berge gehören zum Ostlausitzer Hügelland. Man findet in Karten auch die Bezeichnung Königshainer Gebirge – ein Name, der wegen der Lage der Berggruppe im beinahe flachen Umland durchaus berechtigt erscheint. Der Weg zum Hochstein führt durch stattlichen Buchenwald. Etwa auf halber Strecke mündet der Natur- und Steinbruchlehrpfad ein, der zum **Granitabbaumuseum** führt. Dort sind unter freiem Himmel zahlreiche Werkzeuge und Maschinen zu besichtigen. Ein Abstecher könnte von dort zu den wassergefüllten **Brüchen** mit imposanten Wänden führen. Der Firstenbruch mit der

Der ›Steinstock‹ stammt im Kern aus dem 10. Jahrhundert

▲ Karte hintere Umschlagklappe

sogenannten Kolosseum-Wand beeindruckt am stärksten. Auf dem **Hochsteingipfel** steht die Tür zur Hochsteinbaude täglich außer dienstags offen. Auf der Freiluftterrasse sitzt es sich bei sommerlichen Temperaturen sehr angenehm. Lohnenswert ist ebenso ein Aufstieg zum **Aussichtsturm**, denn das Panorama aus 22 Meter Höhe gehört zu den attraktivsten in der Oberlausitz. Iser- und Riesengebirge scheinen zum Greifen nahe, obwohl sie doch 50 bis 70 Kilometer entfernt sind. Dem Gebirgswall der Sudeten liegt Görlitz mit der Landeskrone zu Füßen. Im Süden grüßt die Lausche, weiter westlich erheben sich Czorneboh und Bieleboh. Auf den Hochsteinfels führen Stufen, Baumwipfel verhindern hier jedoch jegliche Aussicht. Am Fels liest man auf einer Gedenkplatte: ›Hier stand im Juni 1844 der König von Preußen Friedrich Wilhelm IV., der Freund und Beschützer vaterländischer Naturschönheit‹.

Die einzelnen Granitfelsen sind nur ein kümmerlicher Rest von ehemals fast einhundert Felsklippen, -türmen oder -burgen. Die gute Spaltbarkeit, Härte und enorme Beständigkeit in Form und Farbe machten den Königshainer Stockgranit zu einem begehrten Gut. Den Namen bekam das Gestein, weil es vor Urzeiten den Lausitzer Hauptgranit durchbrach und als geologisch jüngerer ›Stock‹ zu Tage trat. Mit dem Abbau der freistehenden Felsen wurde im 16. Jahrhundert begonnen, erste Steinbrüche

Der Firstenbruch in den Königshainer Bergen

wurden vor etwa 200 Jahren aufgeschlossen. Der Leuchtturm am Kap Arkona auf Rügen besteht aus hiesigem Gestein, das neue Fichtelberghaus, ebenso unzählige Denkmäler, Treppenstufen, Straßenpflaster und Bürgersteige Deutschlands. Zum Bau der großen Uferschutzmauer an der Helgoländer Westküste verwendete man von 1911 bis 1914 3000 Kubikmeter Königshainer Granit. Der Abbau wurde erst 1975 unwirtschaftlich und schließlich eingestellt.

Um die Beschaulichkeit der Königshainer Berge zu bewahren, wurden am nördlichen Fuß des kleinen Gebirges bei Thiemendorf über drei Kilometer der neuen Autobahn A 4 (Dresden–Görlitz) unterirdisch geführt. Nach dem Rennsteigtunnel ist dies der zweitlängste Straßentunnel Deutschlands.

Markersdorf und Königshain

Motel Schlesierland (€€), An der Kanone, Markersdorf, Tel. 03 58 28/765 00, www.motel-schlesierland.com. Unterkünfte in Blockhäusern.

Hotel Zum Firstenstein (€€), Dorfstr. 222, Königshain, Tel. 03 58 26/602 85, www.hotel-zum-firstenstein.de.

Hochsteinbaude (€), Tel. 03 58 26/601 16, www.hochsteinbaude.de, Gasthaus tgl. außer Di 11–18.

Granitabbaumuseum Königshain, Ostern bis Okt. Mo–Fr 10–14.30, Sa/So 14–17 Uhr.
Museum der königlich-sächsischen Armee, im Schloss Königshain, So 14–18 Uhr sowie nach Anmeldung, Tel. 03 58 26/605 60.
Schlesisch-Oberlausitzer Dorfmuseum in Markersdorf, Tel. 03 58 29/603 29, tgl. außer Mo 10–16 Uhr, Sa/So 10–17 Uhr.

Görlitz

»Görlitz ist die schönste Stadt Deutschlands.«
Prof. Gottfried Kiesow, Vorstandsvorsitzender der Deutschen Stiftung Denkmalschutz e.V.

»Görlitz ist wie eine Geliebte, zu der man immer wieder hingeht.«
Michael Guggenheimer, Schweizer Journalist und Schriftsteller

Görlitz ist die östlichste Stadt Deutschlands. Sie kam unbeschadet durch die Stürme der Zeit, und heute erlebt man Görlitz als ein einzigartiges Nebeneinander verschiedener Baustile im Original. Die Görlitzer Altstadt ist auch unter Regisseuren ein heißer Tipp: 2004 fanden hier die Außenaufnahmen für die Hollywoodproduktion ›In 80 Tagen um die Welt‹ statt, 2008 fuhr Kate Winslet mit der Straßenbahn durch Görlitz – Szenen für ›Der Vorleser‹ –, im November des gleichen Jahres folgten ihr unter anderem Brad Pitt und Daniel Brühl in ›Inglorious Basterds‹ (Regie: Quentin Tarantino), und 2009 drehte Regisseur Philipp Stölzl hier seinen Kinofilm ›Goethe!‹.

Geschichte

▲ Karte S. 245

Im Jahr 1071 wurde das sorbische Dorf Gorelic erstmals erwähnt. Deutsche Kolonisten gründeten 1220 eine Siedlung an der wichtigen Handelsroute, der Via regia. 1303 bekam Görlitz das Stadtrecht verliehen, und im Jahr 1346 schlossen Görlitz, Bautzen, Zittau, Lauban, Löbau und Kamenz den Oberlausitzer Sechsstädtebund. 1329 erhielten die Görlitzer Hersteller und Händler das Zollfreiheitsvorrecht für den gesamten böhmischen Herrschaftsbereich.
Das sächsische Görlitz kam mit dem Wiener Kongreß 1815 zum Königreich Preußen und wurde Bestandteil der Provinz Niederschlesien. Seit der Inbetriebnahme der Berlin-Görlitzer Eisenbahn 1867 entwickelte sich die Stadt zum bedeutenden Eisenbahnknotenpunkt. Waggon- und Maschinenbau wuchsen zum wichtigsten Industriezweig heran, der bis heute bedeutsam geblieben ist. Waren es damals die ›Fliegenden Hamburger‹, die mit Geschwindigkeitsrekorden auf der Bahnstrecke Berlin–Hamburg für Furore sorgten, so kommen heute die geräumigen Doppelstockwagen, die im deutschlandweiten DB-Regionalverkehr nicht mehr wegzudenken sind, aus Görlitz.
Die Görlitzer Firma Honkis wurde im Jahr 1896 gegründet, seitdem sind ihre ›Liebesperlen‹ ein Exportschlager: Das süße Naschwerk wird in über zwanzig Länder verkauft.
Mit einem Grundbesitz von 310 Quadratkilometern war Görlitz bis 1945 die landreichste Stadt Deutschlands. Sie hat den Zweiten Weltkrieg beinahe unbeschadet überstanden, anglo-amerikanische Bombergeschwader verschonten die Neißestadt, die aber 1945 geteilt wurde. Der östliche Stadtteil Moys fiel an Polen und heißt seitdem Zgorzelec.

Zwischen Bahnhof und Obermarkt

Die Altstadt liegt nicht im Zentrum, sondern am nordöstlichen Rand. So ist der Ortsunkundige anfangs vielleicht enttäuscht, wenn er vom Bahnhof die Berliner Straße hinunterläuft, zumal sich hier Verfall und Leerstand beängstigend häufen. Optimistisch stimmt jedoch der Plan, dass hier Angestellte der Stadtverwaltung in einige noch zu sanierende Gebäude einziehen sollen.

Einen Großteil des Görlitzer Denkmalbestandes machen die Gebäude des Historismus und des Jugendstil aus, zwei Drittel davon sind Wohnquartiere in der Innenstadt. Prächtig ausgemalte und stuckverzierte Hauseinfahrten und Treppenaufgänge, parkähnliche Höfe und großzügige Wohnungen mit Stuckdecken, Schmuckparkettfußboden und wertvollen Einbauten sind baukünstlerisch bedeutsam.

Moderne und gesichtslose Konsumtempel verschandeln viele deutsche Innenstädte. Nicht so in Görlitz: Hier lohnt der Besuch, auch ohne etwas einzukaufen. Die **Straßburgpassage** verbindet die Berliner mit der Jakobstraße. Der mau-

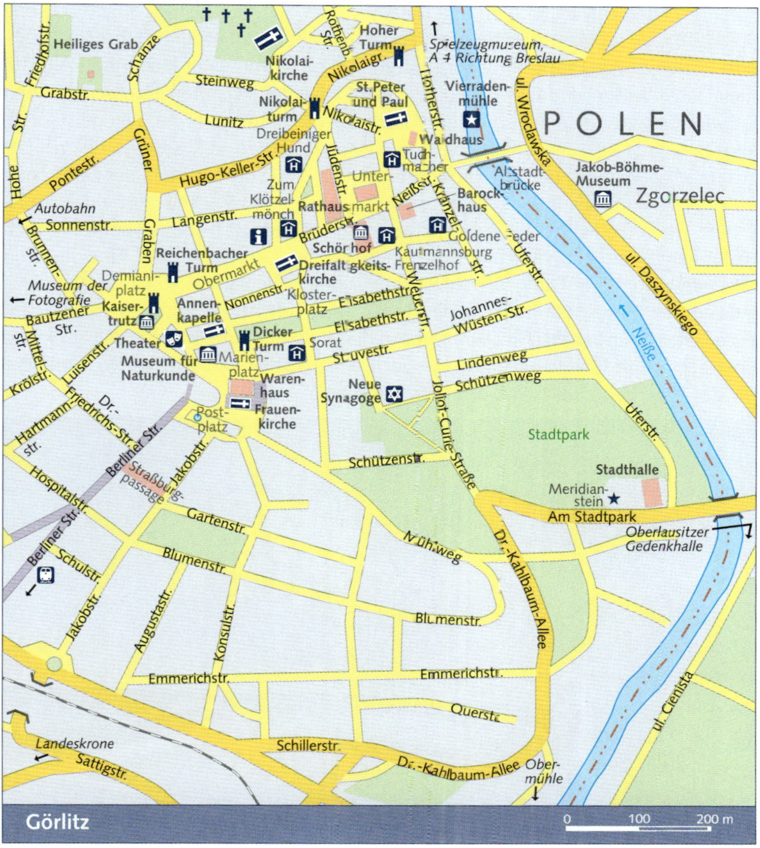

Görlitz - größtes Flächendenkmal Deutschlands

Rund 4000 Gebäude stehen in Görlitz unter Denkmalschutz. Damit ist die Neißestadt das zweitgrößte Flächendenkmal Deutschlands. Von der Gotik über Renaissance, Barock und Gründerzeit bis hin zum Jugendstil blieb alles original erhalten. Würde man sich für die Betrachtung von Details bei jedem Baudenkmal nur fünf Minuten Zeit nehmen, wäre man hier 14 Tage und Nächte nonstop beschäftigt.

Der Vorstandsvorsitzende der Deutschen Stiftung Denkmalschutz, Prof. Dr. Kiesow, nannte Görlitz die schönste Stadt Deutschlands. Prächtig seien auch Bamberg, Heidelberg oder Regensburg, aber: »Es gibt hierzulande keine ähnliche unzerstörte gewachsene Bausubstanz aus mehreren Jahrhunderten in dieser Dichte.« Bereits um die Wende vom 19. zum 20. Jahrhundert war Görlitz als anmutigste und attraktivste Provinzstadt Deutschlands weithin bekannt. Zahlreichende wohlhabende Pensionäre verbrachten hier ihren Lebensabend. Die jahrzehntelange Vernachlässigung zu DDR-Zeiten führte zwar zu argen Bauschäden, ließ das historisch gewachsene Stadtbild aber unangetastet. Drohendes Unheil läßt ein DDR-Städteführer nur erahnen: »Großzügige Projektierungen dürfen sich nicht von einer kleinlichen Altertümelei leiten lassen, sondern haben der Perspektive der gesamten gesellschaftlichen Entwicklung zu entsprechen.« Zum Glück für die Stadt kam die Wende. Görlitz konnte sich seit 1991 als eine von fünf Modellstädten in Ostdeutschland über zusätzliche Gelder freuen und profitierte seitdem von Fördermitteln der Deutschen Stiftung Denkmalschutz, seit 1995 vom Förderprogramm Städtebaulicher Denkmalschutz. Etwa die Hälfte der Arbeiten in der Innenstadt ist bisher vollendet - doch bleibt viel zu tun, Baukräne und Gerüste werden in der Altstadt noch für einige Zeit allgegenwärtig sein. Die guten Kontakte zur polnischen Schwesterstadt Zgorzelec - das ist der frühere Stadtteil Görlitz-Moys - haben die Ausrufung zur gemeinsamen Europastadt ermöglicht. Die Aufnahme in die Weltkulturerbeliste der UNESCO wird erwogen, denn Görlitz als ein ›Bilderbuch der Baustile‹ gibt einzigartige Einblicke für das Wachsen einer Stadt seit dem Mittelalter.

Blick von der polnischen Neißeseite auf Görlitz

risch beeinflußte Warenhauskomplex mit Lichthöfen und Hallen entstand 1908 im Auftrag des Kaufmanns Otto Straßburg. Denkmalpfleger halten den Bau für wertvoller als Specks Hof und die Mädlerpassage in Leipzig.

Von Blumenbeeten umrahmt, plätschert am Postplatz ein Brunnen. Von der hübschen **Muschelminna** wird behauptet, sie sei die schönste Brunnenfigur Schlesiens.

Auf den Relikten einer Sühnekapelle entstand im 15. Jahrhundert die spätgotische Frauenkirche. Hohe schlanke Pfeiler tragen das Netzgewölbe. Schlusssteine zeigen unter anderem Szenen aus dem Leben Marias und Symbole für die vier Evangelisten: Stier (Lukas), Löwe (Markus), Engel (Matthäus), Adler (Johannes). Besonders prächtig erscheint das filigrane Brüstungsgeländer aus Sandstein an der Orgelbühne.

Im Jahr 1913 wurde am Marienplatz das **Luxus-Kaufhaus Strauß** eröffnet. Es verherrlicht noch heute frühe deutsche Warenhausarchitektur und erstrahlt als einziges original im Jugendstil, nur die Kronleuchter sind Kopien. Wegen des wundervollen Lichthofes mit bemalter Glaskuppel besitzt es nur kleinere Verkaufsflächen. Die ewige Mangelwirtschaft war rückblickend ein Glück, denn nur deshalb blieb das schönste Kaufhaus Deutschlands erhalten. Da die Kaufhauskette Hertie im August 2009 Insolvenz anmelden musste, ist die Zukunft des Hauses derzeit noch ungewiss. Die Parfümerie Thiemann im Erdgeschoss ist jedoch weiter geöffnet, und so können Interessierte auf die Pracht blicken (Mo–Fr 9–18.30, Sa 9–16 Uhr).

Am benachbarten Demianiplatz stehen **Theater** (1850 erbaut und 1927 umgestaltet) und der **Reichenbacher Turm** mit sieben Geschossen inklusive Dokumentation über die mittelalterliche Stadtbefestigung. 1490 wurde das Befestigungsrondell **Kaisertrutz** errichtet, im Dreißigjährigen Krieg trotzten hier die Schweden dem Ansturm kaiserlicher Truppen. In den wehrhaften Mauern sind heute die **Städtischen Kunstsammlungen** untergebracht. Ausgestellt werden sakrale Kunst sowie 80 Werke deutscher Malerei, darunter ein Spitzweg-Original. Eines der Stadtmodelle wurde auf der Weltausstellung 1904 präsentiert. Die Kaisertrutz wird nach jahrelanger Renovierung erst zur Sächsischen Landesausstellung 2011 wiedereröffnet.

Derzeit leer: das Jugendstil-Kaufhaus am Marienplatz

Das **Museum für Naturkunde** vermittelt Kenntnisse über den tropischen Regenwald, Gesteinskunde sowie zu Fauna und Flora der Oberlausitz. Gegenüber wacht seit dem 13. Jahrhundert der **Dicke Turm**. Das Monumentalrelief des

Der Dicke Turm

Stadtwappens, schon 1477 gefertigt, schmückt die Fassade erst seit 1852 (Aufstieg Mi–So 12–17 Uhr). Nördlich des ›Dicken‹, in der Steinstraße, sind in der **Annenkapelle** meisterhafte Heiligenfiguren ausgestellt. Das einstige Gotteshaus ist seit 1865 in städtischem Besitz.

Obermarkt

Die Steinstraße mündet auf den Obermarkt. Die Nordseite wird von **Bürgerhäusern** im Stil des Hochbarock gesäumt. Eine prächtige Fassade schmückt das Haus Nr. 29 aus dem Jahr 1719, es wird derzeit renoviert. Gäste des Hauses waren König August der Starke, Zar Alexander I., mehrmals Kaiser Napoleon sowie König Friedrich Wilhelm III. Die Ostseite wird von der **Dreifaltigkeitskirche** mit malerischem Kreuzgang und Barbarakapelle aus dem 14. Jahrhundert beherrscht.

In der nördlich zum Markt einmündenden Verrätergasse, Haus Nummer 25 mit Tor, lebte der Rädelsführer Peter Liebig. ›D V R T 1527‹ steht auf einer steinernen Tafel geschrieben. Das warnende Kürzel steht für ›Der verräterischen Rotte Tür‹. Unzufriedene Handwerker planten im Jahr 1527 einen Aufstand. Der Obrigkeit sollte es an den Kragen gehen. Keiner weiß warum, doch zum Glück für die Stadtherren schlug die Turmuhr jene Mitternachtsstunde sieben Minuten zu früh an. Die Umstürzler wähnten sich in Sicherheit, aber noch war der Nachtwächter im Dienst. Während seines Rundgangs entdeckte er die Umstürzler und meldete argwöhnisch den Vorfall. Die Absichten der Verdächtigen kamen ans Tageslicht. Für die Sünder hieß es ›Kopf ab‹ oder ›Vierteilen‹. Um Nachahmer abzuschrecken, nannte man die Seitengasse am Obermarkt fortan Verrätergasse. Böse Zungen behaupten, der Stadtschreiber habe veranlasst, dass es von nun an immer vorzeitig zur vollen Stunde läuten solle – als Warnung für Andersdenkende. Doch die Bürger blieben bis heute aufsässig, wenn es um die Machtfrage ging. So wählten sie 1998 in einem Volksentscheid ihren ungeliebten Oberbürgermeister vorzeitig ab.

Untermarkt

Vom Obermarkt gelangt man durch die Brüderstraße zum Untermarkt, an dem sich herrliche Gebäude versammeln. 1525 legte ein Stadtbrand den Untermarkt in Schutt und Asche. Der Wiederaufbau wurde in die Hände von Wendel Roskopf gelegt. Als Meisterschüler des Stararchitekten Benedikt Ried war er zuvor mit Arbeiten auf der Prager Burg betraut gewesen. An der Moldau perfektionierte Roskopf seine Kenntnisse. Die strahlende Wiedergeburt der Neißestadt in einer erstaunlichen Einheitlichkeit und Großzügigkeit ist vor allem ihm zu danken.

▲ Karte S. 245

Der **Schönhof**, Untermarkt 6–8, sorgte um 1526 für großes Aufsehen. Roskopf errichtete hier das erste bürgerliche Renaissancehaus in Deutschland; es diente auch als Vorbild für viele andere Görlitzer Bügerpaläste. Mit seiner kunstvollen Fassade, rotbraun getüncht und der üppigen Bauplastik gibt das Stadtpalais noch heute einen Eindruck von der Lebensart und dem Reichtum des alten Görlitz wieder. Der Schönhof war stets im Besitz der vornehmsten Familien, meist waren es Kaufleute. Nahe dem Rathaus gelegen, war das Palais Herberge für hohe Gäste, darunter Könige mit ihrem Hofstaat. Als Eckgebäude kommt dem Schönhof auch eine entscheidende statische Aufgabe zu, weil sich die gesamte Häuserzeile an ihn lehnt: Wäre der Schönhof vernachlässigt worden, wären auch die anderen Gebäude eingefallen.

Im Jahr 2006 wurde hier nach 15jähriger Restaurierung das **Schlesische Museum** eröffnet. Dafür gibt es kein passenderes Domizil, denn seit 1945 ist Görlitz die größte Stadt des deutsch gebliebenen Teils von Niederschlesien. Das Schlesische Museum befindet sich in einem dreiteiligen Komplex: Schönhof, Mittelhaus und Fischmarkthaus. Architektonische Leckerbissen erwarten Sie in Ersterem: Der Putz von 1526 ist noch erhalten, Schadstellen wurden mit denselben Zutaten ausgebessert. 11 der ursprünglich 13 farbigen Holzdecken sind zum Großteil original und wurden nur gereinigt, ebenso die filigranen Wandmalereien im Erker des ersten Stocks. Besonders prächtig ist Raum Nr. 11 mit dem Holzdeckendekor der Frührenaissance, Diamant- und Blattrankenfeldern sowie Flechtbändern auf der Unterseite der Balken. Florale Ornamente schmücken die Fasen der Nischen und Fensterlaibungen.

Am Untermarkt

Die musealen Exponate reichen von seltener Steinkohleschnitzerei aus Oberschlesien über Glas und Keramik. Hier sehen Sie die Totenmaske des Schriftstellers Gerhart Hauptmann. Im Fischmarkthaus sind Malerei und Plastik des 19. und 20. Jahrhunderts aus der Breslauer Kunstakademie zu sehen. Auf Knopfdruck hört man im Raum Nr. 15 verschiedene schlesische Mundarten, und auf historischen Guckkastenbildern (handkolorierte Stereofotos) wird das Urlaubsland Schlesien präsentiert.

Am Untermarkt findet man die für Görlitz so typischen **Hallenhäuser**. Einst führte die via regia (Hohe Straße) durch die Stadt, die Spanien mit Russland verband, vor allem aber Frankfurt am Main mit Krakau. Fernhändler besaßen hier riesige Lager- und Stapelräume, und in ihren Braukellern verdienten sie zusätzliches Geld. Die schönen Kaufmannshäuser besitzen Laubengang, Eingangs- und Zentralhalle, Schatzkammer, die gleichzeitig als Hauskapelle diente, sowie schöne Renaissancezimmer, oft mit bemalter Zimmerdecke aus Holz. Von der Balustrade der Zentralhalle bis ins Erdgeschoss wurden edle Stoff- und

Tuchballen ausgerollt: Kaufinteressierte konnten sich so von der Qualität am besten überzeugen. Die stattlichen Häuser wirken wie kleine Paläste, im Sommer fühlt man sich in manchen Höfen sogar nach Italien versetzt. Gelegenheit zur Besichtigung bietet eine Führung mit dem Stadtwächter: Die eineinhalbstündige Tour endet in einem der Hallenhäuser mit einem kleinen Umtrunk. Als Abschiedsgeschenk erhalten die Teilnehmer den in Handarbeit gefertigten Trinkbecher.

Zum **Rathaus** sind fünf Gebäude zusammengefügt. Die geschwungene Rathaustreppe mit Verkündkanzel, 1537 bis 1538 von Wendel Roskopf d.Ä. geschaffen, wird von Justitia bewacht, Sinnbild für die hohe Gerichtsbarkeit im Mittelalter. Nur in Görlitz trägt sie keine Augenbinde. Rechts über der Treppe erinnert ein Wappen an den König von Böhmen und Ungarn, Matthias Corvinus. Der Magyar regierte von 1469 bis 1490 auch über die Lausitz. Die kunstvollen Rathausuhren stammen aus dem Jahr 1524. Die untere wurde 1584 von Bartholomäus Scultetus, Mathematiker, Kartograph, Historiker, Bürgermeister und Humanist in einer Person, mit zwölfstelligem Ziffernblatt versehen. Damit wurden die Zwölfteilung des Ziffernblattes - zuvor waren es 24 - und der Gregorianische Kalender in der Lausitz eingeführt.

Der Baumeister des Ratsarchivs war Wendel Roskopf d.Ä.: Das Renaissancekunstwerk hat seine Aufgabe nie verloren. Heute bewahrt man hier wertvolle kommunale Archivalien auf. Der akribischen Arbeit der Stadtschreiber ist es zu danken, dass Stadtbücher, Gerichtsprotokolle und Rechnungsbücher des Rates seit dem Ende des 14. Jahrhundert nahezu geschlossen überliefert

▲ Karte S. 245

Der ›Flüsterbogen‹

wurden. Das ›Stadtgedächtnis‹ wird auch von vielen privaten Interessenten genutzt. Über das Internet melden sich etwa US-Amerikaner mit dem Familiennamen Görlitz, um Fragen ihrer Herkunft zu klären.

Die Ratsapotheke besitzt zwei Sonnenuhren. Das Eingangsportal zeigt die originale Renaissancefarbigkeit. Die unter Putz gefundenen Farbreste wurden in der Fachwelt als Sensation angesehen. Statt einer Apotheke lädt heute im Erdgeschoss das stilvolle Ratscafé zum Verweilen ein.

Der **Flüsterbogen** ganz in der Nähe ermöglicht ein mittelalterliches Telefonat, denn die Hohlkehle im Eingangsportal des Hauses Nr. 22 überträgt selbst leiseste Töne. Das bleibt auch im Mobilfunkzeitalter eine Attraktion. Die **Ratswaage** nahe dem Neptunbrunnen schmücken Konsolsteine mit Porträtbüsten, zu sehen ist der Stadtbaumeister Wendel Roskopf mit einem Zirkel, der Waagemeister mit einem Gewicht und im Verein mit grimmig dreinschauenden Soldaten auch ein keckes Liebespaar.

Weitere Sehenswüdigkeiten im Zentrum

In der Neißstraße, der Fortsetzung der Brüderstraße, stehen **Biblisches Haus** (1570) mit Reliefs aus dem Alten und Neuen Testament sowie das herrliche **Barockhaus** mit einem Teil der **Städtischen Kunstsammlungen**. Die hiesige Oberlausitzische Bibliothek der Wissenschaften wurde 1779 gegründet. Im Büchersaal des Westflügels beeindruckt die imposante ›Triumphstraße der Wissenschaft‹: Fünf Bücherregale wurden wie Kulissen hingestellt. Vom Bestand der 120 000 Bände sind etwa 80 Prozent historisch. Darunter befinden sich Raritäten und Kostbarkeiten, so Inkunabeln, Pergamenthandschriften und etwa 3000 historische Karten und Atlanten. Die gesammelten Schätze sind Interessierten im Lesesaal zugänglich. Doch leider sind die Räumlichkeiten beschränkt, so dass unangemeldete Besucher manchmal abgewiesen werden müssen.

Die Peterstraße wird von schönen **Renaissancebauten** gesäumt. So sollte man unbedingt einen Blick in den arkadengeschmückten Innenhof, Peterstr. 4, werfen: In das Haus lädt das Restaurant Rasputin ein. An der Ecke schräg gegenüber steht das heutige Romantikhotel Tuchmacher.

Von der St.-Peter-und-Paul-Kirche führt ein **Kreuzweg** mit 14 Stationen über Nikolai-, Lunitz- und Heiligen-Grab-Straße zum Heiligen Grab, vorbei am **Nikolaiturm** von 1305. Hier lädt die traditionsreiche Gaststätte ›Destille‹, Nikolaistraße 6, zur Einkehr. Als Attraktion kann ein **jüdisches Bad** aus dem Mittelalter besichtigt werden.

Auf dem **Friedhof an der Nikolaikirche** (1452–1520) überdauerten auf einem Wiesenhang unter alten Laubbäumen etwa 600 Grabdenkmäler und über ein Dutzend Grufthäuser zumeist im barocken Stil. Hier ruht auch der Philosoph Jacob Böhme (1575–1624). Sein Grab ist ausgeschildert, davor befindet sich eine steinerne Sitzbank.

Weiter über den Steinweg gelangt man zum **Heiligen Grab**. Der Eingang befindet sich gegenüber der Straßenbahnhaltestelle ›Heiliges Grab‹. Eine nichtstandesgemäße Liebschaft beglückte Görlitz mit einem neuen Erdenbürger und einem mittelalterlichen Schatz gleichermaßen. 1464 schwängerte der Bürgermeistersohn Georg Emmerich die Tochter einer verfeindeten Familie. Vater Emmerich versagte seinem Sohn die Heirat und schickte ihn auf Pilgerfahrt nach Jerusalem. Georg brachte exakte Pläne des Heiligen Grabes mit und stiftete als Dank für die glückliche Heim-

Die Spitzen der mächtigen St.-Peter-und-Paul-Kirche

kehr eine Nachbildung im maurischen Stil. 1808 beschädigte ein Brand das Heilige Grab in Jerusalem, es wurde im Zeitgeschmack erneuert. Die Görlitzer Anlage, zwischen 1481 und 1504 errichtet, behielt ihr Aussehen. Somit ist sie 300 Jahre älter und authentischer als diejenige im Nahen Osten. Zwar zählt man hierzulande weitere 15 Kopien, doch ist die Görlitzer das unbestrittene Prunkstück. Der symbolische Landschaftsgarten umfasst die Doppelkapelle zum Heiligen Kreuz, das Salbhaus (mit einer aus Sandstein gefertigten Darstellung ›Die Beweinung Christi‹), die Grabkapelle sowie außerhalb der umzäunten Anlage das Tal des Baches Kidron, dahinter erhebt sich der Ölberg.

Auf einem felsigen Hügel über der Neiße thront die fünfschiffige **St.-Peter-und-Paul-Kirche**. Sie gilt wegen ihrer Größe und Raumwirkung als einer der bedeutendsten spätgotischen Sakralbauten in Ostdeutschland. Die Kirche wurde im 13. Jahrhundert auf spätromanischen Grundmauern erbaut. Unter dem Chor liegt eine prächtige Hallenkrypta (1457). Erst 1890 setzte man die neugotischen Türme auf. 1691 gelangten brandauslösende Funken durch das ›Sonnenloch‹ ins Kircheninnere und vernichteten 36 Altäre und andere sakrale Schätze. Nur das Renaissance-Gitter der Taufkapelle (1617) und einige Epitaphe überstanden die Katastrophe, von den farbigen Kirchenfenstern blieb nur eines erhalten. Die Neuausstattung ist barock geprägt, darunter die goldgeschmückte Sandsteinkanzel von 1693 und der marmorierte Altar aus dem Jahr 1695. Die wundervolle Sonnenorgel wurde 1703 von Eugen Kaspar fertig gestellt. Der Prospekt wird von 17 ›Sonnen‹ gebildet, und die Pfeifen der Pedalmixtur sind strahlenförmig um goldene Sonnengesichter angeordnet. Der Sorauer Orgelbauer legte sich nach einer Italienreise den Künstlernamen Eugenio Casparini zu. Seit 1997 ist ein neues Schweizer Orgelwerk eingebaut. Insgesamt können 88 Register gezogen werden und 6095 Pfeifen erklingen. Im Sommer finden Vorführungen donnerstags und sonntags um 12 Uhr statt. Eine Aussichtsplattform befindet sich zwischen beiden Türmen (tgl. bis 17.30 Uhr).

Das **Waidhaus** neben der St.-Peter-und-Paul-Kirche ist der älteste Profanbau in Görlitz, um 1400 erbaut. Im Mittelalter wurde hier Färberwaid gestapelt. Aus der Pflanze Waid konnte man einen blauen Farbstoff zum Färben von Tuchen herstellen. Heute üben hier Handwerker und Architekten in einer ›Lehrwerkstatt für Profis‹ historische Restaurierungskünste.

Unterhalb der St.-Peter- und Paul-Kirche lädt die östlichste Gaststätte Deutschlands ein. Als Clou in der **Vierradenmühle** ermöglicht ein Glasboden den Blick auf die umweltfreundliche Technik des Wasserkraftwerkes. Auf der Sonnenterrasse über der Lausitzer Neiße genießt man einen schönen Ausblick auf die St.-Peter-und-Paul-Kirche, die Altstadtbrücke und Zgorzelec. Die **Altstadtbrücke** führt von der Vierradenmühle auf deutscher Seite Fußgänger und Radler zur Dreiradenmühle mit Restaurant (Piwnica Staromiejska) ans polnische Neißeufer.

Die Görlitzer **Zwingeranlagen** mit Ochsen- und Nikolaizwinger sind ein erhaltener Rest der ehemaligen Stadtbefesti-

Blick vom Görlitzer Rathausturm

gung und schräg gegenüber der Vierradenmühle zu erreichen. 1962/63 wurden hier Blumenbeete im Barockstil angelegt (April–Mitte Sept. tgl. 8–21 Uhr).

Den benachbarten **Stadtpark** gestaltete Peter Joseph Lenné. Neben der Stadthalle wurde 1961 ein **Meridianstein** zum Kennzeichnen des 15. Längengrades aufgestellt, der genau durch Görlitz verläuft. Die 1905 bis 1910 nach Plänen des Berliner Architekten Bernhard Sehring errichtete **Stadthalle** mit 2700 Sitzplätzen besitzt mit der Sauer-Orgel ein wertvolles Orgelwerk. Leider befindet sich die Halle gegenwärtig in einem desolaten Zustand und bleibt verschlossen; für eine Sanierung fehlt das Geld.

Zurück zum Bahnhof kann man durch die Dr.-Kahlbaum-Allee gehen. Hier lohnt ein Abstecher auf dem Inselweg zur **Obermühle** mit Brauhaus am Neißeufer sowie einem Blick zum imposanten Neißeviadukt. Das **Eisenbahnviadukt** ist 455 Meter lang und besitzt 30 Bögen. Es wurde von 1844 bis 1847 erbaut und war eines der ersten in Deutschland. Von Wehrmachtsverbänden 1945 gesprengt, erfolgte der Wiederaufbau in den Nachkriegsjahren durch polnische Bauarbeiter.

Der Inselweg führt weiter zur **Parkbahn**. Auf einem 700-Meter-Rundkurs verkehrt eine Nachbildung der ersten deutschen Eisenbahn von 1835, die auf der Strecke Nürnberg–Fürth fuhr. Betriebszeiten sind von April bis Oktober. In der benachbarten Zittauer Straße lädt der Görlitzer **Tierpark** (tgl. 8–18 Uhr) mit einem Alpen-Gehege ein. Auf Felsblöcken, über die auch ein Wasserfall rauscht, fühlen sich Alpensteinböcke, Murmeltiere und Gänsegeier wohl

In Görlitz bestellt man kein Bier, sondern ein Landskron: Der Hausberg gab der östlichsten Brauerei ihren Namen, die Backsteingemäuer der **Landskronbrauerei** stehen unter Denkmalschutz. Brauereibesichtigungen können telefonisch unter 03581/465100 vereinbart werden. Die Landskron Kulturbrauerei ist mit etwa hundert Veranstaltungen im Jahr ein beliebter Ort für Tanzfreudige.

■ Ein Ausflug zur Landeskrone

Die Landeskrone überragt mit ihren 420 Metern die Neißestadt. Der Görlitzer Hausberg entstand vor etwa 30 Millionen Jahren als Vulkan. Er besteht bis zur Mitte aus Granit, die eigentliche ›Krone‹ aber ist aus Basalt. Letzterer besitzt einen hohen Eisendioxidgehalt, weshalb er für Bauzwecke nicht geeignet war und vom Abbau verschont blieb. Eine weitere Besonderheit: Kompassnadeln spielen an verschiedenen Gipfelbereichen verrückt.

Anfangs war der Berg vor allem militärstrategisch interessant. In der frühen Eisenzeit flüchteten die Bewohner umliegender Siedlungen bei drohenden Raubzügen auf den Gipfel, da ein Ringwall und der damalige Urwald guten Schutz boten.

Die slawische Befestigungsanlage Businec und spätere deutsche Burganlage wurde zwischen dem 9. und dem 13. Jahrhundert mehrmals ausgebaut und erweitert, später aber geschleift. Trotzdem war das Gipfelareal bis zur Mitte des 19. Jahrhunderts in der Hand der Militärs, die hier eine Artilleriestellung unterhielten. Der Wald wurde regelmäßig abgeholzt, in Friedenszeiten nutzte man die Wiesen als Schafweide. 1796 erbauten Heimatfreunde den noch heute erhaltenen massiven Aussichtsturm, 1844 eröffnete das erste Berggasthaus. Vom Stadtzentrum gelangt man mit der Straßenbahnlinie Nr. 2 (Endhaltestelle

▲ Karte S. 245

Romantik im Hotel Tuchmacher

Im Schatten der Kirche St. Peter und Paul steht das Romantikhotel ›Tuchmacher‹, ein beachtliches Baudenkmal mit echtem Vier-Sterne-Komfort: Martin Vits, gebürtiger Wuppertaler, hat das Haus 2005 von seinem Vater übernommen. Dem gehörte es zu DDR-Zeiten. Nach der Enteignung ging er in den Westen. Doch die Liebe zu Görlitz war geblieben. Das Haus von der Treuhand zurück erworben, eröffnete Vater Vits 1998 das Hotel ›Tuchmacher‹. Das Renaissancebürgerhaus des Görlitzer Tuchmacherhändlers Franz Schneider von 1528 blieb stilgerecht erhalten, er selbst guckt als Porträtbüste von der Wand. »Das filigrane Schlingrippengewölbe im Treppenhaus in der ersten Etage hat Baumeister Wendel Roskopf nach dem Vorbild des Wladislawsaals auf der Prager Burg entworfen – einzigartig in Görlitz«, erklärt Martin Vits. »Und in drei Zimmern gibt es noch die originalen Renaissanceholzdecken. Unser schönstes Zimmer ist Nr. 202, da ist die Decke mit Blumenbemalung vollständig erhalten«. Glück gehabt, wenn eines dieser drei Zimmer frei ist: Aus der Waagerechten vom Bett aus erkunden die Augen jedes noch so kleine Detail, ganz ohne dass man sich den Hals verrenken muss.

Küchenchef Thierry Baumgart kommt aus dem Elsässischen, und so findet sich der Elsässische Flammkuchen friedlich vereint mit dem Schlesischen Himmelreich auf der Speisekarte. Das ›Schlesische Himmelreich‹ ist eine deftige Hausmannskost aus Schweinefilet und Kasslerscheiben mit Backobst gedünstet. Dazu werden Semmelklöße gereicht.

Aus der kleinen eigenen Spezialitätenrösterei kommt ›Vits Premium Kaffee‹, eine Mischung aus brasilianischen, indonesischen und äthiopischen Bohnen.

Das schöne Hotel im Zentrum von Görlitz

Auf dem Weg zur Landeskrone

Biesnitz) an den Fuß der Landeskrone. Viele Wege führen den Wanderer von dort auf den Berg. Die bequemste Route verläuft auf der schmalen Fahrstraße. Botanisch, geologisch oder archäologisch interessierte Besucher werden auf dem **Naturlehrpfad** nach oben streben. Am eindrucksvollsten ist der Aufstieg bis zur ›Gürtellinie‹ über 107 Stufen, den prächtige, 1844 angepflanzte Linden säumen. Wenn die Fahrstraße auf halber Höhe erreicht ist, werden die dunklen, bis zu einem Meter starken Basaltsäulen sichtbar. Der aufmerksame Naturfreund findet hier eine Vielzahl seltener Pflanzen, das 55 Hektar große Gebiet steht seit 1953 unter besonderem Schutz.

Auf dem Gipfel laden **Berggasthof** und **Burghotel** ein. Vom **Aussichtsturm** bietet sich ein Blick auf Görlitz, die Königshainer Berge, das Lausitzer Bergland und das Zittauer Gebirge. Bei guter Fernsicht sind Iser- und Riesengebirge und auch der höchste Gipfel der Sudeten, die Schneekoppe, deutlich zu sehen. Auch das steigende Wasser im ehemaligen Tagebau Berzdorf ist von der Landeskrone gut zu beobachten. Demnächst wird man im neuen Naherholungsgebiet anbaden können.

Görlitz

Vorwahl: 03581.

Touristbüro i-vent, Obermarkt 33/Ecke Brüderstraße, Tel. 421362, www.goerlitz-tourismus.de. Verschiedene thematische Stadtführungen, Übernachtungsservice, Tagesausflüge, geführte Rad- und Wandertouren, sehr gutes Karten- und Reiseführerangebot.

Fahrradtaxi, tgl. April–Okt. 10–18 Uhr, Abfahrt vom Obermarkt am Obermarktbrunnen.

Stundentakt nach Berlin mit Umsteigen in Cottbus. Viele Verbindungen nach Dresden über Löbau und Bautzen. Stündlich nach Zittau über Ostritz mit Anschlüssen nach Liberec. Tgl. drei Direktzüge nach Wrocław. Zweistundentakt nach Hoyerswerda über Niesky.

U. a. nach Rothenburg O/L, Niesky, Weißenberg, Reichenbach O/L, Löbau und Zittau.

Romantik-Hotel Tuchmacher (€€€), Peterstr. 8, Tel. 47310, www.tuchmacher.de;. Vier-Sterne-Hotel in einem Renaissancebürgerhaus im Herzen der Altstadt zwischen Untermarkt und St. Peter- und Paulkirche, Restaurants ›Schneiderstube‹ und ›Tuchmacher Hof‹, Wellness mit zwei Saunen und Whirlpool.

Hotel & Restaurant Frenzelhof (€€–€€€), Untermarkt 5, Tel. 420872, www.frenzelhof.de. Ein typisches Gör-

▶ Karte S. 245

litzer Hallenhaus, erbaut um 1500, mit farbig ausgemalter Schatzkammer am Schlesischen Museum. Abgeschlossener Hotelparkplatz.

Hotel und Gasthof Dreibeiniger Hund (€€), Büttnerstr. 13, Tel. 42 39 80; www.dreibeinigerhund.de. Barockes Handwerkerhaus in der Altstadt, stilvolles Mobiliar aus der vorletzten Jahrhundertwende, Biergarten, Hausbrauerei.

Hotel Zum Klötzelmönch (€€), Fleischerstr. 3, Tel. 475 80, www.kloetzelmoench.de. Stilvolles Haus nahe vom Untermarkt.

Berghotel Landeskrone (€€), Fahrstr. 1, Tel. 743 20 mit Restaurant Burgkeller; tgl. 10–22 Uhr.

Pension Goldene Feder (€€), Handwerk 12, Tel. 40 04 03, www.pension-goerlitz.de; Studio 70 Euro. Freundliches Bürgerhaus in der Altstadt.

Jugendherberge Görlitz (€), Goethestr. 17, Tel. 40 65 10; Turmvilla am südlichen Stadtrand in einem kleinen Park, 20 Minuten Fußweg vom Bahnhof. Für den Oktober 2010 ist der Umzug in die Peterstraße 15 am Untermarkt geplant.

St. Jonathan, Peterstr. 16, Tel. 42 10 82, Mo ab 18, Di–So 12–15 und ab 18 Uhr. Unser persönlicher Favorit: In einem Patrizierhaus mit romanischem Tonnen- und bemaltem Springrippengewölbe im Durchgang zum herrlichen Garten: Trinken und Speisen unter schattigen Bäumen mit Blick auf die Türme von St. Peter- und Paulkirche und dem plätschernden Bernhardibrunnen. Mediterrane Steakküche, auch Fisch, nette und schnelle Bedienung.

Restaurant und Pension Rasputin, Peterstr. 4, Tel. 31 52 22; Di–So 11.30–14.30 und ab 17.30 Uhr. 1570–1614 wohnte hier Bartholomäus Scultetus. Nahe dem Untermarkt, russische Spezialitäten und russisches Starkbier, serviert wird im Zaren- und Kaminzimmer sowie in der Bauernstube. Der herrliche Innenhof bietet im Sommer stilvolles Ambiente.

acanthus, Neißstr. 20, Tel. 66 18 10, Mo–Fr ab 18, Sa/So ab 11 Uhr. Keller der Romanik, Gotik und Renaissance.

via regia, Neißstr. 19, Tel. 40 20 70, tgl. ab 18 Uhr.

1. Görlitzer Kartoffelhaus, Steinstr. 10, Tel. 41 27 02, www.1kartoffelhaus.de; tgl. ab 11 Uhr.

Brauhaus-Obermühle, Tel. 87 98 32, www.obermuehle-goerlitz.de; tgl. ab 12 Uhr. Idyllisch im Neißetal am Oder-Neiße-Radweg mit Blick zum Bahnviadukt gelegen, Freiluftplätze, Bootsverleih. Feine Bio-Küche, aus regionalen Zutaten zubereitet, hauseigene Brauerei, auch Braukurse und Bierverkostungen.

Ratscafé, Untermarkt 24, Tel. 66 74 15, Mo–Sa ab 9, So ab 10 Uhr, in der historischen Ratsapotheke.

Oriental, Nikolaistr. 14 (gegenüber Hotel Tuchmacher), Di–So 15–22 Uhr. Werbeslogan: Lass Dich sinnlich verzaubern. Auch Joghurtgetränke, Mandelmilch, Kokos-Shake, Früchtebrot des Hauses sowie Wasserpfeifen.

Café Parkhäuschen, Am Stadtpark 1b, tgl. 11–18 Uhr. Idyllischer Sommergarten in Nähe von Meridianstein und dem Straßenübergang nach Zgorzelec.

Schlesisches Museum, Brüderstr. 8, Tel. 879 10, www.schlesisches-muse

um.de, Di–So 10–17 Uhr. Eintrittskarte ist eine Tageskarte: Sie können mehrmals in der Stadt verschnaufen und haben immer wieder freien Zutritt. Jeden 1. Mi im Monat ›Kaffee & Kultur – natürlich schlesisch‹ 15–17 Uhr.

Kulturhistorisches Museum, Platz des 17. Juni 1, Tel. 67 13 55; Di–So 10–17 Uhr mit Oberlausitzischer Bibliothek der Wissenschaften, Neißstr. 30; Di–Do 10–17, Fr 10–13 Uhr; Tel. 67 13 50.

Barockhaus, Neißstr. 30, Di–Do und Sa/So 10–17, Fr 13–20 Uhr. Wohnkultur des 16. bis 19. Jahrhunderts.

Kaisertrutz, Demianiplatz 1. Geschlossen, Wiedereröffnung 2011.

Heiliges Grab, Heilige-Grab-Str. 79, Tel. 31 58 64, www.heiligesgrab-goerlitz.de. Mo–Sa 10–18 Uhr, So und Feiertage 11–18 Uhr. Jan., Feb., Nov. und Dez. bis 16 Uhr, März und Okt. bis 17 Uhr. Führungen: Mo–Sa 11 und 15, So 11.30 und 15 Uhr.

Nikolaikirche, April–Okt. tgl. 11–17 Uhr, Führungen 11 und 15 Uhr.

Frauenkirche, Mo–Do 11–18, Fr und Sa 10–18 Uhr.

St. Peter- und Paul-Kirche, die Sonnenorgel erklingt Nov.–März jeden So, ansonsten Di, Do und So um 12 Uhr, www.sonnenorgel.de.

Rathausturm, Untermarkt, März–Dez. Mi–So 11–18 Uhr zur vollen Stunde.

Reichenbacher Turm, Obermarkt, Mai–Okt. tgl. 10–17 Uhr.

Senckenberg Museum für Naturkunde, Am Museum 1, Di–So 10–17 Uhr.

Spielzeugmuseum, Rothenburger Str. 7, Mi–Fr 10–12 und 14–16, Sa/So 14–17 Uhr. Etwa 4000 erzgebirgische Exponate.

Museum der Fotografie, Löbauer Str. 7, Di–So 12–18 Uhr.

Historische Landskron Brauerei, An der Landskronbrauerei 11b, Tel. 46 50. Führungen April–Okt. Sa 11 Uhr, Mai u. Aug.–Okt. auch Do 15 Uhr.

Fête de la Musique, Jazztage, Muschelminnafest sowie Landskron Braufest (Juni). Sommertheater (Juni/Juli). Int. Straßentheaterfest Via Thea, Altstadtfest (Aug.). Schlesischer Tippelmarkt auf dem Obermarkt (Juli). Altstadtfest (Ende Aug.).

Filigran Handwerkerey, Peterstr. 17, Mo–Fr 11–19, Sa 10–16 Uhr. Vier Handwerker unter einem Dach, beste Kollektion alter Musik (Mittelalter und Renaissance) in Deutschland.

▲ Karte hintere Umschlagklappe

Ostritz/St. Marienthal

An der Lausitzer Neiße, etwa 20 Kilometer flußaufwärts von Görlitz, liegt das Städtchen Ostritz/St. Marienthal mit gleich mehreren Superlativen: einer Selbstversorgung mit Ökostrom zu 100 Prozent, dem östlichsten Weinberg im Land und dem ältesten Frauenkloster des Zisterzienserordens in Deutschland, das seit seiner Gründung ununterbrochen besteht. Ungewöhnlich ist zudem, dass der Bahnhof des Ortes in Polen liegt. Die Bahnlinie von Görlitz nach Zittau durchs Neißetal verläuft streckenweise am polnischen Flussufer. Die Ostritzer und ihre Besucher müssen über Polen anreisen; sie nutzen den Fußgängergrenzübergang am Bahnhof Krzewina Zgorzelecka (Grunau).

Die etwa 3500 Einwohner sind unabhängig von Energiekonzernen, der Strom stammt aus eigenen Windrädern, Wasserkraft und Solaranlagen. Zusätzliche Fernwärme liefern ein Biomasseheizkraftwerk und ein Pflanzenöl-Blockheizkraftwerk, das Regenwasser wird sinnvoll als Brauchwasser genutzt und das Abwasser in einer Pflanzenkläranlage gereinigt. Die energieökologische Modellstadt war ein Vorzeigeprojekt der EXPO 2000.

Klosterstift St. Marienthal

Vom weitläufigen Markt bis zur Zisterzienserabtei Klosterstift St. Marienthal läuft man eine halbe Stunde. Das Kloster wurde nach Mord und Totschlag in der Familie gegründet, als Sühnestiftung von Königin Kunigunde, Gemahlin König Wenzels von Böhmen, die Schenkungsurkunde 1234 in Prag unterzeichnet. Drei Jahre später wurde die Abtei anerkannt und in den Zisterzienserorden aufgenommen.

Der Legende nach soll an dieser Stelle der Neiße einem Mädchen das Marienbild vor Augen erschienen sein; daher der Name St. Marienthal. Die Abtei wurde 1258 dem böhmischen Ordensgebiet angeschlossen. Mehrere Brände zerstörten sie, und so gestaltete man den gesamten Komplex zwischen 1638 und 1744 im Stil des böhmischen Barock um. Die prächtige Ausstattung beeindruckt auch heute noch.

Derzeit amtiert die 55. Äbtissin. Gegenwärtig sind 15 Ordensschwestern im Konvent tätig. Noch immer – seit nunmehr 700 Jahren – lautet die Maxime: Ora et labora, beten und arbeiten in der Gemeinschaft. Die Klostergärtnerei sichert die Selbstversorgung der Nonnen mit Obst und Gemüse, einen Teil der Ernte verkaufen sie im Klosterladen. Zum Klosterbesitz zählen 300 Hektar Felder und Wiesen, die verpachtet wurden, sowie fast 900 Hektar Klosterwald, der in Eigenregie bewirtschaftet wird. Seit 1955 pflegen die Nonnen im Abteigebäude geistig behinderte Frauen.

Das Klostertor führt in den ehemaligen Wirtschaftshof mit dem schönen **Dreifaltigkeitsbrunnen** von 1704. Die **Kreuzkapelle** ist innen im Rokokostil ausgestattet und wurde 1756 geweiht. Michaelisaltar und ein überlebensgroßer Kruzifixus im Strahlenkranz dominieren den Raum, Deckengemälde schmücken die Kuppel der Kreuz- und Michaeliskapelle. Es wird behauptet, dass die Gemälde aus der Hand des Bruders von Casanova stammen: Giovanni Battista Casanova war seinerzeit Akademieprofessor in Dresden.

Unter der Kapelle liegt eine Gruft verborgen, in der die sterblichen Überreste der Sängerin Henriette Sontag (1806–1854) ruhen. Sie war eine der vielen Geliebten von Hermann Fürst von Pückler-Muskau, der ihr im Branitzer Park bei Cottbus mit einer vergoldeten Büste ein Denkmal setzte. Auch Carl Maria von Weber, Ludwig van Beethoven, Hoffmann von Fallersleben und Johann Wolfgang von Goethe waren von ihr sehr angetan. Die Gruft kann während der Führungen besichtigt werden.

Kloster Marienthal, vorne der Dreifaltigkeitsbrunnen

Im **Bibelgarten** hinter dem Gästehaus St. Hedwig gedeihen Dufthecken aus Lavendel, historische Rosensorten, seltene Laubbäume wie Amberbaum, Maulbeere und Holzapfel sowie viele Heilpflanzen.

In der ehemaligen **Klostermühle** ist die Dauerausstellung ›Energie-Werk-Statt‹ mit Multimedia-Elementen installiert, unter anderem mit einem rekonstruierten Schausägewerk und einer 110-KW-Wasserturbine von 1910.

In der Propstei (1663) und ehemaligen Wirtschaftsgebäuden entstand das **Internationale Begegnungszentrum** mit Gästehaus, im Gasthaus Gesindestube findet man ein Plätzchen zum Verweilen, hier kommt auch Kuchen aus der hauseigenen Bäckerei auf den Tisch. Das St. Marienthaler Klosterbräu ist ein erlesenes helles und dunkles Klosterbier und wird nach der Rezeptur von 1357 in Eibau gebraut.

Der **Kapitelberg** am Kloster ist seit 1945 der östlichste Weinberg Deutschlands. Ein Dutzend Hobbywinzer kümmert sich um die Rebsorten Müller-Thurgau und Goldriesling. Die Ernte füllt selbst in guten Jahren kaum 1000 Flaschen. Eine Gelegenheit zum Verkosten bietet sich nur am Ostersonntag im Klosterhof.

Wanderung vom Klosterstift St. Marienthal nach Hirschfelde

Im engen Durchbruchstal der Neiße können Starkniederschläge rasch zu Hochwassern führen, in Rosenthal und Marienthal finden sich Häuser mit entsprechenden Wasserstandsmarken.

Der Weg nach Hirschfelde folgt über etwa sechs Kilometer dem Schlängellauf der Neiße. Mitunter treten links oder rechts des Flusses steile Granitfelshänge zutage. Nach jeder Biegung eröffnet sich dem Betrachter ein neues Bild. Häufig erscheint die Neiße düster, dann aber tauchen wieder Stromschnellen oder liebliche Wiesen auf. In Rosenthal begrüßen uns kleine Fachwerkhäuser, am Markt von Hirschfelde einige hübsche Vorlaubenhäuser, die neben vielen Umgebindehäusern erhalten blieben.

Das Kraftwerk Hirschfelde, 1911 in Betrieb genommen und damit ältestes Braunkohlekraftwerk Deutschlands, ist inzwischen stillgelegt und zum Technischen Museum umgestaltet. In Hirschfelde wird ›Fit‹ produziert, das bekannteste Spülmittel Ostdeutschlands.

Von Hirschfelde nach Ostritz (Bahnhof Krzewina Zgorzelecka) mit der Ostdeutschen Eisenbahn im Stundentakt.

Länge: 9 Kilometer.

Ostritz/St. Marienthal

Vorwahl: 035823.

Gästeempfang St. Marienthal, Tel. 77385, www.kloster-marienthal.de.

Internationales Begegnungszentrum im Kloster St. Marienthal (€–€€), Tel. 77238, www.ibz-marienthal.de.

Hotel Neißeblick (€€), Bahnhofstr. 2–6, Tel. 8800, www.hotel.neisseblick.de. Mit Wellnessbereich und kostenlosem Fahrradverleih.

Gesindestube, Tel. 80294, tgl. 11–18 Uhr, im Winter bis 16 Uhr.

Klosterschenke, Tel. 87717, tgl. 11–22 Uhr. In einem hübschen Fachwerkhaus aus dem Jahr 1740 vor dem Klostertor mit Sommergarten. Sa/So auch Imbiss auf der Klostersinsel.

Brauhaus Ostritz, Brauhausstr. 3, Tel. 79171, www.brauhaus-ostritz.de; tgl. 11–24 Uhr, Spezialität: ›Ostritzer Basaltbier‹.

▶ Karte S. hintere Umschlagklappe

Kloster tgl. 10–12 und 14–16.15 Uhr, Klosterführungen Mitte April–Ende Okt. tgl. 15 Uhr, Nov.–April Sa/So 15 Uhr, Treffpunkt Dreifaltigkeitsbrunnen auf dem Klosterhof. Termine für die Klosterkonzerte im Gästeempfang (s.o.).
Klosterkirche, tgl. 7–19.30 Uhr.
Bibelgarten, tgl. 9–18 Uhr.
Energie-Werk-Statt, Di–So 10–12 und 14–17 Uhr, das Schausägewerk wird jeden 2. Sa um 14.30 Uhr in Betrieb genommen.

Osterreiten zwischen Ostritz u. Klosterstift (Oster-So.).

Das Zittauer Gebirge

Mit nur knapp 50 Quadratkilometern ist das Zittauer Gebirge das kleinste Mittelgebirge in Deutschland. Auf beeindruckend kleinem Raum findet man hier Felswände aus Kreidesandstein in teils bizarren und skurrilen Formen, aber auch hochaufragende markante Phonolith- und Basaltkuppen, die ihre Entstehung dem Vulkanismus im Tertiär verdanken. In den Siedlungen am Fuß des Gebirges blieben viele Architekturzeugen vergangener Jahrhunderte bewahrt, vor allem malerische Umgebindehäuser. Bergsteiger finden im Zittauer Gebirge etwa 80 Kletterfelsen.
Ein weitverzweigtes, gut markiertes Wegenetz erschließt dem Wanderer das Gebirge, unter anderem auf dem Oberlausitzer Bergweg (blauer Balken). Besonders zu empfehlen sind die liebevoll gestalteten Wanderkarten des Zittauer Gebirges (Östlicher und Westlicher Teil im Maßstab 1:10 000) von Rolf Böhm.

Zittau

Zittau liegt im Dreiländereck Deutschland-Polen-Tschechien, an der Mündung der Mandau in die Lausitzer Neiße. Im Süden blickt man auf die nahen Höhenzüge des Lausitzer Berglandes, des Zittauer Gebirges, des Jeschken- und Isergebirges. Zittau bietet sich als Ausgangspunkt für die Erkundung des Zittauer Gebirges an, ist aber allein ebenso einen Besuch wert.

Geschichte

Etwa um 1000 eroberten Deutsche das Zittauer Land, es wurde dem Markgrafentum Meißen einverleibt. Das Gründungsjahr Zittaus blieb unbekannt, erstmalig wird die Siedlung 1238 als Sitavia urkundlich erwähnt.
Zusammen mit großen Teilen der Lausitz gehörte Zittau von 1158 bis 1635 als deutsches Reichslehen den böhmischen Königen. Der böhmische König Ottokar II. verlieh Zittau 1255 Stadtrechte und verfügte zahlreiche wichtige Privilegien: Zollfreiheit in Böhmen, Markt- und Münzrecht, Salzstapelrecht, Gerichtsbarkeit. Kaiser Karl IV. förderte die Stadtentwicklung durch die Anlage von Schutzburgen an den Handelsstraßen nach Süden sowie den Bau zweier Kaiserhäuser (Zittau und Oybin). 1346 wurde Zittau in den Oberlausitzer Sechsstädtebund aufgenommen. Die Stadt trug während der Mitgliedschaft im Städtebund den Beinamen ›die Reiche‹. Blühender Fernhandel, Tuchmacherei und Bierbrauerei waren dafür die wesentlichen wirtschaftlichen Grundlagen, im 16. Jahrhundert kam die Leinenweberei hinzu.

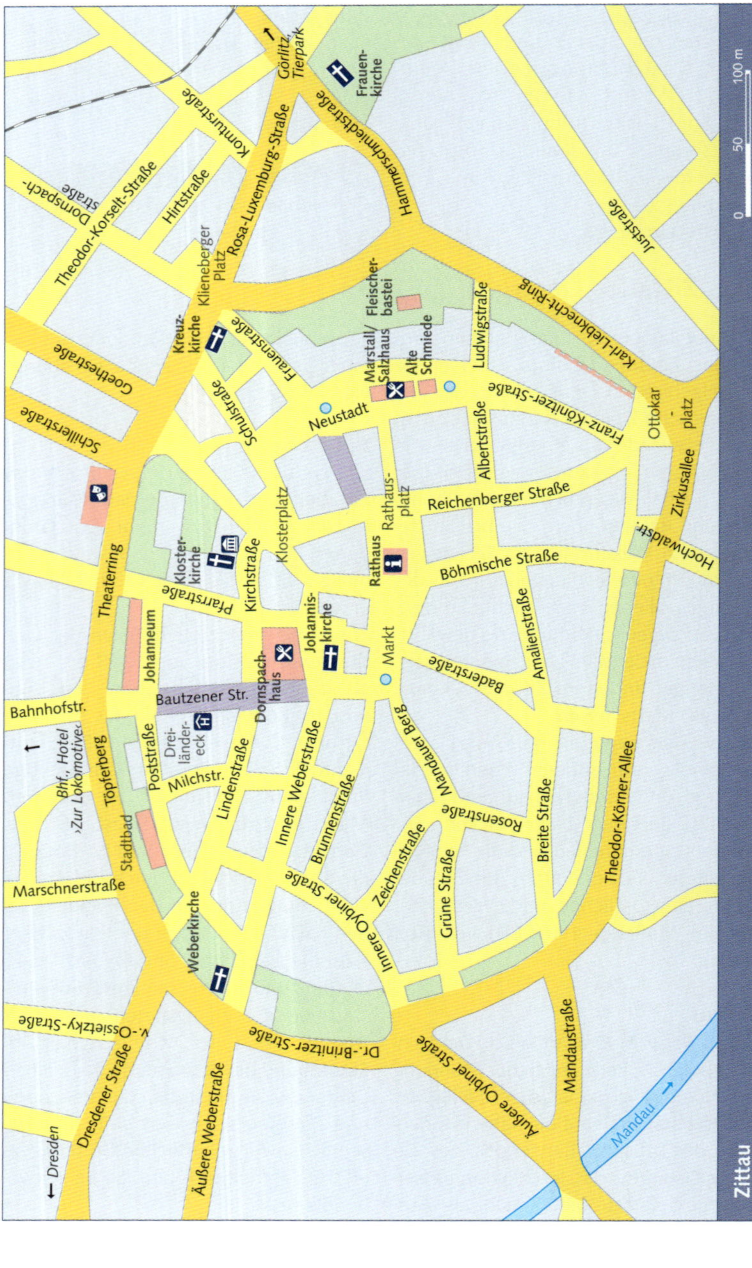
Zittau
0
50
100 m
Görlitz, Tierpark
Frauen-kirche
Hammerschmiedstraße
Komturstraße
Rosa-Luxemburg-Straße
Dornspach-straße
Theodor-Korselt-Straße
Hirtstraße
Klieneberger Platz
Kreuz-kirche
Frauenstraße
Fleischer-bastei
Marstall/ Salzhaus
Alte Schmiede
Ludwigstraße
Karl-Liebknecht-Ring
Juststraße
Goethestraße
Schillerstraße
Schulstraße
Neustadt
Franz-Könitzer-Straße
Albertstraße
Ottokar-platz
Zirkusallee
Reichenberger Straße
Rathaus-platz
Rathaus
Klosterplatz
Kloster-kirche
Kirchstraße
Theaterring
Pfarrstraße
Böhmische Straße
Hochwaldstr.
Johannis-kirche
Markt
Amalienstraße
Baderstraße
Johanneum
Dornspach-haus
Bautzener Str.
Bahnhofstr.
Bhf., Hotel ›Zur Lokomotive‹
Drei-länder-eck
Poststraße
Töpferberg
Milchstr.
Lindenstraße
Innere Weberstraße
Mandauer Berg
Brunnenstraße
Rosenstraße
Breite Straße
Theodor-Körner-Allee
Stadtbad
Zeichenstraße
Grüne Straße
Marschnerstraße
Innere Oybiner Straße
Weberkirche
v.-Ossietzky-Straße
Dr.-Brinitzer-Straße
Äußere Oybiner Straße
Mandaustraße
Dresdener Straße
Äußere Weberstraße
Dresden
Mandau

Durch den Pönfall im Jahr 1547 wurden Zittau alle Privilegien aberkannt, und die Stadt verlor ihren gesamten Grundbesitz. Durch den Fleiß der Bürger konnte die Stadt aber innerhalb weniger Jahrzehnte sämtliche Privilegien und verlorenen Grundbesitz wieder zurückkaufen.

Einschnitte brachte der Dreißigjährige Krieg durch Zerstörungen. Nach 1620 siedelten sich in Zittau und seinen Ratsdörfern evangelische Glaubensflüchtlinge aus Böhmen und Mähren an. Sie brachten aus ihrer Heimat die Tuchmacherei in die Stadt, in die Dörfer die Leineweberei.

Um die Mitte des 18. Jahrhunderts galt Zittau als die wohlhabendste Stadt im Sechsstädtebund. Zittau war eine prächtige Barockstadt, die größte Stadt zwischen Görlitz und Prag.

Österreichische Truppen schossen Löbau im Juli 1757 während des Siebenjährigen Krieges in Brand, 75 Prozent aller Bauten fielen den Flammen zum Opfer. Die Napoleonische Herrschaft von 1806 bis 1813 und die Teilung der Lausitz nach dem Wiener Kongreß behinderten den Warenaustausch mit den traditionellen Handelspartnern. Andererseits profitierte Zittau, insbesondere die Textilbranche, von der Industrialisierung und dem in diesem Zusammenhang erfolgten Anschluss ans Eisenbahnnetz. 1848 wurde die Strecke Löbau–Zittau vollendet, 1859 der Schienenweg nach Reichenberg.

Der Fremdenverkehr hat in und um Zittau eine lange Tradition. Sie begann um 1840 mit dem Bau einer Kaltwasserheilanstalt nach dem Vorbild von Vinzenz Prießnitz in Alt-Jonsdorf. Prießnitz betrieb im Altvatergebirge ein weltbekanntes Bad. Wirtschaftliche Bedeutung besaß auch der Braunkohleabbau. Man betrieb ihn im 18. und 19. Jahrhundert im nördlichen Stadtgebiet, von 1812 bis 1991 auch bei Olbersdorf.

Der Zweite Weltkrieg verursachte in der Stadt nur geringe Schäden. Ein Substanzverlust entstand in der Altstadt bis 1989 allerdings durch Mangelwirtschaft und eine verfehlte Baupolitik. Durch die Neubelebung des Sechsstädtebundes im Jahr 1991 erlebte der Tourismus einen

Blick von der Johanniskirche auf Zittau

Aufschwung; zahlreiche Baudenkmäler wurden seitdem renoviert und zeigen sich in neuer Schönheit.
Dennoch hat Zittau, von der Deindustrialisierung nach der Wende besonders betroffen, in den vergangenen zehn Jahren einen dramatischen Bevölkerungsverlust hinnehmen müssen: 1990 lebten hier 43 000 Einwohner, jetzt nur noch gut die Hälfte.

Ein Stadtrundgang

Guter Ausgangspunkt für einen Rundgang ist der **Markt.** Hier dominiert das **Rathaus**. Der klassizistische Prachtbau entstand von 1840 bis 1843 nach Plänen von Karl Friedrich Schinkel unter Leitung seines Zittauer Schülers Carl August Schramm. Das Gebäude erinnert an einen italienischen Palazzo. Der Turm mit Zinnenkranz ist 50 Meter hoch, das Eingangsportal flankieren die Sandsteinfiguren der Themis und Sophia. Im Bürgersaal finden mehrmals jährlich Konzertabende statt. Eine Gelegenheit, das Rathaus auch von innen zu besichtigen, besteht bei einer Führung jeden Mittwoch um 15 Uhr.
Den Markt umsäumen stattliche Barock**häuser**, so auf der Südseite die ehemalige Fürstenherberge (Nr. 13) und der einstige Gasthof ›Zur Sonne‹ (Nr. 9). Auf der Nordseite gefallen besonders die Stadtapotheke im Rokokostil (Nr. 10) und das Noacksche Haus (Nr. 4). An der Westseite steht der Rolandsbrunnen von 1585. Die Rolandsfigur hob seinerzeit die städtischen Privilegien und die eigene Gerichtsbarkeit hervor. Hinter dem Brunnen steht das barocke und reich gegliederte **Alte Amtsgericht** aus dem Jahr 1678.
Nördlich vom Marktplatz erhebt sich die **St. Johanniskirche** mit zwei ungleichen Türmen. Schon 1291 stand an dieser Stelle eine Pfarrkirche. Um 1485 im gotischen Stil erweitert, erlitt der Bau im Laufe des 17. Jahrhunderts durch Brände und Kriegseinwirkungen starke Schäden. Von 1834 bis 1837 wurde die Johanniskirche daher nach Entwürfen von Schinkel im klassizistischen Stil wiederaufgebaut – es ist übrigens der einzige Kirchenbau des Berliner Architekten in Sachsen. Die Vollendung übernahm wiederum sein Meisterschüler Schramm. Bis zur Wende war die Kirche dem Verfall preisgegeben, ab 1992 fanden umfassende Rekonstruktionsarbeiten statt. Im Inneren finden 1200 Kirchgänger Platz, besonders hervorzuheben ist die Schinkelsche Kasettendecke aus 800 Einzelteilen. Der Südturm ist 60 Meter hoch. Exakt 266 Stufen führen hinauf zu Aussichtsgalerie und Türmerstube. Der Türmer bläst täglich um 11.55 Uhr, nur im Sommer auch um 17.55 Uhr in alle vier Himmelsrichtungen.

Der Roland am Markt

▲ Karte S. 262

Nördlicher Nachbar ist das **Dornspachhaus** im Renaissancestil mit Erker, Arkaden und Loggien (1553). Es war einst Wohnhaus des Bürgermeisters Nicolaus von Dornspach (1515–1580), der sich große Verdienste um den Wiederaufstieg Zittaus nach dem Pönfall von 1547 erwarb. Das Grabmal an der Hausmauer des Alten Gymnasiums erinnert an ihn. Das Dornspachhaus diente als Apotheke, Sitz des Ratsuhrmachermeisters, Lesehalle und Bibliothek. Heute ist es ein gemütliches Wirtshaus. Der herrliche Innenhof mit Säulengang verzaubert die Gäste im Sommer mit seiner mittelalterlichen Kulisse, auf den Freiluftplätzen mit Blick auf den Turm der Johanniskirche fühlen sich Gäste um Jahrhunderte zurückversetzt. Auf Vorbestellung serviert man hier das Konventsessen. Das kam einstmals auf den Tisch, als sich der Landadel hier zu Beratungen des Oberlausitzer Sechsstädtebundes traf.

In der Kirchstraße 17 lädt das **Dr.-Curt-Heinke-Museum** zum Besuch ein. Man zeigt hier Mineralien, Gesteine und Fossilien der südlichen Oberlausitz.

Auf dem Klosterplatz, nordöstlich vom Markt, überragt der 70 Meter hohe Turm der gotischen **Klosterkirche** die Dächer der Stadt. Das auch als Petri-Pauli-Kirche bekannte Gotteshaus gehörte einst zum Komplex eines Franziskanerklosters. An der Kirchensüdseite wurden von 1696 bis 1748 mehrere Betstuben angebaut. Der Hauptaltar aus dem 13. Jahrhundert ist den Aposteln Petrus und Paulus geweiht. In der Kirche finden auch Konzerte statt.

Auf den Grundmauern des Klosterrefektoriums entstand im 17. Jahrhundert der berühmte **Heffterbau**. Der prächtige Spätrenaissancegiebel auf der Nordseite ist heute ein Wahrzeichen von Zittau. Der Heffterbau, der nach dem Bürgermeister Heinrich von Heffter benannt ist, wurde zum steingewordenen Zeugnis für den wirtschaftlichen Aufschwung nach dem Dreißigjährigen Krieg. Seit 1691 diente das Gebäude als Gebetsraum für böhmische Glaubensflüchtlinge, bis 1846 fanden Predigten in tschechischer Sprache statt. Eine Eichenholzwendeltreppe im Treppenturm führt in den Barocksaal im zweiten Obergeschoss. Ab 1709 diente der Saal als erste Ratsbibliothek von Zittau. 1840 wurde hier hinter einem Bücherregal das Große Zittauer Fastentuch wiederentdeckt, das heute in der Kreuzkirche besichtigt werden kann. Im Saal ragt das mystische Deckengemälde ›Pandora vor den Göttern des Olymp‹ heraus. Der Maler spielte mit dieser Szene auf die Tatsache an, dass in den Büchern der Ratsbibliothek so viel Wissen angehäuft war, dass kluge Menschen damit viel Ungemach beseitigen konnten. Der Barocksaal dient heute als kleiner Festraum für Konzerte.

Heffterbau, Klosterkirche und Ostflügel bilden einen romantischen Innenhof. Hier befand sich einst der Franziskanerfriedhof. Später errichten an dieser Stelle reiche Zittauer Bürger üppig geschmückte Barockgrabkapellen. Am Kreuzgang blieben gotische Fenster erhalten.

Zu den wertvollen Ausstellungsstücken des **Kulturhistorischen Museums Franziskanerkloster** zählen die Zittauer Maurerkanne aus Zinnguss (1562), eine Sammlung Zittauer Fayencen und das **Kleine Zittauer Fastentuch** von 1573. Es ist hierzulande das einzige des sogenannten Arma-Christi-Typs, auch das einzige, das je für eine evangelische Kirchgemeinde gefertigt wurde. Weltweit existieren nur noch sechs weitere dieser Art. Nach der Reformation waren die alten Tücher eigentlich verpönt, aber die Zittauer waren traditionsverbunden: Das Motiv auf dem Kleinen Zittauer Fastentuch verdeutlicht den evangelischen Glauben, einen armen Christus mit Tempera auf Leinen. Rundherum sind in einem breiten Rahmen 35 Leidenswerkzeuge seiner Passion zu sehen: So Dornenkrone, Grabtuch sowie Riemen und Ruten, mit denen Christus gefoltert wurde. Man sieht die Nägel, mit denen Jesus ans Kreuz geschlagen wurde, die Leiter zur Kreuzabnahme sowie den Kopf des Judas mit einem Geldbeutel des Verräterlohnes. Die Angabe ›klein‹ täuscht, das Tuch ist nur eben kleiner als das Große Zittauer Fastentuch: 4,30 Meter hoch und 3,40 Meter breit. Neben wechselnden Sonderausstellungen finden während des Zittauer Kultursommers im Klosterhof auch Theateraufführungen, Chorkonzerte und Kammermusikabende statt.

Vor dem Ostflügel steht der **Grüne Born**: Mit einem kunstvollen Schmiedeeisengitter ist es der schönste Brunnen Zittaus, 1679 wurde er gefertigt. Vom Rathausplatz an der Ostseite des Palazzos führen Frauenstraße und Theatergässchen in die Neustadt.

Der **Marstall** stammt von 1511. Ursprünglich stand hier bereits seit 1389 eine Salzkammer, da Zittau das Salzstapelrecht zuerkannt worden war. Das Gebäude besitzt acht Geschosse und ein barockes Mansardendach. Es ist der größte städtische Marstall Deutschlands. Heute verbirgt sich hinter sanierter Fassade ein kleines Einkaufszentrum in schönen Gewölberäumen.

An der Südseite des Marstalls befand sich die **Alte Schmiede** (1713), heute die ›Mocca-Bar‹. Davor steht der **Samariterinnenbrunnen** mit vier wasserspeienden Delphinen. Am Herkules-Brunnen von 1709 schwingt Herkules eine Keule, um den mehrköpfigen Hund Zerberus zu töten. Ganz in der Nähe sieht man den **Schwanenbrunnen** von 1710 mit Schwanenplastik auf einem Muschelhügel.

Im 18. Jahrhundert verfielen die Stadtmauern. Die Stadtväter entschlossen sich, an deren Stelle eine Parkanlage anzulegen. Sie ist heute als Grüner Ring bekannt. Mittendrin, an der Frauenstraße, steht die **Kirche zum Heiligen Kreuz**. Sie wurde um 1410 im Übergang von der Hoch- zur Spätgotik errichtet. Sehr wahrscheinlich ist die Bauausführung Meistern der Prager Dombauhütte um Peter Parler zu verdanken, worauf Steinmetzzeichen hinweisen, die man auch am Prager St. Veitsdom findet. Wertvoll sind das reich gegliederte Hauptportal, die Sakristei mit Kreuzgewölbe, ein vollständig erhaltenes mittelalterliches Maßwerkfenster im Chorraum sowie Reste von ursprünglichen Wandmalereien. Das Kirchenschiff ist fast quadratisch und besitzt eine zwölf Meter hohe Mittelstütze. Der so entstandene Raum mit Gewölbedecke ähnelt einem riesigen aufgespannten Regenschirm. Diese sogenannten Einstützenkirchen waren im Böhmischen weit verbreitet. Die Zittauer Kreuzkirche ist aber eine der größten Kirchen dieser Bauart, die noch existieren. Sie brannte während des Dreißigjährigen Krieges aus, alle vorhandenen Holzeinbauten wie Altar, Kanzel, Empore und Gestühl stammen aus den Jahren 1651 bis 1654. Die Kirche war auch Begräbnisraum, 83 Gräber und zahlreiche Gedenktafeln für die Verstorbenen sind erhalten. 1972 war die evangelisch-lutherische Gemeinde zu klein geworden, um die Kirche noch zu unterhalten. Sie wurde entwidmet und zugeschlossen, vorhandene Kunstwerke brachte man in andere Zittauer Kirchen.

▲ Karte S. 262

Jugendliche nutzten das Bauwerk als Abenteuerspielplatz. Mitte der 1980er Jahre war der Verfall so weit fortgeschritten, dass Einsturzgefahr bestand. Die Stadt Zittau erwarb die Kreuzkirche im Jahr 1993 für eine symbolische Mark. Außen und innen vollständig renoviert, ist sie seit Juni 1999 ein Museum mit der **Dauerausstellung Großes Zittauer Fastentuch**. Auf dem Friedhof der Kreuzkirche blieben kunstvolle Grabmäler und Gruftkapellen im Barockstil erhalten.

Auf der anderen Seite der Frauenstraße steht der Schleifermännchen-Brunnen aus dem 19. Jahrhundert. Am Karl-Liebknecht-Ring entlang erreicht man das blühende Wahrzeichen Zittaus: Die **Blumenuhr** wird seit 1908 bepflanzt. Daneben steht seit 1966 ein Meißener Porzellanglockenspiel. Die **Fleischerbastei** aus dem 16. Jahrhundert ist die einzige, die von den einst 13 Basteien erhalten blieb. Heute wird sie gastronomisch-kulturell genutzt..

Hauptgeschäftsstraße und Promeniermeile der Zittauer ist die Bautzener Straße. Sie führt vom Markt in Richtung Bahnhof. Dabei kommt man an der Alten Post vorbei, einem Barockgebäude aus den Jahren 1745 bis 1746 (Bahnhofsstraße 6). Sehenswert ist auch das neuere Hauptpostgebäude an der Ecke Bahnhofstraße/Poststraße.

Marstall und Alte Schmiede

Im benachbarten spätklassizistischen **Johanneum** drücken auch heute Gymnasiasten die Schulbank. Auf dem 56 Meter hohen Glockenturm des Johanneums glänzt ein goldener Engel. Der Himmelsbote war bereits Schmuckelement des hier abgebrochenen Webertores. Vor dem Eingang befindet sich der Stubben eines tertiären Mammutbaumes. Sein Alter wird auf 25 Millionen Jahre geschätzt. Das Relikt aus der Vergangenheit wurde in einer Tongrube bei Hartau von Dr. Curt Heinke freigelegt.

Vor dem Johanneum blieb die **Konstitutionssäule** erhalten, Ausdruck für das selbstbewusste Zittauer Bürgertum, das damit im Jahr 1833 seine Forderungen nach bürgerlichen Rechten verdeutlichte, und zum Gedenken an die Verabschiedung der ersten sächsischen Verfassung (1831).

Von der Bautzener Straße gelangt man über Post- und Milchstraße zum **Stadtbad** am Töpferberg 1. Das spätklassizistische Hallenbad aus dem Jahr 1873 gilt als eines der ältesten Deutschlands. Der Turm ist ein Relikt der Stadtbefestigung. Vor dem Bad steht ein korinthischer Säulenkopf, den Schinkel entworfen hat. Ursprünglich sollte er den Vorplatz der Johanniskirche zieren.

Das Geburtshaus des Komponisten Heinrich Marschner (1795–1861) steht in der Franz-Könitzer-Straße (Gedenktafel). Marschner schuf insgesamt 13 Opern, wovon ›Der Vampir‹ (1828) und ›Hans Heiling‹ (1831) seine erfolgreichsten Stücke wurden.

Das Große Zittauer Fastentuch

Fastentücher werden erstmals um das Jahr 1000 erwähnt. Anfangs waren sie schmucklos, später wurden die Gewebe immer aufwendiger gestaltet. Jene Tücher waren für die Quadragesima bestimmt, die 40tägige vorösterliche Fastenzeit. Die Seelen der Menschen waren angeblich durch Sünden von Gott entfremdet. Deshalb wurden die Gläubigen bis zur Sühne durch den Tod Christus damit bestraft, das Allerheiligste – Altar und Reliquien – nicht anschauen zu dürfen. Alle Messen fanden hinter dem Tuch statt. Die Gemeinde saß vor dem Tuch und war von allem getrennt, was sie sonst sah und anbetete. Den Gläubigen wurde somit nicht nur ein körperliches, sondern auch ein seelisch-geistiges Fasten auferlegt. So sollten die Sünden besser erkannt und bereut werden, um danach Gott wieder ruhig ins Auge schauen zu können. In vielen katholischen Kirchen wird der Gebrauch von Fastentüchern übrigens heute wieder neu belebt.

Das Große Zittauer Fastentuch ist einmalig in Deutschland, weitere 14 derartige Tücher existieren in Österreich, zwei in der Schweiz, allerdings sind sie teilweise nur als Fragmente erhalten. Das Zittauer Exemplar ist dem weltberühmten Fastentuch des Doms zu Gurk in Kärnten ebenbürtig. Es ist 6,80 Meter breit und 8,20 Meter hoch.

Im Jahr 1472 stiftete Jacob Gürtler das Große Zittauer Fastentuch für die Johanniskirche. Der Zittauer Bürger hatte es als Gewürz- und Getreidehändler zu Reichtum gebracht. Von 1472 bis 1672 war das Tuch in Gebrauch, dann war es nicht mehr üblich, so dass es abgenommen wurde. Es blieb hinter dem Altar liegen, Ende des 17. Jahrhunderts galt es als verschollen. 1840 fand man das Tuch hinter einem Bücherregal in der Ratsbibliothek im Heffterbau. Bereits 1842 wurde es im Altertumsmuseum Dresden präsentiert. Auf zwei Rollen mit Kurbel gespannt, konnte es 34 Jahre lang täglich im Detail bestaunt werden. Das Tuch überstand die Strapazen ohne Schaden, was für die hohe Qualität des Leinen spricht. Das Kunstwerk kam 1876 zurück nach Zittau und war hier bis 1933 in sieben Sonderausstellungen zu sehen. Zu Kriegsende schaffte man das Tuch aus Sicherheitsgründen in das Burgmuseum Oybin. Dort fanden es Soldaten der Roten Armee. Es wurde in vier Teile zerschnitten. Teile davon dienten für 14 Tage auch zum Abdichten einer Dampfbadestube. Noch heute sind die Schäden auf dem Tuch sichtbar. Die Bildzeilen drei bis sechs sind durch Wasserdampf verblichen, die unterste Bildzeile durch das Abdichten. Bis zu diesem Zeitpunkt hatte das Große Zittauer Fastentuch als das am besten erhaltene Tuch der Welt gegolten. Als Glück im Unglück ist zu werten, dass kein sowjetischer Kunstexperte den Wert des Tuches erkannte. Ansonsten wäre es wohl als Beutekunst für Deutschland verloren gewesen. Ein Oybiner sah die Tuchreste im Wald, erkannte den kostbaren Fund und brachte die Einzelteile ins Zittauer Museum. In der Folgezeit gab es aber nur zaghafte Versuche, das Tuch zu restaurieren.

Nach 1990 fragten ältere Zittauer nach dem Verbleib des Fastentuches und brachten es smit in das Bewusstsein der Öffentlichkeit zurück. 1991 wurde das in 17 Teile zerrissene Tuch erstmals im Zittauer Theater ausgelegt; glücklicherweise fehlte kein einziges Stück. Das bemalte und über ein halbes Jahrtausend alte

Leinen strahlte trotz der gottlosen Verwendung eine erhabene Schönheit aus. Im Herbst 1992 wurden die Zittauer Experten mit der Abegg-Stiftung in Riggisberg bei Bern bekannt. Die Spezialwerkstatt hatte bereits das berühmte Turiner Grabtuch begutachtet.

Die Zittauer Tücher waren in einem Zustand, der eine Restaurierung erlaubte. 1994 beschloss die Stiftung, das Große Fastentuch kostenlos zu restaurieren. Bald darauf übernahmen die Schweizer auch die Kosten für die Arbeit am Kleinen Zittauer Tuch. 1994/1995 wurden die beiden Zittauer Fastentücher, nun wieder hergestellt, in der Schweiz und später in Köln der Öffentlichkeit gezeigt. Das Zittauer Fastentuch befindet sich heute in der größten Glasvitrine der Welt. Die Tragekonstruktion besitzt eine Höhe von 11,50 Metern und eine Breite von 7,60 Metern, die Tiefe beträgt 3,10 Meter. Die Glasscheiben haben ein Maß von 9,60 Meter Höhe und 2 Meter Breite. Das Plexiglas ist 15 Millimeter stark, eine Scheibe

Detail des Großen Zittauer Fastentuches: ›Hier schuf Gott Himmel und Erde‹

wiegt 336 Kilogramm, alle Scheiben zusammen bringen es auf zwei Tonnen. Die Luftfeuchtigkeit im Inneren beträgt konstant 60 Prozent. Das Tuch ist sehr lichtempfindlich, 2700 Lichtlinsen sorgen für eine nur dezente Beleuchtung. Zwischen 40 und 60 Lux Lichtstärke sind auf Dauer zuträglich. An Sonnentagen würden ohne Jalousien vor den Kirchenfenstern bis zu 11 000 Lux einstrahlen.

Das Fastentuch besteht aus sehr grobem Flachsleinen und wurde in sechs einzelnen Bahnen zu einer Gesamtfläche von 56 Quadratmetern zusammengesetzt. Die Temperafarben sind original, aber heute nicht mehr so kräftig wie bis Anfang 1945. Einige Farben sind im Laufe der Jahrhunderte gänzlich verschwunden, grün erscheint heute bräunlich. Bei der Restaurierung wurden keinerlei farbliche Veränderungen vorgenommen.

Auf zehn Zeilen stellen jeweils neun Bilder eine Art Bilderbibel dar, die von links nach rechts zu ›lesen‹ ist. Die oberen fünf Zeilen zeigen Themen aus dem Alten Testament. So sieht man Gott bei der Erschaffung der Elemente, der Tiere und des Menschen. Dann werden Eva und Adam aus dem Paradies vertrieben. Noah erbaut die Arche, die vierzig Tage Sintflut übersteht. Später legt Noah einen Weinberg an, darüber wölbt sich ein Regenbogen als Zeichen dafür, dass Gott nun mit der Entwicklung des Menschen einverstanden ist. Auf einem Bild sieht man sogar, wie Noah betrunken am Weinberg schläft. Der Turmbau zu Babel ist dargestellt, Sodom und Gomorrha sind stark verblasst. In der fünften Zeile zieht Moses in gelobte Land. Der Tanz ums Goldene Kalb wird mit einem Erdrutsch bestraft, Gott läßt die Rädelsführer in einer Erdspalte verschwinden. Im letzten Bild in der fünften Zeile erreichen einige Menschen das gelobte Land: So erfüllt sich all das, was Moses dem Volk versprochen hatte. Die unteren fünf Zeilen sind dem Neuen Testament gewidmet. In der sechsten Zeile sieht man den Werdegang Marias und die Geburt Jesus. Die siebente Zeile zeigt Maria, Joseph und Jesus in Ägypten, ab Zeile neun wird die Leidensgeschichte von Jesus gezeigt. Die unterste Zeile behandelt das Grablegen und Auferstehen von Christus, Christi Himmelfahrt, die Ausgießung des Heiligen Geistes sowie das Jüngste Gericht.

Blatt-, Blumen- und Tierornamente zieren die Bilder wie ein Rahmen. Im unteren Teil befinden sich zwei böhmische Wappen sowie die Jahreszahl 1472. Weiter links sieht man den Stifter höchstselbst mit einer Waage in der Hand. Vor ihm stehen zehn offene Säcke, darunter sein Name: Jacob Gürtler.

Es ist nicht bekannt, welcher Künstler das Große Zittauer Fastentuch schuf. Alle Dokumente, die Auskunft hätten geben können, vernichtete ein Stadtbrand im Jahr 1757. Man vermutet den Meister im Zittauer Franziskanerorden. In den ersten 200 Jahren seines Bestehens verhüllte das kunstvolle Leinen in der vorösterlichen Zeit den Altar in der Zittauer Hauptkirche St. Johannis.

Vor dem Fastentuch und in der Sakristei befinden sich laminierte Exemplare des Buches ›Die Zittauer Bibel‹, die jedes Motiv zeigen und einzeln erklären. Auch die frühneuhochdeutschen Begleittexte werden übersetzt. Auf deren Inhalt hat der Zittauer Rat Einfluss genommen. Eine Fotografie zeigt das Fastentuch im Jahr 1907.

Das Kleine Zittauer Fastentuch wird übrigens im Kulturhistorischen Museum Franziskanerkloster aufbewahrt und kann dort besichtigt werden.

Zu den Attraktionen der Stadt zählt auch die mit Dampflokomotiven betriebene **Schmalspurbahn** – Spurweite 750 Millimeter – ins Zittauer Gebirge, die seit 1890 verkehrt. Ab Bertsdorf – Umsteigemöglichkeit, dort lädt im Bahnhof auch ein Erlebnisrestaurant ein – existieren zwei Streckenabschnitte, einer mit Zielbahnhof Oybin, der andere führt nach Jonsdorf. Die Zittau-Oybin-Jonsdorfer Eisenbahn (Z.O.J.E.) wird von den Einheimischen auch liebevoll als ›Zug ohne jegliche Eile‹ bezeichnet, denn für die gut zwölf Kilometer nach Oybin oder Jonsdorf benötigt der Zug knapp eine Stunde.

Von Zittau führt der Oder-Neiße-Radweg zum Dreiländereck und weiter nach Hartau mit Fußgänger- und Radfahrergrenzübergang ins Böhmische. Von Zittau bis Hartau ist man mit dem Fahrrad etwa 30 Minuten unterwegs. Auf der böhmischen Seite lädt der Kristinensee (Kristýna) zum Baden ein. Das Paradies entstand ab den 1970er Jahren aus einer zwölf Hektar großen Braunkohlengrube.

Zittau

Vorwahl: 03583.

Tourismuszentrum, Markt 1 (Rathaus), Tel. 752200, www.zittau.eu. Rathausführung mit Besichtigung Mi 15 Uhr, Stadtführung entlang des Zittauer Kulturpfades Mo, Di und Do 14 Uhr (März–Okt.), Sa 11 Uhr (ganzjährig). Treffpunkt an der Touristinformation. Führung durch Keller und Gewölbe am Zittauer Markt – ›Ein Ausflug in die Unterwelt‹ (jeden 2. Sa 10 Uhr) sowie ›Sagenhaft‹, eine mittelalterliche Stadtführung (jeden Sa abend). Alle wichtigen Baudenkmäler sind Bestandteil des Zittauer Kulturpfades; kostenloser Plan in der Touristinformation.

Schmalspurbahn: Sächsisch-Oberlausitzer Eisenbahngesellschaft mbH, Kundenbüro Zittau, Bahnhofstr. 41, Tel. 540540, www.soeg-zittau.de.

Häufig über Löbau und Bautzen nach Dresden sowie über Görlitz nach Cottbus und Berlin, auch nach Tschechien in Richtung Liberec und Varnsdorf. Ins Zittauer Gebirge, nach Jonsdorf und Oybin, fährt fahrplanmäßig mehrmals tgl. eine dampflokbetriebene Schmalspurbahn, www.soeg-zittau.de.

Mehrmals tgl. in alle Ferienorte des Zittauer Gebirges.

Hotel Dreiländereck (€€), Bautzner Str. 9, Tel. 5550, www.hotel-dle.de. In bester Lage nahe dem Markt in einem rekonstruierten Altbau, mit Restaurant, Konditorei, Brasserie und Rosengarten. Nicht klimatisiert, in den Zimmern unterm Dach im Sommer mitunter sehr warm.

Pension und Gasthaus Zur Lokomotive (€), Eisenbahnstr. 35, Tel. 511251, tgl. 11–14 und 17–01 Uhr. Zimmer im Stil der 1920er Jahre.

Ferienwohnung Familie Mauke, Neustadt 17 (am Salzhaus), Tel. 512061. Im italienischen Stil mit Dachterrasse und Küche, tgl. ab 11 Uhr.

Historisches Wirtshaus Dornspachhaus, Bautzner Str. 2, Tel. 795883, www.dornspachhaus.de; tgl. ab 11 Uhr. Ideal zum Feiern und für Reisegruppen ist der Ritterkeller von 1250.

Restaurant Zum Alten Sack, Neustadt 47 (im Marstall), Tel. 540459, www.zumaltensack.de, tgl. 11–24 Uhr.

Reichhaltige Oberlausitzer Küche, auch Biergarten und Café.

Kultuhr, Karl-Liebknecht-Ring 9, Tel. 700479, www.kultuhr-kneipe.de. Bierkneipe und Speiselokal in den historischen Räumen der Fischerbastei, idyllischer Biergarten, sieben Fassbiere, tgl. ein sehr preiswertes Mittagsgericht, tgl. 11.30–14 und 17–01 Uhr.

Bar & Café Filmriss, Markt 8, Di–Do 12–22, Fr/Sa bis 24, So 14–18 Uhr; viele Filmplakate und historische Vorführgeräte, raffinierte Cocktails, Freiluftplätze mit Rathausblick.

Museum Kirche zum Heiligen Kreuz (Dauerausstellung Großes Zittauer Fastentuch), Frauenstr. 23, Tel. 5008920, April–Okt. tgl. 10–17 Uhr, sonst Di–So bis 17 Uhr. Führungen um 10, 11, 13, 14, 15 und 16 Uhr (mit Audioguide kostenlos), www.zittauer-fastentuecher.de.

St. Johanniskirche, Aussichtsturm: Mo–Fr 12–18, Sa/So 10–16 Uhr, Nov.–März Mo–Fr 10–16.30, Sa/So 10–16 Uhr.

Kulturhistorisches Museum Franziskanerkloster (Dauerausstellung Kleines Zittauer Fastentuch) sowie Freilichtmuseum Klosterhof, Klosterstr. 3, tgl. 10–17 Uhr, Nov.–März Mo geschlossen.

Tierpark Zittau, Weinaupark 2a, tgl. April–Okt. 9–18 Uhr, sonst bis 15.30 Uhr.

Stadtbad, Töpferweg 1, Tel. 79690960, www.stadtbad.zittau.de Spätklassizistischer Komplex mit Sportschwimm- und Bewegungsbecken sowie Saunen und Gewölbedecke. ›Vollmondsauna‹ an dem Fr, wenn der Vollmond am nächsten ist. Wegen häufiger Wettkämpfe besser vorher auf die Internetseite schauen und dort aktuelle Öffnungszeiten abrufen.

Olbersdorf bei Zittau ist alljährlich Start- und Zielpunkt des Zittauer Gebirgslaufes (Ende April), www.gebirgslauf.de.

›Musik in St. Johannis‹ ist eine beliebte Orgelkonzertreihe im Sommer.

Olbersdorf

Zwischen Zittau und dem gleichnamigen Gebirge liegt die Gemeinde Olbersdorf. Der Ort selbst ist fast 700 Jahre alt, nahezu 200 Jahre wurde er von der Kohle geprägt. Ab dem Jahr 1800 vollzog sich die Förderung im Unter- wie auch im Obertagebetrieb, sie wurde noch durch einen Beschluss des DDR-Ministerrats 1990 eingestellt. Bis dahin hatten dem wichtigsten Wirtschaftszweig des Ortes die neogotische Kirche von 1883 und das sogenannte Niederdorf weichen müssen. Nach 1990 wurden umfassende Sanierungsarbeiten durchgeführt, 1999 fand auf dem Gelände unter dem Motto: ›Landschaft nach dem Bergbau‹ die 2. Sächsische Landesgartenschau statt. Das rekultivierte Braunkohle-Tagebaurestloch verwandelte sich in einen 60 Hektar großen und bis zu 37 Meter tiefen See. Ein **Lehrpfad** mit Schautafeln rund um das neugeborene Gewässer erläutert den Wandel.

Am Nordufer stehen das Hotel Haus am See (Tel. 03583/5548100) und das Erlebnisrestaurant mit Biergarten ›Captain Hook‹. Hier befinden sich auch ein

▲ Karte hintere Umschlagklappe

weitläufiger **Badestrand** sowie ein **Campingplatz** für Zelte und Wohnmobile (Tel. 03583/696292, www.sachsen-camping.de). Am schönsten ist der Blick vom Nordufer über den See hin zu den Höhen des Zittauer Gebirges.

Das nordwestlich benachbarte Dorf **Hörnitz** besitzt ein prächtiges **Schlosshotel** inmitten eines Parks, Doppelzimmer gibt es ab 120 Euro, im Neubau ab 95 Euro (Tel. 03583/5500, www.schlosshotel-althoernitz.de).

Der **Koitsche** ist zwar mit 375 Metern nur ein Zwerg von einem Berg, doch als Aussichtspunkt übertrumpft er die meisten höheren Nachbarn. Bei entsprechendem Wetter hat man gleich vier Gebirge im Blickfeld: Zittauer Gebirge, Jeschkenkamm, Iser- sowie Riesengebirge. Eine Panoramaaussicht bietet sich auch auf den Olbersdorfer See mit der Stadt Zittau. Das Berggasthaus wirbt mit ›Balkonplätzen‹ auf der schattigen Terrasse. Neben dem Gasthaus gibt es auch Fremdenzimmer (€€, Tel. 03583/50380, www.koitsche.de).

Seifhennersdorf

Das langgestreckte Dorf Seifhennersdorf darf sich erst seit 1974 Stadt nennen. Viele Jahre befand sich hier, im Südostzipfel der ehemaligen DDR, der einzige Straßengrenzübergang zum südlichen Nachbarn. Heute geht es hier eher geruhsam zu. Größter Arbeitgeber ist die C. Bechstein Pianofortefabrik AG.

Um den Tourismus anzukurbeln, wurde der Räuberhauptmann Karasek ins rechte Licht gerückt, das Stadtmuseum in **Karasek-Museum** umbenannt. Tatsächlich finden sich im Städtchen und seiner Umgebung viele Orte, an denen seine Anwesenheit dokumentiert ist. In Gerichtsakten aus dem 18. Jahrhundert wird Johannes Karasek (1764–1809) als ›Diebstähler, Schalk und boshafter Bösewicht‹ bezeichnet, das Volk sah in ihm eher einen Robin Hood der Lausitz. Karasek war nicht nur ein verwegener Dieb, sondern oft adrett gekleidet und redegewandt – was besonders die Frauen beeindruckte.

Die unübersichtliche Grenze, verworrene politische Verhältnisse und mehrere Gebietswechsel zwischen Sachsen und Böhmen begünstigten das Schmugglerwesen. Das Museum erinnert daran, sehenswert sind auch original eingerichtete Bauern-, Schlaf- und Weberstube (um 1800), Exponate zur Stadtgeschichte, Geologie und zum Bergbau.

In der **Kreuzkirche** (1936) befindet sich eine Schuster-Orgel. Zu den schönsten **Umgebindehäusern** zählen die ehemalige Faktorei in der Rumburger Straße 46a mit langer Freitreppe und barockem Türstock von 1754, das Haus in der Rumburger Straße 10 mit einem klassizistischen Türstock sowie das Haus im Mittelmühlweg 14, das mit prächtigem Ornamentschmuck am Türblatt und geschnitztem Holztürstock beeindruckt.

Im Stadtteil Läuterau im Mandautal verstecken sich viele schöne Umgebindehäuser, darunter das **Puppenmuseum** mit 1500 Puppen und 50 Puppenstuben.

Das **Wald- und Erlebnisbad Silberteich** liegt drei Kilometer nördlich der Stadt am Wanderweg nach Neugersdorf. Die Anlage entstand Anfang der 1930er Jahre als Sport- und Parkanlage auf zehn Hektar. Neu hinzugekommen ist das Kindererholungszentrum ›Querxenland‹ – Querxe heißen hier die Bergwichte. **Naturlehrpfad** und **Karasek-Ringweg** führen über je 4,5 Kilometer um Seifhennersdorf, Schautafeln informieren über Fauna und Flora sowie das Leben des Räuberhauptmanns.

Der Oder-Neiße-Radweg

So viel Ruhe und Natur abseits des Massentourismus, dazu überwiegend autofreie Wege, kann keine andere Radroute in Deutschland bieten. Gleichzeitig brauchen Radler auf dem Oder-Neiße-Radweg nicht auf Kultur zu verzichten: Experten halten Görlitz für die schönste Stadt Deutschlands, und der Muskauer Park bereichert seit dem Jahr 2004 die Weltkulturerbeliste der UNESCO.

Von Tschechien führt der markierte Weg nach 60 Kilometern teilweise entlang der Neiße über Hartau schnell ins sächsische Zittau, weiter nach Görlitz, dann zumeist durch scheinbar weltabgeschiedene Natur über Bad Muskau und Forst nach Frankfurt (Oder). Ein Alternativschlenker ist vom Spitzkrugmulticenter (SMC) nach Lebus ausgewiesen. Etwas holprig, dafür ganz ohne Lärm, führt der Weg durch die schöne Landschaft wieder an die Oder. In Reitwein stehen noch herrliche alte Alleebäume am Deich. Dörfler und Umweltschützer hatten sich an Linden, Ahorne und Eichen gekettet, um deren Erhalt zu erzwingen. Die Behörden wollten den Kahlschlag, weil die Baumwurzeln angeblich Sicherheitsprobleme bereiten.

Schafe sind die sanften Helfer bei der Deichpflege, ihr unersättlicher Appetit hält den Bewuchs kurz. Schäferei ist in Mitteleuropa allerdings ein Zuschussgeschäft geworden. Nur dank Subventionen und Vertragsnaturschutz sieht man die Schafe hier überhaupt noch. Zollbrücke ist ein freundlicher Platz direkt hinterm Deich. Hier stehen noch mehrere kleine Fachwerkhäuschen, wie sie früher für das Oderbruch typisch waren. An schönen Tagen belegen Skater und Radler die Freiluftplätze vor dem Gasthaus Zollbrücke, auf den Dachfirsten trainiert der Storchennachwuchs An- und Abflug, Stolzieren und Klappern. Bei Hohensaaten passieren wir die südliche Grenze des Nationalparks Unteres Odertal: Mit Auwaldresten, Alt- und Totarmen, Feuchtwiesen, Trockenrasen und steilen Hängen findet der Besucher hier noch eine intakte Artenvielfalt vor. Nicht nur für Störche scheint der Tisch reich gedeckt, auch Kraniche, Graureiher, Wildgänse und Schwärme von Kiebitzen fühlen sich wohl.

Nördlich von Gartz, bei Mescherin, schwenkt die Oder auf polnisches Gebiet. Der Oder-Neiße-Radweg verläuft auf deutscher Seite weiter. Separate Fahrradwege sind ab jetzt die Ausnahme. Vom Badesee Damitzow führt eine vierreihige Kastanienallee auf grobem Kopfsteinpflaster Richtung Mecklenburg-Vorpommern. So ähnlich könnte es hier schon im Mittelalter ausgesehen haben. Ab Hintersee wurde der ehemalige Damm der Randower Kleinbahn auf über zehn Kilometer zum herrlichen Radweg umgewandelt.

Unterwegs auf dem Oder-Neiße-Radweg

Am Oderhaff mit feinem Sandstrand und klassischen Sonnenuntergang, dem Endpunkt des Radweges, ist die Illusion von Ostsee perfekt.

Informationen: www.oder-neisse-radweg.de.

Seifhennersdorf

Vorwahl: 035 86.

Touristinformation im Karasek-Museum, Nordstr. 21a, Tel. 45 15 67, www.karaseks-revier.de.

Windmühle Seifhennersdorf (€), Neugersdorfer Str. 7, Tel. 34 09 80, www.windmuehle-seifhennersdorf.de. Mit großen und behindertengerechten Gästehäusern.

Kindererholungsland Querxenland (€-€€), Viebigstr. 1, Tel. 451 10, www.querxenland.de. Schullandheim, Freizeitpark und Abenteuerspielplatz.

Karasek-Museum, Nordstr. 21, Tel. 40 60 75, Di-Fr 9-12 und 13-16.30, So 13-16.30 Uhr.

Puppenmuseum, An der Läuterau 11, Tel. 40 60 75, Mi 10-12 und 14-18, So 14-18 Uhr.

Hainewalde

Das Dorf streckt sich im Tal der Mandau, sieben Kilometer westlich von Zittau. Viele **Umgebindehäuser**, eine prächtige **Dorfkirche** im Barockstil und vor allem die **Canitz-Kyawsche Gruftkapelle** von 1715 sind die Anziehungspunkte. Der quadratische barocke Gruftbau besitzt angedeutete Säulen, hohe Volutengiebel und mehrere meisterhafte allegorische Figuren, so als Dachkrönung ein Engel des Gerichtes mit Posaune. Als Baumeister wird Franz Bühner aus Gabel (Jablonec nad Nisou) vermutet. Die Gruftkapelle gilt als wertvollstes Beispiel barocker Grabmalkunst der Lausitz.

Das Wasserschloss

Das **Neue Schloss** wurde von 1749 bis 1753 errichtet, 1883 umgebaut, derzeit ist es nur notgesichert (Besichtigungstermine im Internet: www.schloss-hainewalde.de). Gegenüber steht das **Wasserschloss**, auch als Torhaus bekannt. Es wurde 1533 bis 1576 im Renaissancestil erbaut und in den Jahren bis 1998 rekonstruiert. Es befindet sich in Privatbesitz; man kann es nur von weitem anschauen.

In der Talstraße von Hainewalde in Richtung Großschönau führt die ›Himmelsbrücke‹ über die Mandau.

Wanderung von Hainewalde auf den Breiteberg und zurück

Die bewaldete Phonolithkuppe des Breiteberges (510 Meter) erhebt sich südlich des Dorfes und liegt ungefähr 200 Meter über dem Tal der Mandau. Die markierte Aufstiegsroute (roter Punkt) führt am Bahnhof Hainewalde vorbei. Seit 1881 befindet sich auf dem Gipfel ein Berggasthaus (Mi-So 11-22, Sa 11-24 Uhr, Tel. 035841/35666, http://breitebergbaude.de). Der hölzerne Ausguck wurde 1936 durch einen massiven Turm ersetzt. Bei günstiger Witterung kann man vom 13 Meter hohen Turm bis zur 60 Kilometer entfernten Schneekoppe schauen, sieht

Jeschken und Valtenberg. Der Turm erhielt den Namen Dr. Curt Heinke zum Gedenken an den 1934 tödlich verunglückten Geologen, der die Südlausitz erforschte.
Länge: 4 Kilometer.

Großschönau

Großschönau, das 1352 erstmals urkundlich erwähnt wurde, ist in das Tal der Mandau gebettet. Im Jahr 1666 kehrten zwei junge Großschönauer Leineweber von einer Reise aus Holland heim. Dort hatten sie die geheime Technik des Damastwebens studiert und begannen mit der Produktion in der Oberlausitz. Die Herstellung von Damast – das sind gewebte filigrane Bilder nach orientalischem Muster, denen die Stadt Damaskus den Namen gab – entwickelte sich schnell zum wichtigsten Erwerbszweig. Um das jeweilige Muster vom Milimeterpapier in den Webstuhl ›einzulesen‹, waren bis zu neun Monate nötig. Für zwanzig Zentimeter Damast wurden danach noch dreizehn Arbeitsstunden veranschlagt; ein wahrer Luxusartikel.

Im 18. Jahrhundert zählte Großschönau zu den größten Damastproduzenten Europas, etwa 1000 Webstühle waren in Betrieb. Zum Kundenkreis gehörten Klöster und Kirchen, für die man Altardecken herstellte, aber auch namhafte Adelshäuser, die sich in Großschönau Servietten und Tafeltücher mit Wappen weben ließen. 1805 erfand der Franzose Joseph-Marie Jacquard die nach ihm benannte Jacquardmaschine mit Lochkarte, die komplizierte Muster automatisch umsetzt. Die billigere Jacquardware wurde ab 1834 auch in Großschönau hergestellt und ersetzte größtenteils den echten Damast. 1856 ratterte in Großschönau der erste Frottierwebstuhl Deutschlands. Noch heute kommt Markenware aus den beiden Betrieben Frottana (Möve) und Damino, wo Sie sich im Fabrikverkauf in Großschönau preisgünstig damit eindecken können.

Im Damast- und Frottiermuseum

Gegenüber der barocken **Kirche** (1705) am anderen Mandauufer beleuchtet das **Deutsche Damast- und Frottiermuseum** die große Vergangenheit Großschönaus. Das Kupferhaus, eine ehemalige Damastmanufaktur aus dem Jahr 1807, birgt unter seinem Dach einzigartige Schätze. Dazu gehören kostbare Altartücher aus dem 18. und 19. Jahrhundert, die es in keinem anderen Museum zu sehen gibt. Im Raum mit bemalter Holzdecke (1705) sind die ältesten datierten deutschen Leinenendamaste sowie ein Altartuch von 1709 aus der Lückendorfer Kirche ausgestellt. Zu den technischen Raritäten zählt der funktionstüchtige Damastwebstuhl von 1835, dessen Handhabung erst wieder enträtselt werden musste, da aus Konkurrenzgründen keine Bedienungsanleitungen überliefert waren und die Produktion seit 1873 ruhte. Inzwischen wurden damit bereits mehrere Servietten neu ge-

▲ Karte hintere Umschlagklappe

webt. Hier steht auch der letzte Frottierhandwebstuhl Deutschlands. Drei bis vier Stunden Arbeit waren für ein Handtuch nötig, 13 Arbeitsstunden am Tag die Regel. In der vergrößerten textiltechnischen Ausstellung können Sie knapp 30 Maschinen begutachten, einige werden während der Museumsführung in Betrieb genommen.

Sehenswert sind weiterhin die zahlreichen schönen **Umgebindehäuser** an der Ufern der Mandau. Der **Trixi-Park** entstand aus dem ehemaligen Großschönauer Waldstrandbad und dem Campingplatz und umfasst eine Schwimmhalle mit Saunen- und Wellnesslandschaft sowie eine Ferienhaussiedlung.

Großschönau

Vorwahl: 03 58 41.

Touristinformation: siehe Erholungsort Waltersdorf; Infos zum Ort unter www.grossschoenau.de.

Ferienhaus Hahmanns Häusl (€€), Theodor-Haebler-Str. 70, Tel. 358 14, www.umgebindehaus-ferien.de. Stilvolle Vier-Sterne-Kategorie in einem Umgebindehaus.

Gaststätte Am Heimatmuseum, Schenaustr. 2, Tel. 353 88, Di, Mi und Fr 17–23, Sa/So 11–14 und 17–23 Uhr. Schöner Biergarten.

Trixi-Park Zittauer Gebirge mit Ferienhaussiedlung (€€), Jonsdorfer Str. 40, Tel. 63 10, www.trixi-park.de.

Gasthof Zur Weberstube, Theodor-Haebler-Str. 38, ab 17 Uhr (außer Mi); im Umgebindehaus unterhalb der Kirche.

Deutsches Damast- und Frottiermuseum, Tel. 354 69, Mai–Okt. Di–So 10–12 und 14–17 Uhr, Nov.–April Di–Fr 10–12 und 13–16 Uhr, jedes 1. und 3. Wochenende im Monat 13–16 Uhr, www.ddfm.de.

Motorrad-Veteranen und Technik-Museum, David-Goldberg-Str. 27, Tel. 388 85, www.motorrad-veteranen-museum.de. April–Okt. Di–Fr 10–12 und 13–15, Sa/So 10–12 und 13–17 Uhr.

Betriebsverkauf Frottana, Waltersdorfer Str. 54, Mo–Fr 9–18, Sa 9–16 Uhr. Betriebsführung jeden Di 10 Uhr.

Erholungsort Waltersdorf

Das typische Straßendorf streckt sich über drei Kilometer am Nordostfuß der Lausche entlang, liegt an der Grenze zu Tschechien und ist aus Zittau und Großschönau mit dem Auto oder Linienbus schnell zu erreichen. Der Ort gilt als der schneesicherste der Lausitz – die Lausche ist mit 793 Metern der höchste Berg Deutschlands östlich der Elbe. Im Ort stehen fast ausnahmslos **Umgebindehäuser**, insgesamt sind es 230. Viele besitzen reichgeschmückte Türstöcke (Türeinfassungen) aus Waltersdorfer Sandstein, die zumeist im Barock- und Rokokostil ausgeführt sind.

In einer Wassermühle nahe der Kirche lädt das **Volkskunde- und Mühlenmuseum** ein. Man kann eine Bauern- und Weberstube, die Getreidemühle und das Gedenkzimmer an den in Waltersdorf geborenen Komponisten Friedrich Schneider (1786–1853) im Biedermeierstil besichtigen. In der barocken **Dorfkirche** (1729) beeindruckt insbesondere die barocke Orgel des Zittauer Meisters

Schmucke Umgebindehäuser prägen Waltersdorf

Tamitius, einem Orgelbauer der Silbermannschule.
Alpine Abfahrtsläufer bevölkern bei guten Schneeverhältnissen die Abfahrtshänge mit Ski-Schlepplift an der Lausche, Anfänger steigern ihre Fähigkeiten auf der Eisgasse zwischen Otto- und Weberberg. Auch hier steht ein Lift bereit. Skilangläufer nutzen die gespurten Loipen um Lausche und Weberberg.

Wanderung von Waltersdorf zum Gipfel der Lausche

Die Wache ist mit 570 Metern der höchste Punkt von Waltersdorf. Sie wurde erstmals 1418 erwähnt, und hier baute man die ersten Häuser der neuen Siedlung. Sie dienten anfangs als Zollgebäude, denn ab 1663 verlief hier eine wichtige Passstraße nach Böhmen, heute ein beliebter Wanderweg zum südlichen Nachbarn. Das größtenteils auf böhmischer Seite liegende Lausche-Hochmoor ganz in der Nähe wurde als grenzüberschreitendes Naturschutzprojekt renaturiert.
Der Weg von der Wache zum Lauschegipfel führt anfangs durch Mischwald, später durch Buchenhochwald. Am Hickelstein verlassen wir den Hauptweg. Hier befindet sich der Lauscheborn. Die Quellfassung wurde 1826 zur Trinkwasserversorgung der Lauschebaude notwendig. Der Transport auf den Gipfel erfolgte in Fässern mit Eseln.
Das Landschaftspanorama auf dem Lauscheplateau ist bei günstiger Witterung überwältigend und wird mit Aussichten von der Schneekoppe, dem Brocken oder dem Milleschauer verglichen. Markant ragen die Phonolithkuppen des Böhmischen Mittelgebirges und der Jeschken mit dem Fernsehturm empor, im Osten erblickt man die Höhenzüge von Iser- und Riesengebirge.
Nur Fundamentreste blieben vom einstigen Berggasthof erhalten, er fiel im Januar 1946 einem Brand zum Opfer. Die böhmisch-sächsische Grenze markierte die Mitte des Gastraumes. Heute steht die Lausche unter Naturschutz.
Länge: 2 Kilometer.

▲ Karte hintere Umschlagklappe

Erholungsort Waltersdorf

Vorwahl: 03841.

Touristinformation Waltersdorf, Hauptstr. 28, Tel. 2146, www.erholungsort-waltersdorf.de.

Familienhotel Hubertusbaude (€€€), An der Lausche 4, Tel. 6320, www.hubertusbaude.de.

Rübezahlbaude (€€), Hauptstr. 165, Tel. 33999, www.ruebezahlbaude.de.

Wanderhotel Sonnebergbaude (€€), Hauptstr. 154, Tel. 3300, www.sonnebergbaude.de. Beliebtes Umgebindehaus unterm Lauschegipfel.

Gasthof Auf der Heide (€€), Hauptstr. 120, Tel. 3060, www.gasthof-aufderheide.de.

Landgasthof und Familienhotel Quirle-Häusl (€€), Hauptstr. 51/52, Tel. 606060, www.quirle.de. Umgebindehaus mit Weinkeller, Fahrradverleih.

Jugendherberge (€), Am Jägerwäldchen 2 (Bertsdorf-Hörnitz), Tel. 35099, www.jh-waltersdorf.de.

Campingplatz Lauscheblick, Ortsteil Saalendorf, Nr. 5, Tel. 36357 (Mai–Sept.).

Volkskunde- und Mühlenmuseum, Dorfstr. 89, Tel. 72827, Di–Sa 10–12 und 13.30–16.30 Uhr, Mai–Okt. auch So 13.30–16.30 Uhr.

Sonnenwendfeier (Juni), Waltersdorfer Schiss'n (Juli).

Luftkurort Jonsdorf

Der älteste Luftkurort der Oberlausitz – bereits seit 1934 ist Jonsdorf staatlich anerkannt– liegt etwa auf halbem Wege zwischen Waltersdorf und Oybin, an der Grenze zu Tschechien. Hier befindet sich eine der beiden Endhaltestellen der Schmalspurbahn aus Richtung Zittau.

Zum Ortsbild gehören die vielen **Umgebindehäuser**. Ein großer Anziehungspunkt sind die Jonsdorfer **Mühlsteinbrüche**, Denkmal- und Naturschutzgebiet, südlich des Kurortes. Unweit des bekannten Gasthofes ›Gondelfahrt‹ steht ein großer Parkplatz zur Verfügung. Ab hier können Gäste eine vielfältige Landschaft aus Felsen, Gängen, Klüften und reichhaltiger Flora erleben. Der **Naturlehrpfad** wurde mit 70 Nummernschildchen versehen, die entsprechende Begleitbroschüre hält das Fremdenverkehrsamt bereit. Mit dem Heftchen in der Hand wird man zu den Pulverkammern oder dem einstigen Schnapslager geführt. In der Steenbruchschmiede (Steinbruchschmiede) wurde einst das Werkzeug der Steinbrecher bearbeitet. Der Steinbruch war von der Mitte des 16. Jahrhunderts bis 1922 in Betrieb und hatte wegen der hier abgebauten Mahlsteine mit herausragender Qualität überregionale Bedeutung. Sie wurden auch nach Rußland und England geliefert. Aus jener Zeit stammen auch die Steinkränzel, die heute noch einige Wohnhäuser, das Gemeindeamt und die Kirche schmücken. Geschickte Leute meißelten sie aus Mühlsteinwellen oder dem Achslochabfall. Es entstand eine einzigartige Feierabendkunst, die in der erzgebirgischen Holzschnitzkunst bei weit leichter zu bearbeitendem Material ihre Parallele hat.

Vom Gasthof ›Gondelfahrt‹ mit Parkplatz führt der markierte Weg in die Jonsdorfer Felsenstadt. Die Kunstwerke

Am Schmalspurbahnhof Jonsdorf

der Natur tragen Namen wie Teekanne, Zwerg und Dackel. Anstrengend ist der Pfad zur Aussicht Alpensteig, danach kommt man an der Großen und Kleinen Orgel aus Säulensandstein vorüber, den interessantesten geologischen Sehenswürdigkeiten. Weiter führt der Weg in die Mühlsteinbrüche, nahe der Jugendherberge erreicht man wieder Jonsdorf. Diese Tour nimmt etwa zwei Stunden in Anspruch.

Vom Gasthof ›Gondelfahrt‹ führt auch ein Weg Richtung Waltersdorf über Zigeunerstuben und Nonnenfelsen. In den Zigeunerstuben sind die eisenerzbesetzten steilen Sandsteinwände eine Besonderheit. Auf dem Nonnenfelsen werden Besucher mit einer schönen Aussicht auf Jonsdorf belohnt. Die Bergbaude Nonnenfelsen ist von April bis Oktober täglich ab 10 Uhr – von November bis März nur Sa/So 10–17 Uhr – geöffnet (Tel. 035844/76300). Die in einem Zug paarweise schreitenden, von Schleiern umwehten steinernen Nonnen erkennt man am besten vom Gasthof ›Gondelfahrt‹ im Tal.

Der Klettersteig (Abzweig Gondelfahrt/Weg zum Nonnenfelsen) ist 400 Meter lang, man überwindet bis zum Nonnenfelsen einen Höhenunterschied von 100 Metern. Das Begehen ist nur mit Klettersteigausrüstung von Mai bis November erlaubt. Einige schwierige Abschnitte, so ein großer Überhang mit wenig Steighilfen und ausgesetzte Quergänge, erfordern bereits Bergerfahrung.

Von Mitte Mai bis Anfang September lädt die **Waldbühne** Jonsdorf (1953/54) mit Naturkulisse zu verschiedenen Aufführungen ein. Jonsdorf besitzt auch ein Gebirgsfreibad, dessen Badewasser von Sonnenkollektoren erwärmt wird.

Das Jonsdorfer **Schmetterlingshaus** nahe des Freizeit- und Eissportzentrums ist eine tropische Miniaturwelt unter Glas. In der Flughalle flattern rund 300 exotische Schmetterlingsarten.

■ Wanderung von Jonsdorf nach Oybin

Am Jonsdorfer Bahnhof führt der gelb markierte Wanderweg in den östlich benachbarten Kurort Oybin. Bis zur halben Höhe des Jonsberges ist die Wanderung etwas anstrengend, dann verläuft der breite Fahrweg längere Zeit auf gleichem Niveau. Dabei lassen Lichtungen reizvolle Aussichten ins Oberlausitzer Land zu. Bald erreichen wir auch eine Wegkreuzung, von wo der Jonsberg zu erklimmen ist. Durch Fichtenhochwald, im Ostbereich des Jonsberges, gelangen wir auf dem leicht abschüssigen Thomasweg zu den Thomassteinen, auffälligen Sandsteinformationen. Bis Oybin ist es jetzt nicht mehr weit.
Länge: 5 Kilometer.

i Luftkurort Jonsdorf

Vorwahl: 035844.

Tourist-Information Jonsdorf, Auf der Heide 11, Tel. 70616, www.jonsdorf-kurort.de.

▲ Karte hintere Umschlagklappe

Schmalspurbahn Zittau–Jonsdorf, Fahrplan: www.soeg-zittau.de.

Tgl. mehrere Linienbusse von und nach Zittau.

Gasthof Gondelfahrt (€€), Großschönauer Str. 38, Tel. 7360, www.hotel-gondelfahrt.de. Mit schönem Blick zum Nonnenfelsen, Gondelteich mit Bootsverleih, Biergarten, Swimmingpool, Sauna. Hotelgäste können sich einen Fisch angeln und anschließend im Restaurant verzehren.

Hotel Kurhaus (€€), Auf der Heide 9, Tel. 7110, www.kurhaus-jonsdorf.de. In der Ortsmitte, Restaurant mit Freiluftplätzen.

Hotel Gasthof Dammschenke (€€), Großschönauer Str. 65, Tel. 72777, www.dammschenke.de. Gasthof in einem rekonstruierten Umgebindehaus im Zentrum.

Romantikhäuser Lindengarten und Immergrün (€€–€€€), Großschönauer Str. 13/21, Tel. 70654, www.romantikhaeuser.de. Mit einem Originalnachbau des Himmelbetts von Sisi, der Kaiserin von Österreich.

Pension Zu den Mühlsteinbrüchen, Kroatzbeerwinkel 6, Tel. 70428.

Pension Im Kroatzbeerwinkel, Kroatzbeerwinkel 3, Tel. 70528.

Jugendherberge Dreiländereck (€), Hainstr. 14, Tel. 72130.

Café & Konditorei Paulenz (über der Tür steht allerdings der Name Jung), unterhalb der Dammschenke in einem Umgebindehaus mit Freiluftplätzen.

Freizeit- und Eissportzentrum, Zittauer Str. 120, Tel. 72277.

Klettersteig am Nonnenfelsen, Infos Herr Schädel, Tel. 70136.

Weberstube, Lindenweg 4, Tel. 72040, Mo/Sa 9–12, Di/Do 14–17, Fr 14–18 Uhr.

Steinbruchschmiede, Führung mit Besichtigung ganzjährig Mo 9 Uhr.

Jonsdorfer Schmetterlingshaus, Zittauer Str. 24, tgl. 10–18 Uhr; Tropenhaus mit etwa 300 Schmetterlingen, großem Seeaquarium mit Nachbildung eines Südseeriffs sowie einer Cafeteria.

Kurort Oybin

Oybin liegt zwölf Kilometer südlich von Zittau an der Grenze zu Tschechien und ist auch mit der Schmalspurbahn von Zittau zu erreichen. Von weitem erinnert der imposante Sandsteinfelsen Oybin an einen versteinerten Bienenkorb. Die Burg- und Klosteranlage auf dem Bergplateau ist heute ein attraktives Freilichtmuseum. Auch im Winter ist es geöffnet, denn die Wege werden für Besucher ständig schnee- und eisfrei gehalten. Deshalb gilt der Oybin während der Winterzeit auch als der am besten zugängliche Gipfel im Zittauer Gebirge.

Die Stufen führen an der **Bergkirche** vorbei. Sie ist innen und außen ein Kleinod und als Hochzeitskirche bekannt. Teile wurden in den Fels gehauen, der Fußboden besteht ebenso wie der Altartisch und die westliche Wand aus anstehendem Sandstein. Da die Kirchengemeinde kein Geld hatte und sich keinen echten Marmor leisten konnte, wurde er aus Holz und Farbe imitiert. Über der Kanzel erstrahlt das Auge Gottes, die schlichten Malereien an den Emporen und der Holzdecke zeugen vom Geschick des Malers Kuno aus Zittau. Die Bänke sind wie in einem Hörsaal angeordnet. Kunstkenner genießen in diesem Kirchlein regelmäßig stattfindende ›Abendmusik bei Kerzenschein‹, außerdem gibt es regelmäßig Kirchenführungen. Bis zum Beginn seiner politischen Karriere war übrigens hier der spätere sächsische Innenminister Heinz Eggert als Pfarrer tätig.

Burg und Kloster Oybin sind nur als romantische Ruinen erhalten und dennoch das bekannteste Natur- und Baudenkmal der Oberlausitz. Wahrscheinlich war das Bergplateau bereits zur Bronzezeit besiedelt.

Mit der Herrschaft des Kaisers Karl IV. begann in der zweiten Hälfte des 14. Jahrhunderts die bedeutendste Epoche. Der Regent ließ die Burg in eine repräsentative Anlage verwandeln und stiftete ein Cölestinerkloster. Am 25. Dezember 1369 weilte Karl IV. höchstpersönlich auf dem Oybin, um die Mönche im Streit mit Vertretern der Stadt Zittau zu unterstützen. Seit 1994 wird hier deshalb an diesem Tag die ›Kaiserweihnacht‹ mit Gemahlin Elisabeth und Gefolge, Krippenspiel und Chorgesang in der Klosterruine gefeiert.

Während der Hussitenzeit war der Berg Oybin einer der sichersten Orte im Königreich Böhmen. Daher wurden drei Kisten aus dem Prager Dom, die mit kostbaren Reliquien prall gefüllt waren, hier verwahrt. Die Hussiten belagerten Burg und Kloster erfolglos. Das Ende besiegelten erst die Naturgewalten. Die Chronik berichtet: »Am Sonntage Judika, war der 24. März 1577, abends 6 Uhr, da schlug bei einem heftigen Donnerwetter das Wetter ein und der Strahl zündete. Nun war es Nacht und überdies viel Schießpulver verwahrt,

Am Oybin

▲ Karte hintere Umschlagklappe

und auch sonst gefährlich, dass sich die Einwohner des Dorfes nicht hinauf wagten, obgleich anfänglich das Feuer mit geringer Mühe hätte gedämpft werden können…«

Die Dresdner Romantiker entdeckten den Oybin im 18. und 19. Jahrhundert. Auf dem Bergfriedhof fand der Maler Caspar David Friedrich Anregungen für einige seiner Bilder. Der Oybin entwickelte sich danach zu einem der beliebtesten Ausflugsziele Sachsens – er ist es bis heute. In den vergangenen Jahren floss viel Geld in die Sicherung der Ruinen und den teilweisen Wiederaufbau. Besucher können den Rittersaal und die Zisterne sowie eine Schau mittelalterlicher Heizsysteme besichtigen. In Zukunft soll der Gipfel auch für Gehbehinderte und ältere Bürger mit einem Personenlift zugänglich werden.

Zu den etwas jüngeren Attraktionen auf dem Gipfel des Oybin zählt die **Camera obscura**. Von Frühjahr bis Herbst können Besucher die Umgebung auf eindrucksvolle Art beobachten. Es gibt deutschlandweit nur drei weitere ›Cameras ohne Film‹, und die Anlage auf dem Oybin ist zugleich die lichtstärkste Europas.

Ein **Bergringweg** erschließt das Gipfelplateau und ermöglicht reizvolle Blicke ins Tal, aber auch in die benachbarte Bergwelt. Der **Berggasthof Oybin** bietet Restaurant, Rittersaal und ein Gartenlokal.

Schon seit Mitte des 19. Jahrhunderts dient die romantische Bergkulisse sommerlichen Konzerten, großer Beliebtheit erfreuen sich die alljährlich von Mai bis September stattfindenden ›Mönchszüge im Fackelschein‹.

Wanderung von Oybin auf den Hochwald

Etwa 45 Minuten werden für den leichtesten und kürzesten Aufstieg auf den Hochwald vom Ortsteil Hain benötigt. Abwechslungsreich ist die längere Route (grüner Balken). Sie führt vom Bahnhof an den imposanten Rosensteinen und dem eindrucksvollen Kelchstein vorbei. Der Kelchstein gilt als größter Pilzfelsen des Zittauer Gebirges (15 Meter hoch) und schimmert durch Eisenoxidbeimengungen rötlich.

Nur ein paar Schritte weiter stehen wir auf der Ortsverbindungsstraße Oybin–Lückendorf. Wir überqueren die Straße und laufen auf dem Ankohrweg im Fichtenhochwald weiter bergauf. Wieder gibt es mehrere Pfade, die zum Gipfel des Hochwaldes hinaufführen.

Oben steht man vor der Wahl, entweder in der Hochwaldturmbaude oder der nahegelegenen Hochwaldbaude einzukehren. Letztere befindet sich in 749 Meter Höhe an der sächsisch-böhmischen Grenze und ist die höchstgelegene des Zittauer Gebirges. Die Gaststube – täglich ab 10 Uhr geöffnet – ist mit Wandmalereien geschmückt, die Fremdenzimmer sind dagegen nur sehr einfach ausgestattet, mit Bad und WC auf dem Flur.

Die böhmische Baude gleich nebenan, wo der Gipfel den Namen Hvozd trägt, fiel einem Brand zum Opfer.

Kurort Oybin

Vorwahl: 03 58 44.

Touristinformation im Haus des Gastes, Hauptstr. 15, Tel. 733 11, www.oybin.com.

Schmalspurbahn Zittau – Oybin, Fahrplan: www.soeg-zittau.de.

Tgl. mehrere Linienbusse von und nach Zittau.

Hotel Zur Alten Rodelbahn (€€), Straße der Jugend 4, Tel. 71 20, www.parkhotel-oybin.de. Vom ADAC empfohlen: ›feines Ambiente bei günstigem Preis‹, Restaurant, Salon, Hotelbar.
Hotel Oybiner Hof (€-€€), Hauptstr. 5, Tel. 770, www.oybiner-hof.de. Modernes Haus in zentraler Lage.
Hotel Haus Hubertus (€€), Hubertusweg 10, Tel. 78 30. Ruhige Lage am Waldrand.
Hotel Nensch (€€), Friedrich-Engels-Str. 45, Tel. 704 18, www.hotel-nensch.de.
Hochwaldturmbaude, Tel. 702 22.
Hochwaldbaude, Tel. 702 32.

Burg und Kloster Oybin, Tel. 73 40, April-Sept. 9-18 Uhr, Okt.-März 10-16 Uhr.
Bahnmuseum im Schmalspurbahnhof Oybin, Tel. 703 55, Mai-Okt. Di-So 10-17 Uhr.
Bergkirche, Kirchenführungen Juni-Aug. Di 14.30 Uhr, ansonsten jeden Sa 14.30 Uhr.

Luftkurort Lückendorf

Der Ort verdankt seine Entstehung einer bedeutenden Handelsroute, der Gabeler Reichsstraße zwischen Zittau und Prag, die erst durch den Siegeszug der Eisenbahn ihre Bedeutung verlor.
Von der einstigen Burg Karlsfried, die sich in der Nähe des Lückendorfer Passes befindet, sind nurmehr kärgliche Reste erhalten. Der Bau geht auf das Jahr 1357 zurück, zu der Zeit, in der Kaiser Karl IV. regierte. Die Burg wurde mehrmals zerstört, so 1424 von den Hussiten, und wieder aufgebaut; ab 1690 erfolgte schließlich der planmäßige Abbruch. Das Baumaterial wurde für die Lückendorfer Kirche und Zittauer Häuser verwendet.
Der Kurort, dessen Mittelpunkt die hübsche barocke **Dorfkirche** von 1690 bildet, ist der einzige auf der Südseite des Zittauer Gebirges.

Auf dem Scharfenstein

▲ Karte hintere Umschlagklappe

Wanderung von Lückendorf zum Töpfer und Abstieg nach Oybin

Anfangs laufen wir auf dem Wanderweg in Richtung Hochwald; kurz vor dem Kammloch biegen wir rechts ab. Im Nadelwald befindet sich über uns die Fürstenhöhe, auch sächsische Könige und der österreichische Kaiser Franz Joseph II. genossen hier die Aussicht.
Der weitere Weg führt durch die Große Felsengasse und lässt Besucher erstaunen, welche bizarren Formen der Sandstein durch Verwitterung angenommen hat. Mit Phantasie werden Märchenfiguren oder Tiermotive lebendig. Deutlich sind Mönchskanzel und Taube zu erken-

nen. Die Brauneisenablagerungen an den Felswänden sind Relikte des einstigen Vulkanismus. Am südlichen Ausgang befindet sich der ›Muschelsaal‹; eine Kluftwand aus Kreidesandstein in Form von Bändern, Wülsten, konzentrischen Ringen und Platten, die angeschnitten sind, führten zu diesem Namen.

Am Scharfenstein, der auch als das ›Matterhorn der Oberlausitz‹ bezeichnet wird, gibt es dann eine Klettereinlage. Der Ausblick von der Bergnadel ist der Lohn für die Anstrengung. Vom Scharfenstein kann man in etwa 20 Minuten zum Bahnhof Oybin absteigen und so die anstrengende Runde verkürzen.

Durch die Kleine Felsengasse nähern wir uns dem Töpfer. Wieder sind vielfältige Sandsteinformen zu sehen, manche liegen nur auf einem oder zwei Punkten auf und halten sich so die Waage. Die Felsen nahe dem Töpfer tragen Namen wie Papagei, Schildkröte, Einsamer Turm, Krumme Tante oder Sphinx.

Ganz in der Nähe der Töpferbaude (tgl. außer Di 10–18 Uhr, Tel. 035844/72331) sitzt die ›Brütende Henne‹. Der Abstieg zur Teufelsmühle (Haltepunkt der Schmalspurbahn Zittau–Oybin) nimmt noch eine halbe Stunde in Anspruch.

Länge: 5 Kilometer.

Luftkurort Lückendorf

Vorwahl: 035844.

Fremdenverkehrsbüro, Kammstr. 34, Tel. 72812, www.oybin.com.

Hotel Zum Hochwaldblick (€€), Kammstr. 13, Tel. 7660, www.hotel-zittauergebirge.de.

Gaststätte und Pension Jeschkenblick (€€), Kammstr. 8, Tel. 72821, www.pension-jeschkenblick.de.

Gasthof Alte Schmiede (€€), Gabler Str. 8, Tel. 72662, www.alte-schmiede.net.

Hochwald-Turmbaude, Hochwaldweg 5, Tel. 70222, www.hochwald-turmbaude.de. Mai–Okt. tgl. ab 10.30 Uhr, im Winter Mo Ruhetag.

›Brütende Henne‹ nahe der Töpferbaude

Markant ragen die bewaldeten Vulkankuppen des Lausitzer Gebirges in Böhmen empor. Żary, das frühere Sorau, ist heute die ›Hauptstadt der polnischen Lausitz‹.
Pücklers Gartenkunstwerk, der Muskauer Park, fand wegen seiner einzigartigen Pracht 2004 Eingang in die Weltkulturerbeliste der UNESCO. Der größere Teil befindet sich am polnischen Ufer der Lausitzer Neiße.

Die böhmische und die polnische Lausitz

Lužice – die böhmische Lausitz

Der tschechische Name für die Lausitz ist Lužice. An die einstige Zugehörigkeit böhmischer Gebiete zur Oberlausitz erinnert nur wenig, so die Bezeichnung Lužické hory (Lausitzer Gebirge) für den Südteil des Zittauer Gebirges.

Auf der Landkarte fällt die merkwürdige Grenzführung zwischen Deutschland und Tschechien ins Auge: Um Schluckenau und Friedland schiebt sich die Grenze weit nach Norden. Diese Gebiete kamen im 12. Jahrhundert in die Hand deutscher Siedler, die Siedlungsinseln inmitten mächtiger Urwälder rodeten.

Im Jahr 1253 hielt der Markgraf Otto III. von Brandenburg um die Hand von Beatrix an, der Schwester des Königs Ottokar II. Der böhmische Regent war zu jener Zeit recht mittellos und konnte kein Brautgeld aufbringen, deshalb gab er die Nieder- und Oberlausitz als Pfand. Von seiner Gabe nahm er jedoch die Schluckenauer, Friedländer und Zittauer Gegend aus und verband sie mit Böhmen. Die Grenzziehung blieb aber verworren. Eine Karte aus dem 14. Jahrhundert dokumentiert die Gaugrenzen zwischen dem Meißner Bistum und dem Erzbistum Prag. Die heutigen Schluckenauer und Friedländer ›Zipfel‹ lagen im Lande Budissin (Bautzen), also in der heutigen Oberlausitz. Dafür liegt auf jener Karte die Stadt Zittau im Böhmischen. 1319 starb der letzte Brandenburger Markgraf, die Lausitzer bekannten sich ohne Zwang als Teil von Böhmen.

Seit 1481 hat sich die Grenze zwischen der Oberlausitz und Böhmen kaum verschoben, auch nicht, als sich 1635 Oberlausitz und Böhmen trennten. Nur bei Schirgiswalde und Niederleutersdorf gab es 1849 noch kleine Korrekturen.

▲ Karte S. 289

Rumburk

Das Städtchen Rumburk (Rumburg) befindet sich im sogenannten Schluckenauer Zipfel, der weit nach Deutschland hineinragt. Hier steht die nördlichste **Loreto-Kopie** Europas: Die Kapelle stellt den Raum dar, in dem Maria die Verkündigung empfing. Das Kunstwerk entstand von 1704 bis 1707 auf dem Areal des einstigen Kapuzinerklosters im Auftrag des Fürsten Anton Florian von Liechtenstein. Der Baumeister Johann Lukas Hildebrandt hielt sich genau an die Ausschmückung des italienischen Originals. Allerdings musste man hier mit Sandstein statt Marmor vorlieb nehmen. Die Statuen der Sybillen und Propheten sowie der Figuren auf der Balustrade sind das Werk des Schirgiswalder Bildhauers Johann Franz Bienert. Innen befindet sich eine geschwärzte Figur der Muttergottes mit dem Kind. Rund um die Santa casa führt ein Kreuzgang mit 14 großen Bildern, die Motive aus dem

Umgebindehausdetail

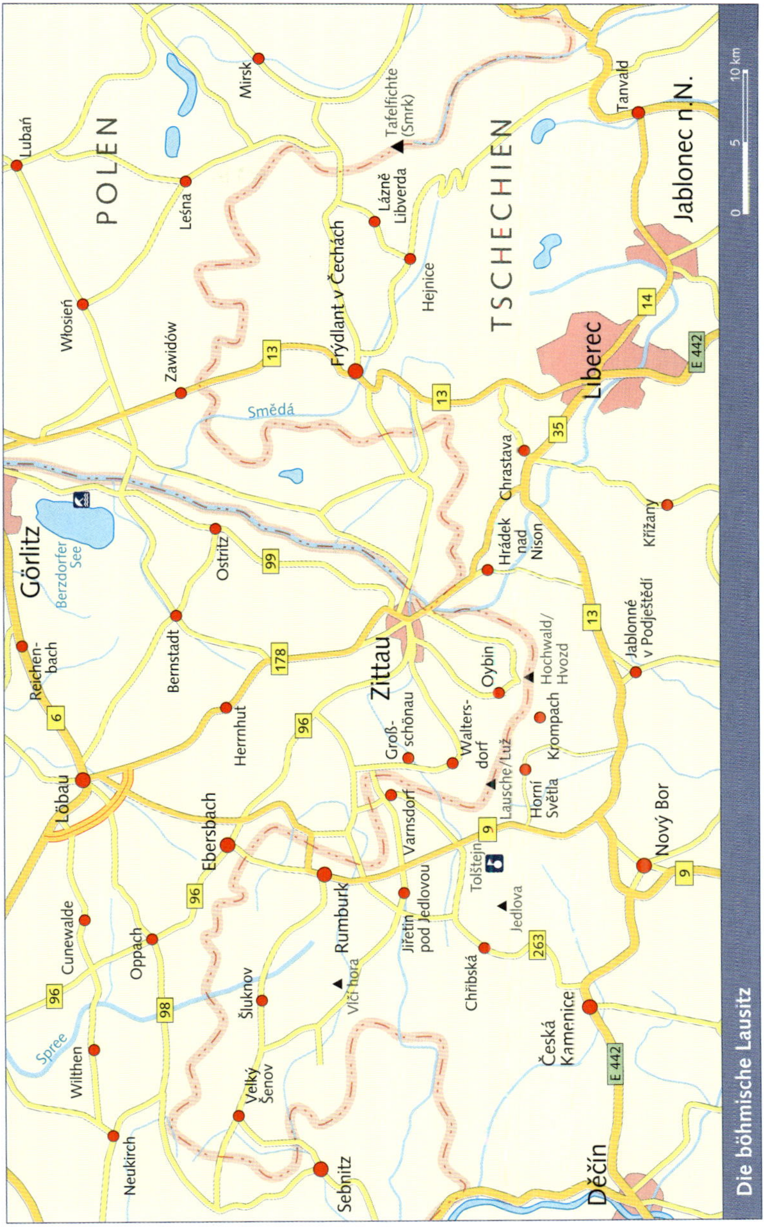

Die böhmische und die polnische Lausitz

Kreuzweg darstellen. In allen vier Ecken steht ein Altar. Die zwölfte Station des Kreuzweges führt über die Heilige Stiege, auf der sich die Gläubigen einst nur auf Knien nach oben quälten, zu einer Kapelle. In der Klosterkirche zeigt das Bild des Hochaltars den Märtyrertod des Heiligen Laurentius. In der Gruft ruhen 26 Kapuzinermönche.

Nahe der Stadt erhebt sich der **Rauchberg** (Dymník) mit Aussichtsturm und nahegelegenem Gasthaus Dymník. Der Rundblick umfasst viele Gipfel des Lausitzer Gebirges sowie der Böhmisch-Sächsischen Schweiz. Von hier sieht man auch die benachbarten Aussichtstürme auf dem Tannenberg (Jedlova) und dem Wolfsberg (Vlčí hora), ebenfalls lohnenswerte Ausflugsziele.

i Rumburk

Informationszentrum Loreta, Tel. 00420/412331171.

Loreta, Di–Sa, April–Okt. 10–17 Uhr, Nov.–März 9–16 Uhr.

Jiřetín pod Jedlovou

Das Bergstädtchen Jiřetín pod Jedlovou wurde 1548 als St. Georgenthal gegründet und 1998 als ›Ort des Jahres‹ für seine Denkmalschutzbemühungen ausgezeichnet.

So ist etwa der **Kreuzweg** – die Stationen sind im Rokoko ausgeführt – auf den Kreuzberg (Křížová hora) mitsamt der Kapelle der Erhörung des Heiligen Kreuzes wunderbar restauriert worden. Südlich der Gemeinde ragt die Ruine der **Burg Tollenstein** (Tolštejn) empor, deren Ursprünge in das 12. Jahrhundert zurückreichen. Zuvor hatte hier eine sorbische Begräbnis- und Kultstätte gelegen. In den 1930er Jahren wurden drei Basteien und die Tormauer repariert. Heute gelten sie als die besterhaltenen Burgruinen des Lausitzer Gebirges. Von oben genießt man eine malerische Aussicht auf den Tannenberg und die Ortschaft Jiřetín. Burgrestaurant und Pensionsezimmer sind einfach, aber rustikal. Informationen zu Burg unter www.tolstejn.cz.

Seit 1891 steht auf dem Tannenberg (Jedlová) ein steinerner **Aussichtsturm mit Bergbaude**. Elemente des Turms wurden den Umgebindehäusern nachempfunden, die als Markenzeichen der Oberlausitz gelten. Der Gipfel war in deutscher Vergangenheit als ›Rigi des Lausitzer Gebirges‹ weithin populär. Nach dem Zweiten Weltkrieg begann ein schleichender Verfall, aber seit 1993 ist der rekonstruierte Turm wieder ein sehr beliebtes Ziel. An den Hängen des Tannenberges tummeln sich im Winter die Abfahrtsläufer.

i Jiřetín pod Jedlovou

Informationszentrum Jiřetin pod Jedlovou, nám. Jiřího 300, Tel. 00420/412379336, www.luzicke-hory.info.

Hotel Jedlová hora (€), Tel. 00420/777069777, www.jedlova.cz, tgl. 9–21 Uhr.

Pension Hradní restaurace Tolštejn (€), tgl. 9–21 Uhr. Buchung unter Tel. 00420/412/554286. Sieben einfache Zimmer auf dem Burgareal.

Silberbergbaumuseum mit Besucherstollen (Stříbrný důl – muzejní štola), im Tal Milířka, Di–Fr 9–15.30, Sa 9–15 Uhr.

▶ Karte S. 289

Jablonné v Podještědí

Das Städtchen Jablonné v Podještědí (Deutsch Gabel) liegt zwischen Lausitzer Gebirge und Jeschkenmassiv an der Hauptstraße nach Liberec.

Um 1250 wurde hier das **Dominikanerkloster** gegründet. Stifter waren Zdislava von Löwenberg und ihr Mann Havel. Das mildtätige Leben der Frau – sie kümmerte sich aufopferungsvoll um Kranke im benachbarten Spital – brachte ihr schon zu Lebzeiten den Beinamen ›Mutter der Armen‹ ein. In der Anfang des 14. Jahrhunderts verfassten Dalimil-Chronik ist festgehalten: »Fünf Tote erweckte sie mit Gottes Macht zum Leben, vielen Blinden gab sie das Augenlicht zurück. Sie heilte Gelähmte und Aussätzige und vollbrachte große Wunder«. Zdislava starb 1252 im Alter von 32 Jahren und wurde in der Gruft der Hl. Laurentiuskirche bestattet, später fanden hier auch Mönche, Familienangehörige derer von Berka und drei Arbeiter, die beim Bau der Kirche tödlich verunglückten, ihre letzte Ruhestätte. Die Verehrung für die ›Mutter der Armen und Patronin für Familien‹ hat sich über die Jahrhunderte erhalten. Die Pilgersaison dauert von Anfang Mai bis zum ersten Sonntag im Oktober. Papst Pius X. sprach Zdislava 1907 selig, 1995 wurde sie von Papst Johannes Paul II. heilig gesprochen und die Kirche des Hl. Laurentius und der Hl. Zdislava zur päpstlichen Basilika minor erhoben.

Stadt und Kloster wurden während der Hussitenkriege und im Dreißigjährigen Krieg schwer verwüstet. Beim Wiederaufbau des Konvents wurde auch der Bau einer neuen Kirche beschlossen.

Die St. Laurentiuskirche gilt als Juwel barocker Baukunst

Graf Franz Anton Berka von Dauba vergab den Auftrag an den Wiener Architekten Johann Lukas Hildebrandt. Der ließ sich augenscheinlich von der Laurentiuskirche in Turin inspirieren; Kaiser Leopold I. persönlich begutachtete das Kirchenmodell für die böhmische Provinz in Wien.

Die monumentale **St. Laurentiuskirche** wurde zwischen 1699 und 1729 errichtet, sie gilt als ein Meilenstein in der Entwicklung mitteleuropäischer Barockarchitektur.

Am nordöstlichen Stadtrand steht das **Schloss Löwenberg** (Zámek Lemberk). Das Gebäude entstand um 1240 als Grenzwachburg am Handelsweg nach Zittau. Im 17. Jahrhundert wurde es umgebaut, heute befindet sich hier ein **Museum der Wohnkultur**.

Jablonné v Podještědí

Informationszentrum, nám. Míru 23, Tel. 004 20/487 82 99 70.

Pension und Restaurant Česká hospoda (€), Heřmanice 116, Tel.

0042 0/487 76 22 99, www.ceska-hospoda.cz. Neuer Fachwerkgebäudekomplex am Fuße des Lausitzer Berglands. Mit Bowlingbahn und Tennisplatz.

Pension U Salvatora (€), nám. Miru 151, Tel. 00420/487 75 43 33, www.pensionusalvatora.cz. Auch Zimmer mit eigener Sprudel- und Massagewanne. Wen das Schweinchenrosa einiger Zimmer nicht stört, trifft eine gute Wahl.

Pension und Restaurant Český lev (€), nám. Míru 158, Tel. 00420/487 76 28 00. Historisches Haus am Markt nahe der Kirche, sehr gutes Essen, tgl. 10–22 Uhr.

Dominikanerkloster, Mai–Sept. Di–So 9–11 und 14–16 Uhr, Sa/So 14, 15 und 16 Uhr, www.zdislava.cz.

Schloss Löwenburg, April und Okt. Sa/So 9–15 Uhr, Mai–Sept. Di–So 9–16 Uhr, www.zamek-lemberk.cz.

Die Lausche und Umgebung

Der höchste Gipfel des Lausitzer Gebirges (Lužické hory) ist die Lausche (Luž). Ab der Lauschebaude (Chata Luž) in Horní Světla (Oberlichtenau) führt der Weg anfangs auf einem breiten Fahrweg, später durch Buchenhochwald und über Serpentinen zum Gipfel. Auf dem Berg mit fantastischer Aussicht, 793 Meter hoch, verläuft die böhmisch-sächsische Grenze. Heute steht die Lausche unter Naturschutz.

Das Dorf **Krompach/Krombach** ist durch eine schmale Straße, mehrere Pfade und Wanderwege mit dem sächsischen Kurort Oybin/OT Hain sowie Jonsdorf verbunden. Neben vielen **Umgebindehäusern** lassen sich hier die **ältesten Bäume des Landes** entdecken: An der Straße zum Hochwald stehen Eiben, deren Alter auf über tausend Jahre geschätzt wird. Im Sommer 2009 spazierten Goethe und Lotte auf den weitläufigen Wiesen am Dorf entlang: Hier wurden Szenen für den Kinofilm ›Goethe!‹ gedreht.

Auf dem Weg nach Krompach, im Hintergrund der Hochwald

Auf dem Hochwald (Hvozd) steht die deutsche Hochwaldbaude. Wer sich einmietet, kann von hier prächtige Sonnenauf- und -untergänge erleben.

Lausche und Umgebung

Lauschebaude (Chata Luž), Horní Světla 75, Tel. 00420/487 52 47 89, www.chataluz.cz. Gemütliches Gasthaus, gutes und preisgünstiges Essen, einfache Unterkunft (€) mit kärglichem Frühstück.

Lyžařska bouda (€), Horní Světla 76 (gegenüber Schnitzkunstladen), Tel. 00420/775 64 27 15, www.skiluz.cz.

▶ Karte S. 289

Mit eigenem kleinen Skiareal fast vor der Haustür.

Lužická bouda (€), Horní Světla 81, Tel. 00420/487754003. In einem Umgebindehaus mit kleinem Gasthaus und rustikalen Freiluftplätzen am Wanderweg nach Waltersdorf.

Hochwaldbaude (€–€€), Hochwaldweg 6, Tel. 035844/70232, www.hochwaldbaude-bergwirtschaft.de.

Restaurant U Zámku (Gasthof Am Schloss) in Krompach Nr. 48, zum Zeitpunkt der Recherche Anfang 2010 leider geschlossen – man sucht einen neuen Pächter.

U tří Lip. Uriges Gasthaus in einem Umgebindehaus im Nachbardörfchen Mařenice, Nr. 173. Mit Biergarten unter alten Linden.

Frýdlant v Čechách

Das Städtchen Frýdlant v Čechách (Friedland in Böhmen) kuschelt sich in eine hügelige Landschaft, dahinter ragt der gewaltige Wall des Isergebirges auf.

Im 16. Jahrhundert erwarb die Familie Rädern die Burg Friedland, die sich auf einem Basalthügel über dem Fluss Wittig erhebt. Die neuen Besitzer beauftragten den Italiener Marco Spazzio di Lancio, unterhalb der Feste ein Renaissanceschloss zu errichten.

Im Jahr 1625 kamen Burg und Schloss in den Besitz des Heerführers Albrecht von Waldstein (Wallenstein). Der österreichische Kaiser erhob Wallenstein zum Herzog von Friedland. Wegen ständiger militärischer Präsenz war der Herzog in neun Jahren nur viermal auf der Feste anwesend. Nachdem er einem Attentat zum Opfer gefallen war, zogen im Jahr 1634 die Grafen Gallas ein, ab 1759 ihre Nachkommen, die Familie Clam-Gallas. Sie blieben bis 1945.

Sehenswürdigkeiten

Die Besichtigung der Anlage ist nur mit Führung möglich: Besucher schreiten über die Zugbrücke und durch die **Barbakane** in den großen Schlosshof. Anlässlich des 300. Jahrestages der Ermordung Wallensteins wurde im Schlosshof ein **Denkmal** mit seinem Abbild aufgestellt. Heute erinnern die alljährlich zu Pfingsten stattfindenden Wallenstein-Festtage an den Herzog.

Im Jahr 1801 wurde in der oberen Feste das erste **Burgmuseum** Mitteleuropas eröffnet. Neben der Waffensammlung im Räderschen Zeughaus sind hier auch die Ahnengalerie und 200 Tabakspfeifen zu sehen.

Die Besichtigung des **Schlosses** beginnt im Dachgeschoss. Gäste-, Damen-, Herren- und Empfangssalons gefallen wegen ihrer üppigen Pracht und Originalität. Im Kinderzimmer ist entzückendes Spielzeug zu bestaunen, in der Schlossküche viel blitzblank geputztes Kupfergeschirr.

Die kleine Gemäldegalerie besitzt Werke von Peter Brandl, W. L. Reiner und Karel Škréta. Ein Wallensteinporträt ist besonders wertvoll, denn es ist das letzte erhaltene, bei dem der Herzog Modell saß. Der Hofastrologe Giovanni Baptista Sen wurde besonders durch Schillers ›Wallensteintrilogie‹ bekannt. Eines seiner kunstvoll gestalteten Horoskope ist hier ausgestellt.

Das **Rathaus** auf dem Markt im Pseudorenaissancestil entstand nach Plänen von Franz von Neumann, der auch das Reichenberger Rathaus entwarf.

Das **Trotzhaus** an der Mitte der südlichen Marktbegrenzung, heute eine Filiale der Kommerzbank (Komercní

Das Wallensteinschloss

banka), wurde auf Anweisung der eigensinnigen Katharina von Rädern in Abweichung der eigentlichen Häuserflucht drei Meter weiter in den Markt hinein errichtet.

Die **Dekanatskirche** nahe dem Markt am Ufer der Wittig besitzt einige wertvolle Grabmäler, so die Gruft der Familie Rädern aus Marmor.

In einem Umgebindehaus nahe der Hauptpost am Parkplatz befindet sich eine **mechanische Weihnachtskrippe** (betlém). Gustav Simon lebte von 1873 bis 1953 und war 60 Jahre mit dem Bau dieses Wunderwerks beschäftigt.

Frýdlant v Čechách

Stadtinformation, nám. T.G. Masaryka 37, Tel. 00420/482 46 40 13, www.mesto-frydlant.cz.

Schlossgasthaus Kaplanka, am Eingang zum Schloss Friedland.

Gasthaus Bílý kůň, am Markt, Mo–Fr ab 10.30, Sa/So ab 10 Uhr.

Hotel Zámeček (€), Fučíkova 500, Tel. 00420/482 31 90 64, www.hotelzamecek.com. Im drei Kilometer entfernten Nachbarort Raspenava an der Hauptstraße in einem Herrenhaus mit schönem Park und Swimmingpool, sehr gute Küche, Freiluftplätze, leider dürftiges Frühstück.

Schloss Friedland, 1. Rundgang 90–120 Minuten, 2. Rundgang (nur neue Rüstkammer) 60 Minuten; April und Okt. Di–So 9–15.30 Uhr, Mai, Juni und Sept. Di–So 9–16 Uhr, Juli/Aug. Di–So 9–16.30 Uhr.

Weihnachtskrippe, wegen Rekonstruktion bis 2011 geschlossen.

Hejnice und Lázně Libverda

Vor dem steil aufragenden Isergebirge steht in Hejnice (Haindorf) die barocke **Wallfahrtskirche Maria Heimsuchung**. Das Gotteshaus entstand nach Plänen von Johann Bernhard Fischer von Erlach zwischen 1722 und 1729 auf den Grundmauern eines Kirchleins aus dem 13. Jahrhundert. Die Pilger streben zur wundertätigen Holzmadonna Maria Formosa (anmutige Maria), die in einem Strahlenkranz vor dem Hauptaltar steht. Der Altar ist nicht echt, sondern eine illusionistische Freske.

Nach dem Tod ihres Mannes schenkte Wallensteins Frau Isabella dem Kloster einen Feldflügelaltar aus dem 15. Jahrhundert. Heute sieht man ihn links neben dem Hauptaltar hinter einem Gitter. Der Wiener Professor Andreas Groll schuf die herrlichen Deckengemälde. Für seine Arbeit erhielt Groll viel Geld, das er vor allem in Alkohol investierte. Später starb er am Säuferwahnsinn.

Unter der Kirche befindet sich die Gruft der Grafen Clam-Gallas, ehemals die hiesigen Grundbesitzer. Sie ist nur während einer Kirchenführung zugänglich.

▲ Karte S. 289

Um die Kirche führt ein frisch rekonstruierter Kreuzgang; teilweise sind die bunten Keramikbilder mit Kreuzwegstationen erhalten geblieben. Im ehemaligen **Kloster** neben dem Dom befindet sich heute ein Internationales Zentrum geistlicher Erneuerung mit Unterkünften für Pilger und Touristen.

Im benachbarten Kurort Lázně Libverda (Bad Liebwerda) blieben **Quellpavillons** im Rokokostil erhalten. Der ›Liebwerdaer Sauerbrunnen‹ ist wegen seines hohen Kieselsäuregehalts besonders heilkräftig. Bereits der Herzog von Wallenstein hat sich das Wässerchen in sein Feldlager liefern lassen. Im Pavillon des Christianbrunnens kann man kostenlos seine Trinkflasche auffüllen. Kurgäste und Touristen wandern gern zum **Riesenfass** (Obří sud) mit Restaurant, das 1931 oberhalb des Kurorts auf einer Bergwiese erbaut wurde. Von Liebwerda führt ein rot markierter Wanderweg zur Tafelfichte (Smrk), mit 1124 Metern der höchste Gipfel des böhmischen Isergebirges. 2003 wurde hier ein neuer **Aussichtsturm** eröffnet. Der 20 Meter hohe Turm ist frei zugänglich. Früher trafen sich auf dem Gipfel die Grenzen von Böhmen, der Oberlausitz und Schlesien. Hier befindet sich auch der Gedenkstein an Theodor Körner, der die Tafelfichte im Jahr 1809 besuchte.

Beliebtes Ausflugsziel: das bekannte Riesenfass oberhalb von Lázně Libverda

Hejnice und Lázně Libverda

Informationszentrum, Lázně Libverda 17, 46362 Hejnice, Tel. 00420/ 482322457, www.laznelibverda.cz.

Hotel Nový dům (€) in Lázně Libverda, Tel. 00420/48236811 1, www.lazne-libverda.cz. Modernisiertes Hochhaushotel am Kurpark.

Pension Labská (€), modernisiertes Fachwerkhaus mit neuen Standardzimmern, Buchung über: www.lazne-libverda,cz.

Internationales Zentrum geistlicher Erneuerung Hejnice (€–€€), Tel. 00420/48236021 1, www.mcdo.cz. Neben der Wallfahrtskirche.

Restaurant Valdštejn in Lázně Libverda. Tgl. ab 11.30 Uhr, im Kurpark oberhalb vom Hotel Nový dům, stilvoll auf zwei Etagen, Freiluftplätze, von Hejnice kommend am Ortseingang gleich links.

Restaurant Obří sud, tgl. 11–20 Uhr, Tel. 00420/482322714.

Wallfahrtskirche Hejnice, tgl. 9–16 Uhr; Hauptwallfahrten: 8. Mai (Festtag der Heiligen Jungfrau), 1. Juli (Kirchweihe), 2. Juli (Festtag Maria Heimsuchung).

Die polnische Lausitz

Łużyc – die polnische Lausitz

Das Gebiet östlich der Neiße bis hin zu Kweis und Bober ist seit Ende des Zweiten Weltkriegs ein Teil Polens. Diese Grenzziehung hat dazu geführt, dass das Bewusstsein darüber, dass die Gebiete an beiden Ufern über lange Zeit zusammengehört haben, heute kaum mehr vorhanden ist. Aber unzweifelhaft sind die Landschaften zwischen Gubin und Lubań ein Teil der Lausitz.

Żary, das frühere Sorau, wird auch ›Polnische Hauptstadt der Lausitz‹ genannt, und im Freilichtmuseum Buczyny (Buchenberge) bewahrt man die Volksarchitektur der östlichen Lausitz. Der Muskauer Park gehört seit 2004 zum Weltkulturerbe, der flächenmäßig größere Teil befindet sich am polnischen Neißeufer.

Brody (Pförten)

Vom Oder-Neiße-Radweg am Grenzübergang Forst/Zasieki führt ein Radweg 15 Kilometer an der Straße nach Zielona Góra (Grünberg) bis nach Brody. Etwa zwei Kilometer nach dem Grenzübergang und einen Kilometer nach der Tankstelle (mit Marktbuden) lädt auf der rechten Seite das Gasthaus ›Karczma Polska‹ mit traditioneller polnischer Küche ein.

Geschichte

Im Jahr 1740 erwarb Reichsgraf Heinrich von Brühl die dortigen Ländereien. Als Premierminister des polnischen Königs August II. (August der Starke, gleichzeitig auch sächsischer Kurfürst) galt Brühl als der zweitmächtigste Mann im Lande. Heute trägt die weltberühmte Brühlsche Terrasse am Dresdner Elbufer seinen Namen.

Bis 1749 wurde das Schloss der Bibersteiner zu einer prunkvollen Residenz umgestaltet. Sie war in der Folgezeit eine beliebte Zwischenstation des sächsisch-polnischen Königspaars auf dem Weg zwischen Dresden und Warschau. Hier florierte das höfische Leben. Brühls Gäste speisten vom legendären Schwanenservice; die Meißner Porzellanmanufaktur fertigte dafür insgesamt 2200 Einzelstücke. 1758 steckten Husaren das Schloss im Auftrag Friedrichs des

Titanen an der Schlossruine in Brody

Großen in Brand. Der Preußenkönig rächte sich an seinem Widersacher, denn er sah Brühl als Rädelsführer einer gegen Preußen gerichteten Koalition.

Graf von Brühl ließ das Städtchen im Barockstil umgestalten und drei Stadttore errichten; das Forster Tor blieb bis heute erhalten. Nach seinem Tode 1763 wurde Graf von Brühl in der evangelischen Stadtkirche Forst bestattet – was die Dresdner bis heute wurmt.

Sehenswürdigkeiten

Der Wiederaufbau des **Schlosses** begann erst nach dem Ersten Weltkrieg, doch heute ist es wieder einsturzgefährdet. Davor stehen zwei stattliche **Kavaliershäuser**. Eines wird als Hotel ›Ambasador‹ mit einem stilvollen Restaurant genutzt.

Der **Schlosspark** ist derzeit noch verwildert, ein romantischer Weg führt zum Pförtener See (Jezioro Brodzkie). Im Schlosspark lässt sich von Anfang bis Mitte Juli nach Einbruch der Dunkelheit häufig der ›Tanz der Glühwürmchen‹ bewundern.

In der Umgebung laden einige **Seen** zum Baden ein, so zum Beispiel der Jezioro Suchodół (4,5 km entfernt) und der Jezioro Głebokie (6 km, an der Straße nach Tuplice).

Brody

Vorwahl: 0048/(0)37

Hotel Ambasador (€), an der Schlossruine Brühl in Brody, pl. Zamkovy 9, Tel. 13909 sowie 066/7657866, www.palacbrody.pl. Preiswert, große Zimmer mit Holzbalken, aber kleinen Schönheitsfehlern wie stillosen Möbeln; Betten mit Matratzen unterschiedlicher Qualität – vor dem Einzug prüfen (die besseren befanden sich bei unserem Besuch auf der Rückseite des Hauses). Restaurant mit Freiluftplätzen vor der Schlossruine, tgl. 10–22 Uhr.

Karczma Polska, Zasieki (an der Straße zwischen Grenzübergang und dem Abzweig nach Zielona Góra/Brody), tgl. 10–23 Uhr. Gediegene altpolnische Küche, drinnen gemütlich-rustikale Atmosphäre – ausgeschmückt mit viel altem Hausrat, draußen sitzt man zwischen Blumen und zwei Goldfischteichen unter großen Sonnenschirmen. Wer will, kann sich in einem Teich ›seine‹ Forelle angeln und gleich zubereiten lassen.

Bungalowsiedlung und Zeltplatz Grabówek (€) mit benachbartem Naturfreibad Czarci Jar, 9 km südöstlich von Brody idyllisch im Wald gelegen, neue Vier-Personen-Hütten; Imbiss am Bad mit Terrasse tgl. 11–18 Uhr, Tel. 57132. Neben dem Freibad befindet sich ein Reiterhof. Reitausflüge mit Anleitung und Terrainreiten.

Schloss Brody, Schloss- und Parkführung, Verleih von Theaterkostümen sowie professionelle Maske, z.B. für die besondere Firmen- oder Familienfeier; Tel. 13905, mobil 0048/660278991.

Gotcha/Paintball, Sa/So und Feiertage ab 8 Uhr, www.paintball-spielfeld.de; nahe Zasieki, auf der gegenüberliegenden Seite von Forst, auf dem Gelände einer ehemaligen deutschen Munitionsfabrik mit vielen erhaltenen Bunkern, entstand Europas größtes Gotcha-Spielfeld.

▶ Karte S. 296

Łęknica (Lugknitz) und Umgebung

Seit Anfang der 1990er Jahre wechselten wahre Menschenkarawanen die Grenze, um in Łęknica den riesigen Einkaufsmarkt unter freiem Himmel aufzusuchen. Er war nach der deutsch-deutschen Währungsunion aus dem Boden gestampft worden und breitete sich zum Schrecken vieler Parkfreunde immer weiter aus. Heute geht es hier wieder ruhiger zu. Aber noch immer herrscht hier eine beinahe orientalisch anmutende Atmosphäre.

Mittlerweile zieht auch der **Pücklersche Landschaftspark** am polnischen Neißeufer viele Tagesbesucher an. Im Jahr 2004 wurde die wiederaufgebaute Doppelbrücke (most Podwódny) über die Janetteninsel nahe der Orangerie für den Grenzübergang freigegeben. So muss man nicht mehr den weiten Umweg über die Straßenbrücke nehmen, um in den polnischen Teil des Parks zu gelangen. Rechterhand geht es zum neuen Informationspavillon (Pawilon Informacyjny), zum Viadukt am Herrenberg, zum kleineren zweiten Viadukt über Sarah's Walk und zur ehemaligen Baumschule.

Linkerhand geht es zum Pücklerstein. Der Findling mit Pücklerbildnis wurde Mitte der 1990er Jahre nahe dem Neißeufer wieder aufgestellt und das Umfeld sorgsam gestaltet: Der Standort gilt als ideeller und geographischer Mittelpunkt des Landschaftsparks. Von hier bietet sich ein schöner Blick zum Schlosspark und auf das Neue Schloss.

Der Pücklerstein gilt als ideeller Mittelpunkt des Parks

Das Mausoleum, die Fasanerie und das Englische Haus wurden völlig zerstört und nach dem Zweiten Weltkrieg abgetragen. Bis Anfang der 1990er Jahre wurde der polnische Parkteil im Unterschied zur deutschen Seite nicht gepflegt und deshalb von der Natur zurückerobert. Seitdem wurde in deutsch-polnischer Zusammenarbeit bereits ein großer Teil des Parks wieder in alter Schönheit gestaltet.

Einige Kilometer weiter, an der Hauptstraße von Łęknica nach Trzebiel (Triebel), ist in **Buczyny** das **Lausitzer Freilichtmuseum** (Łużycki skansen) mit drei Schrotholzhäusern sowie dem Lausitzer Gasthaus (Karczma Łużycka) zu besichtigen. Leider macht das Museum gegenwärtig einen ungepflegten Eindruck.

i Łęknica und Umgebung

Kulturzentrum Łęknica, ul. Wojska Polskiego 2, Tel. 00 48 68/43 62 41 41.

Mehrmals tgl. nach Żary.

Kutschfahrten, Tel. 00 48 68/375 37 09 und 00 48 85 03/47 93 49. Ausfahrten im polnischen Park mit Parkführung, auch mit Picknick unterwegs buchbar.

Spływy Kajakowe, Tel. 00486600/882328, www.kajaki-leknica.pl. Paddel- und Schlauchbootvermietung.

Parkfest (Ende Mai), Fahrradrennen im Faltenbogen (Sept.), Parklauf im polnischen Teil (Anfang Okt.).

Żary (Sorau)

Żary ist die freundlichste größere Stadt in der polnischen Lausitz. In der Altstadt blieben einige schöne Bauten erhalten oder wurden restauriert. Ansonsten bummelt es sich angenehm in der Einkaufs- und Flaniermeile der Sorauer, der ul. Chrobrego, mit vielen kleinen Geschäften, Bars und Cafés.

Vor den westlichen Toren der Stadt wird im größten Spanplattenwerk Europas vor allem Lausitzer Kiefernholz verarbeitet.

Geschichte

Um 1260 wurde Sorau nach dem Magdeburger Stadtrecht an der Salzstraße von Leipzig nach Breslau gegründet, im Jahr 1274 ließen sich hier Franziskanermönche nieder. Im 19. Jahrhundert war Sorau ein Zentrum der deutschen Textilindustrie. Im April 1945 wurde die Stadt durch alliierte Luftangriffe stark zerstört; offenbar waren vor allem die ansässigen Flugzeugwerke das Ziel. Heute ist Żary vor allem von der Industrie geprägt.

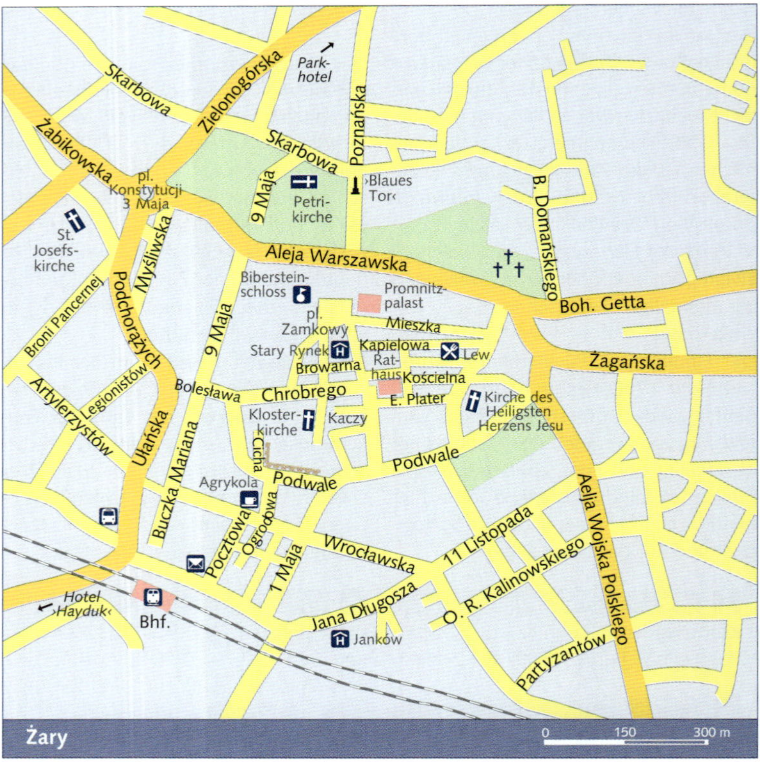

Zu den berühmten Bürgern der Stadt zählt der hervorragende Orgelbauer Eugen Kaspar (1623–1704), bekannter unter dem Künstlernamen Eugenio Casparini, der seine Instrumente in Italien, Deutschland und Frankreich fertigte. Von 1704 bis 1709 war Georg Philipp Telemann als Kapellmeister auf dem Promnitzschen Hofe tätig; in dieser Zeit entstand seine ›Suita Polonaise‹. Graf Erdmann Promnitz galt als Kunstnarr. Er leistete sich Luxus und Prunk nach dem Vorbild König Ludwigs XIV.

Das Bibersteinschloss

Sehenswürdigkeiten

In der Nähe des Marktes steht der **Promnitzpalast** mit großem Arkadenhof, der vom Italiener Giovanni Simonetti im Barockstil entworfen wurde. Das benachbarte **Bibersteinschloss** mit einem viereckigen Turm wurde im Zeitgeschmack der Renaissance erweitert. Trotz mehrfacher Ankündigungen über potente Geldgeber befinden sich die historischen Mauern in einem ruinösen Zustand und können nicht von innen besichtigt werden.

Die gotische Marienkirche, heute **Kirche des Heiligsten Herzens Jesu**, wurde 1945 ihrer Pracht beraubt. Wertvoll ist die reich mit Stuck und Fresken ausgestattete Promnitzkapelle aus dem 17. Jahrhundert neben dem großen Kruzifix.

Auf der Westseite des Rathauses am Haupteingang blieb ein **Renaissanceportal** erhalten. Nahe der Nordostecke des Marktes steht ein originales **Renaissancehaus**, die einstige Apotheke ›Zum goldenen Löwen‹, die im 18. und 19. Jahrhundert der bekannten Unternehmerfamilie Oetker gehörte. Zwar bröckelt die Fassade, aber das neue Restaurant Lew im Erdgeschoss überrascht mit weiß getünchten Gewölbedecken und guter Küche.

Stattliche Reste der **Stadtmauer**, im 15. Jahrhundert aus Feldsteinen errichtet, sind in der ul. Cicha und der ul. Podwale zu besichtigen. Mit EU-Geldern wurde ein Teil der Stadtmauergalerie rekonstruiert und begehbar gemacht.

Żary

Vorwahl: 00 48/(0)68.
www.zary.pl.

Bahn

Tgl. eine EC-Direktverbindung (Strecke Hamburg – Berlin – Krakau), ansonsten mehrmals tgl. Regionalzüge zwischen Żary und Forst mit Anschlüssen nach Cottbus und Berlin.

Bus

Busbahnhof nahe Bahnhof. Tgl. mehrmals nach Łęknica (Übergang nach Bad Muskau).

Gasthof Stary Rynek (€), Rynek 13, Tel./Fax 443 19, www.staryrynek.strefa.pl. Am Markt nahe Rathaus, DZ mit gehobenem Standard und Schlossblick, Restaurant tgl. ab 11 Uhr.

Hotel und Restaurant Janków (€), ul. Długosza 13, Tel. 478 51 00, www.jankow.pl. Von außen grau und eintönig, entpuppt sich das Innere neu und modern. Anständige Zimmer (die ruhigen liegen auf der Ostseite). Gutes Restaurant, tgl. 12–22 Uhr. Östlich vom Bahnhof, nahe Straßenunterführung.

Park Hotel (€€), ul. Zielonogórska 24, Tel. 363 55 00, www.hotelpark.com. In einem kleinen Park an der Hauptstraße (nahe Kreisverkehr) nach Zielona Góra, etwa 1,5 km vom Stadtzentrum entfernt, Restaurant ›Chopin‹ mit polnischer und französischer Küche.

Hotel und Restaurant Hayduk, ul. Serbska 56a, Tel. 363 50 00, www.hayduk.com.pl. 3 km außerhalb vom Stadtzentrum an der Hauptstraße nach Bad Muskau.

Restaurant Lew, ul. Osadników Wojskowych 52–53, Tel. 451 38 14, www.restauracjalew.pl. Stilrestaurant mit sehr guter Küche nahe dem Markt in einem Renaissancegebäude. Auf der Nordseite eine kleine Sommerterrasse. Tgl. 10–22 Uhr.

Café und Bar Agrykola, ul. Wrocławska 7–9, Tel. 374 32 85. Gemütliche kleine Gaststube und hübscher Biergarten unter alten Bäumen, Fassbier Żywiec, mit Springbrunnen und vielen fantasievollen Holzskulpturen, in der Nähe der rekonstruierten Stadtmauer, neben der Stadtbibliothek, tgl. 10–22 Uhr.

Żagań (Sagan)

Wer mit der Bahn nach Żagań anreist, darf sich nicht erschrecken lassen: Man könnte meinen, dass im Bahnhof der Zweite Weltkrieg gerade erst vorbei ist. Andererseits staunt man, dass vieles zwar etwas ramponiert, aber noch im Original der 1930er Jahre erhalten blieb. Der Bahnhof liegt etwas abseits vom Zentrum, dorthin geht es in einer halben Stunde Fußweg auf dem schmalen Plattenweg abseits der Straße.

Sehenswürdigkeiten

▶ Karte S. 296

Im 18. Jahrhundert war Sagan ein Zentrum europäischer Kunst, Kultur und Geisteswissenschaften. Man verlieh Sagan den Beinamen ›schlesisches Weimar‹. Mit dem Bau des Schlosses, das eine Residenz für den Friedländer Herzog von Waldstein (Wallenstein) werden sollte, war schon früher begonnen worden, im Jahr 1627. Doch Wallensteins Tod unterbrach das Vorhaben, erst im Jahr 1786 wurde das **Barockpalais** vollendet. Die dreiflüglige Anlage um einen Ehrenhof ist bis heute im wesentlichen unverändert geblieben. Besitzer war der Fürst von Kurland, Peter Biron. Eine seiner vier Töchter, Dorothea, heiratete einen Adligen aus Frankreich. Dorothea von Talleyrand-Périgord ist es danken, dass viele Persönlichkeiten aus Politik und Kultur das Städtchen besuchten. Franz Liszt war hier häufig zu Gast, ebenso der Dichter E. T. A. Hoffmann. Hier erlebten Opern von Mozart ihre deutsche Uraufführung. Dorothea von Talleyrand-Périgord hatte auch freundschaftliche Kontakte zu Goethe, Alexander von Humboldt, Fürst Metternich und der Gräfin Cosel. Der Park am Palais trägt die Handschriften der großen Gartenarchitekten jener Zeit, Peter Joseph Lenné, Fürst von Pückler-Muskau und Oskar Teichert.

Nach dem Zweiten Weltkrieg gab es Streit um den Besitz: War es nach der Verschiebung der Grenzen polnischer Staatsbesitz oder adliger Grundbesitz der Franzosen? Erst 1967 einigten sich Charles de Gaulle und die polnische Regierung darauf, das französische Eigentum mit der Lieferung polnischer Steinkohle zu bezahlen. Der ungewöhnliche Handel lief bis 1983.

Vor der Zufahrt zum Palast steht das kleine herzogliche **Verwaltungsschloss**, das Ende des 18. Jahrhunderts für den Generalbevollmächtigten des Herzogtums Sagan erbaut wurde. 1813 residierte hier der Kriegskommissar der Napoleonischen Armee, Oberst Marie-Henri Beyle, später bekannt unter dem Synonym Stendhal.

Die **Kirche Mariä Himmelfahrt** aus dem 14. Jahrhundert wurde nach einem Brand im Jahr 1730 von Martin Franz dem Jüngeren barock ausgeschmückt. Zu den gotischen Elementen der Kirche gehört der 56 Meter hohe Turm. Hier wurde 1778 einer der ersten Blitzableiter in Europa angebracht. Das Gestühl im Presbyterium stammt von 1695, dessen Rückenlehnen wurden im 18. Jahrhundert mit den Gemälden und Figuren von Bischöfen gestaltet. Auf der Orgel spielte Franz Liszt bei einer Hochzeit, der schön geschnitzte Prospekt stammt aus dem Jahr 1735. In der Kirche befindet sich auch ein prächtiger Sarkophag von Heinrich IV., dem Fürsten von Glogau und Sagan. Er ist 1342 gestorben.

An der Nordseite der Kirche schließt sich das dreiflügelige Gebäude des ehemaligen **Augustinerklosters** an. In der Bibliothek befinden sich wertvolle Wiegendrucke aus dem 16. bis 18. Jahrhundert und zwei Globen aus dem 17. Jahrhundert. Zu dieser Zeit lebte und arbeitete im Abthaus des ehemaligen Augustinerklosters der Astronom Johannes Kepler. Eine weitere Sehenswürdigkeit befindet sich auf dem Friedhof neben der Kirche der Mariä Heimsuchung. Dort steht eine getreue **Kopie des Heiligen Grabes Christi** in Jerusalem; sie wurde 1598 erbaut. Am südlichen Stadtrand blieben Teile der mittelalterlichen **Befestigungsanlagen** erhalten.

Das Barockpalais

An der Straße nach Görlitz, im Süden, befindet sich ein Denkmal für Kriegsgefangene der Anti-Hitler-Koalition, die in einem hiesigen Kriegsgefangenenlager zu Tausenden von den Deutschen ermordet wurden.

Żagań

Vorwahl: 0048/(0)68

Touristeninformation, ul. Jana Pawla II 15, Tel. 4771090, http://um.zagan.pl.

Tgl. eine EC-Direktverbindung (Strecke Hamburg – Berlin – Krakau), ansonsten mehrmals tgl. Regionalzüge zwischen Żagań und Forst mit Anschlüssen nach Cottbus und Berlin.

Willa Park (€), ul. Piłsudskiego 19, Tel./Fax 4781833, www.willapark.pl. Großes historisches Gebäude am Stadtrand in ruhiger Lage (nur Sa oft großer Andrang wegen Hochzeitsfeiern), Restaurant mit guter Küche (Tipp: Kartoffelpuffer mit Steinpilzsoße), kleine Sommerterrasse vor dem Eingang, große und gepflegte Zimmer zum günstigen Preis.

Dom Noclegowy Młynówka (€), ul. Żelazna 2, Tel. 3773074. Historisches Fachwerkhaus Mühlenbach, am Rande des Schlossparks, sehr einfach mit Bad und WC auf dem Flur, daher nur für anspruchslose Gäste zu empfehlen.

Wechselausstellungen im **Palais**, Mai – Sept. Di – Fr 10, 12, 14 und 16, Sa/So 12, 14 und 16 Uhr (nur nach tel. Anmeldung über die Touristeninformation).

Zgorzelec

Zgorzelec, heute eine selbständige Stadt, hieß früher Moys und war ein Stadtteil von Görlitz.

Sehenswürdigkeiten

▶ Karte S. 296

Seitdem die Altstadtfußgängerbrücke wieder beide Neißeufer verbindet, ist es nur ein Katzensprung von der Kirche St. Peter und Paul auf Görlitzer Seite, vorbei an der Vierradenmühle, zur **Dreiradenmühle** in Zgorzelec. Dabei kann man gleich eine der schönsten Görlitz-Ansichten erhaschen. Jetzt tut sich auch am polnischen Neißeufer einiges: Alte Bürgerhäuser zeigen sich in frischen Farben, Neubauten passen sich dem historischen Stil an. So steht nahe der Brücke seit kurzem wieder eine alte **Postsäule**. Es bummelt sich hübsch an der Neiße, seitdem hier Restaurants, Galerie und Museen (Jacob-Böhme-Gedenkstätte und Lausitzmuseum) eröffnet wurden. In der ehemaligen Rabengasse 12 (heute ul. Daszyńskiego) lebte von 1599 bis 1620 der ›Schusterphilosoph‹ Jacob Böhme (1575 – 1624), einer der Wegbereiter der klassischen deutschen Philosophie.

In etwa 20 Minuten können Sie von der Altstadtbrücke zu Fuß, immer die Neiße aufwärts, zum heutigen **Kulturhaus** bummeln. Die imposante Oberlausitzer Gedenkhalle wurde von 1898 bis 1902 nach Plänen des Architekten Hugo Behr als Denkmal für den Reichsgründer Kaiser Wilhelm I. erbaut. Das Gebäude sollte den ewigen Dank der Bevölkerung für den Herrscher zum Ausdruck bringen. Am 28. November 1902 erschien Kaiser Wilhelm II., Enkel des Reichsgründers, persönlich zur Einweihung, er war per Sonderzug aus Berlin angereist.

Das Jakob-Böhme-Museum mit benachbartem Restaurant

Beherrscht von einer mächtigen zentralen Kuppelhalle im wilhelminischen Zeitgeschmack, befanden sich die Standbilder der Regenten Kaiser Wilhelm I. und sein Sohn Friedrich III. vor dem Sonnenmosaik. Zeitgenössische Fotos in der ersten Etage aus den Jahren 1900 bis 1930 geben einen kleinen Eindruck vom einstigen Kaiser-Friedrich-Museum und der Gemäldegalerie. Während des Zweiten Weltkrieges wurden die Sammlungen ausgelagert, seitdem sind sie verschollen. Die deutschen Inschriften sind nach 1945 überputzt worden, die Standbilder wurden demontiert und verschwanden. Im Jahr 1950 wurde hier der Vertrag über die Unverletzlichkeit der Oder-Neiße-Grenze von Vertretern der DDR und Polens unterzeichnet, heute wird die Halle für Wechsel- und Verkaufsausstellungen genutzt und ist zumeist frei zugänglich.

Zgorzelec

Touristinformation, Daszyńskiego 91, Tel. 0048075/7713695, www.it.zgorzelec,pl.

Restaurant Przy Jakubie, Daszyńskiego 11, tgl. 12–22 Uhr. Polnische Küche, auch Terrassenplätze neben der Jacob-Böhme-Gedenkstätte.

Dreiradenmühle (Piwnica Staromiejska), ul. Wrocławska 1 (an der Altstadtbrücke), tgl. 12–22 Uhr. Gute polnische Küche, auch Fassbiere aus der Breslauer Minibrauerei Spiż. Sommergarten an der Neiße mit Blick auf St. Peter und Paul, drinnen Klinkergewölbe und schmiedeeiserne Stühle und Tische.

Restaurant Kaprys, Lubańska 18a, tgl. ab 12 Uhr, 500 m von der Altstadtbrücke.

Stellmacherhaus (Zagroda Kołodzieja), al. Lipowe 1 (nahe Real), Tel. 7757770, www.zagrodakolodzieja.pl. Zauberhafte Zimmer (€) in der Pension und Gasthaus im Umgebinde

Lausitzmuseum (Muzeum Łużyckie), Daszyńskiego 15, Mo-Fr 9-17, Sa/So 13-17 Uhr.
Jacob-Böhme-Gedenkstätte, Daszyńskiego 12, Di-Do 12-14, Fr-So 12-17 Uhr.
Oberlausitzer Gedenkhalle (Miejsky Dom Kultury), Mo-Fr 8-20, 8-14 Uhr über Seiteneingang, Sa/So 12-20 Uhr.

Angels Gallery, kleine Kunstwerke aus Glas, Holz und Keramik sowie Holzspielzeug, tgl. 12.30-18, Sa 14-18 Uhr (neben dem Lausitzmuseum).

Lubań (Luban)

Die östlichste Stadt des Oberlausitzer Sechsstädtebundes liegt 25 Kilometer östlich von Görlitz am Fluss Queis (Kwisa). Zum Ende des Zweiten Weltkrieges lag das Städtchen in Trümmern, nur einige historische Gebäude blieben erhalten. Dazu zählt das **Neue Rathaus** im Renaissancestil aus dem 16. Jahrhundert mit einem meisterhaft ausgeführten Westportal. Der benachbarte gotische **Krämerturm** (Basta Bracka) blieb als Rest des Alten Rathauses erhalten. Die Überreste der **Stadtmauer** mit ihren Basteien stammen aus dem 14. Jahrhundert. Südwestlich vom Markt steht das **Kornhaus** (Dom Solny), das von 1537 bis 1539 aus Basaltsäulen erbaut wurde.

Zwischen 1859 und 1861 wurde die **Kirche zur Hl. Dreifaltigkeit** aus roten Klinkersteinen im neugotischen Stil erbaut. Altargemälde und Seitenaltäre sind sehenswert. 1715 ließ der Kaufmann Johannes Kirchhoff das **Haus unter dem Schiff** erbauen. Ein Relief über dem Portal zeigt ein ansehnliches Segelschiff.

Lubań

Stadtinformation IT, ul. Bracka 12, Tel. 0048 75/722 25 41, www.lauban.pl.

Motel Łużycki (€€), ul. Zgorzelecka 51, Tel. 0048 75/722 36 63, www.motelluzycki.com.pl.

Regionalmuseum (Muzeum Regionalne), Rynek 1, Di-Fr 9-15.30, Sa/So 10-16 Uhr.
Ehemaliges Fräuleinstift Joachimstein, Führungen nur nach Voranmeldung, Tel. in Deutschland: 03 58 43/204 81, www.kleinbusfahrten.de.

Radomierzyce (Radmeritz)

Das ehemalige **Weltadelige Fräuleinstift Joachimstein** (Pałac Radomierzyce) soll bis 1945 das schönste Stift der Oberlausitz gewesen sein. Es befindet sich auf einer künstlich aufgeschütteten Insel an der Einmündung der Wittig in die Lausitzer Neiße gegenüber dem sächsischen Hagenwerder.

Anstelle des alten Wasserschlosses Radmeritz wurde 1728 eine Schloss- und Parkanlage im Stil des Barock eingeweiht. Joachim Sigismund von Ziegler, ein lediger Kammerherr Augusts des Starken, gründete hier ein Stift, in dem adlige Fräulein in wirtschaftlichen Schwierigkeiten aufgenommen werden konnten. Das Stift wurde von einer Hofmeisterin geleitet. Zur Zeit des Sechsstädtebundes war es nicht ungewöhnlich, dass alteingesessene Adelsfamilien die Zeichen der Zeit verkannten und verarmten, während die Kaufleute zu Reichtum gelangt waren.

▲ Karte S. 296

Im Siebenjährigen Krieg wählte der Preußenkönig Friedrich der Große das Schloss als Quartier. Als die Oberlausitz durch den Wiener Vertrag von 1815 geteilt wurde, war die Wittig plötzlich Grenzfluss zwischen Sachsen und Preußen. Das Schloss gehörte nun zu Sachsen, sämtlicher Grundbesitz des Stifts zu Preußen. Es drohte die Auflösung des Stifts. Doch König Friedrich August I. konnte das Weiterbestehen der wohltätigen Einrichtung sichern. Mit der Joachimsteiner Konvention von 1828 einigten sich Sachsen und Preußen.
Mit der neuen deutsch-polnischen Grenze an der Neiße endete 1945 die Geschichte des Stifts. Die Damen wurden vertrieben und das Schloss geplündert. Die Gebäude wurden nun nicht mehr genutzt und verfielen.
Ab 2003 sollte hier ein Hotel- und Kongresszentrum entstehen, aber seitdem der Investor 2004 plötzlich verstarb, ruhen die Arbeiten. Der Dammweg rundherum ermöglicht wechselnde Ansichten. Stiftsmühle und Mühlencafé sind ganzjährig geöffnet: Mo–Fr 12–19, Sa/So 9–20 Uhr.

Czocha (Tzschocha)

Etwa 35 Kilometer südöstlich von Görlitz steht hoch oben über dem Ufer des angestauten Flusses Queis das **Schloss Tzschocha** (Czocha). 1329 wurde die Grenzfeste zwischen der Oberlausitz und Schlesien erstmals urkundlich erwähnt. Wahrscheinlich wurde sie schon Mitte des 13. Jahrhunderts auf Befehl des böhmischen Königs Wenzel II. erbaut. Von 1253 bis 1319 waren die Brandenburger Askanier Besitzer, dann wurde der Queiskreis von Heinrich, dem Herzog von Jauer, erobert.
Im Jahr 1909 kaufte der Dresdner Bankier und Zigarettenfabrikant Ernst von Gütschow die Besitzungen und beauftragte den Burgenspezialisten Bodo Ebhardt mit einer umfangreichen Rekonstruktion. Als Vorlage diente ein Kupferstich von 1703.
Durch den Erhalt vieler originaler Bauelemente aus der Renaissance gelang es meisterhaft, den historischen Charakter zu bewahren. Geld war im Überfluss vorhanden, und so wurden neue Kamine aus Italien herangeschafft, die Bibliothek im Tudorgotikstil verändert und auch das Innere stilgerecht und behutsam saniert.
Das Schloss wurde beim Einmarsch der Roten Armee im April 1945 nicht beschädigt, die angesammelten Kunstschätze verschwanden jedoch. Die früher an diesem Ort aufbewahrten kostbaren Wiegendrucke befinden sich heute in der Universitätsbibliothek Wrocław (Breslau). Die Sgraffiti an den Wirtschaftsgebäuden beim Vorwerk stammen aus dem 17. Jahrhundert.
Bis Ende der 1990er Jahre diente das Schloss als Militärerholungsheim. Heute sind Hotelgäste gern gesehen und die Außenanlagen sind frei zugänglich. Seit das Schloss als Kulisse für eine Fernsehserie über den Zweiten Weltkrieg über polnische Bildschirme flimmerte, herrscht an Wochenenden mitunter großer Andrang.
Unterhalb des Schlosses breitet sich die Wasserfläche der **Talsperre Marklissa** aus. Sie wurde von 1900 bis 1905 erbaut, ihr Fassungsvermögen beträgt 15,5 Millionen Kubikmeter.

Czocha

Hotel Schloss Tzschocha (€€–€€€), Tel. 004875/7211185, www.hotelewam.pl.

Reisetipps von A bis Z

Angeln

In vielen Gewässern möglich, die gesetzlichen Bestimmungen sind zu beachten.

Anreise

Die Lausitz ist auf der Straße, auf der Autobahn und dem DB-Streckennetz aus allen Teilen Deutschlands schnell und bequem zu erreichen. Autobahnen (A4, A13 und A15) und zahlreiche Bundesstraßen stehen zur Verfügung.

Die DB unterhält RE-Verbindungen in die Lausitz auf den Strecken Dresden–Bautzen–Löbau–Görlitz sowie Berlin–Cottbus, ab hier weiter mit der Ostdeutschen Eisenbahn Richtung Görlitz und Zittau (www.bahn.de, www.odeg.info).

Baden

Die Lausitz besitzt zahlreiche Badegewässer mit guter Wasserqualität, viele Seen sind durch den früheren Braunkohleabbau entstanden. Besonders beliebt sind folgende Gewässer:

- Senftenberger See südlich von Senftenberg
- Schwielochsee nordwestlich von Lieberose
- Knappen- und Silbersee südöstlich von Hoyerswerda
- Talsperre Bautzen nördlich von Bautzen
- Talsperre Quitzdorf südwestlich von Niesky (mit Einschränkungen, Infos: www.stausee.de)
- Talsperre Spremberg nördlich von Spremberg
- Halbendorfer See westlich von Weißwasser
- Olbersdorfer See bei Zittau
- Berzdorfer See bei Görlitz (ab 2011)

Bergbautouren

Unter dem Motto ›Canyons, Steppe und Giganten aus Stahl‹ und ›Reise zum Mars‹ bietet die IBA zwei Tagebauerkundungen zu Fuß an, weitere Angebote auf Anfrage. Infos: Internationale Bauausstellung Fürst-Pückler-Land (IBA), Seestr. 100, 01983 Großräschen, Tel. 03 57 53/26 14, www.iba-see.de.

Bergsteigen/Klettern

In der Oberlausitz existieren mit dem Zittauer Gebirge und den Königshainer Bergen (westlich von Görlitz) zwei ideale Klettergebiete, die auch Profis herausfordern. Wird im Zittauer Gebirge dem Sport an Sandstein- und Granitwänden gefrönt, so klettern die Aktiven in den Königshainer Bergen in ehemaligen Granitsteinbrüchen. Einen anspruchsvollen Klettersteig gibt es im Kurort Jonsdorf am Nonnenfelsen, einen Klettergarten am Spitzberg bei Oderwitz. In Kolkwitz und im Neuendorfer Erlebnispark, beide bei Cottbus, wurden zwei künstliche Kletterfelsen errichtet.

Campingplätze

In der Lausitz werden gegenwärtig insgesamt 30 Plätze angeboten. Campingfreunde können die jährlich aktualisierten Info-Broschüren nutzen.

Die Campingplätze der Niederlausitz werden im Heftchen ›Camping im Land Brandenburg‹ beschrieben; www.camping-in-brandenburg.de.

Der Fremdenverkehrsverband Oberlausitz/Niederschlesien (Adresse: s. Informationen) gibt den Prospekt ›Oberlausitz/Niederschlesien – Camping, Baden, Wassersport und Angeln‹ heraus.

Wie aus dem Märchen: Schloss Tzschocha

Grenzanliegende Staaten

Bei einem Aufenthalt Lausitz bietet sich der Besuch einer Grenzregion Polens oder Tschechiens an. Seit Ende 2007 werden keine Grenzkontrollen mehr vorgenommen, den Personalausweis sollte man aber dabei haben, da mobile Zollkontrollen unterwegs sind.

Informationen

Touristische Informationen sind jeweils bei den Adressen im Reiseteil nachgewiesen. Folgende Einrichtungen helfen bei Anfragen und Wünschen weiter:

Niederlausitz: **Tourismusverband Niederlausitz**, Tel. 03563/602340, www.niederlausitz.de.

Oberlausitz: **Marketing-Gesellschaft Oberlausitz-Niederschlesien mbH**, Tzschirnerstr. 14a, 02625 Bautzen, Tel. 03591/48770, www.oberlausitz.com.

Touristische Gebietsgemeinschaft Naturpark Zittauer Gebirge/Oberlausitz e.V., Markt 1a, 02763 Zittau, Tel. 03583/752139, www.zittauer-gebirge-tour.de.

Touristische Gebietsgemeinschaft Oberlausitzer Bergland, Sohlander Str. 3a, 02681 Schirgiswalde, Tel. 03592/34897, www.oberlausitzer-bergland.de.

Touristische Gebietsgemeinschaft Neißeland e.V., Zinzendorfplatz 8, Tel. 03588/25580.

Touristische Gebietsgemeinschaft Heide und Teiche im Bautzener Land e.V., Gutsstr. 4c, 02699 Königswartha, Tel. 035931/21220, www.oberlausitz-heide.de.

Informationen über Sorben und Wenden

Eine umfassende Info-Broschüre ›Angebot zur sorbischen Kultur‹ hat das Haus für sorbische Volkskultur in Bautzen herausgegeben, es enthält auch Anschriften sämtlicher sorbischer Institutionen, Einrichtungen und Volkskunstgruppen. Postplatz 2, 02606 Bautzen, Tel. 03591/42105.

Weitere Auskünfte – Termine, Veranstaltungen etc. – erteilt die Sorbische Kulturinformation Lodka im Wendischen Haus Cottbus, August-Bebel-Str. 82, 03046 Cottbus, Tel. 0355/48576468; http://lodka.sorben.com. Hier befindet sich auch eine umfangreiche niedersorbische Bibliothek (Mo–Fr 9–16.30 Uhr).

Das Sorbische Museum in Bautzen sowie das Wendische Museum in Cottbus gewähren einen umfassenden Einblick in die Kultur der größten nationalen Minderheit Ostdeutschlands.

Klima

In der Lausitz herrschen, bedingt durch die Höhenunterschiede, bemerkenswerte Klimaunterschiede zwischen Nord und Süd. Der Spreewald und das etwa 130 Kilometer südöstlich entfernte Zittauer Gebirge weisen eine Höhendifferenz von 750 Metern auf. Das wirkt sich einerseits in stark abweichenden Jahresniederschlagsmengen (Zittauer Gebirge bis 900 Millimeter, Spreewald 500 Millimeter), anderseits in großen Temperaturunterschieden aus. Wenn etwa in der Niederlausitz schon der Frühling eingekehrt ist, kann man am Nordostabhang der Lausche manchmal noch Ski fahren.

Die Lausitz wird beinahe täglich im Deutschlandwetterbericht genannt: Entweder ist es hier am kältesten oder am wärmsten. Die Extreme haben den Meteorologen Jörg Kachelmann veranlasst, in der Lausitz das dichteste Netz von Wetterstationen in Deutschland aufzubauen.

Medien

Die Niederlausitz und der Norden der Oberlausitz sind das Verbreitungsgebiet der ›Lausitzer Rundschau‹, in der Oberlausitz beherrscht die ›Sächsische Zeitung‹ mit Regionalausgaben den Tageszeitungsmarkt.

Spezielle Informationen zu Kulturveranstaltungen sowie Land und Leuten allgemein vermitteln die monatlich erscheinenden Stadtmagazine ›hermann‹ und ›Blicklicht‹ (Cottbus/Niederlausitz).

Mehrere Sender besitzen in der Lausitz ein Regionalstudio, so der RBB und BB-Radio in Cottbus, der MDR in Bautzen, Radio PSR in Löbau. Radio Lausitz sendet aus Görlitz.

Museen

Für Museumsfreunde hält die Lausitz viele besondere Überraschungen bereit; vor allem Görlitz und Cottbus sind wahre Fundgruben. Die sorbische Kultur wird im Sorbischen Museum Bautzen, dem Wendischen Museum Cottbus, dem Freilandmuseum Lehde/Spreewald sowie einigen kleineren Heimatstuben vorgestellt.

Als einzigartig gilt die Alte Pfefferküchlerei in Weißenberg. Montags bleiben – wie fast überall – die meisten Ausstellungen geschlossen.

Öffentliche Verkehrsmittel

Das Schienennetz in der Lausitz wurde seit 1990 stark ausgedünnt, vor allem in Nord-Süd-Richtung wurden mehrere Strecken stillgelegt. Die meisten größeren Städte der Lausitz sind jedoch noch immer miteinander verbunden. Besucher können auch ohne Auto anreisen, vor allem wenn ein Rad- oder Wanderurlaub bevorsteht.

Das Busliniennetz ist an Werktagen akzeptabel. Am Wochenende und feiertags fährt in ländlichen Gebieten nahezu kein Bus, ausgenommen sind überregional bekannte Tourismus- und Naherholungsgebiete wie zum Beispiel der Spreewald.

Reiseveranstalter

Tourismus GmbH Land und Leute
Dr.-Wilhelm-Külz-Str. 1
02977 Hoyerswerda
Tel. 03571/408030
www.lausitz-tourismus.de.

Abenteuer Lausitz
Spremberger Str. 39
03058 Bagenz/Neuhausen
Tel. 0356/9741197
www.abenteuer-lausitz.de.
Fahrradtouren und Fahrradvermietung, Übernachtungsvermittlung.

pro gastra – Gastgewerbe GmbH
Sielower Chaussee 9
03055 Cottbus
Tel. 0355/8790100
www.radreisepartner-spreewald-lausitz.de. KompletteTourenorganisation für viele beliebte Radrouten in der gesamten Lausitz, auch eine Tour in Polen öst ich von Guben.

Neiße-Tours
Görlitzer Str. 23
02929 Rothenburg
Tel. 0160/1818883
www.neisse-tours.de.
Bootstouren auf Lausitzer Neiße und Bober in Polen.

Albatros Outdoor – Natur – Aktivreisen
Bertholdplatz 6
15848 Beeskow
Tel 03366/153375
www.albatros-outdoor.de.
Kanutouren auf Spree und Neiße, Spreeradwegtouren.

Die Mecklenburger Radtour
Zunftstr. 4

18437 Stralsund
Tel. 03831/280220
www.mecklenburger-radtour.de.
Spreeradweg und Touren in der Niederlausitz.

Wandern/Radfahren

Die gesamte Region wird von einem dichten Wanderwegenetz durchzogen. Der Fernwanderweg E10, Ostsee–Böhmerwald–Alpen–Mittelmeer, führt durch den Spreewald, der Fernwanderweg E3, Ardennen–Eisenach–Budapest–Dukla, berührt das Zittauer Gebirge.

Einen guten Überblick der markierten Wanderwege/Radrouten vermitteln die Karten ›Niederlausitz‹ und ›Oberlausitz‹ der Seeger Kartograhie Dresden (www.radwandern-oberlausitz.de). Die Tourismusämter verschicken Broschüren, u.a. ›Radwandern in der Lausitz‹.

Der Oder-Neiße-Radweg führt über 530 Kilometer von der Neißequelle bei Jablonec nad Nisou in Tschechien bis Ueckermünde am Oderhaff.

Zittau ist gut mit der Bahn – bis Cottbus DB, dann weiter mit der Ostdeutschen Eisenbahn (ODEG) – zu erreichen: Leipzig–Zittau 3,5–4 Std., Dresden–Zittau 2–3 Std. Wer an der Neißequelle starten möchte, nutzt die Regionalbahn von Zittau nach Liberec und weiter bis Nová Ves nad Nisou (Fahrradabteile vorhanden).

Von Ueckermünde fahren moderne Ostseeland-Nahverkehrszüge im Zweistundentakt Richtung Schwerin über Pasewalk/Neubrandenburg, ab hier besteht DB-Anschluss nach Berlin (2–4 Std.), Leipzig und Dresden (5–6 Std.).

Wer mit dem Auto nach Zittau angereist ist, kann auch mit dem Zug dorthin zurückkehren (7–8 Std., drei bis vier Mal umsteigen).

Infos unter www.bahn.de, www.odeg.info.

Pensionen, Jugendherbergen, Hotels und einige Campingplätze liegen in der Nähe des Radweges, Infos unter www.oder-neisse-radweg.de (Streckenabschnitte).

Tourismus-Marketing Brandenburg GmbH, Am Neuen Markt 1, 14467 Potsdam, Tel. 0331/298730, www.reiseland-brandenburg.de.

Regionaler Fremdenverkehrsverband Vorpommern e.V., Fischstraße 11, 17489 Hansestadt Greifswald, Tel. 03834/8910, www.vorpommern.de.

Literatur: Bikeline Radtourenbuch ›Oder-Neiße-Radweg‹.

Wassersport/Wasserwandern

Das beliebteste Wasserwandergebiet ist zweifellos der Spreewald mit mehrtägigen Tourenmöglichkeiten. Die Spree eignet sich mit Einschränkungen – häufiges Umtragen an Wehren, Untiefen – ab der Talsperre Bautzen zum Paddeln, ebenso die Lausitzer Neiße ab Görlitz.

Segelbootbesitzer und Surfer kommen auf dem Senftenberger See, dem Schwielochsee, den Talsperren Bautzen, Quitzdorf und Spremberg sowie dem Olbersdorfer See bei Zittau und demnächst auch auf dem Berzdorfer See bei Görlitz auf ihre Kosten.

Bootstouren auf der Lausitzer Neiße und dem Bober (Bóbr) in Polen bietet Neiße-Tours (s. Reiseveranstalter) von April bis Oktober.

Wintersport

Das Zittauer Gebirge ist ein relativ schneesicheres Mittelgebirge, das gleichermaßen Abfahrtspisten und Langlaufloipen bietet. Auch das Oberlausitzer Bergland hat ähnliches aufzuweisen. Ganzjähriges Skivergnügen ermöglicht darüber hinaus die Snowtropolis-Halle in Senftenberg.

Literaturhinweise

In der Ober- und Niederlausitz haben sich einige Verlage auf Heimatliteratur spezialisiert.

Der **Lusatia Verlag Dr. Stübner** gibt alljährlich das ›Oberlausitzer Hausbuch‹ heraus. Dorfchroniken, die Lusatia-Historie und einige Wanderbegleiter ergänzen das Verlagsprogramm. Töpferstr. 35, 02625 Bautzen, Tel. 03591/532401.

Der **Domowina Verlag** gewährt vor allem den Sorben eine literarische Heimat, das Verlagsprogramm ist reich gefächert (u.a. Belletristik, Kinderbücher, Bildbände, Kulturgeschichte, Lausitz-Kalender). Tuchmacherstr. 27, 02625 Bautzen, Tel. 03591/5570, www.domowinaverlag.de.

Der **Neißeverlag** bietet Reiseliteratur sowie Regionalgeschichtliches über die südöstliche Oberlausitz. Untermarkt 23, 02826 Görlitz, Tel. 03581/6490633, www.neisseverlag.de.

Der **Heimat-Verlag Lübben** publiziert Wanderführer, Wanderkarten, Spreewald- und Regionalliteratur über die Niederlausitz. Friedensstr. 10, 15907 Lübben, Tel. 03546/2483, www.heimat-verlag-luebben.de.

Romantik im Branitzer Park

Einige Empfehlungen

Alfons Frenzel, Lausitz rundrum, Domowina Verlag 2010, 19,90 Euro. Interessantes und Denkwürdiges aus dem gesamten historischen Gebiet der Lausitz, auch in Polen und Tschechien. Zahlreiche Exkurse sowie viele Farbfotos.

Gerald Große, Horst Adam, Ja som serbski/Wendisch bin ich. Impressionen aus der Niederlausitz, Domowina Verlag Bautzen 1998, 9,90 Euro. Erinnerungen von Zeitzeugen und Gedanken über die wechselvolle Geschichte vieler Jahrhunderte.

Susanne Hose, Zeitmaschine Lausitz. Raum-Erfahrungen – Leben in der Lausitz, Verlag der Kunst, Dresden 2004. Aufgrund der so verschiedenen wie wechselhaften Herrschaftsverhältnisse haben Oberlausitz und Niederlausitz im Laufe von Jahrhunderten eine jeweils eigene geschichtliche Gestalt erhalten, was sich auch im Bewusstsein der Menschen widerspiegelt. Das Zusammenleben von Sorben und Deutschen dürfte die wohl bemerkenswerteste Eigenschaft dieser Region sein. Der Band thematisiert die Lausitz als Siedlungsraum, Wirtschaftsraum oder Kulturraum, als Grenzraum oder Sprachraum.

Johannes Karasek – der Räuberhauptmann aus der Oberlausitz, Lusatia Verlag Bautzen, 9,90 Euro. Viele Legenden ranken sich um den Räuberhauptmann, Anführer einer Bande, die Ende des 18. Jahrhunderts die Städte und Dörfer beiderseits der sächsisch-böhmischen Grenze verunsicherte. Ein vielgelesenes Volksbuch, wobei die Figur des Karasek die Hoffnung der einfachen Menschen auf Gerechtigkeit verkörpert.

Jurij Koch, Jubel und Schmerz der Mandelkrähe. Ein Report aus der sorbischen

Lausitz, Domowina Verlag Bautzen, 6,90 Euro. Jurij Koch gelingt es hervorragend, witzige und auch traurige Geschichten über seine sorbische Heimat zu erzählen. Dem Leser wird mit dem Gleichnis der Mandelkrähe das Schicksal des kleinen slawischen Volkes in der Lausitz vor Augen geführt. Ein leicht zu verstehendes, aber durchaus nicht leicht zu verdauendes Buch.

Matthias Körner, Tödliches Wasser, Gustav Kiepenheuer Verlag 2003. Ein ökologischer Thriller aus dem Niederlausitzer Braunkohlenrevier um Cottbus: Der Roman schildert die realen Konflikte zwischen Umweltschützern, Dorfbewohnern und Bergbaukonzern, eingebettet in einen Kriminalfall mit drei Toten. Unterhaltsam geschrieben, einige regionale Prominente finden sich im Buch wieder.

Erich Krawc, Sagen der Lausitz, Domowina Verlag Bautzen, 8,90 Euro. So manches geschichtliche Ereignis findet sich in den Sagen der Lausitz wieder. Die einfache Sprache und Denkweise des Volkes wurde von Generation zu Generation weitergegeben. Und noch immer erfreut es, wenn der reiche Geizhals die gerechte Strafe, der arme Tagelöhner Hilfe in der Not erhält.

Hans H. Krönert, Lausitzer Miniaturen 1–3, Regia Verlag Cottbus, je 4,50 Euro. Geschichten und Feuilletons, Literaten, Baumeister, falsche Propheten, historische Kuriositäten, streitsüchtige Männer, prägende Sprüche, Korrespondenzen.

Helmut Neubach, Kleine Geschichte Schlesiens, Senfkorn Verlag Görlitz 2007, 2,90 Euro. Der Verfasser hat die enorme Fülle des Stoffes auf 25 Seiten verarbeitet – leicht und unterhaltsam zu lesende Lektüre für Wissbegierige. Von 1815 bis 1945 lag der westliche Zipfel Niederschlesiens auf noch heute deutschem Territorium in der Oberlausitz, so auch die Stadt Görlitz.

Heinz Ohff, Der grüne Fürst, Piper Verlag 2002, 9,90 Euro. Das Leben eines vielbegabten Abenteurers, Romantikers und Draufgängers. Fürst Pückler war ein begnadeter Landschaftsgestalter, gefragter Reiseschriftsteller, und er liebte mehr Frauen als Casanova.

Heinz Petzold, Frohe Feste. Betrachtungen zu festlichen Tagen in der Lausitz, Regia Verlag Cottbus.

Erwin Strittmatter, Der Laden (3 Teile), Taschenbuchausgabe, Aufbau Verlag Berlin, 2003, 22 Euro. Strittmatter verfolgt in seiner Romantrilogie die Geschicke der Familie Matt und des Dorfes Bossdom vom Beginn der Weimarer Republik bis zu den Anfangsjahren des neuen Staates DDR. Aus Sicht des Sohnes Esau Matt, dargestellt in einer mit mundartlichen Wendungen durchsetzten Sprache, erfährt der Leser alles über das Familienleben rund um den Bäckerei- und Kolonialwarenladen, über die Geschehnisse in Bossdom sowie über die Weltereignisse, deren Kunde und Auswirkungen bis in die Niederlausitz dringen. Die Fernsehverfilmung von Jo Baier 1998 machte den Roman auch im Westen Deutschlands populär.

Das Schrotholzkirchlein in Sprey

Die Lausitz im Internet

Die Internetseiten einzelner Städte sind jeweils in den reisepraktischen Informationen aufgeführt. Im folgenden einige Hinweise auf Seiten, die sich allgemein mit der Lausitz beschäftigen.

www.lausitz.de
Unterteilt in die Bereiche Wirtschaft, Tourismus, Regionales und Service.

www.niederlausitz.de
Wissenswertes zu den Tagebauseen, für den Aktivurlaub, News und Veranstaltungskalender, Tourismuswerbeprospekte zum Herunterladen.

www.urlaubsplaner-niederlausitz.de
Urlaubsaktivitäten und -arrangements, Gastgeberverzeichnis und Veranstaltungskalender.

www.wetter-im-spreewald.de
Im Winter auch Auskünfte zur Tragfähigkeit des Eises auf den Fließen.

www.lausitzer-museenland.de
Große und kleine Museen im Landkreis Spree-Neiße.

www.reiseland-brandenburg.de
Internetseite mit benutzerfreundlichem Informationssystem auch für die Niederlausitz – u.a. Ausflüge, Übernachten, Veranstaltungen, Essen und Trinken – sowie der Möglichkeit, Prospekte zu bestellen.

www.landkarte-brandenburg.de
Digitaler Reiseführer mit Informationen auch über die Niederlausitz. Stichpunkte: Highlights, Übernachtungen, Reisethemen, Aktiv-Tourismus.

www.sachsen-tour.de
Regionen in Sachsen, darunter die Oberlausitz, werden kurz vorgestellt: Pauschalangebote, Direktbuchung, Top-Events.

Die Autoren

Die Cottbuser Reisejournalisten Kerstin und André Micklitza haben mehrere Reiseführer über ihre Heimat und die Nachbarländer Polen, Tschechien und die Slowakei verfasst. Fotoausstellungen in Brandenburg und Sachsen über Polen, Tschechien und das Riesengebirge fanden großen Anklang.
Im Trescher Verlag erschienen von ihnen bereits die Titel ›Tschechien entdecken‹ (2. Auflage) und ›Die polnische Ostseeküste entdecken‹ (5. Auflage 2008). Im Lusatia Verlag Bautzen erschien im Frühjahr 2010 der Wanderbegleiter ›Sind mal kurz drüben‹ mit 20 Ausflügen zu Fuß und mit dem Rad durch die schönsten Landschaften Nordböhmens.
Mittlerweile beschritten die Autoren Neuland und schrieben einen ungewöhnlichen Lebensratgeber: ›Die Vermessung des Glücks in Deutschland‹ (2. Auflage 2010). Darin erzählen sie auch vom beglückenden Gefühl, oft unterwegs sein zu können und wie man individuelle Reisepläne am besten in die Tat umsetzt.
Micklitza-Reisefotos werden über die Bildagentur Huber (www.huber-images.de) bundesweit vermarktet.

Ortsregister

Personen- und Sachregister

Bildnachweis

Alle Fotos Kerstin und André Micklitza, außer:
Abegg-Stiftung (Christoph von Virág)/ Verein Zittauer Fastentücher e.V (S. 269)
Develey Senf & Feinkost GmbH (S. 190)
Goldener Hahn (S. 126)
Hardenberg-Wilthen AG (S. 217)
Zur Bleiche Resort & Spa (S. 66, 67)
Titel: Blick von der Neiße auf Görlitz
Vordere Klappe:
Hintere Klappe: Umgebindehaus
S. 16/17: Cottbus, Altmarkt
S. 32/33: Schloss Branitz bei Cottbus
S. 240/41: Bad Muskau, Neues Schloss
S. 286/87: Wanderer im Lausitzer Gebirge bei Krompach

Trescher Verlag

Der Spezialist für den Osten

Auswahl Städteführer

Breslau
Niederschlesien und seine tausendjährige Hauptstadt
14.95 Euro, 26.90 SFr*

Dresden
Mit Meißen, Radebeul und Sächsischer Schweiz
11.50 Euro, 20.80 SFr*

Lemberg
Das kulturelle Zentrum der Westukraine
16.95 Euro, 31.00 SFr*

Moskau und St. Petersburg
Streifzüge durch die russischen Metropolen
16.95 Euro, 31.00 SFr*

Ostseestädte
Erkundungen am Schnittpunkt europäischer Kulturen
15.95 Euro, 29.00 SFr*

Auswahl Deutschland

Baden in und um Berlin
Die schönsten Badestellen
12.95 Euro, 22.90 SFr*

Brandenburg
Natur und Kultur zwischen Oder und Elbe
14.95 Euro, 26.90 SFr*

Oderbruch
Natur und Kultur im östlichen Brandenburg
9.95 Euro, 18.90 SFr*

66-Seen-Wanderung
Zu den Naturschönheiten rund um Berlin
13.95 Euro, 24.90 SFr*

**Trescher Verlag im Internet unter www.trescher-verlag.de
mit ausführlichen Infos über alle unsere Bücher und Onlineshop**

Kartenlegende

- Autofähre
- Bahnhof
- Bank
- Bar
- Brunnen
- Burg/Festung
- Busbahnhof
- Campingplatz
- Denkmal
- Dorfkirche
- Fähre
- Flughafen
- Hafen
- Höhle
- Hotel
- Internetcafé
- Kirche
- Kloster
- Leuchtturm
- Moschee
- Museum
- Post
- Restaurant
- Ruine/Ausgrabungsstätte
- Synagoge
- Sehenswürdigkeit
- Theater
- Tor
- Touristeninformation
- Turm

- Autobahn
- Autobahn im Bau
- sonstige Straßen
- 243 Straßennummern
- Eisenbahn
- Grenzübergang
- Staatsgrenze
- Hauptstadt
- Stadt/Ortschaft

Kartenregister